4차산업혁명과 인공지능 시대의
포스트휴먼 학습론

Posthuman Learning Theory
in the 4th Industrial Revolution and the Age of Artificial Intelligence

4차산업혁명과 인공지능 시대의

포스트휴먼 학습론

| 박휴용 |

전북대학교출판문화원

들어가는 말

본 저서를 통해 저자가 얘기하는 내용들은 독자들이 갖고 있는 기존의 이해에 비추어 볼 때, 매우 낯설거나 큰 거부감이 들 수도 있다. 그러한 거부감과 이질감은 인본주의적 세계관을 가치의 중심점에 두고 살아온 우리에게 너무 당연한 것이고, 그러한 관점에서 벗어나서 세상을 이해하는 것에는 많은 시간이 걸릴 수 있다. 그럼에도 불구하고 본 저서에서 다루고 있는 포스트휴머니즘과 그에 따른 지식에 대한 관점 및 학습의 전략들은 21세기의 기술중심 사회를 살아가는 우리들에게 매우 시급하고 중요한 논의가 될 수밖에 없다. 세부적인 논의에 앞서, 우선 위와 같은 본 저서의 주제와 그 방향성에 대해 지식, 인간, 그리고 포스트휴머니즘 간의 관계성을 설명하는 10가지 명제를 중심으로 살펴 보자.

첫째, 지식은 세상에 대한 인류의 경험과 이해의 총합이라는 점에서 개인의 소유물이 아닌, 공공재적 성격을 지닌다. 그러므로 기존의 지적재산권이나 특허권 등은 자본주의 사회의 중요한 동력이

자 구성요소이지만, 지식과 인류사회의 본질적인 관계를 설명하는 본질적인 요소는 아니다. 그동안 자본주의는 인간의 노동력 착취를 통한 산업사회의 탄생, 인간의 지력 착취를 허용하는 후기산업사회의 등장, 그리고 인간 신체와 정신의 총체적 착취를 통한 포스트휴먼 사회의 도래를 촉발하는 원동력이 되었다. 포스트휴먼 사회에서 인간의 의식, 정서, 신체, 생명은 명확히 구별되어 서로 다른 역할을 수행하는 요소들이 아니라, 본질적으로 혼일화된 기술적 사회의 자원resource으로서 포스트휴먼 사회를 작동시키는 원료가 된다. 자연적, 인적, 생태적, 그리고 물질적 자원들이 혼융되어 4차산업혁명 기술의 핵심적 4영역(NBIC)인 나노Nano(물질적), 바이오Bio(생명적), 인포Info(전산적), 그리고 코그노Cogno(인지적) 기술들에 사용되고 있다는 것이 그것을 잘 보여준다.

둘째, 미래의 지식은 더 이상 인간의 관점으로 세상을 바라보는 인본주의적인 지식이 아니라, 탈인본주의적 지식의 성격을 띄게 될 것이다. 즉, 인류는 더 이상 지구생태계의 유일한 주인공이 아니라, 다른 모든 비인간적 존재들과의 동등한 관계성과 상호의존성 속에서 공동주체자의 역할을 하게 될 것이다. 이러한 인류중심적 세계관에 대한 비판을 바탕으로 대안적 관점을 탐색하고자 하는 이론이 바로 비대표성이론non-representational theory이다. 즉, 비대표성이론은 진화론적으로 최정점에 위치하게 되어 기술을 바탕으로 지구를 잠시 지배하고 있는 현생 인류(Homo Sapiens)가 지구의 대표자로서 어떤 자격과 정당성을 갖는지 비판적으로 논의한다(Olsson, 2009, p. xvi). 따라서 포스트휴먼적 지식관은 탈인본주의적 관점에서 미래의 지식이 어떤 형태와 의미를 갖게 될 것인가를 이해하고자 한다.

셋째, 지식의 구조나 체계에 대한 기존의 이론과 설명의 대부분은 해체되거나 재인식되게 될 것이다. 앞서 지적했듯이 지식의 체계화, 구조화, 연계성, 맥락성, 그리고 지식의 지속성에 대한 기존의 관념은 인본주의적 인식론을 바탕으로 형성된 것이다. 지식이 본질적인 구조와 위계성을 갖고 있다는 관점들은 점점 시효를 다해가고 있고, 대신 융통성, 단일성, 시의성, 탈맥락성, 그리고 순간성의 성격을 가진 '정보'의 시대가 다가오고 있다. 따라서 학교에서는 이제 '지식'을 학습하는 전통적 교육이 아니라, '정보'를 다루는 새로운 접근법을 가르치거나 경험하게 될 것이다. 지식이 정보의 성격을 띠게 되면 지식을 다루는 인식론도 기존의 이원론적 인식론(데카르트적)에서 일원론적 인식론(스피노자적)으로 바뀌어야 하는데, 이를 신물질주의적 new-materialistic 인식론이라고 부른다.

넷째, '인간이란 무엇인가'란 질문에 대한 해답으로써 인간에게 본질적이고 보편적인 속성을 부여한 인본주의는 하나의 신화에 불과할 수 있다(Davies, 1997). 그리스-로마 시대에 살았던 합목적적인 존재들(고전적 인간), 신의 섭리를 바탕으로 한 선택받은 피조물들(중세의 기독교적 인간), 인간 본성의 재발견을 통해 정체성과 감정, 이성이 조화된 존재(르네상스적 인간), 그리고 과학적 합리성과 이성적 사유로 세상을 통제할 수 있는 능력을 갖춘 존재(근대적 인간)로 인간을 규정해왔던 기존의 관념들은 인간의 실제 속성에 대한 설명이라기 보다는 모두 그 시대의 세계관의 범주 속에서 이루어진 인간에 대한 규범적 판단의 산물이다. 즉, 인간의 본질은 타고나거나 고정된 것이 아니기 때문에, 우리는 실재로 인간이 어떤 존재인지 확실히 규정할 수 없다. 포스트휴머니즘은 이러한 비판적 성찰을 통해, 인간과 다른 비인간적 존재들의 본질과 관계성, 그리고 각자의 역할에 대해 새로운 해석을 수용하는 개방된 정치학open politics이다.

다섯째, 지금까지의 근대 교육은 휴머니즘의 이상을 수립하고 그 실천적 전략을 모색하는 사회적 도구의 역할을 해왔다. 교육은 계몽주의 사상의 불가피한 실현 도구였으며(Usher & Edwards, 1994, p. 24), 인간(human beings)이란 관념은 교육의 수단임과 동시에 교육적 결과물이다(Pedersen, 2010, p. 241). 즉, 근대 교육은 계몽주의 사상의 실현을 위해 고안된 사회적 기관이며, 그러한 교육의 실천 도구이자 결과물로서 '인간'이란 관념이 만들어졌다는 것이다. 특히 20세기에 등장하여 인간의 특성을 설명하고자 했던 대부분의 교육심리학 및 교육철학 이론들은 대부분 그러한 '인간관'을 생성하고 정당화한 학술적 결과물이있다. 그러므로, 인간에 대한 기존의 철학, 심리학, 윤리학, 그리고 생물학적 설명들을 모두 확고불변한 진리로 받아들일 것이 아니라, 비판적 관점으로 새롭게 해석할 필요가 있다. 그 비판적 관점의 포괄적 기반이 되는 것이 바로 포스트휴머니즘이다.

여섯째, 포스트휴머니즘은 휴머니즘과 반휴머니즘의 오랜 대립에 종지부를 찍을 수 있는 역사적 전환점을 제공해준다(Braidotti 2013, p. 37). 휴머니즘은 인류에게 세상에 대한 도덕적 수호자이자 생명 진화의 최종점이라는 지위를 부여함으로써, 인류에게 오만함과 책임감의 양날의 칼을 쥐여 주었다. 세상은 인류만을 위해 존재하는 것이 아니고, 인류만이 세상을 구원할 수 있다고 생각해서도 안 된다. 인간과 다른 모든 비인간적 존재들이 지구 생태계의 공동 주인이자 공동주체로서 상호의존성과 협력성 하에 세상을 이끌어가야 한다. 그러한 세상을 이해하기 위한 기본적인 관점을 제공해주는 것이 바로 객체지향존재론Object-oriented ontology과 행위자망이론Actor-network theory이다.

일곱째, 기술중심적 사회에서는 인간 경험의 형태와 본질이 근본적으로 달라지게 될 것이고, 그에 따라 소통과 학습의 양상도 달라지게 될 것이다. 그동안 인간(인식의 주체)이 세상(인식의 대상)을 파악하고자 할 때, 실증주의는 인간이 객관적이고 실증적인 증거를 통해서만 세상의 본질을 파악할 수 있다고 보았다. 반면 현상학은 인간이 세상을 인식하거나 경험하는 것은 주관적이고 해석적인 과정을 포함할 수밖에 없으므로, 세상은 객관적 실재가 아니라 주관적 경험들의 종합적 해석으로 파악되는 것이라고 보았다. 즉, 실증주의는 명확한 객관적 실재가 존재한다는 입장이고, 현상학은 객관적 실재보다는 분명한 인식의 주체가 존재한다는 입장인 셈이다. 하지만 포스트현상학은 현상학적 관점에서 한발 더 나아가, 인간이 과연 합리적이고 논리적인 인식의 주체인가를 되돌아보고 인간 경험의 본질이 무엇인가를 새롭게 해석하려는 입장이다. 요컨대, 기술의 영향력과 그에 대한 의존도가 점점 확대되고 있는 현실 속에서 인간의 경험(소통과 학습)은 '주체적이고 합리적인 인간'의 관점만으로는 설명하기 어려운 모습들을 보여주고 있기 때문에, 이에 대한 포스트현상학적 이론과 설명이 필요하다는 것이다.

여덟째, 앞서 설명한 인간 경험의 본질적 변화 때문에, 포스트휴먼적 학습은 과거의 인본주의적 학습과는 근본적으로 다른 양상을 띠게 될 것이다. 포스트휴먼적 학습의 본질적 변화는 학습 목표, 학습 내용, 학습 방법이라는 세 가지 차원에서 논의할 수 있다. 우선 포스트휴먼적 학습은 학습 목표를 지식을 머리 속에 축적하거나 구성하는 것에서 정보를 다루는 전략적 노하우를 기르는 것으로 변화시킨다. 그리고 학습 내용은, 기존의 정형화되거나 고착된(맥락화된) 교과 지식에 얽매이지 않고, 구조화되지 않고 네트워크화된 정보들을 다양하고 실용적인 상황에 맞게 적용하는 활동에 집중하게 될 것이다. 마지막으로 학습의 방법은 인간이 지식이나 정보를 직접적으로 다루는 것이 아니라, 다양한 기술적 도구나 매체들을 활용하여 자연스럽게 과업을 수행하면서 이루어지는 간접적인 학습의 방식이 주류를 이루게 될 것이다. 최근 학교교육에서 다양한 사이버 학습, 온라인 학습, 가상학습 등의 비대면 학습이 증가하는 것이 그러한 대표적 사례이며, 그와 관련한 구체적인 학습의 목표, 내용, 방법에 대해서는 본 저서의 곳곳에서 다루어지게 될 것이다.

아홉째, 포스트휴머니즘은 인지cognition의 시대에서 정서affection 및 생태성ecology의 시대로의 전환을 가져오고 있다. 인공지능의 발전으로 대표되는 4차산업혁명의 기술적 혁신은 인간의 인지적 역량(논리성과 합리성)과 신체 노동력에 의존하던 과거와는 달리 인공지능과 로봇에 의해 대부분의 작업이 쉽게 처리될 수 있는 시대를 맞이하게 되었다. 대신 감정이나 정서, 문화예술, 환경 및 생태적 문제들은 여전히 인공지능 및 로봇이 대체하기 어렵거나 정착기간이 소요되는 분야이기 때문에 상당 기간 동안 인간의 역할이 기대되는 유일한 분야로 남게 될 것이다. 하지만 보다 근본적으로 포스트휴먼 교육은 크게 다음 세 가지 층위를 갖는 것으로 이해할 수 있다: i) 포스트휴머니즘의 관점에서 세상, 지식, 인간을 이해하는 것(탈인본주의적 존재론, 비대표성이론); ii) 미래의 지식-정보-기술 중심의 사회에서 생태, 기술, 인간사회의 구성 요소들의 상호의존적 관계성을 이해하는 것(객체지향존재론, 신물질주의); iii) 인공지능 및 기술중심 사회에 대비하기 위한 학습과 교육적 전략을 탐색하는 것(포스트현상학, 뉴미디어이론). 포스트휴먼 교육은 이 세 가지 층위를 염두에 두고 정서교육, 문화예술 교육, 그리고 환경생태 교육의 분야에서부터 교육적 변혁을 모색해 나갈 필요가 있다.

열째, 포스트휴머니즘은 미래의 지구 생태계의 협력적 구성원이 될 다양한 존재들의 공존을 위한 정치학적이고 윤리적인 세계관이다. 포스트휴머니즘은 진보된 자본주의advanced capitalism, 기술 중심주의techocentrism, 생명공학bio-engineering, 사이버네틱스cybernetics 등의 주제들을 모두 다루고 있는데, 이러한 주제들을 포괄적으로 논의하기 위해서는 자본, 기술, 생명, 사이버기술 등 간의 밀접한 상호연관성에 대한 정치학적이고 윤리적인 논의가 필요하다. 여기서 정치학적이고 윤리적이라는 것은 미래 사회의 다양한 존재들(동식물, 인간, 로봇, 사물 등)이 어떠한 존재적 의미를 지니며 기술적 생태계 속에서 각자의 책임과 의무를 다하며 어떻게 공존해야 할 것인가에 대한 문제를 다룬다는 것이다. 따라서 포스트휴머니즘은 이러한 이슈를 다루기 위해 등장한 생태정치학eco-politics, 생명정치학bio-politics, 사이보그 정치윤리학cyborg politico-ethics 등에 관한 논의들을 포괄하게 될 것이다.

지금까지 소개한 10가지 명제들은 본고에서 다루고 있는 지식정보화 및 인공지능 시대에서의 포스트휴먼적 학습과 교육에 대한 논의의 방향성을 보여준다. 즉, 미래의 기술중심 사회에서 교육과 학습이 구체적으로 어떻게 변화하게 될 것인지를 포스트휴머니즘의 관점에서 설명하고자 하는 것이다. 본고의 논의가 미래 학교교육의 역할과 학습의 성격이 어떻게 변할 것인가에 대한 독자들의 이해에 도움이 되기를 기대해 본다.

본 저서의 마지막 장에서 기술기반 수업의 훌륭한 예시의 기초 자료를 제공해주신 전북대학교 [인공지능 융합교육] 대학원 과정의 김도원, 박예원, 이가현, 김유진, 안정현, 유미, 이재현, 장지혜, 정운영, 조은석, 홍동균 선생님께 감사드린다.

2020년 9월 30일

세종의 서재에서

차례

들어가는 말 • 4

제1부
4차 산업혁명과 포스트휴머니즘: 지식, 기술, 그리고 포스트휴먼

제1장
기술중심 사회와 포스트휴먼적 지식: 10개의 질문들

1. 포스트휴먼적 지식이란 무엇인가? • 21
2. 지식은 어떻게 발전하였는가? • 25
3. 지식인이란 어떤 존재인가? • 30
4. 지식은 구분될 수 있는가? • 33
5. 지식은 구조를 가지고 있는가? • 37
6. 지식의 미래는 어떠한가? • 40
7. 지식과 기술의 관계: 테크놀로지의 효과 • 44
8. 포스트휴먼 사회란 어떤 사회인가? • 49
9. 포스트휴먼적 학습자란 누구인가? • 50
10. 포스트휴먼 시대의 학교 교육은 어떻게 될 것인가? • 54

제2장
미래의 기술적 변화와 학교 지식의 성격

1. 미래 사회의 변화와 지식의 성격: 지식에서 정보로 • 59
2. 지식의 물질성: 신물질주의적 관점 • 63
3. 지식과 존재의 불가분리성: 포스트현상학적 설명 • 66
4. 지식의 다양식성: 객체지향존재론의 관점 • 69

제3장
기술 중심 교육의 개념적 틀: 기술, 인간, 교육의 혼융

1. 인본주의적 기술관에서 포스트휴먼적 기술관으로 • 75
2. 인간, 기술, 교육의 공존 관계 • 78
3. 포스트휴먼적 평가의 미래 • 82
   1) 포스트휴먼적 평가의 개념적 기반 • 82

2) 포스트휴먼적 평가로의 변화: 디지털 기반 평가 • 86
3) 포스트휴먼적 평가의 실행 전략 • 92

제2부
포스트휴머니즘 기반 학습의 이해

제4장

포스트휴머니즘의 3가지 이론적 관점

1. 신물질주의: 일원론에 기반 기술–인간의 혼성화 • 101
2. 객체지향존재론: 수평적 존재론과 포스트휴먼적 학습자 • 108
3. 포스트현상학: 인간, 기술, 학습의 혼융 • 114

제5장

포스트휴먼 학습의 등장

1. 포스트휴먼 학습자란 누구인가? • 124
   1) 학습자에 대한 이해의 변화 • 125
   2) 포스트휴먼적 존재와 학습 • 128
   3) 포스트휴먼적 학습과 지식/정보 생태계의 변화 • 134
2. 포스트휴먼적 학습이론이란 무엇인가? • 136
   1) 인본주의적 학습이론에서 포스트휴먼적 학습이론으로 • 136
   2) 포스트휴먼-행동주의의 등장 • 139
   3) 인지주의에서 연결주의로 • 144
   4) 구성주의에서 관계주의로 • 148

제3부
정보화 사회와 인공지능의 등장

제6장

인공지능의 개념과 기술적 현황: 기계번역기의 등장

1. 인공지능 번역의 발달 과정 • 159
2. 기계번역의 타당성과 인간 번역의 효용성 사이의 딜레마 • 163
3. 인간 번역 및 외국어 능력의 역할에 대한 일고 • 169

제7장

빅데이터 시대의 융합지식의 성격과 양상

1. 정보의 팽창과 빅데이터의 등장 • 173
2. 빅데이터와 데이터 마이닝 • 178
   1) 텍스트 마이닝이란? • 178
   2) 데이터 마이닝이란? • 181
   3) 데이터 기반 영상 분석 • 184
3. 데이터 기반 학습 관리의 실제 • 192
   1) 데이터 기반 학습 관리시스템의 기본 개념 • 192
   2) 데이터 기반 학습 분석시스템의 요소와 구조 • 193
   3) 데이터 분석 시스템의 활용 • 195
   4) 빅데이터에 기반한 학습 분석 • 198

제8장

인공지능의 교육적 활용

1. 학교교육에 있어서 AI 기술의 적용 • 202
2. 학교 밖에서의 AI 기술의 적용 • 204
3. AI 기반 교육의 장점 • 206
4. 인공지능 시대의 학습의 미래: 바이오로이드적 학습의 등장 • 208

제4부
포스트휴먼 사회에서의 학교교육과정의 변화

제9장

학교지식 인식론의 전환

1. 전통적 지식 구분의 타당성 • 215
2. 20세기 인식론의 한계와 그 해체적 접근 • 220
   1) 본질주의적 인식론의 오류 • 220
   2) 구조주의적 인식론의 재검토 • 223
   3) 경험주의적 인식론의 한계 • 225
3. 탈인본주의적 인식론의 대안: 비대표성이론 • 230
4. 소결: 인본주의적 경험(사회문화이론)에서 포스트휴먼적 경험(사회물질이론)으로 • 235

제10장

포스트휴먼 교육과정의 미래

1. 포스트휴먼 교육과정의 기본 원리 • 239
1) 지식과 방법의 물질성 • 240
2) 사물의 역량 인식 • 244
3) 얽혀있음의 교육과정 • 247
4) 정서기반교육 • 250
2. 포스트휴먼적 교육과정의 형태와 성격 • 254
1) 스펙트럼 교육과정 • 254
2) 횡단적 교육과정 • 258
3) 교육과정 너머의 접근 • 261

제11장

포스트휴먼 시대의 리터러시 교육

1. 리터러시 이론의 발달과 포스트휴먼 리터러시의 등장 • 268
1) 리터러시의 지형도 • 268
2) 포스트휴먼 리터러시의 등장 • 271
2. 포스트휴먼 리터러시의 범주 • 276
1) 포스트휴먼 리터러시의 양식성: 디지털 리터러시 • 276
2) 포스트휴먼 리터러시의 핵심 관점: 탈인본주의 리터러시 • 278
3) 포스트휴먼 리터러시의 방향성: 비판적 리터러시 • 280
4) 포스트휴먼 리터러시의 성격: 혼성적 리터러시 • 282
3. 포스트휴먼 리터러시의 이론적 기반 • 284
1) 신물질주의 • 284
2) 행위자망이론 • 286
3) 비대표성이론 • 289
4) 포스트현상학 • 292
4. 포스트휴먼 리터러시의 대안적 연구 관심 • 295
1) 리터러시의 정서성 • 295
2) 리터러시 담론의 물질성 • 298
3) 가상적 정체성 • 300
5. 포스트휴먼 리터러시 교육의 방향 • 302
1) 범주 확장 교육 • 303
2) 포스트휴먼적 존재성의 확장 • 305
3) 정리하며 • 307

제5부
미래의 기술적 변화와 학습의 혁명

제12장

사이버 세계의 확장과 학습의 혁명

1. 시뮬라크라: 현실과 가상의 구분이란 없다. • 315
2. 가상현실: 뉴노멀 • 318
3. 경험적 학습과 메타 학습 • 322
   1) 경험적 학습: 인본주의 학습이론 • 322
   2) 메타 학습: 탈인본주의 학습이론 • 324
4. 메타-세계: 손에 잡히는 것만이 현실이 아니다. • 327
5. 메타-학습의 제약들 • 329

제13장

메타-세계 기술들의 교육적 적용

1. 증강현실 기술의 교육적 적용 • 334
   1) 증강현실 기술과 학습 • 334
   2) 증강현실 기술의 교육적 활용 사례 • 336
2. 생활 기록을 활용한 학습 • 343
   1) 생활 기록의 개념과 목적 • 343
   2) 생활 기록의 원리 • 344
   3) 생활 기록의 활용성 • 346
3. 거울세계에서의 학습 • 349

제14장

기술기반 학습의 이해와 실천

1. 기술 향상적 학습의 이해 • 354
2. 사이버 학습 • 357
3. 네트워크 학습 • 361
   1) 네트워크 학습의 이해 • 361
   2) 네트워크 학습의 성격: 공간성, 가상성, 연결성 • 363
4. 뉴미디어적 학습 • 366
   1) 뉴미디어적 학습이란? • 366
   2) 뉴미디어 학습의 원리: 포스트현상학과 피드포워드 • 368

3) 뉴미디어 학습의 전략들 • 370

5. 모빌리티 학습 • 373

6. 영상기반 학습 • 377

1) 영상기반 학습의 기본 원리 • 377

2) 영상기반 학습의 대표: Google의 YouTube • 380

7. 기술기반 수업의 사례 • 383

1) 초등 수학 A • 384

2) 초등 수학 B • 384

3) 중학 영어 • 388

4) 중학 과학 • 389

5) 중학 국사 • 390

6) 중학 기술·가정 • 391

7) 교과융합 및 창체활동 협력적 수업 • 392

8) 초등 정보 교과 • 393

9) 초등 실과 A • 394

10) 초등 실과 B • 396

나가는 말 • 399

참고문헌 • 410

찾아보기 • 445

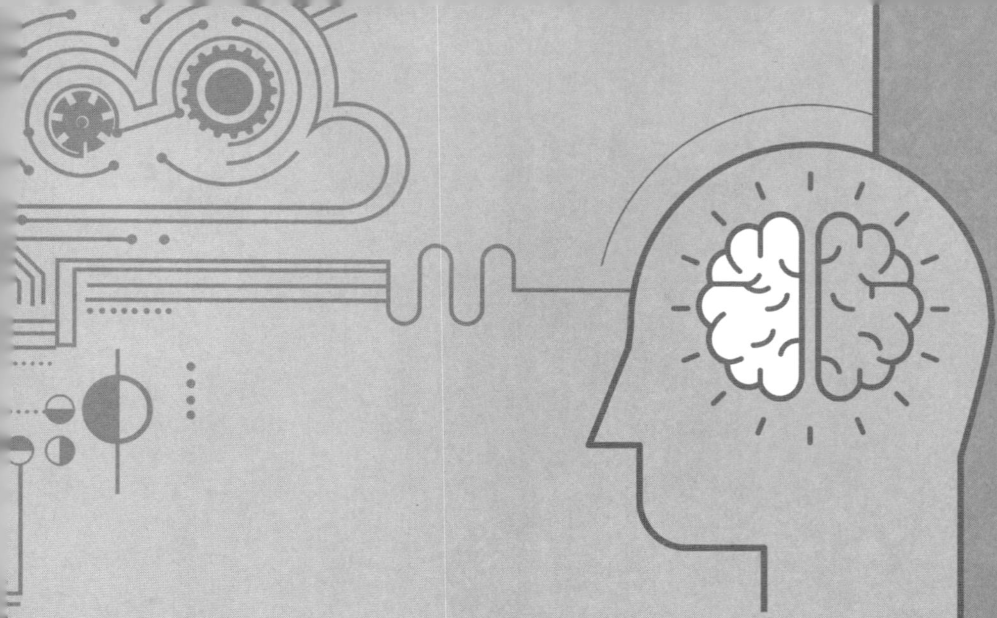

제1부

4차 산업혁명과 포스트휴머니즘: 지식, 기술, 그리고 포스트휴먼

미래는 이미 와 있다.
아직 멀리 퍼지지 않았을 뿐이다.

–윌리엄 깁슨

제1장

기술중심 사회와 포스트휴먼적 지식: 10개의 질문들

1. 포스트휴먼적 지식이란 무엇인가?

경험주의의 시조라고 불리우는 16~17세기 영국의 철학자 프란시스 베이컨Francis Bacon은 과학적 지식이란 오직 귀납적 논리inductive reasoning를 바탕으로 자연의 사건들을 세밀하게 관찰함으로써 얻어질 수 있다고 주장한 바 있다. 여기서 중요한 점은 과학자들도 오류에 기반한 가정과 데이터들을 바탕으로 잘못된 결론을 내릴 수 있기 때문에, 그러한 가능성을 회피하기 위한 확고한 방법론적 전략을 택하는 것을 과학적 태도라고 보았다는 점이다. 이러한 베이컨적 방법론Baconian method은 오늘날까지 과학적 방법론의 가장 핵심적인 접근으로 간주되어 왔고, 20세기까지 자연과학의 영역 뿐만 아니라 사회과학의 영역에 축적되고 구조화된 지식들의 상당수는 바로 이러한 실증주의적 방법론을 기반으로 하고 있다.

하지만 경험주의와 실증주의를 대표하는 베이컨의 '지식은 힘이다Knowledge is Power'란 격언의 의미는 두 가지 상이한 방식으로 이해될 수 있다. 즉, '지식은 힘이다'라는 말은 기능론적 관점에서는 '아는 것이 힘이다' 혹은 '배워서 남 주나?'와 같은 의미를 가지는 반면, 갈등론적인 관점에서는 '지식은 권력이다' 혹은 '지식은 다른 사물/사람을 지배하는 힘이 된다'란 의미를 갖는다(육영수, 2019). 이러한 지식에 대한 상이한 관점은 학교교육의 지식론에도 그대로 반영되어 있다. 19세기 독일의 철학자 스펜서H. Spencer는 '어떤 지식이 가장 유용한 지식인가?What is the most useful knowledge?'라는 질문을 바탕으로 학교 지식이 선정되어야 한다고 주장한 반면(기능론), 20세기 미국의 비판적 교육학자인 애플M. Apple은 '누구의 지식이 가장 중요하게 다루어지는가?Whose knowledge is of most worth?'란 질문을 통해 지식을 둘러싼 권력의 문제를 고려해야 한다(갈등론)고 주장한 바 있다. 결국 지식이란 무엇인가를 이해함에 있어 앞선 두 가지 관점 중에서 어느 쪽에 방점을 두느냐에 따라 지식 습득의 목표나 방법론이 달라질 것이다.

그런데 지식을 '세상 만물의 원리와 그 작용 방식에 대한 이해'라고 정의한다면, 그러한 이해의 기준은 지금까지 '인간의of the people', '인간에 의한by the people', 그리고 '인간을 위한for the people' 이해로 이루어져 왔고, 그러한 지식을 바로 인본주의적humanistic 지식관이라고 부를 수 있다. 여기서 인본주의humanism는 인류중심주의ethnopocentrism와 같은 의미로 쓰이면서, 인간에 대한 이해(존재론)와 교과 지식에 대한 이해(인식론), 그리고 학교교육의 목표에 대한 이해(가치론) 속에 뿌리 깊게 자리하고 있다. 본 저서에서 논의하려는 포스트휴먼적 교육이란, 학교교육과정의 지식 및 학습이론의 곳곳에 녹아있는 이러한 인류중심주의적 시각에서 벗어난 지식과 학습에 대한 대안적 관점을 탐색하고자 하는 것이다.

인본주의적 지식관은 인간이 경험하는 모든 정보information, 지혜wisdom, 데이터 등이 모두 '인류'를 위한 것이고, 지식을 습득하고 활용하는 것이 '인간이 세계를 다루는 방식'이라고 간주한다. 고대 희랍의 고전적 세계관에서부터 시작하여, 중세 기독교중심적 세계관(신이 인간에게 세상을 다스릴 권리를 주었다.), 그리고 인간성의 회복을 표어로한 르네상스적 신인문주의와 뒤이어 나타난 근대 이후의 인간 이성을 바탕으로 한 과학적 합리주의의 세계관에 이르기까지 모든 지식들은 거의 이러한 인본주의적 관점을 기반으로 형성되어 왔다고 볼 수 있다.

반면, 인간만이 아니라 세상의 모든 존재들을 함께 고려하여 세상을 이해하고자 하는 것을 탈본인주의적post-humanistic 지식관이라고 부를 수 있다. 한 마디로 탈인본주의적 지식은 세계의 다양한 존재들이 어떻게 지구 생태계 속에서 상호작용하면서 공존하고 있는가를 이해하려는 것인데, 포스트휴머니즘은 바로 이러한 탈인본주의적 지식관을 지향한다. 따라서 포스트휴머니즘에 기반한 지식관을 바탕으로 짜여진 학교교육과정은 '인간에 의한, 인간을 위한, 인간의 지식'이 아니라, 지구상의 모든 존재들의 가치를 인간과 동일하게 인정하고(객체지향존재론), 모든 비-인간적 존재들의 네트워크적 상호 얽힘과 공존의 차원(행위자망이론)에서 세상을 바라보는(비대표성이론) 지식을 목표로 한 교육과정이라고 이해할 수 있다.

최근 21세기를 맞이하여 급속히 발전하고 있는 정보통신 혁명과 4차산업혁명으로 인해 지식의 양, 범주, 처리방식, 그리고 활용방식이 과거와는 비교할 수 없을 정도로 달라지고 있다. 이러한 과학기술적 및 자연생태적 환경의 변화는 지식의 내용과 성격이 과거 2천여 년간 인류가 경험하고 축적해온 그것과는 근본적으로 달라질 수밖에 없음을 일깨워 준다. 다음 [그림 1]은 세상을 바라보는 기존의 인본주의적 관점이 얼마나 편협할 수 있는지를 잘 보여준다.

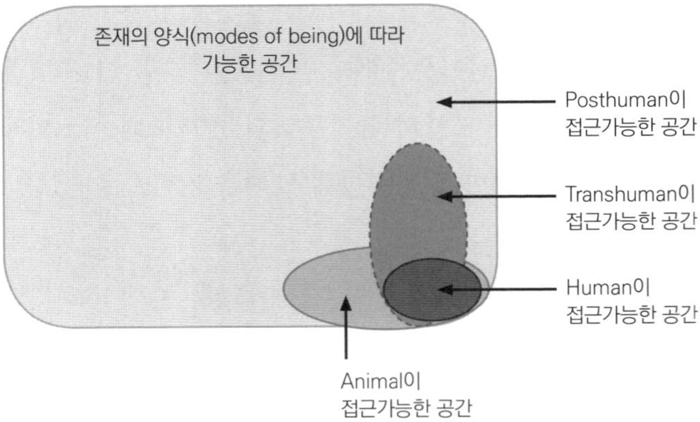

그림 1 포스트휴먼 생태계에서의 존재 양식의 범주(Wilson & Brunson, 2017)

위 그림에 잘 나타나듯이, 기존의 '순수한' 인간(Human)의 관점에서 바라보는 세상의 개념적 범주는 트랜스휴먼이나 포스트휴먼 존재가 살아가는 세상의 범주에 비해 비교할 수 없을 정도로 협소하다는 것이다.

우리는 지금까지 '인간'의 관점에서만 세상을 바라보고 이해함으로 인해, 매우 편협한 관점에서 세상을 이해할 수밖에 없었다. 포스트휴먼적 지식은 바로 그러한 존재인식론적 문제점에 대한 반성적 성찰을 기반으로 인간이 다양한 포스트휴먼적 존재들과 공존할 수 있는 세상을 만들고자 하는 것이다. 본 저서는 이러한 포스트휴먼적 지식의 관점을 바탕으로 기존의 인본주의적 지식관과는 완전히 다른 패러다임 속에서 포스트휴먼적 지식이 어떤 성격과 형태를 띠고 있으며, 그에 따라 인간의 소통과 학습은 어떻게 바뀌어지게 될 것인지를 구체적으로 논의할 것이다.

2. 지식은 어떻게 발전하였는가?

근대 사회가 형성된 이후로 최근까지 지식은 주로 책이라는 물리적 형태로 도서관에 보관되거나 사람의 머릿속에 저장되어왔다. 이러한 지식의 저장 방식은 언제부터 시작되었고 과연 언제까지 이어질 것인가? 이 질문에 대한 통찰을 얻기 위해 인류사에 있어서 지식 전달의 역사적 변화과정을 살펴보자.

고대 희랍 시대의 지식은 문자로 저장되었던 것이 아니라, 구전의 방식 즉, 사람들의 입에서 입으로 전달되는 형태였다. B.C. 484년경~425년경 생존하였던 것으로 알려진 고대 그리스의 역사가 헤로도투스Hērŏdŏtus는 사료를 체계적으로 수집하고 그 정확성을 검증하여 생생한 줄거리를 만들어 역사적 자료를 정리하는 방식을 최초로 수행했왔다는 점에서 '역사학의 아버지'로 불리우고 있다. 그는 그리스와 페르시아 간의 전쟁(B.C. 490~479)의 기원에 대해 연구하고자 지중해와 흑해 주변을 널리 여행하면서 사람들에게서 들은 전쟁의 배경에 관한 이야기를 직접 기록하고 정리하였고, 그 결과를 『역사』(B.C. 440)란 저술로 완성하였다. 이처럼 기원전 희랍시대의 대부분의 지식(인류의 경험과 지혜)은 종이에 기록되지 못하고 사람들의 기억에 의해 서사narrative의 형태로 구전되어왔다. 마찬가지로 희랍 시대의 지혜와 학문의 산실이었던 플라톤의 아카데미아*Academia*에서도 지식은 구전의 방식으로 전수되었다. 즉, 오늘날 알려진 그리스 고전(The Classics: Politeia, Nicomachean Ethics, Bibliotheke, Organon, Categoriae 등)들은 대부분 후세의 학자들이 구전된 내용들을 정리하여 집대성한 것이지, 실제 당시의 교육이 문서를 통해 이루어진 것은 아니라는 것이다.

다음으로 기원 후 중세 초기에 이르기까지 지식은 주로 로마의 국교로 지정된 기독교 계열의 수도원에서 수도사의 필사본을 통해 보존되고 전수되었다. 그 시초는 로마의 원로원 의원이었던 카시오도루스(AD. 490-580)가 수도원을 세우고 저술활동에 전념하다가, 당시의 지식을 보관하고 전달할 최적의 장소가 수도원이라고 판단하여 당시의 수사들monks에게 이러한 일을 담당하도록 하였던 것이다. 수도원이 지식의 중심지가 됨으로써 당시의 지식은 대부분 신 중심적 세계관을 설파하는 종교적saint이고 은둔적heretic인 색채를 띠게 되었고, 그에 따라 다양한 관점의 지식과 세계관이 자유롭게 교류하는 것이 어려울 수밖에 없었다.

이러한 학문적 교류의 중요성은 한 때 지식의 역사에서 한 획을 그엇던 이슬람 과학Islamic science의 발전사에서도 찾아볼 수 있다. 7~11세기 사이의 약 500년간 스페인에서부터 페르시아 지역에 걸쳐 번성하였던 이슬람 세력은 그리스 문명(Helenism)이 낳은 자연과학적 지식들을 빠르게 흡수하면서 고대의 유산을 계승시키는 '헬레니즘의 도서관' 역할을 수행하였다. 즉, 이슬람계를 통일한 아바스

Abbas 왕조의 칼리프 황제는 그 당시의 모든 외국의 지혜의 모범들을 아랍어로 번역하기 위해 오늘날 바그다드Bagdad, Iraq에 다문화적 학문 공동체인 [지혜의 전당]을 설립(AD. 800)하였다. 이 지혜의 전당에서는 기독교인이나 유대인을 비롯해 당시의 대부분의 이교도들이 아랍의 무슬림들과 자유롭게 교류하였고, 그리스어, 시리아어, 페르시아어, 산스크르트어로 된 텍스트와 언어가 모두 사용되었다. 그로 인해 당시의 이슬람계가 사용했던 아랍어Arabic는 훨씬 더 풍부하고 유연한 언어로 발전하면서 국제어로서의 위상을 누렸다. 이런 환경 속에서 이집트와 메소포타미나의 연금술과 인도의 대수학, 그리스와 인도의 정밀과학이 더욱 발전하게 되었고, 결과적으로 무슬림 천문학자들은 톨레미Ptolemaios의 지구중심설Geocentrism을 대신해 태양중심설Heliocentrism의 아이디어를 최초로 구상했다는 평가도 받는다(Montgomery, 2000).

중세의 후반후에 해당하는 11세기 말 이탈리아에서는 세계 최초의 대학인 볼로냐Bologna 대학이 설립(1088년)되었고, 여기서 교회법Canon이나 민법 등이 강연되면서 학문의 중심지가 대학으로 옮겨지기 시작했다. 이로써 유럽의 대학들(옥스퍼드Oxford 대학, 케임브리지Cambridge 대학 등)을 중심으로 12c~15c 까지 지식의 생산과 보관의 결정적 역할을 대학이 담당하게 되었다. 지식생산과 전파의 중심지가 수도원에서 대학으로 이동하면서 지식은 종교적 색체에서 벗어나서 보다 세속적secular인 성격을 띠게 되었다. 특히 유럽의 많은 학자들과 학생들이 자유로운 학문적 교류를 위해 대학을 중심으로 모이게 되면서, 대학은 유럽의 도시를 학문적 교류의 공간으로 만드는데도 중요한 역할을 담당하였다.

이처럼 중세의 대학은 학생들과 선생들의 주기적이고 안정적인 만남을 가능케하고 생존에도 유리한 도시 공간에 자리 잡게 되었다. 오늘날 '대학'을 의미하는 우니베르시타스*universitas*란 용어도 고대 로마 법에서 '개인들의 약속된 모임'을 지칭했던 개념에서 유래한 것이다. 그러던 중 13세기 무렵에는 우니베르시타스가 조합원의 이익 보호와 교류를 위한 단체인 길드guild를 지칭하는 말로도 사용되었고, 대학이란 우니베르시타스는 주로 명장Master(교수), 장인Bachelor(학사를 받은 오늘날의 대학원생), 그리고 도제Apprentice(학부생)로 이루어지게 되었다. 동시에 중세의 대학은 스튜디움 제네랄레studium generale란 용어로도 지칭되었는데, 이는 특정지역의 학생들만 배타적으로 모집했던 스튜디움 파티큘레studium particulare와는 대조적으로 유럽(세계)의 전역에 걸쳐 학생을 수용하였기 때문이었다(McNealy & Wolverton, 2008, p. 87). 결국 중세의 대학이 오늘날이 형태로 발전하게 된 배경에는 종교적 색체를 강조하거나 특정 지역이나 학생들만을 수용했던 배타적인 태도가 아니라, 다양한 관점과 문화와 지식의 영역들이 자유롭게 소통하고 교류될 수 있었기 때문이라고 이해할 수 있다.

중세의 종말을 알리는 16세기 르네상스 운동이 시작된 이후에는 유럽의 많은 박물관들이 지식과 문화적 교류의 중심지 역할을 담당하게 되었다. 특히 16세기 이후 유럽의 제국주의 국가들(스페인, 프랑스, 영국, 네델란드 등)의 귀족들과 학식을 가진 유한계급들은 세계 각지의 다양한 민족들의 문화적 산물들을 수집하여 개인의 자택이나 자국의 박물관에 수장함으로써, 세계 문물의 중심지가 되었다. 예를 들어, 프랑스의 루브르 궁전에는 왕립 학술원Academy이 설립되었고(1692년), 얼마 후 프랑스 대혁명이 일자 학술원이었던 루브르는 국가의 걸작을 전시하는 박물관의 역할로 탈바꿈하였다. 박물관으로서의 루브르는 대부분 몰락한 귀족과 교회에서 징발된 537점의 회화를 전시하며 첫 개장을 하였고(1739년), 이후 이집트, 중동, 그리스, 로마 유물관과 이슬람 미술관, 조각 전시관, 장식품 전시관, 회화관 그리고 판화와 소묘관 등으로 구분하여 전세계의 유물과 미술품들을 전시해오고 있다. 이로 인해 유럽의 박물관들은 문화의 중심지라는 명성과 동시에 제국주의적 약탈물들의 무덤이라는 오명을 안게 되었다.

오늘날 지식은 아카데미아, 수도원, 대학, 박물관에 이어 현대적 도서관에 아날로그 서적의 형태로 집중적으로 축적되어 왔다. 하지만 최근 컴퓨터와 디지털 문명의 발달로 인해 지식은 점점 디지털의 형태로 전환되기 시작하였고, 인터넷을 통해 물리적 공간이 아닌 가상적 공간(클라우드, 데이터베이스)에 축적되어 활용되고 있다. 대표적 예로, 구글Google은 2004년부터 미시건대, 스탠포드대, 하버드대, 옥스퍼드대, 뉴욕시립대와 계약을 맺고 대학 도서관의 장서를 디지털화하는 작업을 해오고 있다. 구글은 이렇게 스캔된 책의 내용을 핵심어나 문구로 색인화하여 사용자들이 인터넷의 구글북스Google Books를 통해 언제 어디서든 검색할수 있게끔 하고 있는 것이다. 이러한 도서의 디지털화에 대해 미국 작가협회가 저작권을 침해한다고 소송을 제기한 바 있지만, 미 연방법원은 이러한 정보의 디지털화가 공정 이용fair Use에 해당하기 때문에 공공의 이익을 저해하지 않는다고 합법 판결을 내린바 있다. 이러한 정보의 디지털화는 유럽에서도 이루어지고 있는데, 2005년부터 프랑스, 독일, 스페인, 폴란드, 헝가리를 주축으로 '사이버 유럽도서관'이 설립되어 종이 도서에 대한 디지털화가 진행되고 있다. 요컨대, 최근의 정보통신기술의 발전은 미래의 지식이 종이 도서의 굴레에서 벗어나서 디지털화되어 네트워크 망을 통해 자유롭게 유통되게 될 것이며, 사람들은 그러한 정보망 속의 지식들을 활용하고 정보와 상호작용하는 지식네트워크 속의 하나의 행위자actor 역할을 하게 될 것이라는 것을 쉽게 예상할 수 있다.

3. 지식인이란 어떤 존재인가?

지식인에 대한 최초의 이미지는 5~4c B.C.경에 활동했던 고대 희랍의 소피스트Sophists들이 대표하고 있다. 초기 소피스트들은 철학과 수사학적 지식을 기본으로, 음악, 체육, 수학 등의 과목들을 가르쳤고, 교육의 목표는 젊은 정치가나 귀족의 자제들에게 덕성arete을 가르치는 것이었다. 잘 알려진 바와 같이 소크라테스를 포함한 대부분의 소피스트들은 당시 아테네 사회의 실용주의적 분위기에 따라 가르침에 대한 상당한 금전적 보상을 받았고, 그로 인해 플라톤Plato이나 크세노폰Xenophon과 같은 학자들에 의해 비판을 받기도 했다. 하지만 고대 그리스 시대에는, 당시를 대표했던 소피스트들과 같이, 지식을 가르친 것에 대한 금전적 댓가를 받는 것이 자연스러운 일이었다.

고대의 지식인의 역할을 물려받은 중세(서로마 제국의 멸망에서 르네상스 시대에 이르는)의 대표적 집단이 바로 중세 교회의 사제들이었다.

이 사제들은 종교적 금욕을 수행하면서 기독교 경전을 중심으로 교리와 금욕적 생활을 가르치는 역할을 수행하였다. 이 사제들은 수도원에 구속되어 오랜 기간 동안 독서와 신앙훈련을 하였고, 각자의 성취수준에 따라 단계별로 인증장degrees이 수여되었는데 이것이 오늘날 대학이 수여하는 '학위' 시스템의 기초가 되었다. 즉, 중세의 지식인들을 대표하는 각종 교회(카톨릭, 루터교, 동방정교 등)의 사제들은 신도들에게 교회의 가르침을 전수하는 역할을 하면서, 그 대신 교회가 수여하는 교사의 자격과 신분적 안정을 보장받았던 것이다.

그렇다면, 근대(18c~19c)의 지식인은 어떤 모습을 띠었을까? 20세기 초 독일의 대표적 사회학자였던 칼 만하임Karl Mannheim은 지식을 발견하거나 생성하기도 하고 전파하는 사람을 모두 지식인intellectuals이라고 부를 수 있다고 주장하면서, 계몽주의의 영향 하에 있던 철학자들(프로테스탄트 교목이거나 르네상스 시대의 인문주의자들의 후손)을 지식인을 대표했던 집단으로 일컬은 바 있다. 그는 모든 사회에 존재하는 이러한 지식인들을 "사회를 위해 세상에 대한 해석을 제공하는 역할이 주어진 집단"으로서, '자유롭게 떠돌아다니는 지적인 존재들free-floating intelligentsia'이자, 계급class 속에 구속하기 어려운 계층으로 간주하였던 것이다. 이처럼 20c 초반의 지식인에 대한 관점은 지식의 사회적 역할에 대한 기대를 바탕으로 자유롭고 합리적이며 이성적 존재의 이미지를 지식인에게 부여하고 있었음을 알수 있다.

한편 푸코M. Foucault는 21세기를 살아가는 오늘날 우리가 인식하는 지식인의 이미지는 19세기 중반 러시아에서 처음 등장한 '인텔리겐챠intelligentsia'에서 유래한 것이라고 보았다. 이 인텔리겐챠란 용어는 당시 학식을 가졌으면서도 관료의 자리에 오르지 못하거나,

아니면 관료주의에 편입되기를 거부했던 사람들을 지칭하는 비관료적 지식인을 가리키는 말로 쓰였다고 한다. 즉 20c까지의 지식인들은 19세기 중후반에 공고해진 관료주의 사회의 주변부에 맴돌았거나(체제순응적 지식인) 아니면 관료주의에 대한 비판적 태도를 지녔던(체제비판적 지식인) 학식있는 사람들로 양분되었던 것이다(Burke, 2013, p. 18-19). 특히 후자에 속하는 비판적 지식인들이 20c의 지식인에 대한 사회적 이미지를 대표하고 있다.

정리하자면, 고대 그리스의 지식인들(소피스트들)은 아테네 사회의 실용적 지식(논리, 수사, 대수, 기하 등)에 대한 필요에 따라 금전적 댓가를 받고 자유롭게 지적 서비스를 제공하던 집단들이었고, 중세의 지식인들(사제들)은 당시를 지배하였던 교회의 요구에 따라 종교적 지식을 정리하고 전수하는 댓가로 신분적 안정을 보장받았던 집단들이었으며, 근대의 지식인들(계몽주의 철학자들)은 당시의 사회 제도에서 크게 벗어나지 않는 범위 내에서 다양한 학문 분야별로 세상을 해석하고 이를 후속 세대에게 전수하는 자유로운 계층이었고, 마지막으로 20세기의 지식인들intelligentia은 반관료주의적 태도를 기반으로 기존의 사회 체제를 개혁하려는 비판적 지성들로 대표될 수 있는 것이다.

이와 같이, 지식 자체에 대한 사회적 인식은 시대별로 다양하게 변천되어왔고, 그에 따라 지식인의 사회적 역할과 그 위상도 시대적 상황과 사회적 요구에 따라 매우 다르게 자리매김되어 왔다. 따라서 오늘날과 같이 고도로 발달한 정보통신 과학기술들이 학문과 지식의 성격들을 나날이 변화시키고 있는 현실 속에서 지식인의 성격과 역할들도 과거와는 완전히 달라질 수밖에 없다. 결국, 미래의 지식인의 위상과 역할은 향후 지식의 성격이 어떻게 변해갈 것인가에 대한 보다 면밀한 이해를 바탕으로 새롭게 정의될 필요가 있을 것이다.

4. 지식은 구분될 수 있는가?

우리나라 2015 교육과정의 가장 큰 특징 두 가지는 역량 중심 교육과 문이과 통합교육을 도입한 것이었다. 이러한 변화의 배경에는 정보통신 기술의 발전과 그에 따른 산업생태계의 변화로 인해 학교교육에 기대하는 지식의 성격과 개인의 잠재력에 대한 사회적 요구가 근본적으로 변했기 때문이었다. 사실 그동안 학문적 구분이 이루어지고 지식을 범주화했던 것은 지식의 형태와 성격의 본질적 특성 때문이 아니라, 그 당시의 학계의 지식에 대한 이해 수준을 반영한 결과물일 뿐이었다.

지식에 대한 고전적 인식론은 세상에 대한 탐구의 도구나 방법론이 점차 발달해 감에 큰 도전을 받고 있고, 실제로 오늘날의 학문적 구분은 과거와는 매우 달라지고 있다. 가장 고전적인 지식 구분의 예를 제시했던 아리스토텔레스Aristotle는 지식을 이론적Theoretical 지식(예: 수학, 천문학), 실용적Practical 지식(예: 정치학, 윤리학), 생산적Productive 지식(예: 음악, 건축학)으로 구분한 바 있다. 그리고 20세기 중반에는 기호학의 영향을 받은 피닉스Phenix(1964)는 지식을 '의미를 담는 그릇'으로 이해하면서, 인간은 의미를 창조, 표현하는 동물이며, 교육은 근원적 의미를 개발하는 과정이라는 보았다. 그러한 전제하에 피닉스는 지식을 상징적Symbolics 지식(일상언어, 수학, 감정, 가치, 직관을 표현하는 상징적 지식), 경험적Empirics 지식(물리학, 생물학, 심리학, 사회과학 등), 심미적Aesthetics 지식(음악, 미술, 무용, 문학 등), 개인적Synnoetics 지식(실존학), 윤리학Ethics(도덕적 지식 법률이나 사회적 규범), 그리고 Synoptics(종관학: 역사, 종교, 철학 등)으로 구분하기도 했다. 보다 최근에는 허스트와 피터스Hirst & Peters(1970)가 지식의 형태라는 개념을 바탕으로 논리학과 수학, 자연과학, 인문학, 종교, 역사, 문학 및 예술, 철학, 윤리학 등과 같은 오늘날 우리에게 가장 친숙한 지식(학문)의 분류 방식을 제시한 바 있다.

그렇다면 이러한 지식의 구분은 과연 절대적이거나 타당한 것인가? 위에서 소개한 지식 구분의 역사적 변천을 통해서도 알 수 있지만, 절대적 지식의 구분이란 존재하지 않으며, 지식 구분의 기준이나 타당성도 학자나 이론적 관점에 따라 다를 수밖에 없다. 지식의 범주화가 편의상의 구분일 뿐이라는 주장의 근거는 크게 세 가지를 들 수 있다.

첫째, 만일 지식이 명확히 범주화될 수 있는 특성을 가지고 있다면, 지식을 이루는 기본적인 단위가 있어야 하고, 그 단위들이 서로 다른 성격과 위계를 지녀야 한다. 하지만 지금까지 그러한 지식의 기본 단위에 대한 학계의 공통적인 혹은 보편타당한 이론이 제시된 바가 없다. 그 이유는 지식이 물리적 혹은 개념적 단위를 지니고 있는 것이 아니라, 학습자의 정신(인지) 과정 속에서 처리되는 데이터의 속성을 가지고 있기 때문이다. 데이터로서의 지식은 그 데이터가 형성되는 뉴런 속의 신호들의 상호 관련성이나 데이터가 사용되는 상황이나 맥락 속에서 구별되는 것이지, 그 자체가 독자적인 속성을 가지고 있는 것이 아니다. 예를 들어 전자공학의 경우, 컴퓨터가 빠르게 발달함에 따라 그와 관련된 지식이나 학문적 정체성도 변화하고 있다. 이때 전자공학의 핵심 원리가 변화한 것이 아니라, 프로그래밍 기술과 주변기기의 발전에 따라 나노 공학, 생명정보학, 디지털 미디어, 인공지능 등의 분야로 그 쓰임새가 급속히 확장되어 전자공학적 지식의 성격이 달라지게 된 것이다.

둘째, 지식의 범주화가 본질적 특성이 아닌 또 다른 이유는 지식은 하나의 가시적이거나 정적인static 단위가 아니라, 유동적인 성격을 지니고 있기 때문이다. 즉, 지식을 인간이 인식하고자 하는 어떤 대상의 성격과 역할에 대한 이해라고 한다면, 그러한 '이해'는 인간의 인지 과정 속에서 발생하는 '앎'의 상태이지 인간의 인식 밖에 존재하는 것이 아니기 때문이다. 즉, 오랫동안 학교교육에서 다루어졌던 지식은 "물은 100℃에서 끓는다"와 같은 '사실적 설명'으로 대표되어 왔기 때문에, 그러한 설명 하나하나를 분리하고 범주화하는 것을 당연시해 왔다. 즉, 지식을 축적될 수 있는 '형태'로 인식하는 것 자체가 지식에 대한 습관화된 오해에서 기인한 것이다.

셋째, 지식은 생성되거나 학습 혹은 공유되는 목적에 따라 그때그때 구분되어질 뿐이다. 브로우디Broudy(1988)은 학교의 역할에 따라 지식의 성격을 네 가지, 즉 재생산Reproductive, 참조적Referential, 응용적Applicable, 그리고 해석적Hermeneutic 기능으로 나눈 바 있다. 여기서 재생산 기능이란 초등교육의 역할로서 가장 기초적인 지식이나 문화적 관념을 세대 간에 전승하는 것을 의미하고, 참조적 기능이란 중등교육의 역할로서 온 세상의 모든 지식을 참조하는 차원에서 수많은 지식들의 핵심적 내용들을 배워야 한다는 의미이다. 그리고 응용적 지식은 대학의 학부 수준의 지식으로서 기초적인 이론과 이를 회사나 사회에 곧바로 적용할 수 있는 지식의 차원을 배운다는 의미이며, 마지막으로 해석적 지식은 대학원 이상의 학문을 연마하는 단계의 지식으로써 기존의 여러 지식들에 대한 해석의 과정(기존 지식에 대한 논의 및 새로운 지식의 창조)을 포함한다는 의미이다. 이처럼 학교급에 따라 상이하게 다루어지는 지식의 성격에 대한 설명은 지식을, 단순히 내용의 집합으로서가 아니라, 실제 세계와의 관련성에 따라 다루고 이해하는 방식의 차원으로 이해할 수 있음을 보여준다.

이처럼 지식과 학문들 간의 경계가 무너지는 현상은 인터넷을 통해 유통되는 방대한 정보들(빅데이터)과 그러한 지식을 효과적으로 추출해낼 수 있는 기술(검색 엔진)의 발달로 더욱 가속화되고 있다. 예를 들어, 욜란드Hjørland(2012)는 구글 검색 엔진Google search engine의 등장 이후, 지식의 분류 즉, 어떤 내용을 특정 범주로 구별해내는 작업의 필요성이 점점 사라지고 있다고 주장한다. 어떤 '내용'(지식)을 하나의 '범주'(분류) 속에 집어넣기 위해서는 분류 기준에 따라 각 지식이 어디에 속할지를 결정하는 작업이 필수적인데, 그러한 결정은 특정 범주화 과정에 내재한 목적이나 가치에 의존할 수밖에 없다. 그런데, 그러한 범주화의 목적이나 가치는 해당 지식의 활용 목적(의도)이나 범주화 이론 및 가치에 의존하기 때문에 상황에 따라 달라질 수밖에 없는 것이다.

요컨대, 지시의 범주화는 본질적 특성에 의해서나 고정된 틀에 의해서 이루어지는 당연한 작업이 아니라, 지식이 활용되는 방식이나 지식을 둘러싼 사회적 담론에 의존하여 상황에 따라 달라지는 것이다. 그러므로 지식을 검색하거나 학습하거나 체계화하는 방식을 지식의 '내재적 속성'에 구속될 필요 없이, 학습자의 다양한 필요(심리적 경향, 학습의 목표, 활동의 성격 등)에 의해서 수행하면 되는 것이다. 물론 혹자는 최소한 학교교육에서는 지식의 구분이나 범주화에 따른 체계적인 교육이 이루어져야 한다고 반문할 수 있다. 이 문제는 다음 절에서 좀 더 자세히 논의해 보자.

5. 지식은 구조를 가지고 있는가?

지식에 대한 논의를 처음 시도했던 아리스토텔레스 시대의 지식은 현재와 같이 지식이 세분화되거나 전문화되지 않은 시기로서 학자들은 특정 분야의 전문성 보다는 모든 지식에 대한 종합적 통찰을 더 중요시했다. 지식이 세분화되고 전문화되기 시작한 것은 근대 이후의 과학적 탐구의 발전으로 인해, 상이한 연구방법론에 의해 자연과학의 연구 대상들에 대한 세부적 연구결과들이 독자적으로 축적되어왔기 때문이었다. 그로 인해 최근까지 자연과학의 학문 분야들은 인접 학문들과 연구 결과를 공유하기보다는 각자의 영역에서 독자적 학문체계를 공고히 해 나가는 방식으로 발전해왔다.

이처럼 학문 영역 간 통합적 논의가 부족했던 것은 사회과학 영역에서도 마찬가지였다. 부르디외와 자노티-카프Bourdieu & Zanotti-Karp(1968)는 사회과학 분야의 학문적 이해는 사회의 여러 시스템들에 대한 객관적 구조를 이해하는 것이라고 주장하면서, 이를 위해서는 각 분야의 지식이 독자적 차원이 아니라, 각각의 지식들이 어떻게 사회적 실재 및 관련 분야의 다른 지식들과 연관되어 있는지를 종합적으로 설명할 수 있어야 한다고 주장한 바 있다. 예를 들어, 지리학은 지리학을 규정하는 여러 원리들 간의 관계 체계로서 정의되는 것이지, 지리학 관련 지식의 내적 본질에 의해서 이루어지는 것이 아니라는 것이다. 즉, 학문 영역들마다 독자적이고 특색있는 지적인 구조가 있다는 가정은 확인되거나 검증된 사실이라기 보다는 구조주의에 기반한 신념일 수 있다는 것이다.

부르디외와 자노티-카프Bourdieu & Zanotti-Karp는 아비투스habitus와 프락시스praxis란 개념을 통해 지식의 구조라 함은 지식 자체의 구조가 독립적으로 존재한다는 것이 아니라, 각 지식이 갖는 내용과 실제의 관련성(habitus: 외재성의 내재화)이 존재한다는 것이고, 이러한 지식이 실재 세계에 기여하는 것이 바로 실천praxis이라고 강조한 바 있다. 즉, 지식의 구조를 내용적 구조의 차원에서 보면, 각 지식의 내적 실제성(내재화의 원리를 바탕으로 한 내용과 실제의 관련성: habitus)과 외적 실제성(지식이 실제 현실에 어떤 기여를 하고 있는가: praxis)의 차원에서 이해할 수 있다는 것이다. 이때 지식의 구조는 지식의 내용이 실제 세계와 관련성이나 타당성이 있는가의 문제를 의미하는 것일 뿐이다.

지식의 구조문제를 이해하기 위한 또 다른 방법은 PCKPedagogical content knowledge 이론을 통해 접근해볼 수 있다. 셜먼Shulman(1986)은 교과 지식을 가르친다는 것은 말그대로 교과 내용과 교수법적 지식의 혼합인데, 그 핵심은 교과 내용 자체가 아니라 교수법적 지식이라고 보았다. 케네디Kennedy(1998)는 PCK가 해당 교과에 대한 개념적 이해, 교과지식의 교수법, 과학/수학적 사고(과업)의 본질에 대한 이해, 해당 교과에 대한 태도, 실제 학생의 교수적 실천이라는 다섯 가지 요소를 포함한다고 주장한 바 있고, 힐 외Hill et al(2008) 등은 PCK가 내용 및 학생에 대한 지식, 내용 및 교수법에 대한 지식, 교육과정에 대한 지식으로 이루어진다고 보았다. 비슷한 맥락에서 교과 지식subject matter knolwedge이란 특정 교과 자체의 지식 뿐 아니라, 전체 교육과정 속에서 해당 교과 지식의 지평Horizon(특정 교과의 주제가 전체 교육과정 속에서 어떻게 종합적으로 관련되어지는가를 인식하는 것)을 이해하는 것이 중요하다는 주장도 있다(Ball, Thanmes & Phelps, 2008). 즉, 이러한 PCK를 강조하는 학자들의 의견을 종합해보면, 지식의 구조가 문제가 아니라 어떻게 특정 내용을 특정한 맥락 속에서 다양한 학생들에게 가르칠 것이냐의 문제가 중요하기 때문에, 교육과정 전반에 대한 이해를 바탕으로 교과 내용과 학습자의 특성에 맞는 적절한 교수법을 적용하는 것이 관건이라는 것이다.

PCK에 기반한 수업을 위해 셜먼Shulman(1986)은 다음과 같은 질문들을 던져야 한다고 보았다:

- 가르치기 위한 기초 지식의 원천은 무엇인가?
- 그러한 원천들이 어떤 식으로 개념화될 수 있는가?
- 교수법적 타당성과 실천의 과정들은 어떠한 것들이 되어야 하는가?
- 어떻게 하면 그러한 교수전략을 통해서 교육을 개선할 수 있을 것인가?

결국 학생들이 교과지식을 효과적으로 학습하기 위해서는 위와 같은 질문들을 통해 최적의 교수법을 고민하는 것이 중요하지 지식의 구조 자체가 중요한 것이 아니라는 것이다. 따라서 본 저서에서는 앞으로 정보통신 혁명의 시대를 맞이하여 지식에 대한 기존의

'구조주의적 관념'에서 탈피하여, 지식이 어떻게 탈맥락성, 물질성, 연결성을 띠고 자유롭게 흘러다닐 수 있는지에 논의하게 될 것이다. 즉, 지식은 인간의 사고로부터 독립되고 독자적으로 존재하는 구조를 가진 학습의 대상이 아니라는 것이다. 요컨대, 기존의 인본주의적 인식론에서 벗어나서 신물질주의적 일원론에 기반하여 지식의 물질성에 주목하는 것이 바로 포스트휴머니즘적 지식론인 것이다.

6. 지식의 미래는 어떠한가?

2016년 Davos 포럼을 통해 세상에 처음 소개된 '4차산업혁명'이라는 용어는 오늘날 지식정보화사회의 방향을 가잘 설득력있게 설명하는 개념으로 널리 통용되고 있다. 그 특징은 과학, 기술, 산업 전반에 걸쳐 정보통신 혁명이 이루어지고 있다는 것이며, 그에 따라 지식과 정보의 성격도 달라지고 있다는 것이다. 이러한 4차산업혁명이 과학기술산업 분야의 변화를 상징하고 있다면, 그에 상응하는 사회적 변화와 인류의 변화를 상징하는 용어가 바로 포스트휴머니즘이다. 즉, 다음 [그림 2]처럼 기존의 휴머니즘이 인간과 세계의 관계성을 설명하는 대표적 철학이자 윤리학이었다면, 포스트휴머니즘은 기술의 등장에 따라 변화하게 된 인간과 세계의 새로운 관계성을 설명하는 정치 윤리학이라고 이해할 수 있다.

따라서 포스트휴먼적 사회의 등장에 따라 미래의 지식이 어떤 성격을 지니게 될 것인가의 문제는 정보화 사회의 전망과 교육적 대응의 차원에서 핵심적인 이슈가 될 것이다. 이 포스트휴머니즘에 대해

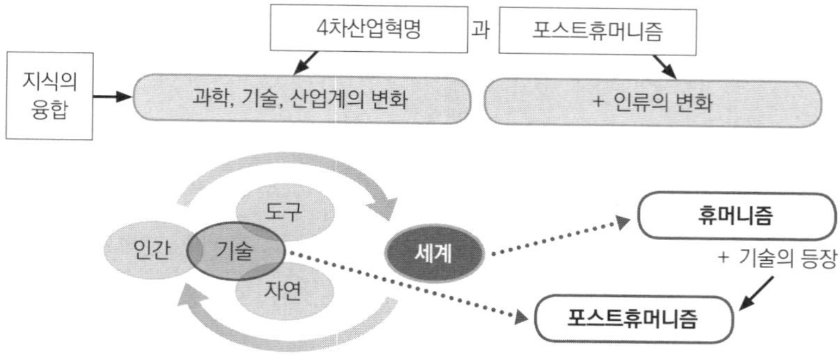

그림 2 4차산업혁명과 포스트휴머니즘의 관계성

저자는 다음과 같은 입장을 가지고 있다.

첫째, 빅데이터의 등장과 그것을 처리하는 컴퓨터 능력의 향상이 잘 보여주듯이, 지식정보화사회가 진행됨에 따라 '지식' 자체를 학습하는 것은 점점 덜 중요해지게 될 것이다. 지식과 정보의 폭발적 증가와 그에 따른 데이터의 확장으로 미래 사회에서 지식의 위상과 역할은 과거와는 큰 차이가 있다는 것이다. 따라서 지식을 학습한다는 것의 개념과 방식이 달라질 것이고, 그에 따라 교육의 목표나 방법도 달라지게 될 것이다. 역량기반 교육이 2002년 유네스코의 미래교육비전에서 소개된 이후 우리나라에서도 '2015교육과정'에 도입된 것처럼, '지식'은 학교교육의 목표에서 그 비중이 점점 축소되고 있다. 다만 '지식'을 대신해서 어떤 것이 학습의 목표가 되어야 할 것인가에 대해서 아직 학계의 의견이 정리되지 않았고, 그것을 포스트휴머니즘의 시각에서 새롭게 탐색하는 것이 본 저서의 주된 목표들 중의 하나이다.

둘째, 지식의 구조화를 대신하여 '지식의 네트워크화'란 개념이 지식 생태계에서 훨씬 중요한 역할을 하게 될 것이다. 예를 들어, 20세기 중반까지는 지식의 개별적 구조화의 시대였고, 지식의 축적과 사고 과정은 '개인적 두뇌individual brain' 차원에서 이루어지는 것으로만 간주되었다. 그러던 중 20세기 중반 이후부터 집단지성, 사회심리학, 그리고 인터넷의 등장으로 인해 사람들은 지식이 개인의 차원에서만 다루어지는 것이 아니라 사회적 관계망 속에서 생성되고 확산될 수 있다는 것을 깨닫기 시작하였다. 이것이 바로 '집단적 두뇌collective brain'의 개념으로, 이제 더이상 지능과 지식은 개인적 차원에서만 이해될 수 없다는 것을 인식하게 된 것이다. 더구나 21세기 들어 괄목할 만한 발전을 이루고 있는 인공지능 및 브레인넷brain-net 등의 기술들은 지식과 그것을 처리하는 두뇌가 생물학적 인간의 수준을 넘어서 네트워크적 연결망 속의 사이보그적 두뇌cyborg brain의 단계로 넘어가고 있음을 보여준다. 이제 우리는 지식이 인간의 생물학적 두뇌에서만 처리된다는 관념을 포기해야 하는 시대를 맞이하게 된 것이다.

셋째, 지식의 소유권을 둘러싼 사회경제적 관심과 다툼이 훨씬 치열해질 것이고, 지식과 정보의 주도권이 누구에게 귀속될지 예측하기 어려울 것이다. 즉, 지식의 소유권(지적 재산권, 특허권, 공유지식, 집단 지성 등의 문제) 및 사회적 역할(경제적 측면, 정치적 측면, 문화적 측면 등)에 대한 많은 논란이 일어날 것이다. 현재 전 세계의 지식과 정보 뿐만아니라 상품과 서비스가 인터넷망을 통해 유통되면서, 특정 인터넷 포털사이트나 플랫폼 혹은 통신기기를 선점한 기업(네이버, 카카오, 구글, 페이스북, 아마존, 페이팔, 삼성, 애플 등)이 마음만 먹으면 사용자들의 데이터를 자유롭게 유용할 수 있는 상황이다. 이러한 상황 속에서 지식과 정보의 소유권(통제권)이 누구에게 귀속되어야 할 것인가는 향후 정보화 사회의 가장 핵심적인 잇슈가 될 것이다.

넷째, 이러한 지식정보화사회의 도래로 인해 학습의 본질과 성격이 과거와는 크게 달라지게 될 것이다. 오랜 학교교육의 역사 속에서 학생들의 학습 능력을 가장 실질적으로 대표해왔던 것은 바로 기억력이었다. 20세기 후반에 이르러 마침내 학습의 개념이나 교과지식의 목표가 달라지면서 학습이 단순 암기에서 벗어나서 다양한 사고력을 기르는 것으로 확장되었지만, 여전히 암기 능력은 지필고사나 작업 수행에 있어서 중요한 역할로 남아있다. 하지만 앞으로의 학습은 기존의 방식과는 전혀 다른 양상을 띠게 될 것이고, 학습 능력에 대한 사회적 기대도 달라지게 될 것이다. 예를 들어, '지식'이란 개념도 단편적 지식을 기억하는 것에서 벗어나서, 심층적, 맥락적, 관계적 이해력이나, 창의적 문제해결력, 비판적 평가능력, 실천 및 응용능력 등을 의미하는 것으로 달라지게 될 것이다.

다섯째, 독자들에게 생소한 개념이 될 수 있지만, 지식의 물질성 materiality이 강화될 것이다. 지식의 물질성이란 한 마디로, 지식(사고, 아이디어, 이해 등)이 추상적이고 관념적인 인간 사고의 과정 혹은 결과물만이 아니라, 물질화(디지털화, 전산화, 데이터화 등)될 수 있고 그에 따라 자유롭게 인터넷이나 사이버 세계를 통해 이동할 수 있다는 것이다. 따라서 앞으로 정보통신기술이 일상화된 사회에서 지식을 학습한다는 것은 기존의 인본주의적 인식론의 관점과는 매우 다른 설명과 이해를 필요로 하게 될 것이다. 그런 의미에서 본고는 이러한 지식의 물질성을 신물질주의, 객체지향존재론, 행위자망이론, 그리고 포스트현상학 등을 통해 좀 더 자세히 논의되게 될 것이다.

7. 지식과 기술의 관계: 테크놀로지의 효과

셰리 터클Sherry Turkle(2017)은 『군중 속의 고독*Alone together*』이라는 책을 통해서 오늘날 급속한 속도로 발전한 정보통신 환경 속에서 사람들이 멀리 떨어져 있는 물리적 공간을 넘어 다양한 방식으로 소통하는 것이 가능해졌지만, 그 속에서 때로는 더 외로워지고 있다고 주장한바 있다. 뉴미디어의 한 형태인 SNS(Twitter, Instagram, Facebook, Tiktok 등)를 통해 사람들이 다양한 방식으로 자신을 표현하고 자유로운 소통을 하고 있지만, 개개인들은 오히려 과거보다 더 큰 외로움을 느끼거나 고독함을 느끼는 것이 그 대표적인 예이다. 하지만 이러한 뉴미디어가 일상화된 환경 속에서 느끼는 '외로움'은 뉴미디어 자체의 문제가 아닐 수 있고, 뉴미디어로 인해 과거보다 훨씬 더 많은 사람들이 거리의 한계나 매체의 한계를 넘어서 다양한 소통이 가능해졌다는 사실도 부인하기 힘들다. 우리는 오늘날의 기술적 환경 변화에 걸맞게 '인간이란 어떤 존재인가?', '나(self: 자아)란 누구인가?', '의미있는 경험이란 무엇인가?', '실질적 경험이 일어나는 공간은 어떤 곳인가?' 등에 대한 새로운 질문과 대답을 탐색해야 하는 시대를 살고 있다.

이러한 인터넷의 일상화와 가상현실의 등장은 새로운 자아의 탄생을 야기하였다. 오늘날 우리는 생물학적이고 육체적인physical 인간이 '먹고 자고 일하는' 생태적 삶ecological life만을 살고 있는 것이 아니라, 정신적이고 형이상학적metaphysical 인간이 '생각하고 느끼고 즐기는' 가상적 삶virtual life을 동시에 살고 있다. 이러한 생태적 삶과 가상적 삶의 공존은 우리의 삶이 하나뿐인 세상universe이 아니라 다중적 세상multi-verse에서 이루어지고 있다는 사실을 일깨워준다. 정신분석학의 창시자인 프로이트Z. Freud가 '무의식의 세계'와 그 속에서 살아가는 자아ego란 존재를 창조했다면, 정보통신 기술은 네트워크적 연결성과 디지털 기술을 바탕으로 한 사이버 세계를 창조한 것이다. 예를 들어, 가장 잘 알려진 가상현실 게임인 세컨드 라이프Second Life 속에서 살아가는 존재avatar에게는 그 속에서의 생활이 단순한 게임의 일부인지 실제 삶의 연장인지를 구별하기가 쉽지 않다. 게임에 몰입immersion한다는 것은 그 몰입한 순간에는 실제와 가상이 구별되지 않는다는 것을 의미하고, 그러한 몰입이 없으면 게임은 흥미로울 수가 없다.

많은 가상현실 경험자들은 다음과 같이 말하듯이 게임이나 가상현실은 단순히 흥미나 재미의 수준에만 그치지 않는다:

> "세컨드 라이프는 실제 생활에서보다 더 나은 인간관계를 선사합니다. 내가 제일 나답다고 느끼는 곳입니다. 그 속에서의 상대는 나를 있는 그대로 받아들여 주고, 그와의 관계가 실제 내 결혼생활과 가정을 유지하게 해줍니다."(세컨드 라이프 사용자)

실제로 인간은 현실의 세계에서만 살지 않는다. 인간이 상상을 하고 희망을 품으며, 때로는 어떤 최악의 상황을 가정하여 그에 대비하는 상상을 한다는 것 자체가 인간이 현실의 세계에서만 사는 것이 아니라는 것을 잘 보여준다. 즉 인간은 누구나 생태적 삶과 가상적 삶이 혼합된 삶을 살고 있는 것이다. 결국 우리는 생태적 삶과 가상적 삶 중에서 어떤 삶에 더 큰 비중을 두고, 어느 정도의 시간과 관심을 분배하느냐의 문제를 안고 있는 것이다.

언제부터인가 현대인들에게 다중-수행multi-tasking이 일상화되었듯이, 생태적 삶과 가상적 삶의 다중-살이multi-living가 일상화될 수 있다. 스마트폰이 등장한지 10년 만에 현대인의 소통, 학습, 업무수행, 오락은 사무실이나 가정이라는 장소에 구속된 데스크탑 컴퓨터에서 벗어나서 거의 모든 활동들을 장소에 구애받지 않고 실시간으로 처리하는 모바일 컴퓨팅을 경험하고 있다. 이제는 스마트폰을 통해 이루어지는 일들이 실제적 삶의 아니라 가상적 삶에 불과하다고 주장하는 사람은 거의 없을 것이다. 최근에는 오히려 스마트폰을 통해 입장하는 가상세계Virtual world의 경험이 현실 세계의 경험을 훨씬 초월하는 사례들에 대한 우려의 목소리가 나올 정도이다.

이러한 기술적 변화가 만들어놓은 현실의 변화가 의미하는 것은 그 속에서 인간의 경험과 그 경험의 결과물인 지식에도 변화가 일어난다는 것이다. 즉, 기술이 지식을 결정하고 있다는 것이다. 이미 대부분의 직장인들이 Facebook, Linkedin, Plaxo 같은 소셜 네트워킹 사이트를 드나들면서 소통, 인맥 관리, 정보 검색, 이메일(업무용 및 개인용) 사용을 통해 업무를 수행하고 있다. 이 과정을 통해 수많은 데이터들이 생성되며, 이동하고, 현실적 문제해결에 적용됨으로서 각자에게 유용한 정보로 재탄생하게 된다. 즉, 데이터가 정보information로 변하고, 이러한 정보가 특정 상황이나 문제해결 목적에 맞추어 좀더 가공되고 정교화된다면 그것이 바로 지능(혹은 첩보: intelligence)이 되는 것이다. 이러한 정보와 지능이 다양한 분야에서 오랜 시간 축적되고 거기에 인간의 통찰력까지 덧붙여진다면 그것이 바로 넓은 의미의 지식knowledge이라고 볼 수 있다.

기술의 발전은 이러한 정보와 지식의 발전을 촉진하고 그 발전의 속도도 가속화시킨다. 예를 들어, 지금까지의 지식의 발전은 각 학문/지식 분야별로 세분화 및 전문화하는데 집중해왔다면, 4차산업혁명 이후의 지식의 발전은 각 분야들의 지식을 통합하여 실생활의 문제에 응용하는 방향으로 집중되게 될 것이다. 시스템스 이론 Systems Theory에서는 이를 '조직 내 지식'에서 '조직간 통합적 지식'의 발전으로 이해한다. 이 조직 통합적 지식의 본질은 조직간 연결성을 통해 이해할 수 있는데, 본 저서에서 다루게 될 '행위자망이론ANT'은 이를 자세히 설명해주고 있다. 지식은 그 자체로 '스마트'한 것이 아니라, 지식이 상호 연결되어 융합하면서 필요한 곳에 쓰여질 때 스마트해지는 것이다.

과거에는 데이터의 질적 타당성(quality)이 지식의 효용성을 결정하였으므로 그 논리성과 진실성을 확인하기 위해 인간의 통찰력이 요구되었다면, 빅데이터가 빠르게 수집되는 통신기술이나 이를 처리할 수 있는 인공지능 기술이 개발된 현 시점에는 데이터의 양 quantity 만으로도 지식의 가치가 효율적으로 판정될 수 있다. 예를 들어, 다음의 사례들은 빅데이터가 다양한 학문적 연구들에 얼마나 효과적으로 활용되고 있는지를 잘 보여준다.

i) 천문학에서 관측데이터들은 하루에 약 200GB씩 축적되고 있는데, 데이터 저장 및 처리 기술의 발전으로 이러한 대량의 데이터를 효과적으로 처리하는 것이 가능해지고 있다.

ii) 미국 국립보건원은 게놈 프로젝트를 통해 해독된 약 200TB Terabyte의 인체 유전자 데이터를 아마존 웹 서비스를 통해 누구나 접근할 수 있도록 무료로 공개하고 있다(open source). 이 데이터를 신경과학 연구 및 생리학 등의 연구자들이 활용함으로써 게놈 연구를 활성화함과 동시에 빅데이터 적용 기술도 발전하고 있다.

iii) 전 세계 단백질 구조 관련 데이터 저장 및 유통 촉진을 위해 설립된 단백질 데이터 은행에서는 현재 8,000여 개의 단백질 구조 데이터를 저장하고 있으며 매달 1TB 규모의 단백질 데이터가 축적되고 있다. 향후 빅데이터 기술을 통해 데이터의 추출, 가시화, 분석, 관리 등과 같은 기술 연구가 수행될 것이다.

iv) 미국 지질조사원은 수십 년간 수집해 온 수은 수치 데이터 및 원격 감지 센서를 통해 위험 요소를 사전에 감지하고 지구 단층 정보 및 지진 발생 정보가 저장된 데이터를 근거로 지진 위협 감지 모델을 개선하여 기존 데이터를 보강하고 있다.

물론 위와 같은 연구분야에서 수집된 방대한 자료들 중에서 의미 있는 자료를 필터링하기 위해 인공지능 알고리즘이 중요한 역할을 하기도 한다. 그리고 과거의 지식은 종단 연구나 탐사보고서와 같이 분량이나 시간의 측면에서 긴 호흡을 통해 생성되었지만, 미래 지식의 생성 및 소멸 주기는 훨씬 빨라질 것이다. 즉, 정보의 소통이 논문 ⇨ 신문 기사 ⇨ 메모, 이메일 ⇨ 짧은 문자sms ⇨ twit의 매체로 구심점이 이동하는 것처럼 정보의 순환 주기가 점점 짧아진다는 특징도 있다.

요컨대, 미래의 지식은 기술의 발전과 매체의 특성에 크게 의존할 수밖에 없고, 지식의 형태도 크게 바뀌게 될 것이다. 이러한 기술적 현실의 변화가 학습이나 학교교육의 역할과 의미에 어떤 영향을 미치게 될 것인가를 논의하는 것이 본 저서의 핵심적 목표들 중의 하나이다.

8. 포스트휴먼 사회란 어떤 사회인가?

4차산업혁명과 기술중심 사회의 등장으로 지식(정보)의 성격과 학습의 양상이 급격히 변하고 있는데, 그러한 변화의 과정은 다음 [표 1]에서 정리된 것과 같이 포스트휴먼적 지식과 기술의 등장과 밀접히 관련되어 진다.

표 1 포스트휴먼 개념의 단계적 변화 과정(박성원·최종화·진설아 외, 2016, p. 136 참조)

시기구분	인식론과 지식론 차원에서의 포스트휴먼적 성격	기술적 키워드
1기: 1968~2000	• 전근대적, 비이성적, 미신적인 사고에서의 탈피 • 인간의 특성과 한계를 넘어서는 의미에서 트랜스휴먼(transhuman) 개념의 대두	과학적 사고 인간의 한계 사이보그 존재론
2기: 2001~2005	• 기술의 진보에 대한 다양한 입장 등장 • 트랜스휴머니즘의 가능성/한계성에 대한 논의 본격화	기술중심주의 생체 로보틱스 환경생태주의
3기: 2006~2010	• 유전공학, 생명공학, 나노기술 등의 급격한 발전 • 새로운 과학기술이 초래할 철학적·윤리적 논란 가열	신경망 컴퓨터 휴먼게놈(인간복제)프로젝트 나노컴퓨팅
4기: 2011~2017	• 스마트환경과 같은 다양한 포스트휴먼적 삶의 조건들에 대한 기술적 실현의 가시화 • 휴머니티나 생물 종의 개념의 다변화와 인공지능 로봇(사이보그)의 의식/주체성에 대한 철학적 이해 확대	4차산업혁명 빅데이터 AI(딥러닝) 퀀텀컴퓨팅

위 [표 1]에서 보듯이 20세기 후반부터 급속화 된 첨단과학기술의 발전은 네 단계의 주목할 만한 변화를 통해 이루어졌다. 즉, 인간의 한계성에 대한 인식과 트랜스휴먼 개념의 등장(1기), 생체 로보틱스 기술과 트랜스휴머니즘 관련 논의 확장(2기), 유전공학, 나노, 바이오, 로보틱스 기술로 대표되는 첨단 기술과 지식정보의 폭발적 증가(3기), 그리고 4차산업혁명이라는 용어로 대표되는 7개 기술(인공지능, 사물인터넷, 3D프린팅, 자율주행차, 빅데이터, 지능형로봇, 클라우드 컴퓨팅)의 보편화는 우리의 삶을 이미 포스트휴먼적 조건으로 만들어가고 있다. 이미 기술의 개발 양상이 모사(생체모방기술, 인공장기, 뉴로모픽)에서 연결(뇌-기계인터페이스, 증강휴먼)로, 연결에서 변형(유전자가위기술)으로, 그리고 조합(합성생물학, 초지능)으로 나아감으로써, 기술은 생명체를 닮아가는 수준에서 더 나아가 생명체를 대체하는 방향으로 옮겨가고 있다(박가열·최영순·박성원 외, 2017). 그러한 측면에서 포스트휴먼적 기술은 더 이상 상상의 소재가 아니라, 머지않아 인류의 의식, 사고, 감정, 그리고 지식의 영역에서 불가피한 요소가 될 것이다.

9. 포스트휴먼적 학습자란 누구인가?

포스트휴먼적 학습자에 대해 이해하기 위해서는 우선 포스트휴먼적 존재란 어떤 존재인지를 이해할 필요가 있다. 결론부터 이야기하자면, '휴먼'(human being)이란 용어는 생물학적인 존재로서의 인간이 아니라, 정치사회적socio-political 개념으로서의 인간을 가리킨다. 포스트휴머니즘은 '인간' 개념이 편협하고 배타적인 관념을 기반으로 특정 집단에게만 부여되어 왔다는 것을 지적하면서 인간의 개념을 재정립하기를 요구하고 있다.

사실 우리가 사용하는 '인간'(human being)이란 용어는 생물학적으로 진화된 현생 인류(Homo Spiens)를 기준으로 한 것이 아니라, 인류 사회와 문명이 관념적으로 설정해놓은 어떤 조건에 부합되는 존재를 가리킨다. 이 조건은 오랜 역사성을 가진 것으로 그리스-로마 시대 이후로 인류 문명사에 큰 영향을 미쳐온 서유럽 학식계층이 만들어내었던 조건으로써, 과거에는 그러한 '인간의 기준'이 오늘날의 보편적인 기준과는 크게 달랐었다. 단적인 예로, 과거에는 식민사회의 노예계층, 가부장적 사회의 여성들, 백인 지배사회의 유색인종들, 장애인들, 성소수자들LGBTI, 그리고 교육받지 못한 사람들은 정치사회적으로 인간의 기준에 부합하지 못한 존재로 간주되어 배제되었었다. 아래의 [그림 3]은 그러한 인간 기준의 편협성과 인본주의 교육이 지향했던 교육의 대상이 누구였는지를 보여주고 있다.

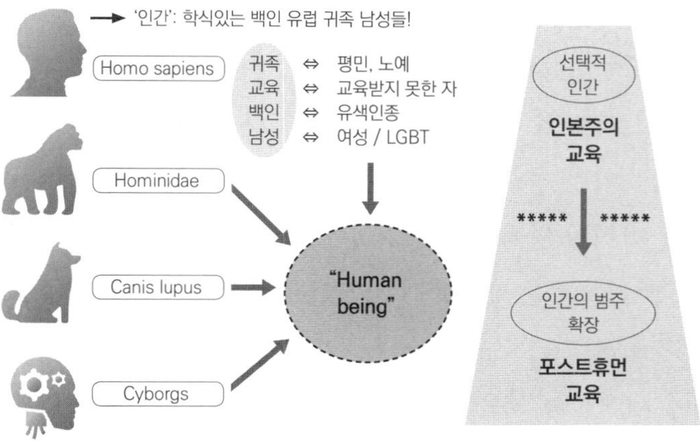

그림 3 인본주의 교육과 포스트휴먼 교육의 대상들

[그림 3]은 역사적으로 인간Human being의 자격이 생물학적 기준에 따라 호모 사피엔스Homo Spiens에 해당하는 모든 인류에게 부여되었던 것이 아니라, 사회정치적인 배경에 의해 선택적으로 부여되었다는 것을 보여주고 있다. 따라서, 머지 않은 미래에는 생물학적으로 유인원Hominidae에 해당하는 원숭이과the Apes의 동물들 뿐만 아니라, 개나 고양이과 같은 인간의 반려동물들도 '인간'으로 간주되는 것이 가능하며, 더 나아가 인공지능을 갖춘 사이보그적 존재들도 인간이 될 수 있다는 것을 암시한다. 실제로 이미 2014년에는 미국 플로리다주의 영장류연구소에 소속된 샌드라Sandra라는 이름의 '여성' 오랑우탄은 미 연방법원에 의해 '인간'으로 판정받았고, 작년에는 독립적인 거처를 제공받아 '자립하여' 살고 있다. 마찬가지로 인공지능에게도 인간과 동일한 수준의 법인격legal personality을 부여하는 것에 대한 논의가 해외(Dremliuga, Kuznetcov, & Mamychev, 2019; Turner, 2019)에는 물론 국내에서도 활발히 논의되고 있으며(김훈주, 2020; 전지연, 2019; 이상용, 2019), 이러한 흐름에 비추어본다면 인공지능에게 법인격이 부여되는 것은 시간문제가 될 것이다. 따라서 앞으로의 교육의 대상은 순수한 생물학적인 '인간'만이 아니라, 동물이나 기계를 포괄하는 포스트휴먼적 존재로서의 인간이 될 것이고, 그에 따라 포스트휴먼적 학습자란 누구인가를 새롭게 이해할 필요가 있을 것이다.

이러한 미래의 방향성을 고려하기에 앞서, 우선 포스트휴먼 학습자의 가장 현실적인 사례로는 최근의 정보통신 환경의 변화에 적응하여 성장하고 있는 'Z세대'를 떠올려볼 수 있다. 포스트휴먼 학습은 이러한 Z세대들의 학습과 소통의 특성을 반영하게 될 것인데, 이를 위해서는 미래의 학교교육이 지식의 디지털화, 지식의 무구조성, 그리고 감성적 지식이라는 세 가지 지식의 변화양상을 고려할 필요가 있다.

첫째, 지식의 디지털화는 기존의 종이 교과서를 대신하여 디지털 교과서의 효용성이 더욱 커지게 만들 것이다. 지금까지의 학교교육은 사전 선별되고 위계화된 지식이 교과서라고 하는 형식에 갇혀서 학생들에게 전달되는 방식으로 이루어졌다. 하지만 이미 인터넷을 통해 수많은 지식이 검색되고 참조될 수 있는 현실에서 종이 교과서의 역할은 이러한 변화 속에서 감소될 수밖에 없다.

둘째, 지식의 무구조성이란 지식을 구조화되고 위계화된 내용으로 간주하였던 기존의 관점에서 탈피하는 것이다. 즉, 지식 자체의 구조에 집착한 교육이 아니라 학생의 사고나 실질적 경험의 폭과 깊이에 초점을 맞추는 방식으로 수업이 바뀌어야 한다. 인터넷 상에 산재된 무한한 지식을 빅데이터 관리와 검색 엔진을 통해 과거와는 다른 방식으로 지식에 접근하게 만든 정보통신 환경이 이러한 필요성을 대변해준다.

셋째, 지금까지의 지식은 인간의 이성적이고 논리적인 사고를 바탕으로 지식과 정보들이 문자화되어 전달되고 수용되는 literacy의 시대였다. 하지만 미래의 포스트휴먼적 사회에서 더욱 차별성과 효용성을 갖게 될 지식은 감성적affective이거나 감각성Sensitivity에 기반한 지식이 될 것이다. 즉, 지식의 팽창과 빅데이터의 등장으로 인해 기존의 논리적 지식들은 인공지능에 의해 충분히 다루어지겠지만, 당분간은 인간의 감수성과 감각적 사고에 기반한 지식이 포스트휴먼에게 요구될 것이라는 것이다. 예를 들어, 감정이나 정서를 다루는 분야나 예술성과 창의성이 요구되는 분야에서 인간의 감성적 지식이 더욱 중요한 역할을 하게될 것이라는 말이다.

요컨대, 기존의 이성적 존재로서의 인간상은 18세기 칸트의 계몽주의적 사상의 영향과 근대의 과학주의적 사고가 버물려진 합리주의적 인간관에 기반한 것으로, 사실상 인간 존재에 대한 인류중심주의적이고 편협한 이해를 바탕으로 형성된 관념이다. 포스트휴머니즘은 바로 이러한 과장되고 비현실적인 인간관에서 벗어나서, 오늘날의 기술적 환경에 맞는 새로운 인간상과그에 따른 학습자상을 정립하고자 시도하고 있는 것이다.

10. 포스트휴먼 시대의 학교 교육은 어떻게 될 것인가?

지금까지 논의한 미래 지식과 학습의 성격에 대한 본 저자의 생각을 바탕으로 학교교육의 변화 방향에 대해 다음과 같이 혁신적으로 제언하고자 한다.

첫째, 교과 지식의 형태로 박제화된 학교 지식에서 벗어날 필요가 있다. 교과 지식은 그 내용의 선정과 구성방식, 학습자에 대한 이해, 그리고 제시되는 방식(양식성: modality) 차원에서 절대적인 것이 아니고, 그 효과성이 검증된 것도 아니다. 교과 지식은 시의성이나 역동성에 있어서도 많은 제한점을 가지고 있기 때문에 단지 하나의 샘플이자 참고자료로서 교사가 실제 수업에서 필요에 따라 활용하면 될 것이다. 특히 기존의 서적형 교과서는 이미 박물관에 전시해야될 유물의 수준이므로, 더 이상 도서 교과서의 지식의 형태(구성, 진도, 학습방법)에 얽매이려고 하지 말아야 한다. 따라서 그 대안으로 다양한 형식의 디지털 교과서나 온라인 학습 프로그램, 사이버 학습의 도구들의 개발과 활용법에 대한 연구가 시작되어야 할 것이다.

둘째, 전통적 학습법과는 전혀 다른 학습이론과 전략들이 요구된다. 학교란 기관의 환경적 틀 속에서 교사주도형으로 특정 내용을 숙지시키려는 교육은 이제 사라져야 할 시점이다. 사실 이미 다양한 방식(공간space 연구, 프로젝트 학습, 모듬 학습 등)으로 그러한 변화가 모색되고 있지만, 여전히 학교가 갖는 규범적 역할이 학생들에게 무엇인가를 주입해야 한다는 전통적 관념을 정당화시키고 있다. 하지만 학교가 사회의 어떤 공적 기관보다 보수적이며 시대에 뒤쳐진다는 것은 누구도 부인하기 어려운 사실이다. 그리고 요즘의 학생들이 더 이상 '부자연스러운' 학교의 프락시스praxis들을 수용하기 어려운 환경 속에서 살아가고 있음을 감안한다면, 학교 교육의 수행방식에는 근본적인 변화가 필요할 것이다.

셋째, 일방적 지식 전달의 교사의 역할은 사라지게 될 것이다. 포스트휴먼적 사회를 맞이하여 학교교육의 변화에서 가장 중요하고 근본적인 변화는 바로 교사의 변화이다. 그동안 교사는 학교교육의 가장 중요한 주체이자 실질적인 추동력의 역할을 해왔다. 하지만 인터넷 혁명과 AI의 등장으로 대표되는 정보통신혁명은 그러한 교사의 역할과 사회적 기대에 변화를 가져올 수밖에 없다. 이러한 변화 속에서 교사의 역할 변화를 보여주는 가장 상징적인 표현이 "가르치려고 하지 말라"라는 것이다. 교사가 이제는 더 이상 지식의 대변자도, 인생의 스승도, 교수법 전문가도 되기 힘든 시대적 상황을 맞이하게 되었다는 것이다. 그런데도 기존의 교사 역할에 얽매어서 학생들을 '가르치려고' 하는 태도는 더 이상 타당하지도 효과적이지도 않다. 인공지능의 시대에 교사들이 최대한의 역할을 수행할 수 있는 것이 바로 관찰자, 카운셀러, 공동학습자, 혹은 공동경험자가 될 것이다. 앞으로는 이러한 변화된 교사의 위상과 역할을 어떻게 구체화시킬 수 있는지에 대해 집중해야할 것이다.

위와 같은 교육 환경의 변화에 맞추어 보다 구체적인 학교 교육의 방향성을 사이버 교육이라는 개념을 중심으로 제시하면 다음과 같은 방식으로 정리될 수 있을 것이다.

i. 사이버 교육 환경 지원을 위한 제도적 측면

a) 사이버 교육과 관련된 프로그램(solution)들의 국산화나 프로그램의 안정성, 보안의 문제에 대한 국가적 지원이 필요하다.

b) 사이버 교육이 원활하게 이루어질 수 있는 설비나 공간이 각 학교에 충분히 갖추어져야 한다.

c) 사이버 교육의 소외 계층(다문화, 저소득, 학업취약 학생 등)에 대한 보조와 지원책을 통해 사이버 교육의 확산이 교육의 양극화를 수반하지 않도록 하는 것이 중요하다.

d) 교사의 사이버 교육 경험과 운영의 역량을 증진시킬 수 있는 재교육 프로그램이 제공되어야 한다.

e) 기존에 개발되었던 사이버 교육 플랫폼(Massive Open Online Course: MOOC)등이 보다 효과적으로 보급되고 활용될 수 있는 정책방안을 모색할 필요가 있다.

ii. 사이버 교육을 위한 교수자의 역할

a) 교사는 사이버 교육 프로그램들의 사용법이나 교육적 활

용방안에 대한 충분한 숙지가 선행되어야 한다.

b) 사이버 교육의 수업관리전략class management strategy(모든 학생들의 수업 참여를 효과적으로 조절하는 법)을 잘 이해하고 활용할 필요가 있다.

c) 온라인 수업과 오프라인 수업을 병행하는 경우가 많기 때문에, 각 수업 방식에 대한 장단점 등을 숙지하고, 양자를 보완하는 수업기법(예, flipped learning)을 익혀야 한다.

d) 학업취약 학생이나 기술적 매체에 익숙하지 않은 학생들을 어떻게 배려하고 보완적인 가르침을 제공할지에 대한 대비책을 마련할 필요가 있다.

e) 사이버 교육에서 가장 중요한 이슈가 평가의 문제이므로, 평가방식을 충분히 학생들과 공유하고 체계적이고 책임감 있는 평가의 방안을 준비해야 한다.

iii. 사이버 교육을 위한 학생의 준비

a) 사이버 교육은 교사의 영향력이나 통제력이 줄어들 수밖에 없기때문에, 학습의 효과를 높이기 위해서는 다양한 자기-주도적 학습의 전략을 익혀야 한다.

b) 사이버 교육은 집단적(모듬) 학습을 병행하기 어렵기때문에, 기본적으로 개별적 학습을 통해 수업이 진행된다. 따라서 수업내용에 대한 예습(예, 플립드 러닝)이나, 개별적 정보 탐색(예, 프로젝트 학습) 등의 학습 전략에 대해 익숙해져야 한다.

c) 사이버 교육이나 기술기반 학습을 위한 다양한 학습 지원 플랫폼 등이 인터넷을 통해 제공되고 있는데, 이러한 원

격 교육 사이트를 잘 활용할 필요가 있다(이러한 사이트 정보는 https://en.unesco.org/covid19/educationresponse/solutions에 자세히 정리되어 있다).

d) 최근 보급된 다양한 통신 매체나 뉴미디어(SNS, 트위터, 블로그 등)를 활용하여 친구나 교사들과 온라인 학습 공동체 online learning community를 형성하고, 이를 잘 활용할 필요가 있다.

e) 학습의 최종적 책임은 학습자 자신에게 있다는 것을 명심하고, 자신의 관심사나 특기를 학습 내용에 관련시켜 자신만의 구성주의적이고 창의적인 학습전략을 만들어나갈 필요가 있다.

위 제안들은 포스트휴먼적 존재들이 등장할 미래의 학교교육의 환경을 '사이버 교육'이라는 개념을 중심으로 제시한 하나의 사례에 불과하다. 향후 학교교육의 내용과 형식이 어떻게 전개될지 확인하기 어렵지만, 오늘날 지식정보화 사회의 변화를 고려한다면, 위와 같은 학교교육의 성격 변화에 유념할 필요가 있을 것이다.

제2장

미래의 기술적 변화와 학교 지식의 성격

1. 미래 사회의 변화와 지식의 성격: 지식에서 정보로

미래 사회에는 구체적으로 어떤 지식 혹은 정보가 필요할 것인가? 이 질문을 탐색하기 위해서는 미래사회의 변화 양상에 대한 보다 실질적인 전망이 필요하다. 박영숙과 제롬 글렌(2018)은 미래학자들의 의견을 종합하여 미래 사회의 변화양상을 다음 [표 1]과 같은 시나리오를 통해 제시하고 있다.

표 1 미래 사회의 위기와 기술적 변화의 시나리오

미래의 사회적 위기 시나리오	미래사회의 기술적 변화 시나리오
• 부의 집중이 증가한다. • 소득 격차가 확대된다. • 고용 없는 경제 성장이 새로운 표준(new normal)이 된다. • 자본과 기술에 대한 투자수익률이 노동수익률을 앞선다.	• 미래 예측 경험이 많은 전문가일수록 실업률에 대한 예측값이 크다. • 직업, 일, 고용의 개념이 변할 것이고, 정규직이 거의 사라지는 환경 속에서 현재 개념의 실업률은 의미가 없어질 것이다. • 인공지능이 배우는 방법을 완벽하게 익힐 때,

• 미래 기술들이 대부분의 인간 노동력을 대체한다. • 장기적, 구조적 실업이 일반화된다.	기술적 실업이 가속화될 것이다. • 모든 것은 자동화된다. 일이 없는 세계에 대한 논의가 필요해질 것이다. • 인간은 창의적으로 변하고 적응할 것이다. • 기술은 인간의 일을 증가시키기도 하므로, 인간–기술의 공생은 직업의 새로운 형태가 된다.

위 표의 왼쪽에 나열된 미래사회의 급격한 변화 속에서, 지식, 기술, 과학은 어떤 역할을 하게 될 것인지를 이해하는 것이 중요하고, 그에 따라 학교교육의 목표와 방법론이 달라져야 할 것이다. 우선 기술적 변화의 방향성은 표 오른쪽에 제시된 바와 같이, 인공지능 기술이 확대 적용되고, 자동화 기술(공장 자동화, 사무 자동화 등)이 발달하면서, 전반적으로 실업률이 증가, 정규직이 소멸하며, 인간의 업무가 정보통신기기에 크게 의존한 스마트한 활동으로 대부분 대체되게 될 것이다. 이렇게 산업과 지식의 성격이 변화함에 따라, 우리가 배우고 다루게될 지식과 정보의 유형도 달라지고, 학습의 성격이나 스타일도 크게 변화여 인간과 기술(로봇, 인공지능, 정보매체, 가상환경 등)의 공존과 협력이 대세가 되게 될 것이다.

다음 [그림 1]은 인공지능 기술이 어떤 분야에 구체적으로 적용되고 있는지를 한눈에 이해할 수 있도록 잘 보여주고 있다. 인공지능 기술은 기계학습에서부터 자연어 처리, 이미지 인식, 그리고 로보틱스에 이르기까지 매우 다양한 분야에서 인간의 역할을 대신하는 업무를 수행하고 있다.

박영숙과 제롬 글렌(2019)은 미래 사회의 기술적 변화의 구체적인 사례를 제시하고 있는데, 그러한 변화의 각 양상과 관련하여 어떤 분야의 지식이나 기술이 필요한지를 살펴보면 다음 [표 2]와 같다.

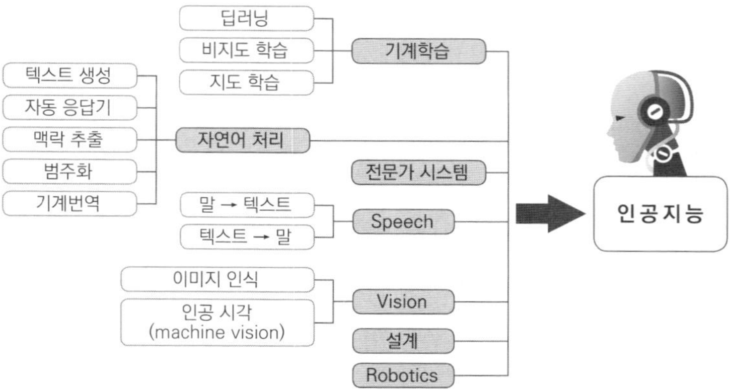

그림 1 인공지능 기술의 적용 분야

표 2 미래 사회의 변화에 대응하는 기술의 발전과 지식관의 변화

미래 사회의 변화 양상	관련 지식과 기술	지식을 바라보는 관점의 변화 방향
동물 없이 고기를 배양한다.	유전학, 생명공학, 생화학	• 유기물과 무기물의 경계의 붕괴 • 기술성과 생태성에 대한 관점의 변화
바다에 부유하는 수직 농장을 건설한다.	해양학, 생물학, 재료공학	• 해양자원의 활용성에 대한 이해 • 공학적 기술을 새로운 환경에 적용
사이버 자아가 될 아바타를 만든다.	컴퓨터공학, 심리학, 정보공학	• 인간, 자아, 정체성, 인권 등에 대한 인간 중심적 관점의 탈피 • 사이버네틱스에 대한 이해
생물공학 기술로 만들어진 옷을 매일 입게 된다.	생명공학, 재료공학, 디자인	• 생명공학과 웨어러블(wearable) 기술의 접목 • 물질과학, 재료공학, 디자인의 결합
도시를 에코스마트 도시로 만든다.	도시공학, 건축학, 통신공학	• 생태적 환경과 기술적 환경의 공존 • 도시, 에너지, 자원, 공해(폐기물) 등의 밀접한 연관성에 대한 이해 필요
전 세계적으로 디지털화된 고용시장에서 일자리를 창출한다.	컴퓨터공학, 사이버공학, 경제학, 산업공학	• 인공지능 기술과 정보통신 기술의 급격한 발전과 사회적 파급력 이해 • 노동과 직업의 성격, 그리고 고용시장의 변화에 대한 이해
신장과 자동차를 프린트한다.	생명공학, 기계공학, 3D프린터	• 신산업(자동차, 반도체, 미디어, 생명공학 등)의 생태계에 대한 이해
디지털 집단지성을 개발한다.	정보공학, 컴퓨터공학, 사회심리학	• 행위자망이론(네트워크성), 신물질주의(지식의 물질성), 분산적 심리학(지식의 사회성)에 대한 이해

위 표에 정리된 바와 같이, 미래사회의 변화 양상(왼쪽 줄)에 따라 필요한 관련 지식들(가운데 줄)이 있을 것이고, 미래의 변화 양상에 맞게 그러한 지식들을 어떻게 새롭게 인식해야하는지(오른쪽 줄)를 보여주고 있다. 이러한 변화의 핵심은 미래의 지식은 20세기까지의 학문적 경계, 지식의 고착성 및 관념성, 인본주의적 지식관, 사회구조에 대한 기존의 인식이 전반적으로 완전히 바뀌어야 한다는 것이다. 물론 이러한 변화가 가져올 미래사회의 모습(인간성의 변화, 인간관계의 변화, 생태적 변화, 위험 요소들 등)을 어떻게 봐야할 것인가에 대해서는 신중한 논의가 필요하다. 예를 들어, 그러한 위기 요인들은 다음과 같은 사회적 위험요소들도 있을 것이다.

- 자동화로 인해 구조적 실업이 50%를 초과한다.
- 킬러 바이러스를 퍼뜨리기 위해 합성생물학을 이용하는 테러리스트들이 등장한다.
- 농업에 해를 끼치거나 신종 질병을 유발할 수 있는 새로운 생명체가 연구소에서 유출된다.
- 약제 저항성을 가진 질병들이 보건비용을 증가시킨다.
- 원자력발전소, 수도 시스템, 전력망, 전산망에 대한 해킹 테러가 일어날 수 있다.
- 사이버 위험과 정보 전쟁이 사회적 편집증이나 보안 비용을 증가시킨다.

위에서 나열한 것처럼 미래 사회의 기술적 변화는 대량실업의 문제, 생화학무기, 드론, 사이버테러 등의 사회적 안보와 연결된 문제,

생태계의 혼란이나 파괴가능성의 문제, 건강 및 보건과 관련한 문제, 에너지 문제 등과 같은 여러 문제들을 야기할 수 있다. 그런데 이러한 사회적 위협요인들은 추가적인 논의와 대비책이 필요한 사안이지, 이러한 문제들이 두려워서 미래 사회의 변화에 대해 저항하거나 보수적 태도를 견지하는 것은 바람직하지 않을 것이다.

그렇다면 위와 같은 문제를 해결하기 위해 인류에게 필요한 것이 무엇일까? 인류의 경험과 통찰력이 축적된 지식이 해결의 실마리를 제공해줄 수 있을 텐데 미래 사회에서 그러한 '지식'은 기술중심적 사회에서 필요로하는 정보의 형태를 띨 것이다. 즉, 미래사회의 변화 양상과 위기를 해결해나가기 위한 지식과 학문적 토대는 대부분이 전산화와 공학화를 기반으로 한 정보의 성격을 띤다는 것이다. 그러므로 우리는, 우선적으로 포스트휴먼적 사회에서 정보의 특성과 기술적 변화의 양상이 무엇인지를 제대로 이해함과 동시에, 기술적 변화를 뒷받침하는 정보생태계의 방향성을 주시하고, 그러한 변화가 가져올 사회적 파급력이나 문제점들에 대해서도 고려해야 할 것이다.

2. 지식의 물질성: 신물질주의적 관점

지식은 어원적으로 어떤 의미를 가지고 있는가? 오랜 역사적, 철학적 토대를 자랑하는 독일어에서 '지식'에 해당하는 용어는 'wissenschaft'인데, 이 용어의 개념은 영어에서의 과학science 즉, '합리적 사고에 의해 체계적으로 조직된 지식'이라는 의미와 가장 가깝다. 즉, 독일어에서 지식의 개념은 합리적이고 경험적인 과학적 절차를 통해 체계화된 사실의 집합을 가리킨다. 이러한 지식에 대해 여러 정의들이 내려진 바 있지만, 메리엄-웹스터*Merriam-Webster* 사전에 따르면 지식은 "인간이 갖는 세상 여러 사물들의 본질과 관계성에 대한 정신적 인식 혹은 표상"이라고 정의된다. 즉, 지식은 세상을 이해하는 방식이고, 그 이해의 주체가 바로 인간이다. 이처럼 지식이 인간이라는 존재의 머리 속에서 생성되고 처리되는 것으로 설명되고 있다는 점에서 지식이라는 용어는 인본주의적 관점을 내포한다. 정리하자면, 지식은 인본주의적 관점을 기반으로한 용어로써, 지식의 개별성(개별 인간의 머리 속에서 존재한다), 지식의 인식론적 기반(인간이 세상을 이해하는 관점), 그리고 지식의 목적(지식은 인간을 위한 것이다)의 세 가지 차원에서 모두 인간중심적이다.

영국의 학자들은 전통적 관점에서 지식knowledge이라는 용어를 오래 사용해온 반면, 미국의 학자들은 계량주의적이고 실증주의적 입장을 바탕으로 정보information란 용어를 더 선호한다. 만일 지식을 인본주의적 관점에서 벗어나서 이해하고자 한다면, '지식'이라는 용어보다는 '정보'라는 용어가 더 적합하다고 볼 수 있고, 그런 의미에서 '정보'란 용어는 이미 컴퓨터공학이나 경영학 등에서 지식을 대신하여 널리 사용되고 있다. 앞으로 인간의 관점에서 벗어나서 세상의 다양한 현상에 대한 설명, 이론, 데이터들이 생성되고 유통되는 방식을 이해하기 위해서는 정보라는 용어가 더 적합할 것이다.

'정보'에 대한 가장 간단한 정의는 "의미가 부여된 맥락화된 데이터"이다(Floridi, 2010). 즉, 정보는 어떤 특정한 맥락 속에의 의미를 갖는 데이터인 것이다. 이러한 정보가 하나하나 모여 그 양이 많아지면, 그 이후에는 다양한 정보들 간의 관계성이 더욱 중요해진다. 만일 지식이 정보로 대변되고 그 정보의 양이 급격히 증가하게 된다면, 지식이 가진 물질성materiality에 주목해야 한다. 이때의 지식은 인간의 두뇌 속에서만 처리되는 추상적이고 관념적인 현상이 아니라, 변환, 증폭, 생성, 삭제가 가능한 물질이 된다. 수많은 데이터들이 컴퓨터에서 인식될 수 있는 이진코드로 변환되어 처리되는 경우가 정보의 물질성을 가장 잘 설명하는 사례이다. 이렇게 정보로 전환된 지식은 더 이상 인본주의적 인식론의 대상이 아닌 것이다.

정보의 물질성이 부각되게 되면, 인간의 지식이나 학습을 바라보는 시각도 달라질 수 밖에 없다. 지식은 더 이상 인간의 두뇌가 가진 질적 특성이나 사고의 방식이 아니라, 인간의 두뇌를 잠시 거쳐가는 정보의 한 양태인 것이다. 학습의 개념도 인간의 두뇌 속에 내용을 저장하는 내용지know-what가 아니라, 정보를 탐색하거나 데이터를 처리하는 방식을 습득하는 방법지know-how가 훨씬 더 중요해지게 될 것이다. 따라서 기존의 학습에 대한 정의나 이론들의 패러다임이 완전히 바뀌게 될 것이다.

4차산업혁명의 시작으로 상징되는 기술중심사회의 등장은 이러한 지식의 물질성에 크게 의존하고 있다. 지식의 물질성은 인공지능 컴퓨팅과 초고속 인터넷으로 데이터가 폭발적으로 확장되는 빅데이터 시대의 '지식은 곧 정보다'라는 표현속에 잘 나타나 있고, 이것이 바로 '정보화 사회'란 용어가 의미하는 바다. 요컨대, 포스트휴먼적 인식론은 인본주의적 지식관에서 탈피하여 탈인본주의적 성격을 가진 정보가 세상을 어떻게 이끌어가고 있는지를 이해하는 것이다.

3. 지식과 존재의 불가분리성: 포스트현상학적 설명

고대 그리스 시대에서부터 현대에 이르기까지 대부분의 철학과 지식은 인식의 주체(인간)와 대상(세계)을 구분한 이원론적 인식론을 기반으로 이루어졌다. 세계(사물)의 본질을 탐색하려는 과학적 인식론도 연구자의 관점과 연구의 대상은 엄격하게 분리될 수 있다는 가정하에 객관적인 사실을 실증적으로 확인하려는 노력의 일환이었다. 우리가 이해하고자 하는 세상(현상)의 이면에 내재한 본질을 직관적으로 파악하고자 인식 주체noesis와 인식 대상noema을 구별하였던 현상학도 마찬가지였다. 하지만 포스트휴머니즘에 기반한 세계관은 이러한 데카르트의 이분법적 인식을 넘어서서, 인식 존재와 인식 대상은 완전히 분리되지 않고 혼재되거나 하나로 이어질 수 있다고 본다. 이처럼 인식론과 존재론을 구별하지 않는 인식-존재론onto-epistemology을 기반으로 세상을 이해하고자 하는 이론적 접근이 바로 포스트현상학이다.

포스트현상학post-phenomenology은 기존의 기술적descriptive 현상학과 해석학적hermeneutic 현상학을 뛰어넘는 새로운 현상학적 관점으로서, 아가드Aagaard(2017. p. 2)는 현상학을 다음 [표 3]과 같이 세 가지로 구분한 바 있다.

이 세 가지 현상학 중에서 해석학적 현상학과 포스트현상학이 어떻게 구분되는지 설명해보자. 먼저 해석학적 현상학은 해석, 의미, 그리고 반본질주의anti-essentialism를 강조한 후설의 현상학Husserlian과 포스트모던 철학을 혼융한 것이다. 해석학적 현상학자인 밴 매넌van Manen은 '수용주의'란 개념을 통해서, 연구자가 '위대한 현상학

표 3 현상학적 연구 접근의 구분

구분	기술적(Descriptive) 현상학	해석학적(Hermeneutic) 현상학	포스트(Post-) 현상학
이론 창시자	Amedeo Giorgi	Max van Manen	Don Ihde
존재론 기반	의식(Consciousness)	언어(language)	체화(embodiment)
방법론 접근	근대주의적 과학	포스트모던 예술	신물질주의적 공예
인식론 목표	본질의 묘사	의미의 해석	매개체의 탐색
인식론 한계	본질주의(Essentialism)	수용주의(Receptivism)	담론(discourse)

적 마인드를 바탕으로 한 사고를 즐겨야 하며', '사고의 장애물로부터 자유롭고 개방적인 태도'를 갖추어야 함을 강조하였다(van Manen, 2014). 이를 통해 연구자는 이론의 족쇄에서 해방되어, 생생한 경험 lived experience의 빛을 볼 자유를 획득하게 된다는 것이다.

고전적(기술적) 현상학이 세상을 '있는 그대로' 묘사하고자 하고, 그 주된 과업이 인간과 세계의 관계성에 대해 분석하는 것이라면(Verbeek, 2005, 108), 해석학적 현상학은 세상에 대한 이해는 인간 언어라는 매개를 거치게 마련이고, 그 언어의 개입에 의해 세계(현상)을 어떻게 받아들일 것인가의 문제가 좌우된다고 보았다. 이때 세상은 절대적이거나 객관적인 실체가 아니라 해석의 주체로서의 인간의 다양한 경험과 관점에 영향을 받을 수밖에 없기 때문에, 그러한 선입견을 배제하고('괄호치기') 본질에 직관하려는 끊임 없는 노력을 기울여야 한다는 것이다.

반면 포스트현상학은 인간의 사고가 이러한 괄호치기bracketing나 기존의 관념에 오염되지 않은 것이 매우 어렵다고 보았다. 즉, 인간이 과연 자신의 경험에 대한 그러한 순수한 해석과 반추를 수행할 수 있는가란 지적이 등장하면서 해석학적 현상학은 설득력을 잃어가고 있다. 포스트휴머니즘은 인간의 주체성, 독자성, 능동성에 대한 비판적 관점을 통해, 인간의 의식에 기반한 경험과 그것을 바탕으로 한 세상에 대한 설명은 불완전할 수밖에 없다고 보았다. 따라서 포스트현상학은 정신(인간의 이성 및 의식)과 신체(자연성과 물질)의 이원론적 구분이 아니라, 신체화된 의식을 기반으로 매개체medium의 영향을 받으며, 사물과 상호얽혀 살아갈 수밖에 없는 인간 경험의 본질에 대해 탐구하고자 한다. 즉, 세상은 인간의 의식 밖에 별개로 존재하며 인간 이해의 대상object이 되는 것이 아니라, 인간과 만물이 '상호얽혀' 존재한다는 것(분리불가능성)을 직시할 필요가 있다. 바라드Barad(2003)는 이러한 '상호얽힘'을 내적 상호작용intra-action이라고 불렀고, 들뢰즈와 가타리Deleuze & Guattari(1987)는 아상블라쥬assemblage라고 불렀다. 이러한 인간-사물의 생태적 관계망 속에서 각 존재들이 어떤 역할을 수행하고 있는지를 이해하는 것이 바로 포스트현상학의 목표인 것이다.

물리학에서 현상학적 접근들이 어떻게 다른지 예를 들어보자. 기존의 현상학이 인간의 인식과는 독립적인 물질의 특성이나 작용을 이해하고자 했다면, 포스트현상학은 어떻게 물질적 인공물artifacts, 체화embodiment 그리고 사회적 능동자들이 상호작용하여 사물에 대한 '학습된 지각learned perceptions'을 생성하는지를 이해하고자 한다. 여기서 '학습된 지각'이란 쉽게 말해 학습의 결과로써 세상에 대한 인식을 얻게 되는 것을 말한다. 물리학에서 학습된 지각은 물리학적 현상에 대한 이해를 연구자(학습자)들이 내재화, 즉 체화하는 것인데, 이러한 학습의 체화에는 물질적 현상에 대한 다양한 설명(물질적 해석학material hermeneutics)방식이 포함된다. 예를 들어, 물리적 법칙을 수학적 공식이나 방정식, 시각적 모형이나 플로우차트, 그리고 각종 3차원적 재현물(예, DNA 모형)로 표현하는 것이 지식이 물질화된 예이다. 이러한 방식은 모두 대상의 특성을 학습자가 이해하기 편리한 방식으로 재현하고 있는 것이고, 이 재현의 방식이 기술적 매개물에 크게 의존하고 있다는 것이다. 이처럼 학습이 학습 매체(재현의 도구)나 수단(재현의 방식)에 크게 의존하고 있다는 것은 학습이 학습자의 순수한 이성적 사유의 과정(결과)이거나, 학습자(인식 주체)가 학습 내용(인식의 대상)과 완전히 분리되지 않는다는 것을 보여준다. 이러한 주체와 대상의 밀접한 연결성을 바탕으로 세상을 이해(학습)하려고 하는 것이 포스트현상학이다.

21세기의 인간의 경험은 기술적 매개(스마트폰, SNS, 뉴미디어, 온라인 공간의 토론, 게임 및 학습)들에 크게 의존하고 있고, 그에 따라 그러한 경험의 방식들은 기존의 현상학적 관점으로 설명하기에는 한계가 있다. 그런 의미에서 포스트현상학은 기존의 신체적 경험과 다른 가상적(온라인, 언택트, 상상적) 환경에서의 인간의 경험을 설명하는데 반드시 필요한 이론적 관점이다. 본 저서에서는 이러한 포스트현상학의 관점으로 학습과 소통의 문제를 연구하고 논의하는 사례들을 많이 소개하게 될 것이다.

4. 지식의 다양식성multi-modality: 객체지향존재론의 관점

앞 절에서 논의한 바와 같이 포스트현상학은 인간의 경험에 기술적 중재mediation가 큰 영향을 미친다는 것을 주목한다. 즉, 기술이 인간의 지각을 증감(확대/축소)시키고, 인간의 행동을 조율(촉진/억제)하는 번역translation의 역할을 한다. 그런데 이 기술적 중재의 효과는 인간의 경험이 사물(환경)의 물리적 특성에 직접적으로 영향을 받을 수밖에 없는 상황에서 더욱 커진다. 기계 문명의 발달에 따라 기술적 도구들이 인간의 삶 곳곳에 스며든 오늘날에는 기술적 중재에 의한 경험의 변화와 그로 인한 인식(학습) 양상의 변화도 더욱 커지는 것이다. 이러한 물질성에 기반한 체화된embodied 인식을 시각적 인식 연구자인 아이드Idhe는 관점적 인식perspectival perception(Idhe, 2009, p. 12)이라고 표현하였다. 관점적 인식이란 어떤 사물에 대한 시각적 수용은 매우 다양할 수밖에 없고, 각각의 다양성은 인식하는 존재의 물질적 환경에 구속될 수밖에 없다는 것이다.

아이드Idhe(2009)는 그의 주저 [포스트현상학과 기술적 인식(techno-science)]에서 시각적 정보의 수용 방식이 인간의 대상 인식에 어떤 영향을 미치고 있는지를 자세히 설명하고 있다. 아이드는 다음 [그림 2]에서 나타는 사물의 다양한 다중상태성의 예시들을 통해 인간의 시각적 인식은 어떤 한 가지 방식에 고정되지 않는다는 것을 보여줌과 동시에 사물들 자체가 다중상태성을 가질수 있음을 강조하고 있다.

사물들은 아이드Idhe가 강조한 이러한 다중상태성 뿐만 아니라, 다양식성multi-modality도 가지고 있다. 즉, 사물들은 어떤 한 가지 특성만을 가진 것이 아니라, 다양한 특성들을 동시에 지닐 수 있는데, 인간이 그동안 어떤 한 특성만을 중심으로 사물들을 범주화하여 이해해왔다는 것이다. 예를 들어, 인간이 사물을 이해하는 대표적

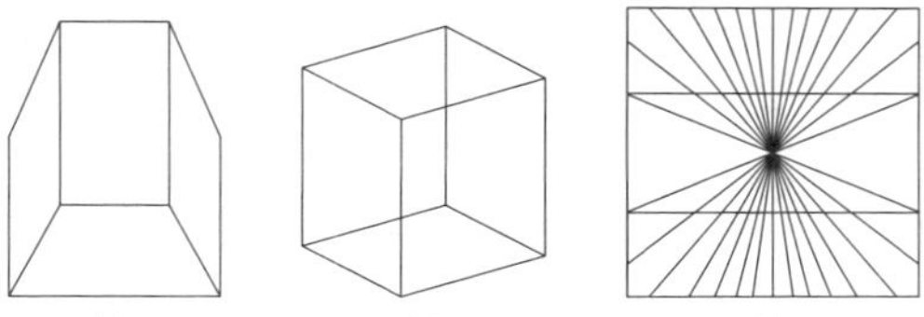

그림 2 다중상태성(multistable)을 가진 그림들(Idhe, 2009, pp. 12,13,15)

인 양식mode이 시각화visualization와 관념화conceptualization인데, 사물을 언어와 문자를 통해 재현representation하고, 개념화하는 것이 바로 그것이다. 그로 인해, 대부분의 지식이 텍스트화되어 언어적 형태로 다루어져 온 것이다.

하지만 텍스트화된 지식들은 분명한 한계를 가지고 있다(Moore, 2012). 예를 들어, DNA 이중나선 구조를 텍스트로만 설명할 수 있는가? 실제로 이 구조를 1951년에 처음 발표한 왓슨Watson과 크릭Crick은 1940년대 런던의 King's College 소속 Wheatstone 연구소에서 윌킨스Wilkins가 연구해오던 DNA 섬유질의 X-ray 사진([그림 3])에서 이중나선구조 모형([그림 4])을 착안했다고 알려져 있다.

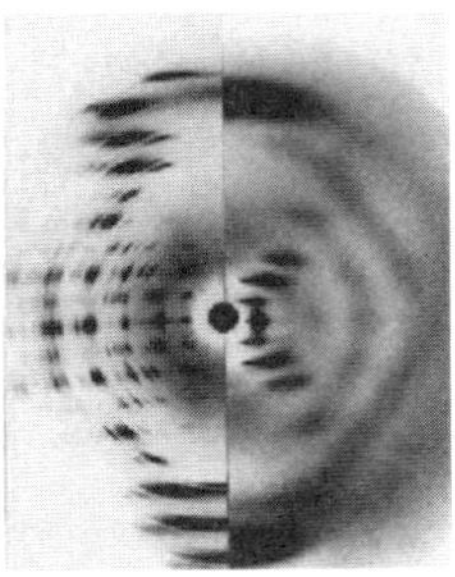

그림 3 X-Ray 촬영된 DNA 섬유질 (Bansal, 2005, p. 1558)

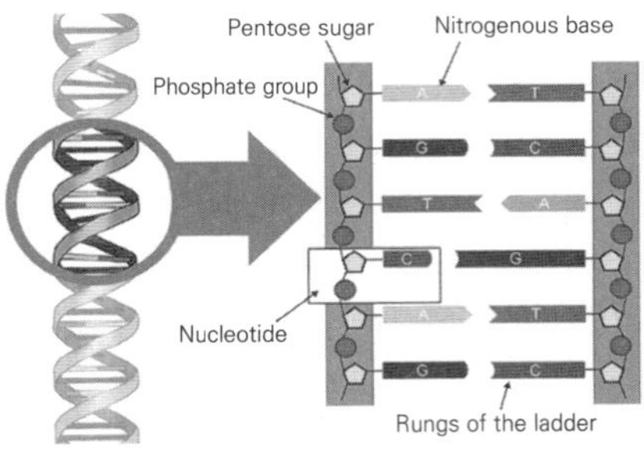

그림 4 DNA 이중나선 구조의 도식

결국 DNA 분자구조에 대한 발견과 그에 대한 지식은 시각적 증거로부터 추출한 시각적 모형화에 절대적으로 의존하였던 것이다.

사실 과학적 연구와 발견의 과정에서 이러한 사례는 한두 가지가 아니었다. 예를 들면 다음 [그림 5]에 표현된 것과 같은 원자와 분자의 전자기 방사선electromagnetic radiation의 모형을 텍스트만으로 설명할 수 있을까?

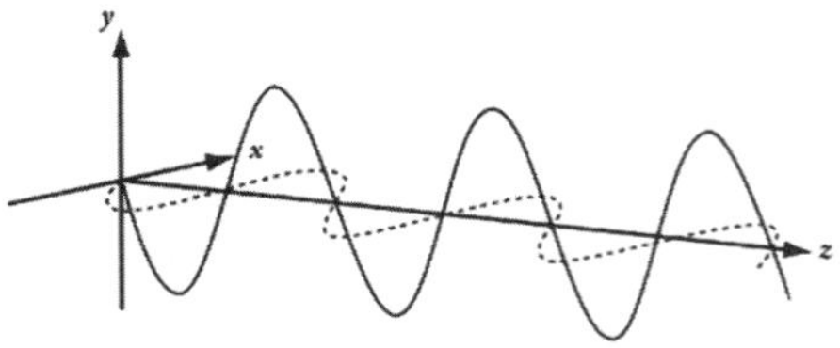

(a)
z방향으로 에너지를 발산하는
전자기파 모형(Moore, 2005, p. 5)

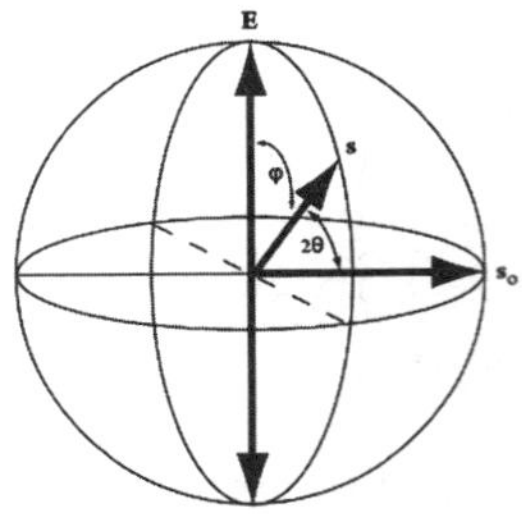

(b)
단일 원자의 전자기 방사선의 분산
모형(Moore, 2005, p. 9)

그림 5 과학적 지식의 시각화 사례(Toumey, Nerlich, & Robinson, 2015)

원자나 DNA의 작용 방식을 그 구조의 모형화를 통해 연구하는 분야가 생물구조학structural biology인데, 이러한 생물구조에 대한 설명은 텍스트만으로는 거의 불가능하고, 시각화하거나 모형화하는 것이 필수적이다. 테크놀로지와 시각화 기술의 발전은 이러한 개념의 시각화를 이제 2차원적 그림이나 도형에만 의존하지 않고, 그 구조나 작동 방식을 3차원 동영상을 통해서 보여줌으로써 학습자들이 그 원리를 쉽게 이해할 수 있도록 도와주고 있다(Toumey, Nerlich, & Robinson, 2015).

특히 최근에는 4차원 광음향optoacoustic 스캔 기술을 이용하여 동물체 내의 대사활동을 측정하는 연구방법이 등장하였는데, 다음 [그림 6]과 같은 이미징imaging 기술들은 과학적 연구에 기여할 뿐만 아니라, 그 결과를 일반인이 이해하거나 학습하는데도 매우 효과적인 도구가 되고 있다.

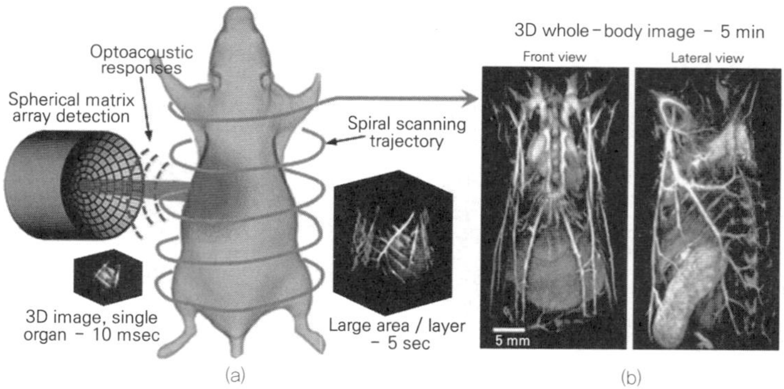

그림 6 4차원 광음파(optoacoustic) 이미지 이용한 쥐의 전신 단층촬영(tomographic) 데이터 (Deán-Ben et al., 2017)

따라서, 기술의 발전은 지금까지와 같이 지식을 언어를 통한 개념적 재현이나 수학적 모델에만 의존하여 설명할 필요성을 점점 줄여주고 있다. 대신 시각적 양식도 2차원적 모델링에서 3차원 및 동영상을 통한 재현이 가능해지고, 청각, 촉각 및 입체화(3D 프린터) 등의 다양한 양식들을 충분히 활용할 수 있는 기술적 환경들이 점점 보편화되고 있는 것이다. 결국 그러한 물질적 환경 속에서 학생들이 새로운 개념을 이해하고 학습하는 방식들도 점점 변화될 수밖에 없을 것이다.

지금까지 설명한 바와 같이, 오늘날 과학기술의 발전은 지금까지 인류가 세상을 인식하고 표현하는데 사용해왔던 기존의 지식의 재현 방식들mode of representation이나 도구들과는 전혀 다른 감각적 경험과 소통의 수단을 제공해주고 있다. 즉, 지금까지 수천년 동안 인류의 경험과 지식은 문자나 기호가 적힌 도서의 형태로 축적, 보관, 유통되어왔다면, 앞으로는 그러한 지식이 다양한 양식(문자, 시각자료, 영상자료, 감각자료, 홀로그램 등)과 매체(디지털 전자 기기들)를 통해서 저장, 변환, 유통, 그리고 정보화되어 처리될 수 있게 된 것이다. 따라서 향후 인간의 지적 활동은 이러한 기술적 매체들과의 상호의존성을 바탕으로 이루어질 수 밖에 없고, 그로 인해 정보가 생성, 변환, 적용되는 과정에서의 주체성과 능동성이 인간에게만 있는 것이 아니라 기술적 매체들에게도 주어지게 될 것이다. 이를 설명하고 있는 이론적 기반이 바로 객체지향존재론인데, 이 객체지향존재론은 향후 인류의 소통과 학습의 본질과 성격을 설명하는데 매우 중요한 역할을 하게 될 것이다.

제3장

기술 중심 교육의 개념적 틀: 기술, 인간, 교육의 혼융

1. 인본주의적 기술관에서 포스트휴먼적 기술관으로

포스트휴머니즘이 등장하기 이전까지의 인본주의 세계관 속에서는 학교(교육)는 '인간'을 만들기 위한 사회적 기관으로 인식되어 왔다. 문제는 그러한 인간의 범주에 누가 포함될 것인가(인간사회의 내적 평등성의 문제)와 인간의 범주가 확장될 수 있다(인간 범주의 외적 확대의 문제)는 것이다. 만일 학교를 둘러싼 사회적 네트워크가 오로지 '인간'만을 위해 존재한다. 인간 이외의 다른 모든 존재들(학교 건물, 동물, 비품, 책, 기술적 매체, 화분 등)은 모두 '인간의 교육'을 위해 대상화되고 소모될 수 있는 존재라는 의미가 된다. 이러한 관점은 어떤 문제점을 내포하고 있는가?

이 문제를 이해하기 위해서는 인류중심주의적 세계관이 정초하고 있는 몇 가지 전제들에 대한 비판적 검토가 필요하다. 예를 들어, 데카르트의 마음-신체 이원론, 칸트의 계몽주의 사상, 개인주의 심리학, 과학 문명 중심의 인식론, 개발중심의 경제론 등이 그것이다. 인류는 지난 350여 년간 이러한 개인주의적 합리성에 기반한 과학기술의 발달을 기반으로 급격한 기술문명의 발전을 이끌어온 반면, 지구 생태계에는 환경 파괴, 에너지 고갈, 기후 변화 등과 같은 돌이킬 수 없는 생태적 파국을 야기시켜왔다. 그래서 생태주의자들을 중심으로 과연 지구가 인류만을 위해 존재하는가란 질문과 더불어 이러한 인류문명의 전개가 지속가능성이 있는가라는 반성적 성찰이 일어나고 있는 것이다. 그런 의미에서 본 저서에서 논의하고 있는 신물주의, 객체지향존재론, 포스트현상학, 비대표성이론 등의 관점은 바로 위와 같은 인류중심주의적 세계관에서 벗어난 철학을 바탕으로 세상, 인간, 그리고 교육의 역할에 대한 새로운 고찰을 시도하려는 것이다.

학교교육에는 인간 외에도 많은 '비인간적 존재들'이 상호연결되어 학교를 구성하고 있으며, 학교라는 공간은 그 모든 존재들이 상호의존적인 역할을 하며 교육을 수행하고 있는 곳이다. 그러므로, 포스트휴먼 교육은 학교가 지금까지와 같이 '순수한 생물학적 인간'의 교육을 위해 다른 존재들이 소모되고 희생되는 공간이 아니라, 다양한 포스트휴먼적 존재들이 공존하는 포스트휴먼적 사회의 지속가능성을 확장하기 위한 노력의 일환이라고 이해할 수 있다.

우리는 지금까지 인간과 동물, 그리고 기계를 다음 [표 1]과 같이 구별해왔다.

사실 기계machine라는 용어는 시스템system, 조직organization이라는 의미도 가지고 있고, 이미 인간의 신체를 인체 시스템, 생명 조직 등으로이해하기도 하고, 사회적 조직social machine, 사회적 기관social

표 1 인간, 동물, 기계에 대한 차별적 이해

인간	이성	주체	능동자	문화
동물	본성, 신체	객체	능동/수동자	자연
기계	물질	객체	수동자	인공

organization 등과 같은 용어들도 쓰이고 있다. 즉, 생명체라는 유기적 조직과 기계라는 무기적 조직이 모두 조직이라는 개념으로 통용되고 있는 것이다. 물론 인간과 동물의 관계성을 설명하는 데에도 이러한 혼용성이 동일하게 적용된다. 최근에는 오랜 인류의 역사 동안 인간을 다른 동물들과 구별지었던 모든 학문적 개념 및 이론적 틀에 대한 재검토가 포괄적으로 이루어지고 있다는 사실에 주목할 필요가 있다. 예를 들어, 언어, 사고, 행동의 측면에서 인간과 동물의 근본적 차이나 근접불가능성를 강조했던 이론들에 대한 재평가가 내려지고 있는 것이다.

인간과 기술이 공진화되어왔다는 이론처럼, 인간과 기계는 상호의존적인 존재들이다. 이는 기술이 인간으로부터 일방적인 영향을 받거나 인간만의 전유물이 아니라, 인간과 기술이 상호의존적으로 공생해야한다는 것이고, 그것이 바로 포스트휴머니즘적 기술관이다. 아울러 인간과 동물의 관계도 동물의 권리와 주체성을 존중하는 평등한 관계성을 수립하고 이를 위해 종-교차적cross-specific 소통을 시도하는 것이 포스트휴먼 교육의 지향점이다. 요컨대, 포스트휴먼 교육은 물질, 에너지, 환경, 사물, 도구에 대한 인간중심적 태도에서 탈피하여, 자연 생태계 속의 인간의 역할을 반성적으로 검토하고 인간, 기술, 자연의 관계성을 비판적으로 이해하려는 것이다.

2. 인간, 기술, 교육의 공존 관계

기술중심 교육은 기존의 교육공학적 실천이 수행해왔던 인간 교육을 위한 기술과 매체의 도구주의적 활용과는 근본적으로 차이가 있다. 아울러 과거의 인본주의나 인간중심 교육이 강조했던 인성 교육이나 사회성 교육 등을 포기하고 기술적 방법론에 집중한 교육을 강조하는 것도 아니다. 기술중심 교육은 기술의 보조적, 도구적 역할에 그치지 않고, 인간과 기술의 상호의존성 및 분리불가능성에 대한 인식을 바탕으로 인간, 도구, 환경이 동등한 관계성 속에서 최대한의 교육적 효과를 얻을 수 있도록 준비하는 것을 의미한다. 이를 위해서는 두 가지 접근이 가능하다. 첫째는 인간이 '자연성', '동물성', 그리고 '물질성'을 동시에 가졌다는 것을 인식하고, 인간 이외의 다른 존재들(도구, 기계, 매체, 서적, 물리적 환경 등)이 어떻게 교육적 활동에 기여하거나 참여하고 있는지를 이해하는 것이다. 둘째는 학습의 목표(지식이나 정보의 획득)와 학습의 수단(도구와 기술)을 이원화하지 않는 것이다. 즉, 학습에 있어서 내용(지식, 정보)과 방법(매체, 기술)을 구별하지 않고 보다 자연스러운 학습의 전략들을 탐색하는 것이다. 그 구체적인 원리가 바로 본 저서의 여러 곳에서 논의될 뉴미디어적 학습의 핵심 원리이다(Buckingham & Willett, 2013).

그렇다면, 어떻게 인간과 기술은 교육의 실천 속에서 자연스럽게 어울어질 수 있을까? 인간과 기술이 학습에 활용되는 단계는 논리적으로 크게 다음 [표 2]와 같이 5단계로 구별될 수 있다.

인간의 기술적 의존도에 따라 [표 2]와 같이 학습의 유형이 달라져 왔다고 볼 수 있는데, 실제적으로 1단계(기술 없는 학습)나 5단계(인간

표 2 기술 개입 수준의 단계에 따른 학습의 성격

단계	기술 개입 수준	기술개입 비율	내용
1	기술 없는 학습	0%	도구의 발명 이전의 원시적 학습
2	인간 주도 학습	1~39%	컴퓨터 발명 이전의 근대적 학습
3	기술+인간 협업	40~60%	컴퓨터 발명 이후의 모두 매체 활용 학습
4	기술 주도 학습	61~99%	인공지능 발명 이후의 디지털적 학습
5	인간 없는 학습	100%	인공지능이 최고조로 활용된 미래의 학습

없는 학습)와 같은 극단적인 상태는 별로 중요하지 않다. 인류는 오랜 시간 동안 2단계와 3단계의 학습을 경험해 왔고, 현재는 3단계에서 4단계로 이행하고 있다고 볼 수 있다. 3단계의 기술+인간의 협업에 의한 학습은 다양한 수준의 도구들이 인간의 학습을 보조하거나 촉진하는 단계를 의미한다. 그 대표적인 도구로 마인드웨어mindware가 있는데, 이는 다음 [그림 1]과 같은 인간의 사고를 촉진시켜주는 놀이 및 학습의 도구들(퍼즐, 보드게임, 학습 템플릿 등)을 가리킨다.

그림 1 인간의 사고를 훈련시키는 마인드웨어(mindware)들

4단계부터는 학습을 더 이상 생물학적 작용의 결과로 제한하기 보다는, 생물학적인 특성과 전산적인 특성을 동시에 지닌 존재의 사고 과정의 결과로 간주한다. 그리고, 인본주의적 학습이론인 행동주의, 인지주의, 구성주의 등의 학습이론과는 다른 인지과학cognitive science적 연구들을 직접적으로 활용한 관계주의, 연결주의

등의 학습이론을 필요로 한다. 따라서 4단계 이후의 학습은 학습자의 신체 및 정신의 데이터화와 디지털화를 통한 학습으로 정의될 수 있으며, 학습형태로는 인지적 보철 장치cognitive prosthetics나 인공지능 알고리즘을 활용한 학습이 이루어지는 것이다.

인지적 보철 장치를 활용한 기술의 예로는 뇌파검측기(EEG)를 통한 컴퓨터 마우스의 작동에서부터 인간의 신체를 확장하거나 증강하는 신체적 보철물들을 통제하는 기술들을 들 수 있는데 이 신체활동뿐 아니라 정신적 활동들도 포괄한다. 현재 인지 과학 연구의 주된 연구 주제들로는 인지적 모델링cognitive modelling, AI와 합리적 사고의 융합Artificial intelligence and reasoning, 인지·행동·가상현실의 협응Perception, Action, & Virtual reality, 인간-수준 지능 연구Human-level intelligence, 그리고 인지 구조화Cognitive architecture 등이 있다. 이러한 인지과학 연구의 방향성은 한마디로 마음과 기계의 기능적 융합Mind-Machine convergence이라고 볼 수 있다. 사실 인지적 보철기란 인간의 의식 작동만으로 신체적(물리적) 확장물을 원하는 대로 통제할 수 있다는 것이므로, 마음(인간)과 기계(컴퓨터)의 융합은 그다지 새로운 개념이 아닌 것이다. 단지 그러한 인간의 마음이 신체를 굴레에서 벗어나서 전산망 속에서 생성, 작동할 수 있느냐의 문제와 그러한 마음(존재, 의식)은 기존의 생물학적 인간의 의식과 비교해서 어떤 차이점이 있는가 하는 문제만 남아있다.

마음과 기계가 융합된다는 것은 인간의 의식이 디지털 형식으로 변환되어 인공지능 알고리즘이 처리할 수 있는 데이터가 된다는 것이다. 즉, 인간의 의식이 더 이상 생물학적 존재의 산물이거나 신체적 작용과 분리된 것이 아니라, 인간의 행동적, 심리적, 인지적 특성

그림 2 신체적 보철 장치와 인지적 보철 장치(cognitive–prosthetics)

의 구별없이 디지털 데이터로 전환되고 통합되어 인공지능 컴퓨터에 의해 처리되는 방식으로 학습이 이루어질 수 있다는 것이다.

만일 이 수준으로 인공지능이 발전한다면, 그 때 인공지능을 100% 활용하여 이루어지는 학습이 바로 5단계 학습이다. 하지만 이러한 5단계의 학습을 가능케하는 기술적 환경이 갖추어진다고 해서 모든 포스트휴먼적 존재들이 이러한 학습에만 의존하는 것은 아니다. 이것은 현재 우리가 컴퓨터를 활용한 학습이 가능하다고 해서 모든 학습을 컴퓨터에 의존하여 수행하지 않는 것과 마찬가지이다. 예를 들어, 오늘날 구글의 인공지능 번역기술의 놀라운 성능을 일반인들도 쉽게 이용가능한 기술적 환경에 놓여있지만, 모든 사람들이 구글 번역기에만 의존하지 않는 것과 마찬가지이다. 특정 분야나 업무에서 구글 번역기의 결과물보다는 인간번역사의 결과물을 더 선호할 수도 있고, 그러한 이유로 인간 번역의 능력을 갖춘 사람을 기업나 정부가 필요로 한다면, 학생들이 번역 능력을 기르는데 여전히 많은 시간을 투자할 수도 있다. 결국 미래 사회가 인간의 능력과 인공지능 기술 중에 어느 쪽에 더 많이 의존할 것인가의 문제는 단순히 기술적 완성도의 문제로만 결정되는 것이 아니듯이, 학습의 문제도 그와 마찬가지일 것이다.

3. 포스트휴먼적 평가의 미래

1) 포스트휴먼적 평가의 개념적 기반

고대 그리스의 철학자(Plato, Aristotle)에서부터 중세와 근대의 교육철학자(Rousseau, Kant)를 거쳐 현대의 교육사상가(Dewey)에 이르기까지, 기존의 인본주의적 관점에서는 오직 인간만이 교육의 대상이 될 수 있다고 여겨져왔다(Snaza, 2013). 따라서 교수자나 학습자도 모두 인간이고, 인간만이 주체성과 능동성을 가지고 학습을 수행할 수 있고, 다른 존재들은 학습의 대상이나 도구로서만 간주되었던 것이다. 예를 들어, 기존의 교육과정에서는 배워야 할 지식을 결정한 후, 그에 따라 자연스럽게 학습방법을 결정하였기 때문에, 교수법은 지식 자체를 전달하는 목적으로, 평가는 관련 내용의 기억을 확인하는 식으로 이루어졌다. 그러나 포스트휴먼적 학습에서는 '학습자'나 '교수자'의 구분을 대신하여 탐험가explorer, 소통가communicator, 응용가applicator 등과 같은 용어를 통해, 교사와 학생의 역할구분을 허물고, 교과서 속에 갇힌 지식이 일방적으로 전달되는 학습을 거부한다. 교수법pedagogy의 문제도 마찬가지로, 포스트휴먼적 교수법은 학습을 인간의 삶이나 물질적 세계와 분리하여 생각하지 않는다(Doyle, 1992).

그런 의미에서 포스트휴먼적 교수법과 평가는 다음과 같은 방향성을 갖는다(Sorensen, 2018).

첫째, 포스트휴먼적 평가는 사물의 능동성을 주목한다. 즉, 자연/

문화, 그리고 인간/비인간의 경계를 넘어서 사물의 물질성이 교수법과 평가에 어떤 의미를 가져다줄지를 탐색하는 것이다. 교육은 인간-비인간의 구분없이 세상의 모든 만물들이 지속가능성을 가지고 공존하기 위한 태도를 체득하는 것이다. 그러한 접근의 하나로 천Chen(2012)은 동물성 척도animacy scale이라는 개념을 제시하면서 능동성이나 동물성이 이분법적인 것이 아니라 정도의 문제임을 강조한다. 천Chen은 이 개념을 통해 어떻게 비인간적 존재들이 인간의 학습에 참여하거나 영향을 미치고 있는지를 탐색하고자 하였다. 이를 위해서는 학습과 평가에 대한 인본주의의 편견에서 벗어나서는 것이 우선되어야 한다.

둘째, 포스트휴먼적 평가는 추적tracing 활동이다. 한 개인의 역량과 잠재력을 파악하기 위해 검토하는 문서가 이력서인데, 이력서는 지금까지의 학습과 근무의 경험이 총망라된 기록이다. 이력서가 서양어로 resume(경력의 요약), curriculum vitae(지난 교육적 및 직업 경력의 분류)로 표현되는 것과 같은 맥락에서, 평가를 위해서는 학생의 학습경험의 경로를 추적하는 것이 가장 중요하다. 예를 들어, 평가의 주요 자료로 널리 활용되고 있는 포트폴리오도 개인의 학습 활동이나 업무 활동, 그리고 경험의 이력을 추적하여 체계적으로 정리한 것이다.

학생들의 학업성취나 업적을 디테일하게 추적하기 위해서는, 평가자(교사)의 판단이나 직관으로만 되는 것이 아니라, 학생들 개개인의 학습 과정을 꼼꼼히 리뷰할 수 있는 각종 매체(컴퓨터, 촬영도구, 평가 프로그램, 로그기록부)의 도움이 필수적이다. 학교교육에서 지금까지 시험(지필고사)에 의한 평가에 의존했던 것은 상대평가의 용이성 때문이기도 하지만, 평가를 위한 도구나 매체들이 충분히 개발되지 못했기 때문이기도 하다. 정보통신 기술의 발전과 평가 이론의 발전으로 인해 미래의 평가는 교사에 의해서만 이루어지는 것이 아니라, 다양한 기술적 도구들을 활용한 학습자의 자기 평가나 인공지능 프로그램에 의한 평가들이 확대될 것이다(Watkins, Carnell, & Lodge, 2007). 결국 꼼꼼하고 체계적인 추적을 위해서는 테크놀로지의 활용이 필수적이므로, 교사가 어떻게 기술적 도구들을 효과적으로 활용하는가도 평가의 중요한 요인이 될 것이다.

셋째, 평가는 매개의 활동이다. 즉, 교수자는 학습자와 학습 내용 사이를 매개mediation하는 사람이고, 평가자는 학습자와 학습 결과 사이의 매개자mediator이다. 그런데 이 매개는 중개mediatory와 매개mediation로 나누어지는데, 중개는 매개체가 두 행위자를 단순히 연결하는 것이고, 매개는 매개체가 수신자에게 영향을 미치는 것을 의미한다(Latour, 2003). 따라서 교사의 역할은 단순한 지식의 중개자가 아니라, 학습의 매개자이자 평가의 매개자가 되어야 하는 것이다.

기존의 평가에서 교사들은 단순한 중개자의 역할을 수행하였다. 행정적으로 교사들은 성적을 부여하기 위한 객관적인 상황(예, 필기시험)을 제시하고, 그 결과를 그대로 성적표에 옮기는 역할을 했던 것이다. 만일 일부 교사가 평가에서 보다 적극적인 매개자 역할을 수행하고자 하더라도, 치열한 입시 전쟁과 같은 경쟁교육 시스템 속에서 교사의 매개적 평가는 '객관성'을 담보하지 못한다는 우려로 인해 금기시되었다. 따라서 포스트휴먼적 평가에서 교사가 매개자의 역할을 효과적으로 수행하기 위해서는 다양한 환경적, 기술적 도구들을 활용할 필요가 있다. 예를 들어, ANT이론에 따르면, 다양한 인적 연결망(교사학부모위원회), 제도적 연결망(학부모 청원, 교육청 민원 등), 기술적 연결망(Nais 시스템, 인공지능 평가 시스템, 빅데이터 활용)을 활용하여 교사의 주관적 판단에 의존하기 보다는, 다양한 교육의 행위자들이 평가에 공동개입하는 시스템을 구축하는 것이 중요하다고 본다.

넷째, 포스트휴먼적 평가는 전환translation의 활동이다. 전환이란 개념은 학습을 통해 지식을 생성한다는 것을 개인의 인지작용에 대한 심리학적 설명으로 접근하지 않고, 사회문화적이고 사회물질적 활동의 차원에서 설명하려는 것이다. 즉, 학습이란 사회적, 물질적 네트워크 망속에 존재하는 학습자가 자신의 활동 영역의 시공간을 점차 확장해나가면서, 네트워크 속의 다른 존재들과 상호작용하며 시스템에 대한 이해를 넓혀나가는 것이다. 학교라는 시스템의 예를 들면, 학습은 교육과정에 의해 준비된 학습 목표와 내용을 교사, 교과서, 교육매체, 동료학생, 학부모들과 함께 다양하게 경험하고, 그 결과로 나타나는 학업성취를 평가하고 점검하는 것이다. 이러한 평가의 과정에서 전환의 역할은 다음 [그림 3]과 같이 나타낼 수 있다.

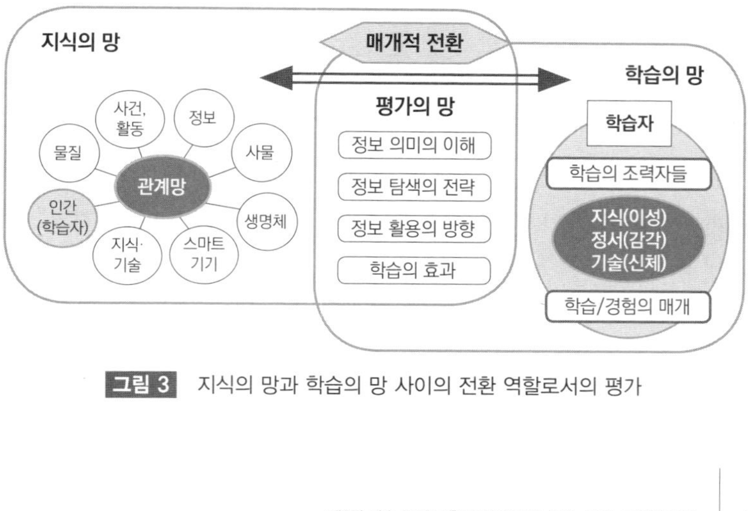

그림 3 지식의 망과 학습의 망 사이의 전환 역할로서의 평가

[그림 3]을 간단히 설명하자면, 평가란 세상의 수많은 존재들에 대한 이해인 지식의 관계망과, 학습을 위한 조력자들, 학습의 매개, 그리고 학습의 내용으로 이루어진 학습의 관계망 사이를 적절하게 전환하는 것으로 이해할 수 있다는 것이다. 이 개념도는 기존의 평가가 시간적으로 학습의 종료 후에 그 성과를 판단하는 차원에서 이루어진다는 관념과 전혀 다른 개념이다. 즉, 평가는 학습의 결과를 확인하는 과정이 아니라, 학습자가 지식(정보)의 의미를 이해하는지, 정보 탐색의 적절한 전략을 채택하는지, 정보 활용의 방향이 어떤지, 그리고 그러한 학습의 효과는 어떠한지를 점검하면서 학습을 촉진하는 과정이라는 것이다.

2) 포스트휴먼적 평가로의 변화: 디지털 기반 평가

(1) 미래 평가의 방향성

미국의 가장 영향력있는 교육평가기관인 ETS Educational Testing Service는 미래의 평가의 방향성을 바꾸게 될 두 가지 근본적인 변화에 대해 언급한 바 있다. 하나는 지식의 본질과 그에 대한 인간의 접근 방식이 크게 변하고 있다는 것이고, 다른 하나는 과학적 정보가 질적으로나 양적으로나 디지털화되는 전산적 교류electronic exchange가 이루어지고 있다는 것이다. 이에 따라 평가의 관점과 평가의 책무성 accountability 및 타당성validity의 틀이 변하고 있는데, 그 성격은 크게 다음 세 가지로 요약될 수 있다.

i) 대규모의 인원을 대상으로 표준화 방식standardized의 평가

를 통해 기초 지식the basics을 평가하던 방식에서, 보다 소수의 학생들을 중심으로 광범위한 역량을 평가하는 방식으로 전환되고 있다는 것이다. 이러한 평가가 가능하기 위해선 교수, 교육과정, 그리고 평가가 통합적으로 운영되면서 학생들이 기초 지식의 습득을 넘어 지식이 다양한 맥락에 적용되는 과정을 평가할 수 있어야 한다.

ii) 일반적이고 보편적인 학생들을 대상으로 한 평가에서 특별한 성격을 가진 학생들(장애, 언어 소수자, 특별 재능 보유자, 과잉행동아, 학교부적응학생 등)을 대상으로 한 평가가 확대되어야 한다는 것이다. 이를 위해선 그러한 학생들의 필요에 부합하도록 평가의 표준이나 준거가 다양화되어야 할 것이다.

iii) 다양한 학생들의 교수, 학습, 평가의 과정을 세밀하게 추적하는 보다 진보되고 정교화된 평가 시스템을 개발하기 위해선 그러한 데이터를 수집하고 효과적으로 처리할 수 있는 평가 매체들의 기술적 혁신이 필요하다.

위와 같이 미래의 평가의 방향성은 지식의 본질적 변화와 평가 자료의 디지털화로 요약될 수 있는데, 본 저자는 여기에 탐문적인 평가의 중요성을 추가하고자 한다. 고든Gordon(2013)은 탐문적인 평가inquiring assessment의 중요성을 강조하면서 그것이 다음 세 가지 원리를 기반으로 교수학습의 상호작용 속에 내재되어야 한다고 보았다. 첫째, 독립적으로 이루어지는 평가를 대신하여 시간적으로 교수학습 과정 상에 분배되어 이루어지는 다중적이고 다양한 방식의 평가 기회가 제공되어야 한다. 둘째, 평가는 탐문inquiry, 교수, 그리고 매개의 도구들을 기반으로 통합되어야 한다. 그리고 셋째, 평가를 위한 데이터는 학생들의 학습진행과 관련한 풍부한 기술을 포함하여야 하고, 평가 데이터의 활용이 행정적 목적인지 학생 발달적 목적인지가 구분될 필요가 있다. 아울러 교사는 이러한 데이터를 진단적 diagnostical 방식과 처방적prescriptive 방식 두 가지의 차원에서 해석할 수 있어야 하고, 심리측정가들은 실제적인 교수학습의 상호작용에서 나온 데이터를 적절히 추출하여 책임감있게 평가에 반영할 수 있어야 한다는 것이다.

요컨대, 앞으로의 교육평가의 방향은 지식의 본질적 변화(평가의 내용)와 평가 자료의 디지털화(평가의 매체), 그리고 탐문적 평가를 중심으로 한 과정평가(평가의 전략)가 핵심적 요인이 될 것이라는 것이다.

(2) 디지털 기반 평가의 등장

그렇다면 디지털 기반 평가는 구체적으로 어떤 것인가? 디지털 기반 평가시스템의 특성에 대해 베렌스와 디세르보Behrens & DiCerbo (2012)는 다음 세 가지 점을 강조한 바 있다. 디지털 기반 평가 시스템은 첫째, 컴퓨터를 활용하여 학생들의 학습과정에 관한 세밀한 데이터를 다양한 원천으로부터 발굴하고, 그 정보를 관리하고 처리할 수 있는 시스템을 갖추어야 한다. 둘째, 학습자와 디지털 환경 속에서의 학습자의 활동에서 나타나는 새로운 형태의 데이터를 처리할 수 있도록 디지털 기술을 개발해야 한다. 그리고 셋째, 디지털 기술들을 활용해 수집한 데이터를 관찰하고, 패턴을 파악하고, 그 데이터를 바탕으로 추론할 수 있도록 시각화하거나 세밀하게 가공할 수 있어야 한다는 것이다. 이처럼 새로운 기술적 환경을 바탕으로 한 평가시스템이 개발되어야 컴퓨터를 활용하여 학습하는 학생들의 학습의 양상을 제대로 평가할 수 있다는 것이다.

아울러 디지털 기반 평가는 다음과 같은 다섯 가지 특성을 지닌 평가가 될 것이다(Chalk, 2019).

i) 총체적 측정Holistic measurement: 기존의 평가방식으로는 확인하기 힘든 학생들의 수행(고차원적 사고, 대인관계 발달, 문제해결 능력, 그리고 심오한 학습 등)의 큰 그림을 확인하는 것이다. 예를 들어, 개방형 시범pen-ended demonstration이나 프로젝트 기반 학습project-based learning이 대표적 예인데, 이러한 학습의 가장 중요한 특징은 학생들이 자신의 학습의 주체가 된다는 것이다.

ii) 지속적 평가Continuous testing: 이는 은밀한 평가stealth assessments라고도 불리우는 것으로, 평가가 교실 활동에 자연스럽고 방해하지 않는 방식으로 녹아져 있는 것이다. 이를 위해 학생들의 활동들을 관찰하고, 수업에 대한 반응을 지켜보며, 학습 목표를 향해 나아가는 과정을 규칙적으로 확인하여 교수활동을 수정한다.

iii) 실시간, 데이터 기반 통찰Real-time, data-driven insights: 학생들이 학습 소프트웨어에 반응하는 과정을 모니터링해서 나온 데이터를 분석하여 학생들의 학습 과정에 대한 의미 있는 통찰력을 이끌어내는 것을 말한다. 이를 위해서는 인공지능 알고리즘을 활용한 자동분석 툴들이 필요하고, 교사들은 그렇게 수집된 엄청난 데이터를 실시간으로 분석한 결과를 참조하여 학생들의 학습을 개선하기 위해 필요한 사항들이 무엇인지 판단한다. 이러한 데이터 수집 작업을 컴퓨터가 대신 해주기 때문에, 교사는 수업 내용에 더욱 집중할 수 있게 된다.

iv) 맞춤형 학습Tailored learning: 기술적 도구의 도움으로 학생 개개인이 교실에서의 수행이나 평가 결과에 대한 데이터를 많이 추출할수록, 교사는 교실의 상황에 대해 추적할 수 있을 뿐 아니라, 개개 학생들이 어떻게 성장해가는지 이해할 수 있다. 맞춤형 학습에 최적화된 평가가 바로 적응적 검사adaptive testing로서 교사는 학생들의 지식(학습) 수준을 실시간으로 확인하여 반응할 수 있다.

v) 평가 방식의 변경Shifts in Scoring: 이미 뉴욕이나 실리콘 벨리의 몇몇 학교를 중심으로 계량형 평가가 아닌 서술형 평가가 시도되고 있다(Pisa, 2018). 서술형 평가를 위해서는 질적 수준을 평가할 수 있는 몇 가지 준거criteria를 중심으로 시범보이기demonstration나 프로젝트기반 학습을 수행하면서 기존의 필기 시험을 대체해야 한다.

(3) 디지털 기반 평가의 실제

1938년 IBM은 IBM805라는 채점 기계를 처음 발명하였는데, 우리들에게 익숙한 선다형 시험의 답안지에 연필로 체크한 내용을 광학적 스캐닝을 통해 정오답을 판별하는 방식이 그것이다. 당시 이 채점 기계는 인간의 채점방식보다 10배 빠르고 정확도도 뛰어나다는 점을 강조했었다. 하지만 빅데이터 및 인공지능 관련 기술들이 놀라운 속도로 발달해가고 있는 현재 그러한 기술적 툴을 교육 평가에 새롭게 적용하는 방안에 대한 많은 논의가 진행되고 있다. JISC(2000)은 디지털 기반 평가가 다음 [표 3]과 같은 다섯 가지 평가상의 장점—실제성authentic, 접근성accessible, 최적자동화appropriately authomated, 지속성continuous, 그리고 확실성secure—을 촉진할 수 있다고 주장한다.

표 3 디지털 기반 평가의 핵심 요인들의 개념과 사례

특성	개념	기술적 도구 예(툴, 웹)
실제성	학습자가 배우고자 하는 학습이 미래 직정의 필요에 부응하여 보다 실제적이고 맥락적이며, 동기 유발된 방식으로 이루어지도록 도와준다는 것이다.	• PeerWise(https://peerwise.cs. auckland.ac.nz) • Pitch2Peer(pitch2peer.com) • Peergrade(peergrade.io • WebPA(https://webpaproject.lboro.ac.uk
접근성	장애나 취약성을 가진 어떤 학습자라도 그들의 최대한의 가능성을 발휘하는 것을 목표로 평가를 설계하는 것이다.	• 소리-텍스트 변환기 • 화면 읽어주기(screen readers) • 음악점자생성기(refreshable braille) • 음성 비서(voice control software) • 음성 합성기(speech synthesis) • 기계 자동 번역기
최적자동화	교사의 채점 및 피드백 업무를 경감하고 학생들에게 보다 빠르고 구체적이며 좀더 실천가능한 피드백을 제공해주는 것을 의미한다.	• 즉석 채점 및 피드백 • 적응적 비교 판단 툴(Adaptive comparative judgment: ACJ) • AI 글쓰기 교사(ecree.com)
지속성	실천의 기회와 자신의 과업을 회고해볼 수 있는 기회를 최대한 제공하여, 학습자가 세상의 변화에 적응하고, 평생학습자로서의 학습 역량을 갖추는 것을 의미한다.	• 학습 분석: 'Quantified Student'(https://quantifiedstudent.nl/) • 디지털 자격검증: MySkills(https://myskills.org.uk/) • AI 학습 분석기
적합성	각 학생에게 적절한 최적의 평가 방식을 적용하고, 학생들은 스스로 학습을 주도하며 규정에 따라 평가를 받게 되는 것을 의미한다.	• 교육적 데이터 검증(Educational data forensics) • 온라인 툴: écree(ecree.com) / Elute Intelligence(cflsoftware.com/ • 표절 확인 플랫폼:Turnitin(turnitin.com/)

디지털 기반 평가의 질적 타당성은 위와 같은 평가의 실제성, 접근성, 최적 자동화, 지속성, 그리고 적합성을 충분히 고려했을 때 확보될 수 있다는 것이다.

3) 포스트휴먼적 평가의 실행 전략

그렇다면 향후 포스트휴먼 교육시스템 속에서 평가는 어떤 성격과 방향성을 갖게 될 것인가? 이 문제를 논의하기에 앞서 우선 포스트휴먼적 학습의 구조가 어떻게 변할 것인지에 대해 설명할 필요가 있을 것이다. 포스트휴먼 교육 시스템이 기대하는 차세대의 학습The Next Generation Learning은 다음 [그림 4]와 같은 교육의 핵심 요소들 간의 관계성 속에서 이루어지게 될 것이다.

[그림 4]는 미래의 학습이 교육과정, 학습자료, 학습 데이터, 개별화 교수 및 협력적 학습, 그리고 평가의 6대 요소들 간의 관계성을

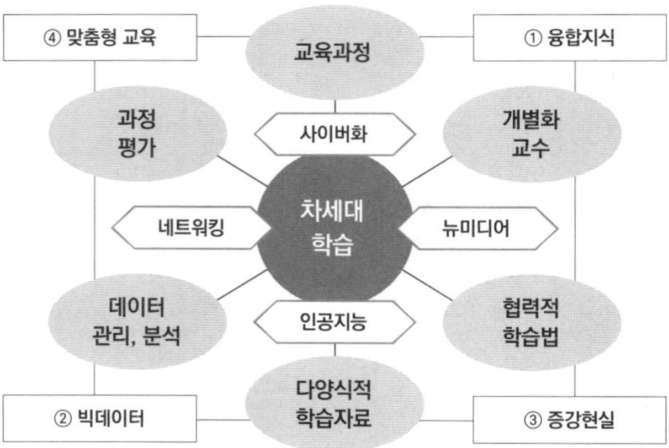

그림 4 포스트휴먼적 학습으로서 차세대 학습의 구조

기반으로 이루어지게 될 것임을 보여준다. 이 학습의 구조는 기술기반 교육의 네 가지 핵심 원리들(사이버화, 뉴미디어, 네트워킹, 인공지능)이 중심 동력이 되어 작동하게 될 것이며, 그에 따라 융합지식(①)을 중심으로, 빅데이터(②)와 증강/가상현실(③)의 매체를 활용하여 맞춤형 교육(④)이 이루어지는 것이 차세대 학습의 핵심구조라는 것이다. 특히 여기서 기술기반 교육의 네 가지 핵심 원리들은, 본 저서의 제14장에서 자세히 설명하고 있듯이, 각각 사이버화(신물질주의), 뉴미디어(포스트현상학), 네트워킹(행위자망이론), 인공지능(객체지향존재론)의 이론적 배경을 기반으로 기술적 매체들을 통해 구현되고 있다는 것을 참조할 필요가 있다.

위와 같은 포스트휴먼적 학습의 구조 속에서 평가는 어떻게 이루어지게 될 것인가? 우선 미래의 평가의 변화 방향에 대해 힐과 바버 Hill & Barber(2014)는 다음 [그림 5]와 같이 세 층위의 구조화된 평가시스템이 필요함을 강조한 바 있다.

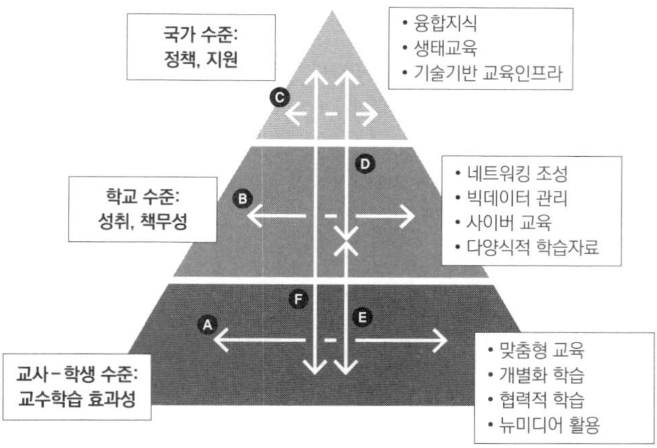

그림 5 평가의 세 층위에 따른 학습의 성격(Hill & Barber, 2014, p. 59 참조)

그 세 층위는 교사-학생(교실)수준, 개별 학교 수준, 그리고 국가 수준으로 구분될 수 있다는 것인데, 교사-학생 수준에서는 교수학습의 효과성을 향상시키는데 집중하고, 학교 수준에서는 학생들의 성취도나 성장의 정도를 비교하여 학교별 교육의 책무성을 견지해야 한다는 것이며, 마지막 국가수준의 평가는 교육의 철학(인재상), 교육자원의 분배를 고려하여 교육적 정책을 수립해야 한다는 것이다. 물론, 종합적 평가는 한 층위에 의존하여 이루어지는 것이 아니라, 세 층위 간의 유기적 연계성(A ⋯ F)을 고려하여 이루어져야 할 것이다.

[그림 5]와 같은 평가의 복층적 구조를 바탕으로, 앞서 논의한 포스트휴먼적 교육을 위한 평가([그림 4])의 요소들을 고려하면, 각 층위마다 몇 가지 중요한 평가의 지침을 생각해 볼 수 있다. 그 지침의 내용이 바로 [그림 5]의 오른쪽 네모칸에 정리된 내용이다. 즉 교사-학생 수준에서는 맞춤형교육, 개별화 학습, 협력적 학습, 뉴미디어의 활용이 평가의 요소로서 고려되어야 하고, 학교 수준에서는 네트워킹의 조성, 빅데이터 관리, 사이버 교육 활용, 그리고 다양식적 학습 자료들을 개발하여 제공하는 것에 중점을 두어야 한다는 것이다. 마지막으로 국가 수준에서는 융합지식으로 학교지식의 성격의 변화가 필요하고, 교육의 매개체로 활용할 수 있는 첨단기술을 교육의 인프라고 구축함과 동시에, 교육의 내용의 차원에서는 생태주의 교육에 대해서도 다룰 필요가 있다는 것이다. 즉, [그림 5]와 같은 세 층위의 학습 구조와 관련된 요소들이 모두 평가에 고려될 필요가 있다는 것이 포스트휴먼적 평가관이라고 볼 수 있다. 한 마디로 오늘날과 같은 디지털화된 기술적 매체들에의 의존도가 일상화되고

있는 현실 속에서, 학생들의 학습의 형태도 달라지고 있기 때문에, 그에 따라 평가의 방식도 개별화, 디지털화, 다양식화를 활성화하는 기술기반 평가가 더욱 확대될 필요가 있다는 것이다.

그렇다면 위와 같은 평가의 시스템 하에서 실질적으로 평가는 어떠한 절차에 따라 이루어질 수 있을까? 이 질문에 대한 응답은 다음 [그림 6]과 같은 '평가의 순환고리' 개념도를 통해 살펴볼 수 있다.

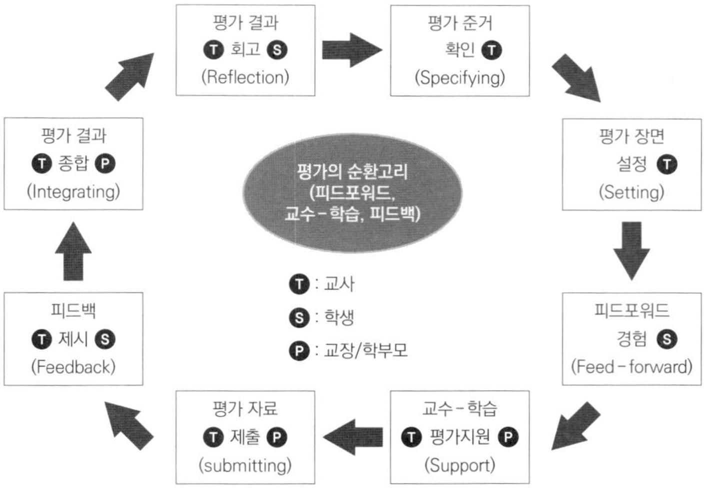

그림 6 기술기반 학습을 위한 평가의 순환고리(JISC, 2020, p. 6 참조)

[그림 6]은 포스트휴먼적 평가가 크게 피드포워드, 교수-학습, 피드백이라고 하는 세 가지 핵심적 학습요소들을 중심으로 이루어진 순환고리를 따라 이루어질 수 있음을 보여준다. 즉, 포스트휴먼적 평가는, 교사(T)와 학생(S), 그리고 학부모 혹은 교장(P)의 역할을 중심으로, 평가의 준거 확인, 평가장면 설정, 피드포워드Feed-forward

경험의 확인, 교수-학습과정에서의 형성평가 지원, 평가 자료를 검토(및 제출), 피드백 제시, 평가결과 종합, 그리고 평가결과의 회고(교사와 학생)의 과정으로 이루어진다는 것이다. 이 '평가의 순환'이 기존의 인본주의적 평가와 가장 크게 차이나는 점은 바로 피드포워드가 포스트휴먼적 학습의 중요한 원리가 되는 만큼 평가의 차원에도 적용되고 있다는 것이다. 여기서 피드포워드란, 본 저서의 여러 곳에서 설명하고 있듯이, 오늘날 디지털 기기들을 통해 시간과 장소에 구애받지 않고 소통과 정보검색, 취미활동 등을 습관처럼 하고 있는 학생들이 새로운 지식이나 정보를 받아들일 때 경험하는 두뇌의 정보처리 매커니즘을 가리킨다. 그러므로 평가는 학생들의 피드포워드적 경험을 학습의 출발점으로 보고, 본격적인 교수-학습의 과정을 거친 후에, 적절한 피드백을 어떻게 제공할 수 있는가를 종합적으로 검토할 수 있어야 한다. 따라서, 기존의 피드백 활동뿐만 아니라 피드포워드 경험이나 활동들을 학습과 평가의 차원에서 고려하는 것이 포스트휴먼적 평가에서 매우 중요하다는 것을 기억할 필요가 있다.

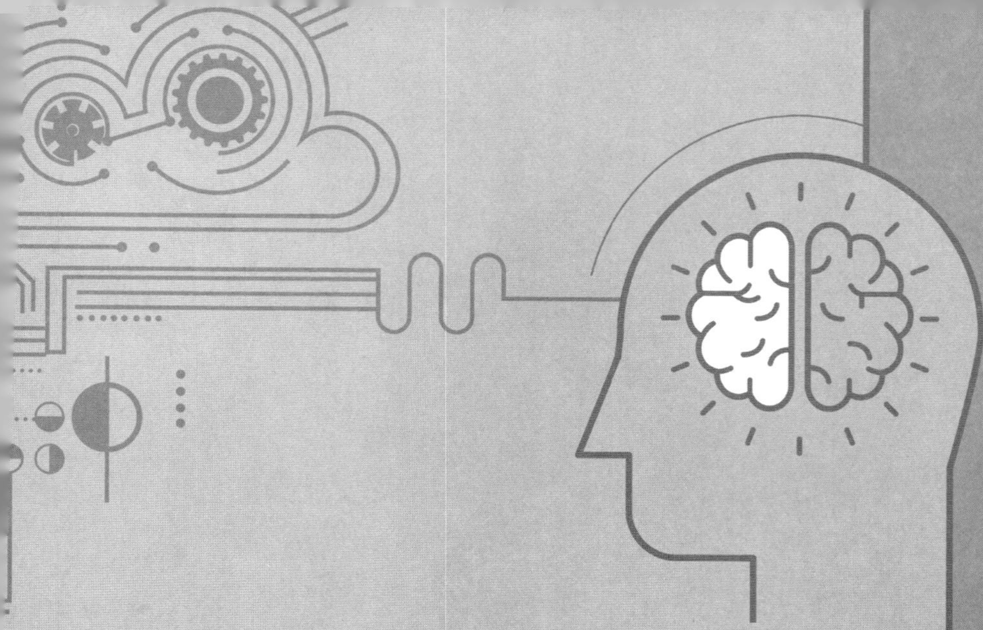

제2부

포스트휴머니즘 기반 학습의 이해

배움을 멈추는 순간, 늙기 시작한다.

-윌리엄 디포

본 2부는 다음과 같은 내용들을 다루는 두 개의 장으로 이루어져 있다.

제4장인「포스트휴머니즘의 세 가지 이론적 관점」에서는 포스트휴머니즘의 세 가지 이론적 기반인 신물질주의, 객체지향존재론, 포스트현상학의 교육과정론적 의미는 무엇이며, 이것이 어떻게 교육과정 인식론의 문제와 관련되는가에 대해 논의하고자 한다. 이 질문을 중심으로 i) 신물질주의의 개념과 신물질주의적 지식관, ii) 객체지향존재론의 개념과 그 교육적 지향점, 그리고 iii) 포스트현상학의 성격과 그 관점을 기반으로 한 인간 경험의 재해석의 문제를 논의하고 있다.

제5장인「포스트휴먼 학습의 등장」에서는 첨단 정보통신 도구들이 인간의 삶과 생활 전반에 스며들고 있는 오늘날의 기술적 환경 속에서 인간의 사고와 학습의 방식이 어떻게 변하고 있는지에 대해 다루고 있다. 그러한 기술적 변화는 어린 학생들 뿐만 아니라 모든 연령의 학습자들에게 지대한 영향을 미치고 있고, 그러한 학습자의 변화양상이 일시적 현상이 아니라 지속적이고 항구적 현상이라는 점에서 그들을 '포스트휴먼 학습자'라고 부르고자 한다. 따라서 이

장에서는 포스트휴먼 학습자들의 성격과 학습의 양상이 무엇인지 구체적으로 살펴볼 것이다.

아울러 제5장에서는, 그동안 교과 지식 및 학문적 분류의 문제점을 포스트휴머니즘의 관점에서 비판하고, 교육과정 인식론의 근간이 되어온 세 가지 학습이론—본질주의, 구조주의, 경험주의—의 인식론적 한계를 논의하고 있다. 이를 논증하기 위해 최근 현대인의 경험과 소통 방식의 변화를 초래하고 있는 가상현실, 피드포워드, 뉴미디어의 등장이 어떻게 지식과 학습의 본질을 바꾸고 있는지 설명하고, 마지막으로 인본주의적 인식론의 대안으로서 비대표성이론의 관점과 의미에 대해 논의하고 있다.

본 2부의 논의들은 학교 지식과 학습의 변화를 이끌게 될 포스트휴머니즘의 관점에 대한 이해를 바탕으로, 교사나 학부모들이 새로운 학습의 성격 변화를 이해하고 미래의 학습자가 보여주는 양상들에 적절히 대처하는데 도움이 될 수 있을 것이다.

제4장

포스트휴머니즘의 3가지 이론적 관점

포스트휴머니즘은 세 가지 이론적 기반—신물질주의(인간/세계, 마음/신체, 문화/자연 등의 이원론적 구분을 넘어서서 모든 존재들의 상호얽힘을 관통하는 물질적 원리에 대한 이해), 객체지향존재론(자연생태계 속에서의 인간의 위상과 역할에 대한 존재론적 재해석), 그리고 포스트현상학(새로운 기술적 환경 속에서의 인간의 경험과 지식에 대한 재해석)—을 바탕으로 하고 있는데(Bogost, 2013; Simonsen, 2013), 이들이 교육과정 인식론의 차원에서 어떤 함의점을 가지는지 살펴보자.

1. 신물질주의Neo-materialism: 일원론monoism에 기반 기술-인간의 혼성화

신물질주의는 전 우주의 통제자이자 관리자로서의 인간 존재의 의미와 역할에 대한 오랜 인본주의적 가정에 도전하는 철학적 세계관으로써 여러 과학적 연구들의 주요한 이론적 기반이 되고 있다. 일찍이 1990년대 초반부터 생태페미니즘 학자들을 중심으로 이성적 인간 대 동물/기계/사물, 인류 문명 대 자연성 등의 이분법적 구별에 대한 비판과 더불어 인간이 과학과 기술을 통해 자연을 착취해왔던 행위들에 대한 반성이 이루어진 바 있다(Haraway, 1985). 이러한 문제의식을 바탕으로 등장한 신물질주의는 인간을 포함한 우주 모든 존재들의 특성과 관계성을 기존의 인본주의적 관점과는 전혀 다르게 설명하고 있는데, 그 대표적인 원리를 몇 가지 소개하면 다음과 같다(Snaza, Sonu, Truman, & Zaliwska, 2016).

첫째, 신물질주의는 모든 물질이 어떤 형태로든 나름대로의 능동성agency를 가지고 있다고 본다. 즉, 과거의 유럽중심적 세계관에서는 인간만이 능동자이고, 다른 모든 비인간적 존재들은 수동적이며 비활성적inert인 존재로 여겼지만, 신물질주의는 모든 존재(물질)들이 활동력을 가졌다고 간주한다. 예를 들어, 베넷Bennett(2010)은 물질성에 내재하는 생동성vitality을 이론화함으로써 물질의 본질을 기존의 수동적, 기계적, 혹은 신에 의한 피조물로 간주하는 관념에서 벗어나고자 하였다. 즉, 물질은 그 자체적으로 능동성을 가졌기 때문에, 인과성, 변화, 그리고 존재적 구속성 차원에서 물질을 피동적으로 인식하였던 기존의 관점이 근본적으로 변화해야 한다고 본다.

둘째, 신물질주의는 사회과학적 지식이나 이론들이 자연과학이나 생명과학의 논의에 더 적극적인 관심을 갖기를 요구한다. 대부분의 사회과학적 이론들은 여전히 데카르트적 혹은 뉴턴적 이론을 바탕으로 자연 세계에 대해 이해하고 있는데(Barad, 2007; Coole & Frost, 2010), 자연과학계에서는 이미 오래전부터 그러한 관점들에서 벗어난 연구를 수행하고 있다는 것이다. 즉, 자연과학계는 이미 물질은 수동적이고 비활성적이어서 관찰, 측정, 예측의 대상이고, 능동성을 가진 주체(즉, 인간)에 대해 자발적 반응을 행사하지 못한다는 관념을 버렸다는 것이다. 기존의 인간과 물질의 관계성에 대한 인과론적 이해만으로는 물리적, 생물학적, 지리정치적, 그리고 사회경제적 구조들이 가진 불확실성, 예측불가능성, 그리고 비결정론적인 물화materialization를 제대로 설명하거나 대처하지 못한다는 것을 깨닫게 된 것이다. 그런 이유로 신물질주의자들은 인문사회학자들도 물질의 본성을 제대로 알고, 물질을 연구하는 자연과학 분야에 대해 충분히 이해하기를 요구하고 있다(Hird, 2004).

셋째, 신물질주의는 기존의 인식론(지식과 학문 등)의 영역과 존재론(인간/비인간, 물질/정신 등)의 영역에서 상정되었던 모든 경계들을 넘어서고자 한다. 물질과학자인 바라드Barad(2007)는 자연 상태의 물질들이 보여주는 물리적 현상을 표현하는 개념으로 점성적 다공성viscous porosity(기체-액체-고체의 삼원적 물질 상태와는 다른 예외적 상태), 신체적 교차성trans-corporeality(신체의 독자적 개별성이 아닌 상호교류성), 그물망the mesh, 무정형성the mangle, 상호관계망the web of interrelations, 아상블라쥬assemblage(물질과 존재들의 상호얽힘의 관계성) 등의 개념들을 소개한 바 있다. 이 개념들은 물질적 존재들의 특성이나 다른 존재와의 연계성은 본성적이거나 고정된 것이 아니라 상황에 따라 내동적intra-active으로 생성됨을 강조하는 개념들이다. 바라드Barad는 이를 물질들의 '얽힘entanglements'으로 표현하면서, 대부분의 존재들은 주어진 현상 속에서의 다른 존재들과의 관계성으로부터 생성되는 것이지 각자가 독자적이고 견고한 기반 위에서 안정적으로 존재하는 것이 아니라고 보았다. 이러한 물질 간 경계의 모호성은 그동안 인류에 의해 이루어졌던 세상 만물들의 분류 방식이 근거가 빈약하거나 오류일 수 있음을 깨닫게 해준다.

넷째, 신물질주의는 다양한 물질성들에 대한 기존의 언어적, 문화적 관념들을 해체시키고 있다. 인류의 오랜 역사 동안 '언어'(인간 언어를 통한 사유)가 인류의 인식론적 구조를 지배해오면서 자연이나 실재에 대해 언어(이성, 논리, 합리성 등)를 매개하지 않고서는 이해할 수 없다는 인식을 심어놓았고, 그에 따라 언어에 의해 재현되기 어려운 언어-외적extra-linguistic 실재에 대해서는 무관심하였다. 신물질주의는 이러한 인간 언어에 의한 이분법적 경계(즉, 자연/문명, 언어적/물질적)에서 벗어나서, 언어적 사유로 현상을 재현하려는 '대표성의 담론들representationalist discourses'(Breu, 2014; Thrift, 2007)을 넘어서기를 요구하고 있다.

그렇다면 위와 같은 신물질주의의 관점은 존재론과 인식론의 측면에서 교육과정론에 어떤 비판적 관점을 제공하고 있는가? 먼저 존재론적 측면에서는 다음 세 가지 관점에서 학교교육을 바라보는 시각의 변화가 요구된다.

첫째, 학교라는 공간 안팎에서 발생하는 '교육'이라는 현상은 다양한 존재들의 물질적 아상블라쥬 속에서 이루어지는데, 그동안 교육 현상의 유일한 주체로 여겨졌던 인간 행위자는 이제 물질적 아상블라쥬 속의 하나의 구성원으로 간주될 필요가 있다는 것이다. 이때 이러한 만물들의 아상블라쥬 속에서 인간이란 어떤 존재이고(정체성 교육), 다른 존재들과 조화롭게 공존하기 위해서 어떤 역할을 해야 하는지(사회성 교육)를 가르치고 배우는 것이 바로 교육이라는 점을 인식하자는 것이다.

둘째, 인간이란 어떤 존재인가를 올바로 이해하기 위해서는 인간의 생존에 필수불가결한 '인간-이외'의 존재들 즉, 모든 사물들, 대상들, 그리고 비un-, 무non-, 반semi-인간적 존재들에 대해 어떤 윤리적이고 정치적인 태도를 취해야할 것인가를 고민해야 한다. 즉, 학교 교육은 기존의 칸트식 계몽주의가 목표로 했던 '인간화'를 위한 교육에서 한 걸음 더 나아가 탈인간화, 대상화, 사물화thingification(Cesaire, 2001)를 위한 과정becoming이 되어야 한다는 것이다.

셋째, 인류중심주의에 기초를 두었던 기존의 사회학 이론들은 인간들 사이에서 벌어졌던 여러 이념적 논쟁—즉, 인종, 성별, 계급, 성적 취향, 능력주의 등—과 그러한 문제를 둘러싼 정치적 갈등을 '인간사회'의 문제라고 간주해왔다. 하지만, 신물질주의적 관점은 이러한 문제들이 단순히 인간들 만의 문제가 아니라, 물질적 환경의 결과물, 즉 지구 생태계 속에서 인간이 적응하는 과정에서 벌어지는 물질적 아상블라쥬의 문제에서 파생되는 결과물이라고 이해한다(Weheliye, 2014). 따라서 인류의 당면한 문제를 해결하기 위해서는 단순히 인간 사회의 문제로서만이 아니라, 자연환경적, 생태적, 그리고 물질적 문제를 동시에 고려할 필요가 있다는 것이다.

다음으로 신물질주의적 교육과정은 다음과 같은 인식론적 관점을 지향한다.

첫째, 그동안 인류는 인간만이 이성을 가진 행위자actor로서 세상을 독자적으로 이해할 수 있다는 구성주의적 정향성을 기반으로 세계에 대한 지식(이해)을 형성하였다. 하지만 이러한 인식론은, 인간

이외의 존재들이 가진 물질성과 능동적 역할을 제대로 이해하지 못함으로 인해, 현재 인류가 당면한 생태적 위기나 환경문제 그리고 전 지구적 정치경제적 문제들에 대해 부적절한 대응을 하는 원인이 되었다(Coole & Frost, 2010). 따라서 능동성과 행위자의 자격을 인간에게만이 아니라 모든 존재들에게도 부여할 필요가 있고, 이를 통해 인간과 '인간 너머의' 존재들 사이의 관계성을 설명할 수 있는 정치학, 즉 '인간 너머의 정치학more-than-human politics'(Wolfe, 2009)에 대해 논의할 필요가 있다는 것이다.

예를 들어, 학교교육에서 인간 이외의 능동자들(즉, 건물, 책상, 교실, 칠판, 컴퓨터, 연필, 종이, 실험도구, 그리고 어항 속의 물고기들을 포괄한 학교 안팎의 모든 사물들)이 어떻게 교육적 활동들에 직간접적으로 개입하고 있는지를 살펴볼 필요가 있다. 학생들은 이러한 다양한 존재들이 단순한 학습의 도구가 아니라, 자연생태계의 공동구성원으로서 이들이 어떻게 학교라는 공간 속에 자리 잡게 되었는지에 대한 모든 물질적, 경제적, 정서적 조건들을 이해해야 하는 것이다. 이러한 교육은 기존의 인간중심적 세계관이 야기한 환경적, 생태적 문제를 해결하고 지속가능한 교육을 지향한다는 점에서 잠재적 교육과정hidden curriculum(인본주의 교육의 이념과 한계에 대한 비판)이나 영 교육과정null curriculum(어떤 지식이나 관점이 소외되어왔는가에 대한 반성) 측면에서도 많은 시사점을 제시해줄 수 있다.

둘째, 그동안 교육과정론의 측면에서 학교교육의 목표는 크게 지식 습득의 체계성(합리주의자: Tyler, 1949)에서 출발하여, 효율성 위주의 지식 습득에 대한 반성(재개념주의자: Schwab, 1969), 그리고 인간을 위한 지식론(인본주의자: Freire, 1968)의 차원에서 논의되어왔다. 하지만 신물질주의적 관점은 그러한 인본주의적 접근 자체가 가지고 있는 모순성과 한계성을 지적하며, 학문과 지식에 대한 새로운 이해를 요구하고 있다. 예를 들어, 지금까지의 학문적 경계에서 인문학과 사회과학, 그리고 자연과학이란 구분은 인류중심주의라는 전제를 기반으로 한 것이었다(Busch, 1997). 즉 인문학이나 사회과학은 인간은 주체성subjectivity과 능동성을 지닌 존재로서, 사물들이 과학적 합리성을 통해 객관적으로 탐구될 수 있는 것과는 달리, 자연과학의 방법론으로는 연구될 수 없다는 믿음을 가지고 있었다. 이러한 관념을 기반으로 지난 1세기 동안 인문학과 사회과학은 인간 본성에 대한 이해(정서, 사고, 정체성 등)뿐만 아니라 사회적 현상들을 탐구함에 있어서 자연과학과는 다른 관점(예, 현상학, 해석학)과 연구방법을 적용하는 일에 매진해왔다. 하지만 최근 인류학, 생명과학, 물질과학, 그리고 정보통신 분야의 연구들은 이러한 인간 대 비인간의 경계를 넘어선 가설과 연구방법을 활발히 수용하고 있으며, 그에 따라 머지않아 기존의 지식이나 학문적 경계를 무색케 할 거대한 인식론적 변화가 학교 지식에도 반영되게 될 것이다(Baofu, 2008).

셋째, 학교에서 다루어지는 지식에 물질성이 개입되면 지식을 다루는 방법(이해, 분석, 비판, 창의력 등)에도 근본적인 변화가 일어나게 될 것이고, 그에 따라 학교 교육의 목적이나, 지식관, 그리고 교사의 역할에 대한 변화도 불가피할 것이다(Sørensen, 2009). 만일 인간만이 능동성, 주체성, 고유성을 지닌 존재가 아니고 세상의 모든 존재들이 상호의존적 관계망 속에서 공존하고 있다면, 기존의 인본주의적 지식관, 즉 지식을 '인간'이 세상을 이해하고 통제하는 방식으로 여기는 태도에도 변화가 필요할 것이다. 왜냐하면, 지식의 물질성은 지식이 인간만의 소유물이 아니라 세상의 모든 존재들 사이에서 일어나는 상호 작용을 위한 정보 혹은 데이터라는 것에 주목하기 때문이다. 예를 들어, 오늘날 전산 및 정보처리 기술의 발달은 지식이나 정보를 인간 개개인의 이해나 사고의 수준으로 제한할 수 없음을 잘 보여주고 있는데, 분산 지능distributed intelligence, 빅데이터 그리고 기계 학습machine learning의 등장이 이를 더욱 촉발하고 있다. 따라서, 정보의 흐름과 학습의 원리에 대한 기존의 이론들에 대한 재고가 필요하고, 그에 따라 학교교육에서 지식을 다루는 방식과 교육방식에도 변화가 불가피할 것이다(Reddington & Price, 2018).

2. 객체지향존재론: 수평적 존재론과 포스트휴먼적 학습자

하먼Harman(2018)은 현대 정치 이론을 크게 홉스Hobbes의 성악설과 루소Rousseau의 성선설의 두 가지 차원에서 설명한 바 있다. 즉, 홉스Hobbes는 자연 속의 모든 존재들이 상호 간에 투쟁을 벌이고 있으며, 이러한 인간의 본성은 고대 그리스나 기독교 문명에서부터 일관되게 유지되어 내려오고 있다고 보았던 것에 반해, 루소Rousseau는 자연의 섭리를 평등성과 협동으로 간주하였고 인간의 본성을 상이한 역사적 조건 속에 매우 순응적인 것으로 보았다는 것이다. 두 학자의 이러한 상반된 인간관은 지식에 대한 관점에서도 나타난다. 홉스Hobbes는 세상의 모든 존재들은 끊임없이 권력 투쟁을 하기때문에 절대적 진리란 존재하지 않는다는 입장이고, 루소Rousseau는 르네상스 이후의 과학적 사고를 바탕으로 자연에 대한 인간의 역할을 강조하는 이상주의적 지식관을 대표하고 있다.

이러한 기존의 두 가지 정치철학 및 지식관과는 달리, 라투르Latour(1993)는 인간의 '본성'은 고정된 어떤 특별한 것이 아니라 자연 생태계의 여러 정치적 네트워크 속의 하나의 행위자로서 발현되는 것으로 보았다. 라투르Latour의 객체지향 정치학object-oriented politics은 인간 본성을 선악의 이분법으로 해석하는 것이 아니라, 하이젠베르크Heisenberg의 불확정성의 원리Principles of Uncertainty가 시사하는 것처럼, 지구 생태계 속의 수 많은 존재들 속에서 인간의 역할이 어떻게 변하게 될지는 아무도 예측할 수 없다고 가정한다. 즉, 지구 생태계는 인간을 포함한 다양한 물질적 요소들이 정치적 연결고리를 형성하며 상호의존적으로 운영되고 있다는 것인데, 라투르Latour(2005)는 이를 응집agglomeration의 정치학이라고 불렀다. 이러한 정치적 관점을 기반으로 지식을 '인간이 세상을 이해하는 방식'(인본주의적 관점)이 아니라 '세상의 다양한 존재들이 관계망 속에서 교호작용하는 방식'(탈인본주의적 관점)으로 보는 것이 라투르Latour의 객체지향존재론Object-Oriented Ontology이다.

포스트휴머니즘의 주요 이론적 기반으로서 객체지향존재론은 기존의 인본주의적 세계관이 인간만을 주체화하고 다른 모든 사물들을 객체화(대상화)했던 것과는 달리, 세상 모든 사물들이 평등한 관계성 속에서 각자의 역할(존재 의미)을 수행하고 있다고 본다. 객체지향존재론은 한마디로 인간의 경험 너머에 존재하는 실재를 탐색하고, 그 의미를 발견하고자 하는 이론적 시도이며, 이를 위해 사물들의 존재 의미가 무엇인지를 인간의 이성이나 관점, 그리고 인간주도성을 넘어서서 사물 그 자체를 기반으로 탐구하는 것이다.

따라서 객체지향존재론에 기반한 지식관이나 학교의 역할은 기존의 인본주의적 관점과는 달라질 수밖에 없다. 한가지 예를 들면, 하먼Harman(2018)은 지식이란 아직 충분히 파악하지 못한 생동적이면서도 자율적인 사물들의 실재를 이해하는 것이며, 따라서 그러한 사물들에 대한 경험에 매혹되는 심미학aesthetics이 제1 철학이 되어야 한다고 주장한다. 이러한 객체지향존재론의 측면에서 보면, 교육은 사물의 실재에 대한 심미적 태도(사물들의 다양하고 역동적인 관계성을 이해할 수 있는 능력)를 기르는 것으로 새롭게 이해될 수 있다. 위와 같은 객체지향존재론을 수용한다면 향후 교육과정 연구는 다음과 같은 방향성을 띠어야 할 것이다.

첫째, 지식이나 사물들에 대한 기존의 인본주의적 범주화에서 벗어나서, 사물의 능동성과 자발성을 재인식하는 객체지향적 교육과정object-oriented curriculum이 필요하다(Meyer, 1993). 이처럼 사물에 대한 인본주의적 구분을 해체하고 사물들의 물질성에 대한 새로운 이해를 시도하게 되면, 그에 따라 사물을 경험하는 방식이나 지식을 다루는 방법론도 변화하게 될 것이다. 예를 들어, 잘 알려진 STEAM 교육의 경우 컴퓨터를 활용한 디자인(미술) 수업에서 사물들(컴퓨터, 그래픽 소프트웨어, 사물의 특성[형태, 색깔, 질감, 입체성] 등)이 어떤 물질적 능동성을 가지는지를 학생들이 이해하는 것이 디자인 수업의 핵심이 될수 있다. 즉, 미술 수업에서 디자인을 이해하기 위해서는 사물들이 어떤 자체적인 특성(상호작용의 역동성, 변화가능성, 효용성 등)을 가지고 있는지를 입체적으로 이해할 수 있어야 하는 것이다(Knochel, 2018).

둘째, 객체지향적 교육과정 이론은 교육적 수행performance이란 무엇인지에 대한 관점 및 수행방식의 변화를 요구한다. 객체지향존재론에 기반한 교육은 인간 학습자가 수많은 다양한 비인간적 존재들과의 만남과 동등한 상호작용을 통해서만 진정한 교육적 수행이 일어날 수있다고 본다. 여기서 '비인간적 존재'에는 동물이나 사물들뿐만 아니라, 학습이나 생활의 기술적 매체들(컴퓨터, 진공청소기, 모바일기기 등), 그리고 비정형적 정보나 각종 프로그램(모바일 어플, 빅데이터, 일기예보, 주가지수 등)을 모두 포괄한다. 기존의 인간중심적 학습은 모든 비인간적 요소들이 전적으로 인간 학습자의 '주도적' 수행에 의해 수동적으로 움직이는 것으로 보았다면, 객체지향존재론은 사물들의 수행이 어떻게 인간 관찰자human witnesses의 부재 속에서도 일어나는가를 탐색하면서(비대표성이론), 최종적으로는 사물 기반 수행으로 귀결될 수도 있음을 수용하고 있다(Douglas & Schaffer, 2002).

언어학습의 예를 들면, 구글Google 번역기와 같은 인공지능 번역기술의 비약적인 발전은 외국어학습에 대한 이론적, 실제적 패러다임을 완전히 바꾸어놓고 있다(King, 2019; Koehn, 2020). 즉, 그동안 외국어 학습에서 매우 중요한 영역으로 간주되어왔던 번역 교육이 이제는 쉽게 기계를 활용함으로써 해결할 수 있는 환경을 맞이한 것이다. 번역 훈련 경험을 통해 인지적 및 정서적 발달이 이루어진다는 사실을 간과할 수 없지만(Malakoff & Hakuta, 1991), 그러한 인지적 역할은 모바일 시대에서 수기hand writing 훈련이나 영상 학습 시대에서 독해 능력이 갖는 역할처럼 그 중요성이 현저하게 감퇴될 것이다. 학술적으로나 일상적으로 번역이 훈련drill으로 명명되는 것은 그 수행이 본질적으로 오랜 심동적 훈련을 거쳐 체화된 학습이기 때문인데, 이제 우리는 그러한 성격의 수행을 기계(인공지능)에 맡기며 보다 창의적인 사고에 몰입할 수 있는 환경을 맞이하게 된 것이다. 요컨대, 객체지향적 교육에서의 수행은 기술적 환경의 다양한 사물들을 잘 이해하고 활용하는 법을 배우는 것이며, 도구들과 상호의존적으로 살아가는 방법을 배우는 것이다.

셋째, 객체지향존재론은 교육에 대한 기존의 비판적 이론들critical theories에도 변화를 요구하고 있는데, 이를 종합하여 포스트휴먼 비판이론posthuman critical theory으로 부를 수 있다(Braidotti, 2016). 이는 한마디로 기존 비판이론의 분석의 범주가 인간 사회 '내부'였다면, 포스트휴먼 비판이론은 분석 대상을 지구생태계 전체로 확장하는 것이다. 예를 들어, 킨키로Kincheloe(2005)는 교사 자화상teacher persona이라는 개념을 통해 교육의 주체로서 교사들의 자기 회고가 중요하고, 이러한 자기 회고가 문화적 지식이나 학교 커리큘럼, 그리고 전문가로서의 자각professional awareness과 동조되어야 함을 강조한 바 있다. 킨키로Kincheloe의 이러한 비판적 자아개념(존재론)은 학교교육을 통해 인간의 주체적 자기 인식과 반성적 성찰이 필요하다는 것을 강조하고 있지만, 포스트휴머니즘적 객체지향존재론은 더 나아가 다음 [표 1]과 같이 교사에게 전혀 다른 존재론적 성찰을 요구하게 될 것이다.

[표 1]에서 대조된 바와 같이, 포스트휴먼적 객체지향존재론에 기반한 자아 개념은 기존의 인본주의적 비판이론에서 강조한 자아개념과 몇 가지 기본적인 원리(공통점)를 제외하고는 상당한 차이를 갖는다. 이 표의 핵심사항을 정리하면, i) 기존의 자아개념이 '인간 사

표 1 인본주의와 포스트휴머니즘의 자아개념 비교

<table>
<tr><th>인본주의적 비판적 자아개념
(Kincheloe, 2005)</th><th>포스트휴먼적 존재론의
자아 개념</th></tr>
<tr><td colspan="2">공통점
• 본질적, 고정적, 불변적 자아관에서 탈피
• 새로운 자기 인식과 의식 구성의 이해
• 자생적(autopoeitic) 자아를 이해하여 삶을 재건할 수 있는 정교한 역량 획득
• 경험을 분석하는 새로운 방식을 개념화하고, 이를 자아의 재형성에 적용하기
• 학교는 학생의 자아형성에 영향을 미치는 다양한 요인들에 대해 점검하기</td></tr>
<tr><td>자아형성을 위한 사회역사적 의식이 중요</td><td>자아형성을 위한 기술생태적 의식이 중요</td></tr>
<tr><td>자아형성을 위한 사회적 관계성의 힘 인식</td><td>자아형성을 위한 물질적 관계성의 힘 인식</td></tr>
<tr><td>이념, 담론, 언어들에 대한 지배권력의 개입 분별 필요</td><td>물질적 환경(정보, 데이터, 매체들)에 대한 지배권력의 개입 분별 필요</td></tr>
<tr><td>비판적 능동성(agency)를 길러 자아와 세상에 정의롭고 지적으로 대응하기</td><td>다른 모든 비인간적 존재들의 능동성과 상호의존적 관계성을 인식하기</td></tr>
<tr><td>자아의 사회적 구성과 비판적 재구성에 영향을 미치는 요인에 대한 엄밀한 연구</td><td>자아의 물질적 구성과 비판적 재구성에 영향을 미치는 모든 자연생태적 요인 연구</td></tr>
<tr><td>'인간'이 되기 위한 새로운 방법의 탐색자되기</td><td>'포스트휴먼적' 존재가 되기 위한 새로운 방법의 탐색자 되기</td></tr>
<tr><td>맥락 속에서의 사물의 관계성을 연구하기</td><td>사물 그 자체의 존재론적 의미를 연구하기</td></tr>
<tr><td>생태시스템의 기초 활동으로서 관계성과 존재에 대한 인지적 행위 인식</td><td>생태시스템의 일부이자 포스트휴먼적 존재로서 인간의 소통적 행위 인식</td></tr>
<tr><td>외적 세계의 기계적 반영이 아니라, 세상을 '인지적으로' 구성하는 존재론적 개념 획득</td><td>인지–신체의 이분법적 구분을 바탕으로 한 세계 인식을 중지(일원론적 접근)</td></tr>
</table>

회'의 구성원으로서의 개인의 입장에서 설명되었던 것과는 달리, '기술생태적 환경'(인간, 비인간, 도구, 물질, 기술 등이 혼재하는 세계) 속의 구성원으로서의 자아개념으로 설명된다는 것, ii) 인본주의적 자아 개념에 영향을 미쳤던 언어, 담론, 이념들이 아닌, 물질적 환경(정보, 데이터, 매체들)이 자아 개념에 영향을 미친다는 것(Toohey, 2019), iii) 인

간만이 주체성과 능동성을 지닌 것이 아니라, 비인간적 존재들의 주체성과 능동성을 인정하고, 그 존재들과의 관계성을 인식해야 한다는 것, 그리고 iv) 세상에 대한 인식을 인지적 활동 차원으로 보는 것이 아니라, 정신 활동과 신체 활동을 구별하지 않는 일원론적 현상으로 자아 개념과 의식을 설명하고자 한다는 것이다.

요컨대, 포스트휴머니즘은 인간만이 교육(학습)의 주체이자 능동자이고 지식은 그러한 인간이 세상을 이해하고 탐구한 결과라는 인본주의적 관점에서 벗어나서, 객체지향존재론을 바탕으로 학습에 영향을 미치는 다양한 사물들의 역량에 관심을 기울이고자 한다. 이를 위해서는 기존의 학문과 지식의 범주화나 인본주의적 자아 개념에서 탈피하여, 인간과 다른 모든 비인간적 존재들의 동등한 상호작용의 차원에서 어떤 교육적 경험과 수행이 필요할 것인지를 탐색할 필요가 있는 것이다.

3. 포스트현상학: 인간, 기술, 학습의 혼융

포스트현상학은 인간의 경험을 기술성technicity과 육체성embodiment의 두 가지 차원으로 구분하여 설명했던 메를로퐁티Merleau-Ponty(1966/2013)의 현상학과, 데카르트적 이원론의 틀에서 사유작용noesis-사유대상noema의 관계성으로 현상을 이해하려고 했던 후설Husserl(1970)의 현상학을 극복하려는 시도이다. 즉, 기존의 메를로퐁티Merleau-Ponty의 '몸의 현상학'이 가졌던 기술성-육체성의 이원론적 구분과 후설Husserl의 '관념적 현상학'이 토대하였던 관념성-물질성의 이원론적 구분이 아닌, 기술성이 육체성과 관념성을 모두 넘나들 수 있다는 일원론적 현상학을 주장한다는 점에서 포스트현상학 post-phenemenology이라고 부른다. 포스트현상학을 보다 쉽게 설명하기 위해 다음 [그림 1]을 살펴보자.

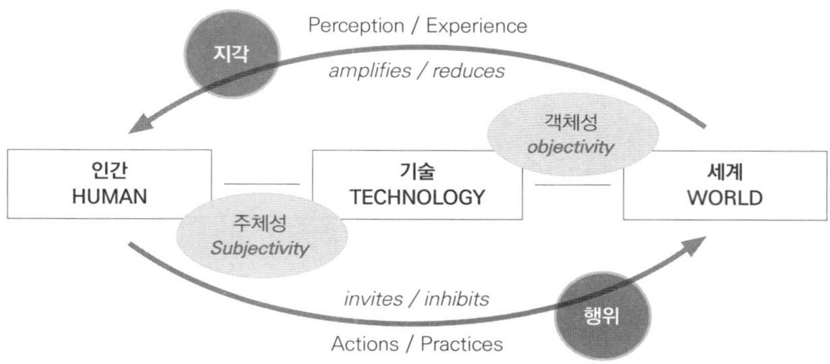

그림 1 인간과 세계 사이를 매개하는 기술의 역할(Verbeek, 2008)

기술이 발전하기 전에 인간은 인식의 주체로서 인식의 대상이 되는 세계 만물들을 직접적으로 지각perception하고 경험하였으며, 그와 동시에 인간의 행위actions와 실천practices은 세계에 직접적인 영향을 미치고 있었다. 하지만 기술의 급속한 발전으로 인해 이러한 인간과 세계의 직접적 접촉이 기술에 의존한 간접적 접촉으로 변하게 되었다. 기술은 세상을 증폭amplifies하거나 축소reduces하여 인간에게 제시할수 있으며, 동시에 인간은 가상적 세상cyber world을 만들어 그 안에 거주할 수도 있게 되었다. 이처럼 기술이 인간이 세상을 경험하는 방식을 근본적으로 바꾸어놓았기 때문에, 이에 대한 기존의 현상학(인간과 세상의 직접적 만남)적 설명은 매우 제한적이게 되었고, 인간-기술-세계의 관계성에 대한 포스트현상학적 설명이 필요해 지게 된 것이다. 요컨대, 포스트현상학적 관점은 어떻게 기술들이 세상 속에서의 인간의 선택, 행위, 경험들에 영향을 미치는지를 보다 미시적인 수준에서 이해할 수 있게 해준다(Rosenberger & Verbeek, 2015, 10). 기존의 현상학과 포스트현상학에 대한 비교 설명을 정리하면 다음 [표 2]와 같다.

표 2 현상학과 포스트현상학의 기본 개념 비교

<table>
<tr><th>구분</th><th>구분</th><th>정신(이성)</th><th>물질(자연)</th></tr>
<tr><td rowspan="2">DesCarte
이원론</td><td>Merleau–Ponty(1966)의
현상학</td><td>기술성(technicity)</td><td>육체성(embodiment)</td></tr>
<tr><td>Husserl(1970)의 현상학</td><td>사유작용(noesis)</td><td>사유대상(noema)</td></tr>
<tr><td>신물질주의적
일원론</td><td>포스트현상학</td><td colspan="2">정신(이성/인간)–신체(감각/자연) 연결성
의식 작용–신체 작용의 불가분리성</td></tr>
</table>

위 표에서 볼수 있듯이, 오늘날 보편화된 기술적 환경 즉, 온라인 및 사이버 환경에서의 인간의 경험은 신체 활동-정신 활동이 명확히 구분되지 않기 때문에, 그러한 환경 속에서의 인간의 경험을 이해하는데 포스트현상학이 유용하다. 예를 들어, 포스트현상학은 사이버네틱스[1] 기술을 중심으로 구축되고 있는 미디어 테크놀로지 환경 속에서 혼합현실mixed reality을 경험하는 인간의 학습과 소통의 방

1 사이버네틱스(Cybernetics)는 동물과 기계의 통제와 소통에 관한 과학적 연구를 일컫으며 등장하였고(Wiener, 1948), 인간, 동물, 기계 등의 시스템을 통제하고 소통하기 위한 과학적 연구를 통칭하여 쓰인다.

식을 설명하는데 중요한 역할을 하고 있다(Ihde, 2009).

그동안 교육적 실천에서는 학생들이 인터넷, 스마트기기, 가상현실, 인공지능 앱, 게임형 프로그램 등과 같은 기술적 도구들(매개물)을 활용할 때 경험하는 다중상태성multistability(온라인/오프라인의 공존성 및 신체적/정신적 경험의 혼성성 등)을 어떻게 다루어야할지를 충분히 이해하지 못하였다. 결국 기술적 의존성이 점점 확대되는 미래의 학습환경에서는 그러한 혼성적/다중적 경험의 본질이 무엇이고 그것이 학생들의 소통과 학습에 어떤 영향을 미치는지를 포스트현상학의 관점에서 논의할 필요가 있다. 특히 정보통신 기술의 발전으로 디지털화된 지식과 정보를 쉽게 접할 수 있는 상황은 지식의 양식성과 학습 형태의 변화를 요구하고 있기 때문에, 포스트현상학과 같은 새로운 인식론이 요구되고 있는 것이다.

이러한 기술적 중재의 영향을 이해하기 위해서는 주어진 기술이 전형적으로 사용되고 있는 현상들(사이버 경험들: 게임, SNS, 가상현실, 모바일 작업 환경 등)에 대한 분석과 기술의 영향력에 대한 이해가 필요한데(Aagaard, 2017), 인간의 경험을 포스트현상학의 관점으로 설명할 수 있는 세 가지 대표적 사례로는 가상세계, 피드포워드 이론, 뉴미디어를 들 수 있다.

첫 번째 사례는 가상세계의 등장이다. 포스트휴먼 시대의 인간의 경험은 생태적 공간-사이버 공간, 인간-기계, 노동-유희, 인지-감정이 혼성화된 장 속에서 이루어지게 된다. 즉, 생태적 공간에서 이루어지는 현상과 동등한 수준으로 사이버 공간에서 이루어지는 현실도 실재reality로 간주되는 것이다. 우선, 경험의 담지자인 인간의 의식은 이제 생물학적 기재인 두뇌 속에서만 발생하는 것이 아니라,

"두뇌의 굴레에서 해방시켜 데이터화함으로써 네트워크와 가상현실 속으로 들어가게 될" 것이라는 주장도 있다(Clark, 2003, p. 4). 이는 인간의 의식도 하나의 물질적 현상으로 인간의 신체에만 구속되지 않고 디지털화되어 네트워크 속에서 소통될 수 있다는 것(신물질주의)을 의미한다. 이때 인간은 순수한 생물학적 존재라기 보다는 인간-기계 공생체symbiotics로 이해할 수 있고, 인간의 경험은 생물학적 세계(현실 세계)에서 뿐 아니라 사이버 세계(가상세계)에서도 이루어지게 되는 것이다.

사실 우리는 이미 네트워크와 가상현실 기술을 바탕으로 인간의 사고와 의식을 디지털화하는 현실을 경험하고 있다. 우리의 목소리와 행동을 음성이나 영상 저장 매체를 통해 디지털화하여 기록하고, 복제하며, 전파하는 수준은 이미 반세기 전에 이루어졌고, 현재의 인터넷은 브레인넷Brainnet의 역할로 확장되게 될 것이다(Kaku, 2018). 이미 디지털화된 SNS social network service의 대중화가 보여주듯이, 브레인넷 시대에서는 인간의 마음, 감정, 정체성들이 네트워크에 접속되어 의사소통, 감정교류, 취미 활동, 그리고 학습 활동 등을 총체적으로 경험하게 될 것이다(Conti, Passarella, & Das, 2017).

요컨대, 인간이 더이상 생물학적 존재로만 머무르지 않고(Hayles, 1999), 생태와 가상 공간을 넘나들게 됨에 따라 그러한 인간의 경험을 설명하기 위해서는 가상 경험에 대한 포스트현상학적 이해가 필요하게 된 것이다.

두 번째 사례는 피드포워드 이론의 등장이다. 우선 피드백 이론은 전기회로 망 속에서 신호 흐름signal flow의 다양한 경로들을 탐색하기 위해 처음 제안된 전기공학 이론이었다(Mason, 1955). 그 후 피드백의 원리는 컴퓨터 소프트웨어 개발 분야에서 선형적linear 알고리즘의 오류를 개선하기 위한 되돌림의 경로로 적용되면서 그 개념이 보편화되었고(Madhavji, Fernandez-Ramil, & Perry, 2006), 점차 인간의 사고나 학습의 매커니즘을 설명하는 개념적 도구로 활용되게 되었다. 하지만, 최근 뇌과학 이론과 연구방법론의 발전은 인간이 외부 세계의 정보를 받아들이거나 학습하는 방식이 피드백의 원리 이외에도 피드포워드feed-forward(전향 먹임) 방식이 있다는 것을 발견하게 되었다(Blum & Li, 1991). 피드백이 이미 경험한 내용을 되새김하면서 오류를 수정하는 방식인 반면, 피드포워드는 아직 경험하지 않은 내용(감각, 신호, 데이터 등)을 미리 예측하며 오류를 수정해나가면서 보다 효과적으로 학습 혹은 대응하는 전략을 가리킨다(Frean, 1990). 예를 들어, 과거의 학습이 안정적 형태의 지식이나 정보를 수집하고 기억하며 오류를 확인하는 방식(즉, 피드백)으로 진행되었다면, 미래의 학습은 엄청난 양의 비정형화된 정보들을 그 효용성을 미리 판단하여 취사선택하는 선제적 대응 방식(즉, 피드포워드)이 주된 학습방식이 될 것이다.

예를 들어, 뇌과학자들이나 신경생리학자들은 이러한 피드포워드의 매커니즘을 이해하기 위해 뉴런 신경망에 대해 연구하고 있다. 그들은 어떻게 인간의 뉴런신경망이 끊임없이 밀려드는 감각적 정보들 속에서 순간적으로 정보의 구조를 예측하고 학습할 수 있는가라는 질문을 던졌고, 신피질Neocortex이 지속적으로 자신에게로 유입되는 정보들을 어떻게 다루는지를 확인하게 되었다. 그것을 간략하게 보여주는 것이 바로 다음 [그림 2]의 피라미드 뉴런의 정보처리 방식이다.

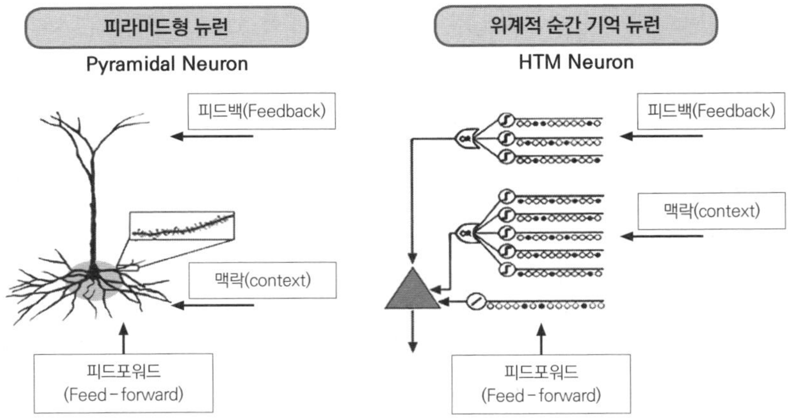

그림 2 뉴런에서의 피드포워드와 피드백의 작동 구조

[그림 2]의 왼쪽 그림은 인간 두뇌의 신피질에 속한 피라미드형 뉴런을 보여주는데, 표피의 감각수용체에서는 환류적feedback 수용이 이루어지지만, 그와 동시에 뉴런의 뿌리 쪽에서는 예측적 대응feedforward이 이루어지면서 정보가 처리되고 있음을 보여준다. 이를 신경과학의 기억이론으로 설명하고 있는 것이 위계적 순간 기억HTM: Hierarchical Temporal Memory 이론인데, HTM 이론은 인간과 같은 포유동물의 뇌는 시시각각 외부로부터 유입되는 아직 분류되지 않는 데이터를 끊임없이 처리하고 있다는 것이다. 피드포워드는 학습의 과정에서 맨처음 일어나는 필수적인 과정으로서, 학습이 발생하는 맥락context에 대한 해석과 뒤따르는 피드백 과정이 연합하여 최종적인 학습 결과를 생성해내고 있는 것이다. 즉, 위 그림과 같이 학습은 선제적 자극 발견(피드포워드), 맥락적 정보의 해석, 그리고 정보에 대한 교정(피드백)의 과정을 통해 이루어지되, 이러한 과정이 거의

순간적이며 동시 다발적으로 처리되면서 학습이 이루어지는 것이다(Hawkins & Blakeslee, 2007).

피드포워드 이론가들은 최근의 사이버네틱스 기술들이 위와 같은 원리를 바탕으로 인간 신체의 특성이나 신체 감각들의 기능을 모사하는 인공지능 및 사이보그 기계들의 개발에 매진하고 있다(Hansen, 2015). 예를 들어, 인간의 눈은 피드포워드 방식으로 엄청난 양의 데이터를 수용하면서, 순간적으로 판단하고 맞춤식 선택에 의해 적합한 정보를 의식에 제공하고 있고, 이러한 눈의 정보처리 방식을 모사하여 외부 정보를 학습(수용, 판별, 저장, 인출)하는 인공지능 학습 알고리즘들도 개발되고 있다(Serre, Kouh, Cadieu, Knoblich, Kreiman, & Poggio, 2005). 만일 인간의 경험과 그것이 누적되어 일어나는 학습이 이처럼 피드포워드의 원리에 의존하고 있다면, 인간 경험에 대한 기존의 현상학 철학이나 이론은 새롭게 수정되어야 한다(Oizumi, Albantakis, & Tononi, 2014). 앞서 언급하였듯이, 전통적 현상학은 모두 정신작용과 육체작용 그리고 사유대상과 사유작용을 분리하는 이원론적 관점으로 인간의 경험을 해석하고 있지만, 피드포워드 이론은 인간의 정신작용과 신체작용이 긴밀하게 연결되어 있음을 잘 보여준다.

세 번째 사례는 뉴미디어의 등장이다. 최근 빠른 데이터 전송방식(5G)을 도입한 인터넷을 기반으로 유튜브나 페이스북 등과 같은 뉴미디어 매체들을 통해 수많은 정보와 데이터들을 수집하거나 학습할 수 있게 되었다. 기존의 미디어와 비교했을 때 뉴미디어를 통해 개인들 사이에 정보가 전달되거나 소통되는 방식은 지식이나 정보의 비위계성, 개별적 혹은 맞춤형 소통, 쌍방향 정보 흐름, 정보의 생산자와 소비자의 혼성성, 정보의 진위와 영향력의 무관계성 등의 특징을 가지고 있다(Lister, Giddings, Dovey, Grant, & Kelly, 2008). 이러한 뉴미디어의 등장은 전통적인 학교교육의 모델(지식의 체계적 전달, 집단적 학습, 교사 주도형 수업, 교과서 기반 수업, 규범적인 학습 내용 등)로는 더 이상 신세대 학습자들의 학습 방식을 설명하기 어렵다는 것을 보여주고 있다.

아울러 뉴미디어적 소통은 미시시간성micro-temporality이라는 또 다른 특징을 가지고 있다(Hansen, 2015). 미시시간성이란 인간의 의식적conscious 사고가 인지적으로 파악하지 못할 만큼 빠른 템포로 정보가 소통되는 현상을 가리킨다. 최근 정보통신기술의 발전으로 인해 대량의 미시적 정보들이 암묵적이고 비인지적(정서적, 본능적) 방식으로 인간의 감정과 행동을 예측해주고 이끌어가고 있다. 이처럼 뉴미디어의 영향력이 점점 커지는 최근의 정보사회에서는 소통이나 학습을 인지적, 의식적 차원에서만 설명해왔던 기존의 학습이론들은 매우 제한적인 역할을 할 수밖에 없을 것이다.

요컨대 이러한 뉴미디어의 등장은 경험 주체(학습자)와 경험 자체(학습 내용)를 명확히 구분하였던 현상학적 설명이나 전통적인 교수학습이론들에 대한 전면적인 수정을 요구하고 있다. 그러므로 포스트현상학은 기존의 인식 주체(인간)와 인식 대상(세계)을 구분하는 이원론적 현상학을 대신하여 세상의 모든 존재들의 동등한 역할을 중시하는 객체지향존재론과 인간 의식의 물질에 대한 우월성을 거부하는 신물질주의적 관점에 기반한 현상학이라고 정리할 수 있다(Neimanis, 2017).

지금까지 포스트휴머니즘의 세 가지 기반 이론으로서 신물질주의, 객체지향존재론, 그리고 포스트현상학이 교육과정 인식론에 어떤 변화를 요구하고 있는지에 대해 논의하였다. 요컨대 이 세 이론의 상호관련성을 바탕으로 한 포스트휴머니즘의 핵심 원리를 통해 미래의 학교교육에서 다루어질 지식의 형태와 성격은 다음과 같이 정리될 수 있다: 신물질주의적 일원론은 교육과정의 존재론 및 인식론적 변화를 요구하고 있고, 객체지향존재론은 탈인본주의적 존재론의 이론적 기반을 제시하고 있으며, 포스트현상학은 인식 주체(인간)와 인식 대상(세계)의 경계를 넘어선 지식과 학습 방법의 등장을 설명해주고 있는 것이다.

제5장

포스트휴먼 학습의 등장

1. 포스트휴먼 학습자란 누구인가?

최근 4차산업혁명이라는 첨단 과학기술적 발전과 그에 따른 사회적 환경의 변화는 인간과 기술적 도구들의 관계성을 근본적으로 변화시키고 있고, 그에 따라 인간의 학습과 소통의 방식에도 질적인 변화가 이루어지고 있다. 이러한 급격한 정보통신기술의 변화는 삶의 질적 변화 뿐만 아니라, 미래의 산업과 직업의 생태계에도 큰 변화를 야기할 수밖에 없다. 그럼에도 불구하고, 학교교육에서 다루어지는 지식이나 학습방법은 이러한 미래의 변화에 적절히 대응하지 못하고 있다. 특히 디지털과 모바일 통신 문화 속에서 성장한 밀레니얼 세대나 네트워크 세대들은 여전히 진부한 교과지식과 전통적 교수학습 방식이 주류를 이루는 학교교육에 적응하는데 많은 어려움을 겪고 있다(Seemiller & Grace, 2016; Shatto & Erwin, 2017).

본 절에서는 포스트휴머니즘의 관점에서 학습 패러다임의 변화를 포스트휴먼적 학습자란 어떤 존재인가란 질문을 중심으로 논의하고자 한다.

1) 학습자에 대한 이해의 변화

본고는 학습이론을 크게 기존의 인본주의적 학습이론(실증주의적 접근과 현상학적 접근)과 그 대안으로 등장한 포스트휴먼적 학습이론으로 구분하고자 한다. 우선 인본주의적 학습이론은 인본주의적 인식론을 바탕으로 한 것인데, 여기서 인본주의적 인식론이란 17세기 과학혁명의 이론적 기초가 되었던 데카르트의 마음-신체의 이원론dualism적 세계관을 바탕으로, 이성을 가진 인간만이 인식의 주체이고 세상의 모든 다른 존재들(동물, 사물, 도구/기계 등)은 인식의 대상이라는 인식론이다(Barad, 2007; Coole & Frost, 2010). 인본주의적 인식론은 다시 과학적 실증주의positivism를 토대로 세상을 객관적이고 합리적으로 이해하려는 접근인 실증주의적 인식론과, 이러한 실증주의를 '객관주의의 환상illusion of objectivism'이라고 비판하면서 객관적 실체를 부정하고 경험 주체의 주관적 인식의 다중성을 허용하면서 현상의 본질을 파악하려는 태도인 현상학적 인식론으로 구분된다(Husserl, 1999).

반면 포스트휴먼적 인식론은 세상은 수많은 다양한 존재들이 네트워크적 관계망을 형성하며 상호의존적으로 공생하고 있으며 인간은 그러한 네트워크 속의 한 행위자에 불과하다고 본다. 그로 인해 포스트휴먼적 인식론은 경험 주체(인간)와 경험 대상(세상 만물)을 고정시키지 않고, 생태적 세계에서 이루어진 경험만이 진짜real가 아니라 가상적 세계에서도 의미 있는 경험이 일어날 수 있음을 강조함으로써 기존의 현상학적 '구별(인식주체-인식대상, 가상-실재)'을 넘어서고자 한다. 따라서 이러한 포스트휴먼적 인식론을 기반으로 인간의 학습을 이해하기 위해서는, 포스트휴먼적 학습자란 어떤 존재인지에 대한 새로운 논의가 필요할 것이다.

포스트휴먼적 학습자는 기존의 인본주의적이며 계몽주의적 철학이 상정했던 개별적이고 독자적이며, 순수하게 이성적이거나 주체적이며, 온전한 능동성과 자기주도성을 갖춘 인간상을 지향하지 않는다(Snaza, Appelbaum, Bayne, et al., 2014). 대신 포스트휴먼적 학습자는 다른 존재들(사람, 동물, 사물, 기계 등)과 상호의존적으로 소통하고, 그 과정에서 필요에 따라 주체성이나 능동성을 다른 존재들에게 이양할 수 있으며, 개인의 두뇌 속에 지식을 저장하는 것이 학습의 목표가 아니라, 네트워크 망 속에서 정보와 자원을 탐색하여 의미를 파악하려는 것을 목표로 삼는다. 이러한 특성을 종합하여, 포스트휴먼적 학습 및 학습자는 다음과 같이 정리될 수 있다.

> 포스트휴먼적 학습이란 인본주의 학습이론과는 달리 다양한 학습의 주체들이 온라인 네트워크 상에서 동등한 지위와 역할을 가지고 가상과 현실을 넘나들며 이루어지는 집단적이고 분산적인 교류에 의해 이루어지는 학습을 의미한다.
>
> 따라서 포스트휴먼적 학습자는 인간 학습자 뿐만 아니라 비인간적 존재들(동물, 사물, 기계, 도구, 환경 등)과의 상호의존성에 기반한 복잡한 관계망 속에서 그러한 존재들과 공생과 공존을 모색하며 탐색하고 경험하며 성장해나가는 존재이다.

위와 같은 포스트휴먼적 학습의 성격을 포괄적으로 이해하기 위해서는 앞 장에서도 설명한 바와 같이 포스트휴머니즘의 핵심이론들인 행위자망이론, 객체지향존재론, 신물질주의, 그리고 포스트현상학에 대한 이해가 필요하다. 이 이론들의 관점에서 포스트휴먼적 학습자의 개념 정의는 다음 [표 1]과 같이 정리될 수 있을 것이다.

표 1 포스트휴머니즘의 기저 이론과 포스트휴먼 학습자에 대한 관점

포스트휴먼 이론	포스트휴먼 학습자에 대한 설명 및 정의
신물질주의 (new materialism)	• 인간은 순수한 생물학적 존재라기보다는 인간-기계 공생체(symbiotics)이다(Neimanis, 2017) • 모든 존재들은 상호얽힘으로 서로 관통하고 있다(Barad, 2007) • 인간의 의식은 "두뇌의 굴레에서 해방시켜 데이터화함으로써 네트워크와 가상현실 속으로 들어가게 될 것"이다(Clark, 2003, p. 4)
행위자망이론 (Actor-network theory)	• 모든 '인간 너머'의 존재들이 네트워크적 관계망 속에서 능동성을 가지고 자신의 역할을 수행하고 있다(Latour, 1993) • 인간을 포함한 모든 존재들이 지역성에 얽매이지 않고 시공간적으로 분산되어 서로 복잡하게 얽혀 세상을 구성한다(Bogost, 2012) • 인간' 학습자는 사회기술적 요인들 즉, 기술, 매체, 네트워크를 통해 타존재와 상호작용하며 학습하는 존재이다(Bijker, Hughes, & Pinch, 1987)
객체지향존재론 (Object-oriented ontology)	• 세상은 인간과 비인간적 요소들이 네트워크적 관계성 속에서 상호작용하는 시공간이다(Harman, 2018) • 모든 비인간적 존재들과의 상호연관성에 기반한 관계망 속에서 상호의존적 활동을 통해 학습하고 공존하는 존재이다(King, 2019) • 모든 종들 간의 소통(Cross-species)을 위한 지적, 정서적, 윤리적 태도를 기르는데 집중해야 한다(Braidotti, 2016)
포스트현상학 (post-phenomenology)	• 새로운 기술적 환경 속에서의 인간의 경험과 지식에 대한 재해석이 필요하다(Simonsen, 2013) • 인간의 신체나 감각적 기능들, 그리고 세상에 대한 인식(시각)을 흉내내는 첨단 기술의 개발로 인해 인간이 (매체를 통한) 간접적인 경험으로도 기존과 유사하게 세상을 이해할 수 있다(Simonsen, 2013) • 자신에게 주어지는 정보(데이터)를 전향-먹임(feed-forward)의 방식으로 수용하면서, 순간적인 판단과 맞춤식 선택에 의해 적합한 정보를 의식에 제공한다(Hansen, 2015)

정리하자면, 포스트휴먼 학습은 i) 정신-물질의 이원론적 구별에 의존하지 않고, 인간의 정신활동과 신체활동은 기술적 매체들과 소통하거나 그에 의해 대체될 수 있으며(신물질주의); ii) 인간 주체-사물 객체의 구분 없이 모든 존재들은 상호의존적 관계망 속에서 소통 및 정보를 교류하고 있고(객체지향존재론); iii) '인간' 학습자는 사회기술적 요인들 즉, 기술, 매체, 네트워크에 의존하며 그들과 상호작용을 통해 학습하고 있기 때문에(행위자망이론); iv) 이러한 새로운 기술적 환경 속에서 인간이 다양한 매체들의 영향을 받아 새롭게 소통하고 학습하는 방식에 대한 이해(포스트현상학)가 필요하다는 것이다.

따라서 이러한 기술적 환경의 변화와 그에 따른 학습자의 변화에 따라 학습의 성격을 새롭게 이해하고 정의하는 것이 바로 포스트휴먼적 학습이론인 것이다. 다음 항에서는 이러한 포스트휴먼 학습의 핵심적 원리가 무엇인지를 논의해보기로 한다.

2) 포스트휴먼적 존재와 학습

포스트휴먼적 존재로서의 인간은 다양한 기술적 환경 속에서 포스트휴먼적 학습을 경험하는 존재이기 때문에, 그들의 학습의 본질이 무엇인지에 대한 근본적인 관점의 변화가 필요하다(Bostrom, 2005). 그런 의미에서 본고는 포스트휴먼적 인간의 학습은 다음과 같은 세 가지 원리—사이보그적 학습, 인공두뇌의 등장, 네트워크적 마음—에 기반한 학습을 포함하게 될 것이라고 본다.

첫째, 포스트휴먼적 인간은 더 이상 생물학적인 존재로만 국한되는 것이 아니라, 생물성과 기술성이 혼재된 사이보그적 존재로 이해될 수 있다(Wolbring, 2008). 그렇다면, 이러한 사이보그적 존재의 학습은 어떠한 양상을 띨 것인가? 인간은 기술적 매체(컴퓨터, 가상현실 프로그램, 인공지능 알고리즘 등)을 통해 컴퓨터 네트워크 속에서 사이버 세계를 창조하였고, 인간 사용자들은 그 속에서 가상현실, 증강현실과 같은 '새로운 현실'을 경험하고 있다. 이러한 가상현실의 등장은 전산 네트워크 외부의 세계(생태적 현실) 뿐 만 아니라 네트워크 내부의 세계도 인간에게 의미 있는 경험을 제공해준다는 것을 보여주었고, 인간이 생태적 세계와 사이버 세계에서 하이브리드적으로 공존하게 만들었다.

포스트휴먼적 인간은 이러한 생태적 환경과 가상적 환경 사이에서 공존하고 있는 사이보그적인 존재로서, 그 학습의 양상도 대부분 양쪽 세계의 구성원들, 정보, 자원을 혼성적으로 활용하고 있다. 예를 들어, 학생들이 학교에서 내준 과제를 수행할 때, 과거처럼 도서관에서 물리적 책의 내용을 참조하여, 물리적 학습의 결과물(과제노트, 미술 공작품 등)만을 제공하는 것이 아니라, 전자도서관과 데이터베이스를 검색하거나, 디지털 미디어를 통해 교사 및 동료들과 토론하고, 디지털 형식의 학습결과물을 제출한다. 이것은 사이보그적 학습의 가장 초보적인 사례이지만, 좀 더 나아가면 학습의 과정에서 거쳐야할 설계, 디자인, 제작, 검토 및 마무리 과정 등을 각각의 단계에 필요한 각종 컴퓨터 프로그램 및 인공지능 알고리즘(AutoCad, PhotoShop, 3D printing, Google Neural Machine Translation 등)을 활용해 작업을 수행하는 것도 사이보그적 학습이다. 결국 포스트휴먼적 인간의 학습을 주도하는 '의식Consciousness'은 단순히 생물학적인 작용으로서의 의식만이 아니라, 전산적 작용(예, 인공지능 알고리즘)으로서의 의식을 포함하는 것이다.

둘째, 포스트휴먼적 학습은 인공두뇌에 의한 학습을 포함하게 될 것이다. 최신 인공지능 공학자들은 인간 시냅스보다 2,000만 번 빠르게 반응하고 효율성도 높은 인공시냅스artificial synapse를 개발하고 있는데, 이러한 인공시냅스를 종합하여 만들어진 인공두뇌artificial brain를 통해 이루어지는 경험과 학습이 미래의 정보생태계의 중요한 동력이 될수 있다(Bello, 2018). 이러한 인공두뇌는 생명체의 일부분으로써 유기물로 이루어진 두뇌가 아니라 컴퓨터 알고리즘으로 이루어진 전산 두뇌로서, 최근 양자 역학quantum machanics의 원리를 바탕으로 등장한 Cubit 컴퓨팅 기술의 등장으로 개발속도가 가속화되고 있다(Nield, 2018). 이러한 인공두뇌의 등장은 뇌공학neuro engineering, 생명공학bio-engineering, 생체물리학biophysics, 그리고 유기물과 무기물의 경계를 넘나드는 물질을 만드는 재료 과학material science의 발전에 의해 나타난 결과이다. 예를 들어, 생물학과 공학의 융합인 생명공학의 대표적 연구로 박테리아를 이용한 새로운 화합물의 합성, 인체 내부를 자유롭게 탐색하며 질병원을 발견하거나 처리하는 의료용 나노nano 로봇, 간편한 질병 진단 키트, 생체 조직의 공학적 개발, 인지적 보철물[1] 등이 있는데, 이러한 연구들은 생명현상과 공학적 기술들이 유기물과 무기물의 경계를 넘나들며 창의적

1 생명공학 기술을 기반으로 다양한 이유로 사지가 마비되거나 절단된 환자들을 위해 여러 가지 인지적 보철물(Cognitive Neural Prosthetic: CNP)이 개발되고 있는데, 이 인지적 보철물은 인간이 의도(intention)하는 바를 인식하여 인간이 원하는 대로 보철기기가 작동하는 것이다. 더 나아가 인지적 보철물은 향후 일어날 일을 예측하여(forward estimation) 작동하거나, 인간의 주의집중이나 학습을 촉진해주고, 다중적 동작(multiple motions)의 실행이 가능하도록 보조하기도 한다.

으로 결합될 수 있다는 것을 잘 보여준다.

인공두뇌의 등장은 사고와 학습을 담당하는 의식적 작용이 생물학적 존재에게서 뿐만 아니라, 기계적 존재에서도 창발emerging될 수 있다는 것을 보여주고, 다음 [그림 1]과 같이 생물학적 인간과 기계적 인간의 경계가 모호해질수 있음을 의미한다.

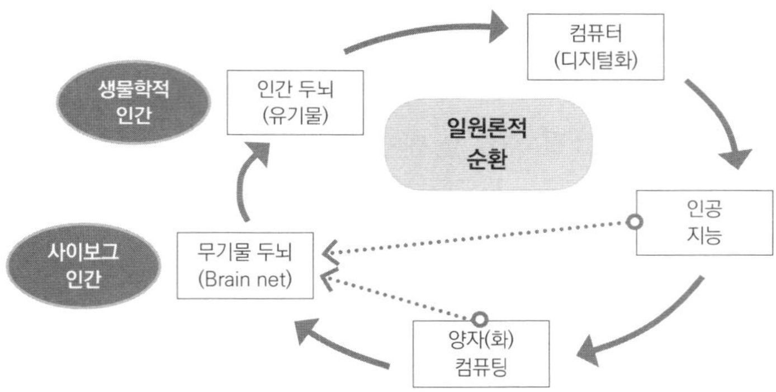

그림 1 생물학적 두뇌에서 무기물 두뇌로의 일원론적 순환

[그림 1]은 인간의 두뇌를 모사하여 개발된 컴퓨터가, 인공지능 컴퓨터와 양자컴퓨터를 거쳐 무기물 두뇌인 인공두뇌에 이르게 됨으로써, 결국은 인간의 두뇌와 유사하거나 그 역량을 훨씬 뛰어넘는 사이버 두뇌에 도달하게 될 것임을 보여준다. 물론 이러한 인공두뇌와 인간 두뇌의 차이와 그 역할에 대해서는 철학적, 윤리적 논의가 더 필요하겠지만, 본고는 이러한 인공지능, 양자컴퓨팅, 그리고 인공두뇌의 개발이 결국 포스트휴먼적 존재가 확산되어갈 미래의 학습의 의미와 형태에 큰 영향을 미칠 것이라는 것을 강조하려는 것이다.

셋째, 포스트휴먼적 학습은 개별적이고 독립적인 학습이 아니라, 연결적이고 상호의존적인 네트워크 학습의 성격을 띠게 될 것이다. 네트워크적 학습은 학습의 주체이자 중심부가 되는 '개별' 학습자의 마음mind이 본질적으로는 상호연결된 인류의 정신적 망web of mind의 한 단위node라는 것을 의미한다(Riva & Galimberti, 2001). 이러한 개념은 초기에는 생명의 망web of life이라는 용어를 통해 생태적 일원론의 차원에서 제안되었는데(Capra, 1996), 인터넷과 같은 기술적 망이 현실적으로 구체화된 최근에는 개별 인간의 정신이 어떻게 웹상에서 재현되며 상호 연결될 수 있는가에 대한 많은 이론적 및 기술적 논의들로 이어지고 있다(Halpin, 2013; Smart, 2012). 그 대표적인 예인 마음 웹World Wide Mind에 대해 간단히 설명해보자.

마음 웹WWM은 정보의 세계적인 연결망인 인터넷을 더욱 확장시켜 인간처럼 사고할 수 있는 인공지능적 마음mind이 네트워크로 연결되어 거대한 인공지능 망으로 확장 되는 것을 가리킨다(Chorost, 2011). 이러한 마음 웹의 개발은 인간이 더 이상 독립적이고 개별적으로, 그리고 생물학적으로만 사고하고 살아가는 존재가 아니고, 인류의 정신이 디지털화되어 인터넷을 통해 통합될 수 있다는 것을 의미한다. 사실 인류의 사상사 속에서 인간 개개인의 지능에 개별성과 독자성을 부여했던 것은 18c 칸트I. Kant의 인간 이성 및 합리성에 기반한 인식론적 세계관과 19세기의 자유주의적 인본주의의 등장에 의한 것이었다(Flathman, 1987; Wilson, 2004). 더 나아가 인공지능과 정보통신 기술의 발달은 인간의 마음이 개별 인간 머리 속에 구속되는 것이 아니라, 증강되고augmented 연결되는 것이 가능하게 만들었다(Bate, 2010).

그렇다면 지금까지 설명한 세 가지 포스트휴먼적 학습의 원리—사이보그적 학습, 인공두뇌의 등장, 네트워크적 마음—는 미래의 학습 생태계를 어떻게 변화시킬 것인가? 기존의 인본주의적 학습 이론들은 대부분 "인간의 지식은 특정 맥락 속에서만 의미를 갖는다"라는 맥락주의Contextualism의 관점을 견지하였다. 이러한 관념은 인간이란 생물학적 존재이기 때문에, 생명체의 경험이 환경적 제약에 국한될 수밖에 없고, 그러한 환경적 맥락 속에서 '몸으로' 습득한 경험이 진정한 지식으로 체화될 수 있다는 생각이었다. 그리고 그렇게 학습되는 지식을 체화된embodied 지식 그리고 내포된embedded 지식이라고 간주하였다.

하지만 포스트휴먼적 학습은 그러한 맥락적이고 체화된 지식 뿐만 아니라, 탈체화disembodied되고 탈맥락화unembedded된 지식도 학습의 목표이자 결과로 수용한다. 이를 정보와 지식의 탈체화disembodiment라고 부르는데(Ajana, 2005; Ferrari, 2020), 디지털화되고, 네트워크화되며, 분산된 지식이 그러한 탈체화된 지식의 대표적 예이다. 즉, 우리가 무엇인가를 새롭게 배우거나 인식할 때 그것이 반드시 신체적 감각에 의존하여 생태적 맥락 속에서만 배우게 되는가? 그리고 우리가 습득한 지식이 반드시 우리의 신체적 두뇌 속에만 저장되고, 처리되는가? 인간의 학습과 그 결과로서의 지식은 사실 디지털화되어digitalized 컴퓨터 속에 저장될 수 있고, 네트워크 망networked 속에서 자유롭게 이동하며 활용되어지고, 개인의 머릿속에서만 처리되는 것이 아니라 다양한 존재들의 인식기관(타인의 두뇌나 사고 기계) 속에서 분산되어distributed 다루어지고 있는 것이다(Di Maio, 2009; Malina, 2011).

요컨대, 포스트휴먼적 학습은 기존의 인본주의적 학습관에서 벗어나서 네트워크적 학습자, 맥락적 및 탈맥락적 학습의 경험, 그리고 분산적인 학습 방식에 대해 수용하며, 다른 비인간적 존재들과 어떻게 소통하며 관계를 맺을 것인가에 대해 탐구하는 과정에서 이루어지는 학습을 의미한다.

3) 포스트휴먼적 학습과 지식/정보 생태계의 변화

포스트휴먼적 학습자의 등장은 단순히 학습의 방법론이나 전략이 정보통신 기술을 활용한 방식으로 변화하는 것만을 의미하지 않는다. 디지털 문명의 등장과 확산은 현대 사회의 지식/정보 생태계와 그 속에서 살아가는 인간들의 삶의 방식을 근본적으로 바꾸어놓고 있다. 이러한 변화의 양상을 설명하는 많은 이론들이 있겠지만, 본고는 다음 [표 2]와 같이 전산적 문명과 인공적 기술이라는 두 가지 요인에 의한 구분을 통해 논의하고자 한다.

표 2 인공지능의 발달에 따른 학습 주체의 역할 변화(Gladden, 2016, p. 137 참조)

학습 주체: 능동자	인간적(Human): ~20c	인공적(Artificial): 21c~
인류적 (anthropic)	**자연적인 인간(Human):** 인류의 특성을 지닌 인간적 능동자	**바이오로이드(Bioloids):** 인류의 특성을 지닌 인공적 능동자
	인력관리, 조직이론, 심리학, 인류학 ❶	❸ 생체로봇, 합성생물학, 인공심리학, AI자원관리 및 조직개발, 사회적 로보틱스
전산적 (computronic)	**사이보그(Cyborgs):** ❷ 전산적 특성을 지닌 인간적 능동자	❹ **인공지능컴퓨터들(AI):** 전산적 특성을 지닌 인공적 능동자
	심리공학, 사이보그/사이버심리학, 인간기술관리, 유전/신경공학, 생체/신경 사이버네틱스	AI소프트웨어, 전문가시스템, 산업로봇, 스마트기기, 컴퓨터공학, 전자공학, 로보틱스, IT경영학

글래든Gladden(2016)에 따르면, 인류 문명은 컴퓨터의 발명 이전의 인류적anthropic시대와 그 이후인 전산적computronic 시대로 구분되며, 동시에 인류 사회의 지식과 기술의 성격은 인간적human 측면과 인공적artificial 측면으로 구분될 수 있다. 즉, 인류의 기술적 발전은 컴퓨터 발명 이전의 아날로그적인 기술의 단계(1)에서, 컴퓨터를 활용하는 디지털적 기술의 단계(2)를 거쳐, 인공지능 기술에 의존하는 인류적 기술의 단계(3)를 지나, 최종적으로는 컴퓨터와 인공지능에 모든 것을 맡길 수 있는 기술 정점의 단계(4)에 도달하게 된다는 것이다. 위와 같은 변화의 양상에 따라 학습자의 성격도, 오랜 인류역사 동안의 자연적 인간(1: 인류의 특성을 지닌 인간적 능동자)의 학습에서, 가까운 과거에는 사이보그적 인간(2: 전산적 특성을 지닌 인간적 능동자)의 학습을 거쳐, 최근에는 바이오로이드적 인간(3: 인류의 특성을 지닌 인공적 능동자)의 학습이 확대되는 형국이고, 궁극적으로는 인공지능 기계들(4: 전산적 특성을 지닌 인공적 능동자)에 의존하는 학습이 등장하게 된다고 이해할 수 있다.

아울러 글래든Gladden(2016)의 이론은 각 시대마다 어떤 지식과 기술이 그 시대를 이끌어가는 핵심적 지식들인지를 보여주고 있다. 즉, 자연적 인간의 시대(1)에서는 인력관리나 인간 조직에 대한 이론, 인간 심리 및 인류학적인 관점이 지식의 핵심 패러다임이었고, 사이보그적 존재가 등장하게 된 시대(2)에는 심리공학, 사이버네틱스, 유전공학 등이 중요한 역할을 하게 되었으며, 바이오로이드적 존재가 등장한 현재(3)에는 생체로봇이나 합성생물학, 그리고 AI 자원관리 및 사회적 로보틱스에 대한 연구가 활발히 이루어지고 있으며, 머지않아 AI와 로봇의 개발과 운용에 관한 지식과 기술들이 인류의 정보와 지식의 핵심을 차지하게 될 시대(4)가 등장하게 된다는 것이다.

정리하자면, 오늘날 인공지능 기술의 비약적인 발전으로 이제 학습 능력이나 사고 능력에서 기계(인공지능)는 이미 인간의 수준을 훨씬 뛰어넘을 정도로 발전하고있다(Jordan & Mitchell, 2015; Schmidhuber, 2015). 그에 따라 의식은 더 이상 인간의 고유한 특질이 아니며, 인간의 생물학적, 행동적, 심리적, 인지적 특성들이 다양한 목적과 방식에 의해 데이터화되고, 인공지능 알고리즘의 재료resource가 될 수도 있다. 그리고 이러한 추세에 따라 최근 뇌과학, 인공지능, 컴퓨터 사이언스 등의 연구 경향은 인간의 사고를 인간과 기계의 구분을 넘어 전산적으로 처리하기 위한 마인드웨어mindware, 인지적 보철 장치, 디지털화된 생체 장치의 개발과 활용에 집중하고 있는 것이다. 그러므로 우리는 이제 포스트휴먼적 존재의 등장에 맞추어 학교교육은 어떤 학습 이론과 실천의 전략을 수립해야 될지를 고민해야 할 것이다. 그런 의미에서 다음 절에서는 우선적으로 지금까지의 학습이론의 대안으로써 어떤 포스트휴먼적 학습이론이 필요한지에 대해 논의하고자 한다.

2. 포스트휴먼적 학습이론이란 무엇인가?

1) 인본주의적 학습이론에서 포스트휴먼적 학습이론으로

포스트휴먼적 학습을 구체화시키기 위해서는 기존의 인본주의적 학습이론과 다른 차원의 접근이 필요하다. 기존의 인본주의적 학습이 토대한 인식론(앎/지식이란 무엇인가?)은 지식에 대한 본질주의, 구조주의, 구성주의 등의 관점을 바탕으로 한 것으로, 지식을 독립적이고 불변하며, 맥락에 따라 그 의미가 부여될 수 있는 것으로 간주하였다. 그러한 인식론을 바탕으로 인지주의, 구성주의, 사회적 상호작용주의 등의 학습이론들이 생성되었으며, 그에 따라 인본주의적 학습이론은 학습자를 독립적, 이성적, 자율적, 개별적인 존재로 보았던 것이다. 다음 [그림 2]는 그러한 인본주의적 인식론과 학습이론의 논리적 연관성을 쉽게 보여주고 있다.

그림 2 인본주의적 인식론과 학습이론

[그림 2]와 같은 인본주의적 인식론의 근본적인 한계점은 인간 만이 학습의 주체이고 다른 모든 세상의 존재들은 학습의 대상으로 분리하여 이원화시켰다는 것이다. 즉, 지식을 '인간의 세상에 대한 이해'라는 식으로 인간과 분리시키고, 앎이라고 하는 인식작용을 정신적 행위로 추상화시킨 것이다. 한마디로 지식(정보), 사물, 도구, 그리고 인간 학습자가 공통적으로 갖는 물질성을 간과하였다.

기존의 인본주의적 학습이론들이 정초한 학습자에 대한 존재론적 ontological 이해와 지식에 대한 인식론적epistemological 이해는 포스트휴머니즘에 기반 한 학습이론과 상당히 다를 수밖에 없다. 대표적인 인본주의적 학습이론으로는 행동주의, 인지주의, 그리고 구성주의가 있고, 여기에 과학적 합리주의(Tyler, 1949) 이론을 추가할 수 있다(Nagowah & Nagowah, 2009). 이러한 인본주의 학습이론들은 공통적으로 학습자를 독립적, 이성적, 자율적, 개별적인 존재로 보고, 지식을 독립적이고 구조적이며, 맥락적인 것으로 파악했다는 점에서 유사성을 가지고 있었다. 인본주의적 인식론과 학습이론의 내용적 특성들을 앞 장에서 논의한 포스트휴먼 학습이론과 비교하여 정리하면 다음 [표 3]과 같다.

표 3 인본주의와 포스트휴먼 학습이론의 대조적 성격

구분	인본주의 학습이론	포스트휴먼 학습이론
인식론적 기반	본질주의, 구조주의, 구성주의	신물질주의, 행위자망이론, 포스트현상학
학습이론	행동주의, 과학적 합리주의, 인지주의, 구성주의	포스트행동주의, 연결주의, 관계주의
지식의 성격	독립성, 고정성, 맥락성	탈체화성, 유동성(탈맥락성), 네트워크성
학습자의 성격	독립적, 자율적, 개별적 존재	상호의존적, 연결적, 유동적 존재

위 표에 정리된 바와 같이, 인본주의적 학습이론과 포스트휴먼적 학습이론은 상이한 인식론적 기반과 학습이론을 가지고 있으며, 그에 따라 각각이 바라보는 지식관과 학습자에 대한 이해가 다를 수 밖에 없다. 여기서 인본주의적 인식론은 인간만을 유일한 주체성 subjectivity을 가진 능동자agency로 상정하고, 다른 모든 존재들은 수동적 대상으로 이원화시켰다는 문제점을 안고 있다(Kirby, 1996; Staeuble, 1991). 그리고 지식을 '인간의 입장에서 본 세상의 작동 원리'라는 관점으로 제한하고, 앎이라고 하는 인식작용을 인간의 머리속에서 이루어지는 관념적 행위로 추상화시킴으로서 지식의 탈체화성, 유동

성, 그리고 네트워크성을 간과했다는 것도 인본주의적 지식관의 한계점이다(Latour, 1993; Thrift, 2008). 반면, 포스트휴먼 학습이론은 신물질주의적 일원론(Hood & Kraehe, 2017)에서 출발하여 인간과 다른 모든 존재들의 평등한 관계성과 상호의존성에 기반한 인식론을 바탕으로 학습을 설명하고 있다는 것이 그 차이점이라고 볼수 있다.

그렇다면 포스트휴머니즘이 강조하는 대안적 학습이론은 무엇인가? 위에서 논의한 세 가지 인본주의적 학습이론—행동주의, 인지주의, 구성주의—과 대비되는 포스트휴먼적 학습이론으로 각각 포스트-행동주의, 연결주의Connectionism(Hertz, 2018), 그리고 관계주의Relationality(Ceder, 2019)를 제시할 수 있다. 그리고 이러한 포스트휴먼적 학습이론의 기저에는 신물질주의New materialism(Hood & Kraehe, 2017)적 관점이 자리하고 있다.

2) 포스트휴먼-행동주의의 등장

행동주의behaviorism 이론은 동물의 일종으로서 인간의 심리를 객관적인 관찰을 통해 이해할 수 있고, 그에 따라 규칙이나 훈련에 의해 미래 행동도 통제할 수 있다고 보는 학습심리학 이론이다. 행동주의는 20세기 초 "심리학은 인간을 포함한 동물들의 지적, 성격적, 행동적 특성들을 연구하는 과학이다"(Thorndike, 1910: 5)라는 주장으로부터 출발하였다. 그 후, 동물의 일종인 인간은 외부의 자극에 대한 신체적 및 정신적 반응을 피할 수 없는 존재이기 때문에, 자극-반응(S-R)의 조건화의 방식으로 원하는 행동을 이끌어낼 수 있다는 주장이 뒤따르면서 '행동주의'란 용어가 처음 사용되었다(Watson,

1913). 이러한 관점을 바탕으로 행동주의적 학습 이론은 파블로프Pavlov의 고전적 조건화, 스키너Skinner의 조작적 조건 형성, 그리고 밴두라Bandura의 사회학습이론 등으로 구체화되면서 1950년대 이후 교육현장에 널리 적용되기 시작하였다.

하지만 1980년대 이후 구성주의나 인지주의가 학습이론을 주도하게 되면서 행동주의 이론은 그 영향력을 급속히 상실하였고, 지금은 신체적 학습이나 기술적 영역의 학습에서 제한적으로 활용되고 있는 실정이다. 특히 이성주의적 인간관rationalism[2]에 의해 행동주의의 기본 전제가 흔들리게 되면서, 사회과학의 대부분의 영역에서 행동주의의 영향력은 대폭 축소되었다(Bower, 1989; Smith, 1991). 하지만 최근 인간, 동물, 사물의 수평적 존재론과 네트워크 이론을 기반으로 한 포스트휴머니즘적 관점(Latour, 1993, Clark, 2003)의 등장으로 행동주의 이론에 대한 재평가가 시도되고 있는데, 그것이 바로 포스트휴먼-행동주의posthuman-behaviorism[3]라고 볼 수 있다.

포스트휴먼-행동주의는 인간의 사고나 학습이 신체적 측면과 정신적 측면으로 분명하게 구별될 수 없기 때문에, 기존의 인지주의나 이성주의적 관점만으로 학습을 설명하는 것은 한계가 있다고 본다. 대신 과거의 행동주의 이론이 관찰가능한 외적 행동의 영역의 학습만을 설명하고자 했던 것과는 달리, 인간의 신체와 정신의 혼융성이나 연결성의 측면에서 사고와 학습을 설명하려는 것을 포스트-행동

2 즉 '인간은 다른 동물과는 차별성을 지닌 존재이고 인간의 고차원적 사고는 행동주의 이론으로는 결코 설명 될 수 없다'라는 관점.

3 초기 행동주의(1940~50's)와는 다른 1960년대 후반 등장한 정치학이론으로서의 포스트-행동주의(post-behaviorism: Easton, 1953)와의 차별성을 위해 포스트휴먼-행동주의라고 칭하고자 한다.

주의라고 이해할 수 있다. 따라서, 포스트휴먼-행동주의는 다음 세 가지 이론적 원리를 기반으로 포스트휴먼적 인간의 학습을 설명하고자 한다.

첫째, 인간, 동물, 기계의 학습을 설명함에 있어서 과학적 설명을 넘어선 신비주의적 관점을 취하지 않는다. 사실 지금까지 인간과 동물의 차별성에 대해 정치철학적, 심리언어학적, 사회종교적 주장들이 제기되어 왔지만, 대부분의 주장들은 종교적 신념에 기반한 신화myth에 가까운 관념이었다. 예를 들어, 르네상스 시대에 들어서서 해부학적 연구가 활발히 이루어지면서 인간과 유인원의 해부학적 차이가 거의 없다는 게 증명되었음에도 불구하고, 여전히 당시의 학자들은 인간에게는 '(신에게서 부여받은) 어떤 보이지 않는 부분invisible parts'이 존재할 것이라는 믿음을 버리지 못했다고 한다(Shannon, 2009). 이처럼 인간성과 동물성의 근본적 차이를 가정한 인본주의적 심리학의 근본적 오류에 대한 지적(Wolfe, 2009)과 사고와 학습과정에 대한 실증주의적 연구들을 기반으로, 포스트휴머니즘은 인간, 동물, 기계적 존재들의 학습에 어떤 공통점이 있는지를 탐색하고자 한다.

둘째, 포스트휴먼-행동주의는 인지, 정서, 행동 등의 상이한 학습 영역에서도 유사한 학습의 원리가 작용할 수 있다고 본다. 즉, 지금까지 인본주의 학습이론들은 인지, 정서, 행동적 학습이 본질적으로 상이한 영역이라고 보고, 그에 따라 다른 이론적 관점을 통해 설명해왔다. 예를 들어, 블룸Bloom et al.(1956) 등의 학자들이 교육목표를 지적 영역(지식, 이해, 분석, 적용, 종합, 평가), 정서적 영역(Bloom, Krathwohl, Mesia, 1964), 그리고 심동적 영역(Simpson, 1971)으로 구분한 이후, 이러한 범주화는 오랫동안 교육현장에서 큰 영향력을 미쳐 왔다. 하지만, 이러한 범주구분의 타당성과 각 영역의 독립성에 대한 많은 의문이 제기되어 왔고(Stanny, 2016; Tutkun, Güzel, KöroĐlu, & Ilhan, 2012), 그 대안으로써 영역적 혼성화를 기반으로 한 학습에 대한 많은 연구들이 수행된 바 있다(Horne, 1980; Samoilov & Goldfried, 2000; Williams, 1969). 같은 맥락에서, 최근의 뇌과학적neruo-science 연구들을 기반으로 인지, 정서, 행동적 영역을 포괄한 영역일반적domain-general 학습의 기재(Kirkham, Slemmer, & Johnson, 2002; Saffran & Thiessen, 2007)나 두뇌-기반 학습이론(Tompkins, 2007; Zull, 2002)등과 같은 학습 범주 초월적 연구들이 활발히 수행되고 있다..

셋째, 포스트휴먼-행동주의는 인공지능, 빅데이터, 데이터 사이언스data science와 같은 기술적 도구를 활용한 연구방법론을 바탕으로 인간의 학습을 설명하는 것을 포함한다. 사실 이러한 데이터에 기반 한 행동주의적 연구는 오래전 폴 에크만Paul Ekman(1992, 1999)의 인간 표정에 대한 연구 등에서 시도된 바 있다. 에크만Ekman은 인간의 감정이 얼굴 표정에 그대로 드러나고 있고 그것을 숨기기 힘들다는 사실에 착안하여, 10,000개에 달하는 인간의 얼굴표정에 대한 데이터를 목록화한 후 이를 43개의 표정 근육으로 정리하였다. 그는 다시 이 표정 근육들을 7가지(중립적, 행복한, 놀란, 화난, 혐오스러운, 두려운, 슬픈)의 감정 유형으로 유형화하여, 인간의 감정이 7가지의 표정 근육들의 조합으로 파악될 수 있다고 주장하였다.

[그림 3]은 이러한 에크만Ekman의 방법론에 따라 감정의 정도에 따른 표정 근육 상태(좌측 그림)와 그것을 통계적으로 계량화한 결과(우측 그림)를 보여주고 있다.

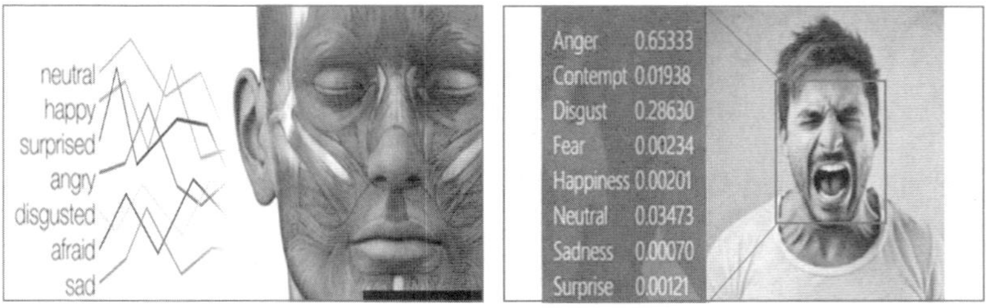

그림 3 표정 근육의 측정에 따른 감정 상태묘사

에크만Ekman의 연구와 같은 행동주의적 연구들은 인간의 인지, 정서, 행동이 결코 완전히 분리될 수 있거나 별개의 작용이 아니라는 것을 잘 보여주고 있는데, 최근 인간의 행동을 보다 면밀하고 정확하게 측정할 수 있는 하드웨어(고성능 카메라 및 컴퓨터) 및 소프트웨어(AI Sensing 알고리즘)의 발달에 따라 포스트휴먼-행동주의의 연구가 확산될 수 있는 환경적 조건이 갖추어지고 있다. 즉, 과거에는 이러한 인간의 미세한 행동적 변화를 제대로 관찰하거나 연구할 수 있는 도구가 개발되지 않았지만, 최근의 기술적 발전의 도움으로 인간의 다양한 활동들이 보여주는 인지적, 정서적, 행동적 의미들을 파악할 수 있는 여건이 마련된 것이다.

요컨대, 포스트휴먼-행동주의의 등장은 기존의 인본주의적 관점에 기반한 행동주의 학습이론과는 전혀 다른 학습에 대한 이해와 방법론적 접근이 필요함을 보여주고 있다. 그 핵심 내용은 인간의 사고나 행동이 다른 존재들(동물들)과 본질적으로 다를 것이라는 가정에서 벗어나서, 첨단화된 기술적 도구들을 통해 인간의 단순한 행동에서부터 고차원적인 사고에 이르기까지 그 의미와 역할을 종합적으로 이해하려는 노력이 필요하다는 것이다.

3) 인지주의에서 연결주의로

1950년대 후반부터 등장하게 된 인지주의Cognitivism 학습이론은 행동주의 이론에서 벗어나서 명시적이고 관찰가능한 행동의 학습이 아니라, 학습자의 내면(인지구조) 속에서 일어나는 학습에 보다 집중하고자 생겨난 것이다(Tennyson, 1990). 따라서 인지주의 학습이론은 지식이 학습자에게 의미있는 지식이 되어야 하며, 학습의 과정을 통해 새로운 정보가 학습자의 기억 속에 있는 지식에 체계적으로 연계될 수 있어야 한다고 믿는다. 이를 위해 인지주의 학습이론은 사고력thinking, 문제해결력, 언어 능력, 개념 형성, 그리고 정보처리 등을 핵심 개념이자 학습의 목표로 삼게 되었다(Snelbecker, 1983). 이후 인지주의 학습이론은 1970년대의 정보처리이론의 등장에 힘입어 그 이론적 토대가 탄탄해졌는데, 인간 기억능력의 한계성을 수용함으로써 인간의 기억이 학습에 절대적 영향을 미친다는 관념에 크게 의존하게 된다(Simon, 1979). 즉, 학습을 기억의 과정으로 이해함과 동시에 학습의 최종적인 결과도 학습한 내용을 '기억하고 인출하는' 것이라는 관념을 정착시킨 것이다.

인지주의 학습이론의 형성과 확산에 영향을 미친 또 하나의 요인은 바로 지능에 대한 심리학적 이해이다. 1980년대까지 유럽은 물론이고 미국의 심리학계는 인간의 지능에 대한 개인주의 심리학의 영향력이 지배적이었다. 개인주의 심리학이란 인간은 개별적이고 독립적인 존재로서 그러한 인간의 심리나 지적 능력도 개인의 차원에서 측정되거나 평가될 수 있다는 관점이다. 하지만 1980년대 이후 사회심리학social psychology(Weick, 1977)이나 분산심리학discursive psychology(Parker, 2002)이 논의되기 시작하면서, 이러한 개인주의 심리학은 많은 도전과 비판에 직면했다. 그럼에도 불구하고, 지능 검사가 실험실을 떠나 처음으로 대중화되었던 Stanford-Binet 지능검사(1905) 이후 개인주의 심리학에 기반한 지능검사는 100여년이 지나는 동안 수차례의 개정을 거쳐서 다양한 버전의 지능검사로 여전히 활용되고 있다.

지능, 기억, 주의집중, 파지retention, 인출retrieval 등의 심리학적 개념에 의존하여 학습의 기재를 설명하는 인지주의 학습이론은 현재까지 학습에 대한 가장 설득력있는 설명으로 간주되고 있는데, 그 이유가 바로 학습은 개인적 과업이라는 관념 즉, 개인주의 심리학이 보편화되었기 때문이다(Räty & Snellman, 1992). 하지만 1980년대 이후 사회심리학social psychology이 주목을 받으면서, 지능이나 학습이 반드시 개인적인 과업일 필요가 없으며 인간의 지식과 학습을 사회적 관점에서 해석하는 분산지능distributive intelligence, 집단지성collective intelligence, 그리고 외적 기억external memory의 관점들이 활발히 연구되고 있다(Baron & Byrne, 1987). 특히 최근 인터넷이나 정보통신 기술의 발달은 인간의 지적활동이 과거보다 훨씬 자유롭게 사회적 활동으로 이어지게 됨으로써 점차 개인주의 심리학의 울타리에서 벗어날 수 있게 되었다(Crisp & Turner, 2020; Hodgetts, Stolte, Sonn, et al., 2020).

사회적 연결망을 기반으로 한 학습 활동의 심리적 동력이 무엇인지를 탐구하는 것이 바로 연결주의connectivism 학습이론인데(Cabrero & Román, 2018), 이는 개인의 기억과 지능에 의존한 학습이 아니라, 인적, 물적, 기술적 네트워크를 활용한다는 점에서 네트워크적 학습이라고도 불리운다(Goldie, 2016). 초기의 연결주의connectionism는 컴퓨터공학과 신경과학의 이론들을 기반으로, 네트워크적 연결망 속에서 각각 개별적 단위unit, node들이 특별한 조직 구조나 규칙 없이 단위들 간의 빈도와 강도 등을 기반으로 연결된 상태를 가리키는 개념으로 이론화되었다(Siemens, 2017). 그 후 연결주의는 1980년대 후반부터 인간 언어가 생성되는 과정이나 복잡한 내적 사고 과정을 설명하는 모형으로 다음 [그림 4]와 같이 언어학 및 인지과학(a) 분야나 시스템이론(b) 분야에서 활발히 적용되기도 했다(Bechtel & Abrahamsen, 1991; Ellis, 1998).

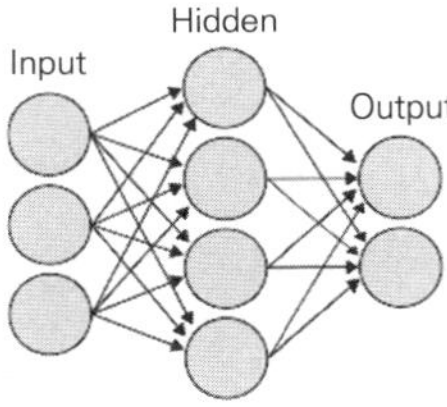

(a)
연결주의 기본 모형

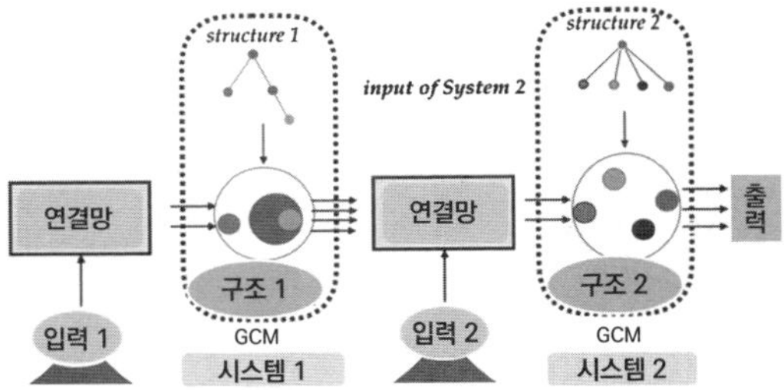

(b)
다중적 '입력-연결망-시스템구조'의 연결주의 모형

그림 4 연결주의 학습의 모형들

포스트휴먼적 학습이론으로서의 연결주의는 학습이 이루어지는 기재를 위와 같은 인지적 모형이나 시스템 모형으로 설명하는데 그치지 않고, 학습의 목표, 내용, 방법, 평가의 차원에서 다음과 같은 보다 구체적인 학습의 원리를 지향하고자 한다.

첫째, 연결주의의 학습 목표는 학습내용이나 정보를 개인의 기억 속에 누적적으로 축적하는 것이 아니라, 학습 내용을 파악하기 위한 다양한 의미 네트워크meaning networks을 형성하는 것이다. 즉 다음 [그림 5]와 같이 학습 대상이 갖는 의미를 개인의 인지 구조(a) 내에서만 참조하지 않고, 외부의 지적 네트워크(b)에 비추어 탐색하는 일에 훨씬 더 큰 비중을 둔다(Brunner, Lüdtke, & Trautwein, 2008).

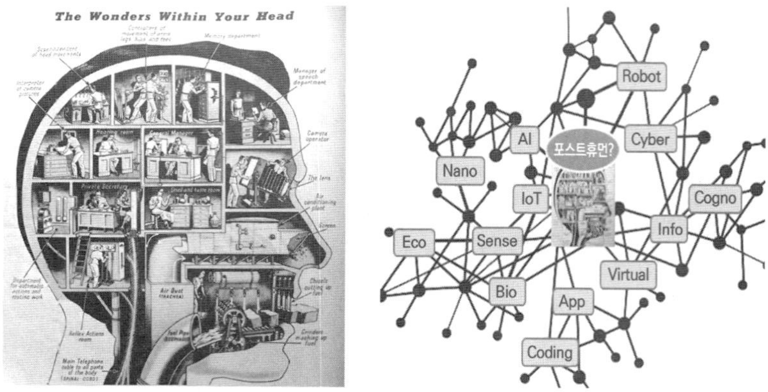

(a)
의미의 내적 참조망

(b)
의미의 외적 참조망

그림 5 의미 네트워크의 참조망

둘째, 학습의 내용은 학습 주제와 관련된 다양한 요소들이고, 그 요소들을 학습의 본질이나 의미에 맞추어 탐색하고 관계성을 이해하는 과정이 된다.

셋째, 학습의 전략으로는 브레인스토밍, 주제의 탐색, 검색과 선별하기screening, 자료의 변별과 의미 파악, 요약과 평가 등을 주된 학습 전략으로 삼는다.

넷째, 학습 성과에 대한 평가는 학습 내용의 기억을 기반으로 한 지필고사가 아니라, 형성평가, 실습평가, 프로젝트(문제해결) 평가,

포트폴리오 평가, 자기-지식self-knowledge 평가와 같은 확산적이고 수행적인 평가를 기본으로 한다.

요컨대, 사회심리학의 발전으로 인류의 다양한 지적 성취가 개인적 업적이라기 보다는 사회적 네트워크를 통한 협업의 결과라는 집단 지성의 관점이 매우 큰 설득력을 얻게 되었다(Barabâsi, Jeong, Néda, Ravasz, Schubert, & Vicsek, 2002). 그러한 맥락에서 연결주의 학습이론은 개별 학습자가 자신의 인지적 역량을 최대한 활용하여 독립적으로 학습을 수행한다는 개인주의적 관점이 아니라, 사회적이고 기술적 연결망 속의 한 단위인 학습자가 특정한 학습의 목표를 수행하기 위해 다양한 인적 관계망과 기술적 매체를 효율적으로 활용하여 보다 생산적인 학습을 수행하는 것을 지향하는 것이다.

4) 구성주의에서 관계주의로

구성주의constructivism는 오늘날 학교현장에서 가장 널리 적용되고 있는 학습이론으로, 선행 학습을 기반으로 학습자의 주도성에 따라 맥락적인 경험과 직관을 통해서 학습자가 자신만의 의미를 생성하는 것을 목표로 한 학습이론이다(Bada & Olusegun, 2015). 구성주의는 크게 피아제Piaget의 인지적cognitive 구성주의와 비고츠키Vygotsky의 사회적social 구성주의로 구분되지만, 양자는 공통적으로 외부의 완성된 지식이 학습자의 머리속에 축적된다는 개념이 아니라, 학습자가 외부 자극(경험, 정보, 자원)이 갖는 의미를 탐색하면서 능동적으로 지식을 구성해나간다고 이해한다(Fosnot, 2013). 따라서 구성주의적 학습이론도 학습자의 주체성, 능동성, 맥락화된 의미, 그리고 지식의 내면화 등을 강조한다는 점에서 인본주의적 특징을 갖고 있다.

반면, 포스트휴먼적 학습이론은 이러한 구성주의적 학습관에서 벗어나서 앞서 소개한 행위자망이론이나 객체지향존재론을 기반으로 한 관계주의적 학습관을 지향한다. 여기서 관계주의relationalism란 개인(개별성)과 사회(집단성)이 서로 상호작용적 관계성 속에서 얽혀 있다는 사실(관계적 물질주의relational materialism)을 강조하는 존재론이자 인식론이다(Thrift, 1996, 2000). 존재론의 측면에서 관계주의는 개별성individuality과 집단성collectivity이 구분되어 존재하는 것이 아니라 분리불가능한 관계성을 가지며 얽혀있다는 것이고, 인식론적 측면에서는 인식 주체(학습자)와 인식 대상(세계, 정보)의 구분을 넘어서려는 입장이다(Borgatti & Cross, 2003). 예를 들어, 구성주의는 학습자(학습 주체)가 외부의 세계(학습 대상)에 대한 지식을 형성해나가는 것이라면, 관계주의는 외부의 세계를 타자화하여 분석과 통제의 대상으로 삼는 것이 아니라, 외적 존재들과의 공존을 모색하며 있는 그대로 느끼고 참여하고자 한다.

학습자의 주체성과 의미의 맥락성을 강조한 구성주의 학습이론은 과거의 행동주의(인간의 외적 변화)나 인지주의(학습의 내적 기재 설명) 학습이론보다 더 진보된 학습 이론을 제시함으로써 학습의 의미를 이해하는데 중요한 역할을 해왔다. 하지만 포스트휴먼적 세계관과 인식론을 기반으로 한 관계주의 학습 이론은 디지털과 정보통신 기술이 보편화된 환경 속에서 인간의 경험(소통과 학습)이 어떻게 변화하고 있는지를 물질주의적 일원론의 관점으로 보다 효과적으로 설명하고 있다. 예를 들어, 관계주의적 학습 이론은 다음과 같은 기본 원리를 기반으로 한다.

첫째, 관계주의 학습 이론은 지식과 지식을 얻는 방법을 구별하지 않는다. 예를 들어, 춤dance 자체와 춤을 추는 사람이 분리될 수 없고, 과학적 사고와 과학을 탐구하는 방법이 구별될 수 없으며, 수학적 지식과 수학적 탐구과정이 별개일 수 없다는 것이다. 즉, 지금까지의 교육은 근대주의적 합리성과 과학주의적 효율성이라는 근거rationale를 바탕으로, 학습의 목표와 학습 내용, 학습 방법, 그리고 평가가 마치 별개인 것처럼 구별하고, 순서화 및 모듈화해 왔다. 하지만 이러한 근대적 관념은 디지털, 네트워크화, 가상현실의 환경들이 점점 확대되어가는 기술문명 사회 속의 인간의 경험과 학습을 설명하기에 적합하지 않다는 것이다.

이를 설명하는 포스트휴먼 이론이 바로 새로운 기술적 환경 속에서의 인간의 경험과 지식에 대한 재해석인 포스트현상학post-phenomenology이다(Hansen, 2015). 포스트현상학이 설명하고자 하는 인간의 경험은 i) 기존의 육체화된 경험과는 다른 가상적(온라인, 언택트, 상상적) 환경에서의 인간의 경험, ii) 기술적 매개(스마트폰, SNS, 뉴미디어, 온라인 공간의 토론, 게임 및 학습)들에 크게 의존하는 경험, iii) 인간의 지각을 변형transform(확대/감소)하거나 인간의 행동을 변환translation(촉진 및 억제)시키는 기술적 중재mediation에 의한 경험 등이다(Ihde, 2009). 최근 학생들이 세상을 경험하고 세상과 소통하는 방식을 크게 변화시키고 있는 뉴미디어의 등장이 그 대표적인 예인데, 뉴미디어는 학생들에게 학습, 업무, 소통, 유흥(게임) 등이 명확히 구별되지 않는 경험을 제공하고 있는 것이다(Lister, Giddings, Dovey, Grant, & Kelly, 2008).

둘째, 관계주의적 학습 이론은 학습자, 학습, 그리고 학습매체의 상호의존성을 강조한다. 학습자가 무엇인가를 배운다는 것은 그러한 배움 자체나 배움의 매개체들에 친숙해지고 습관화되어 학습자와 학습 매체가 밀접한 상호의존적 관계를 형성하는 것이다. 이러한 존재들 간의 상호의존성을 설명하는 것이 바로 행위자망이론이다. 행위자망이론은 모든 존재들은 주변의 다른 존재들과의 상호작용 속에서 힘의 균형을 유지한다고 본다. 따라서 어떤 것도 독자적으로 강하거나 약한 것이 아니라, 상호작용하는 다른 존재들과의 조합을 통해서 역량이 발휘된다고 본다(Fenwick & Edwards, 2014). 같은 맥락에서 학습자도 그 자체의 역량으로 효과적이거나 그렇지 못한 학습을 수행하는 것이 아니라, 다른 존재들(교사, 동료학생, 학습의 자원, 학습의 매개들)과의 효과적인 연합을 통해 학습의 성공여부가 결정되는 것이다.

셋째, 관계주의는 맥락성에 구속되지 않는 탈맥락적 경험과 모든 존재들(타인, 동물, 사물, 기계들)과의 관계적 의미를 형성하는 것을 중시한다. 모든 존재들은 상호의존적으로 공존하고 있다는 것과(King, 2017), 동료들과의 관계성collegiality이나 협력관계collaboration의 중요성을 강조한다. 그러한 동료성이나 협력관계는 물리적 거리에 구애받지 않는다는 점에서 탈맥락적이며, 사람이나 동물, 사물을 구별하지 않는다는 점에서 전 지구적 윤리관을 내포한다. 이처럼 고차원의 상호의존성, 헌신, 그리고 호혜성의 관점을 갖는다는 점에서 관계주의 교육은 인성이나 사회성 교육의 매우 중요한 이론적 기반이 된다.

관계주의 학습은 과정 기반process-oriented의 학습이며, 만물들의 상호관계성에 내재된 고유의 정서적 과정을 중시한다. 그렇기 때문에, 포괄적이고 변혁적 학습을 지향한다는 점에서 인지적 학습뿐 아니라, 정서나 사회성 학습 전반적인 측면을 교육의 내용이자 목표로 삼고 있다. 하지만 관계주의 학습이론은 앞서 언급한 바와 같이 사회적 관계성을 기반으로 한 인성 및 사회성교육의 측면에서만 적용되는 것이 아니라, 자연과학(물리학, 생물학, 화학, 천체물리학 등)이나 사회학(역사학, 정치학, 통계학, 경영학, 전산학 등) 이론의 관점에서 매우 중요한 인식론적 토대의 역할을 하고 있다(Allen & Plax, 2002; De Raedt, 2008). 예를 들어, 물리학에서 상대성이론, 불확정성의 원리, 양자역학은 관계주의적 혹은 상대주의적 관점을 취하지 않으면 이해하기 어렵다(Pooley, 2012). 결국 관계주의는 지식에 대한 접근 방식(방법론)뿐 아니라, 지식 자체에 대한 이해 전략(인식론) 차원에서도 매우 중요한 학습이론의 역할을 하고 있다. 요컨대, 향후 기술기반 사회는 학습자-지식, 지식-방법, 방법-매체 등의 이분법적 구별을 넘어서는 경험들이 확산되게 될 것이고, 그러한 환경 속에서의 학습은 관계주의적 원리를 충분히 고려하여 이루어져야 할 것이다.

지금까지 본 장에서 논의한 포스트휴먼 학습의 등장은 교육의 미래를 이해하는데 어떤 시사점을 주고 있는가? 기존의 학습이론들이 인류중심주의적 세계관과 데카르트의 마음-신체 이원론에 기반하여 학습의 기재를 과도하게 관념화 및 추상화했다는 것을 깨달을 필요가 있고, 인류중심주의적 내러티브에서의 탈피하여 인간, 동물, 기계들 간의 새로운 관계성과 연결망에 부합하는 학습의 이론을 탐색할 필요가 있다는 것이다. 그런 의미에서, 포스트휴먼적 학습은 기존의 인본주의적 학습관에서 벗어나서 네트워크적 학습자, 맥락적 및 탈맥락적 학습의 경험, 그리고 분산적인 학습 방식을 수용하며, 다른 비인간적 존재들과 어떻게 소통하며 관계를 맺을 것인가에 대해 탐구와 실천의 과정에서 이루어지는 학습이라고 볼 수 있을 것이다.

결국 인류의 미래는 과학의 발전이 가져온 다양한 기술적 환경 속에서 인간과 다른 모든 비인간적 존재들의 협력적 공존의 성공에 달려있을 것이다. 포스트휴머니즘은 바로 이처럼 인간, 유기체, 기계, 물질, 그리고 사물들이 각자의 경계를 넘어서서 새로운 기술적 생태계를 구성하며 살아가는 미래를 대비하는 세계관인 것이다. 따라서, 포스트휴먼 학습의 성과도 기존의 인본주의적 지식관이나 고정적이고 분절된 지식에서 벗어나서, 인공지능, 인공두뇌, 생명공학, 사이버네틱스, 스마트 통신, 인지적 보철물cognitive prosthetics등과 같은 다양한 기술적 도구들을 어떻게 효과적으로 활용할 수 있는가에 따라 달라지게 될 것이다.

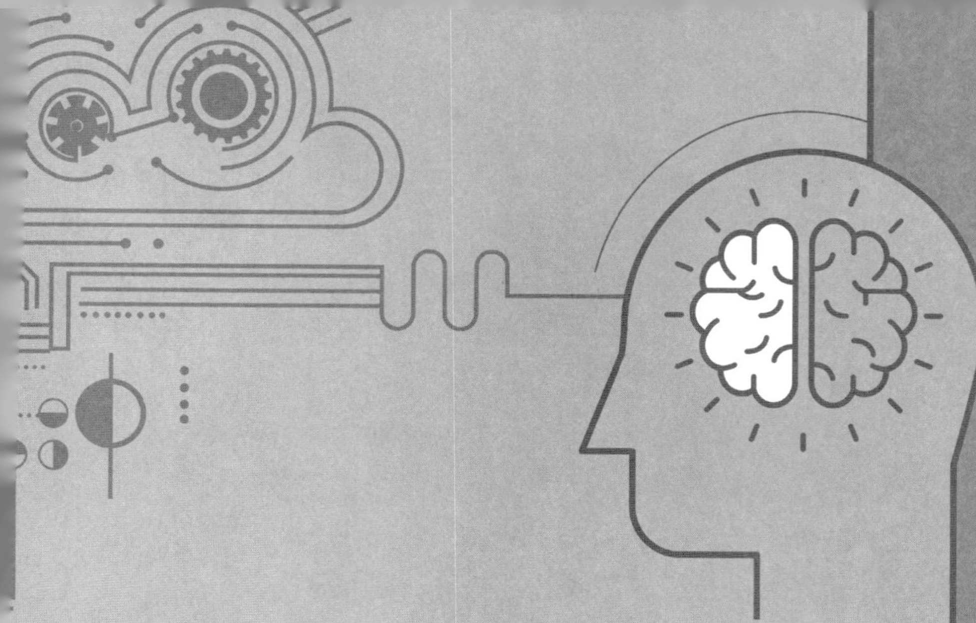

제3부

정보화 사회와 인공지능의 등장

과거는 모두 잊었다.
나는 지금 미래만 보고 있다.

– 토머스 에디슨

포스트휴먼 사회의 지식과 기술의 변화를 가장 대표적으로 보여주는 현상이 바로 정보화사회와 인공지능의 등장일 것이다. 그런 의미에서 본 3부에서는 인공지능 번역기의 등장이 인간의 사고 능력의 훈련에 어떤 영향을 미치게 될 것인지의 문제와 인공지능 시대의 융합지식의 성격과 양상을 '빅데이터'를 중심으로 살펴보고, 마지막으로 인공지능 시대의 교육과 학습의 방향에 대해 논의하고자 한다.

제6장

인공지능의 개념과 기술적 현황: 기계번역기의 등장

정보통신 기술의 혁신적 발전은 인공지능 기술을 활용한 기계번역기의 등장을 낳았고, 그로 인해 통역이나 번역이라는 고차원적 인지 과정에서도 인간의 역할은 점점 축소되고 있다. 번역에 대한 여러 가지 개념 정의가 있지만, 기본적으로 "언어 간 경계를 넘어 정보를 전달하는 커뮤니케이션 행위"(Bassnet, 2012, p. 95)라고 볼 수 있고, 따라서 번역은 서로 다른 형식으로 코딩된 메시지가 '인간 번역사'에 의해 하나의 코드에서 다른 코드로 최적화되어 변환되는 과정으로 이해된다. 그런데, 그러한 언어들 간의 변환을 인간을 대신하여 인공지능(기계번역기)이 담당하는 시대가 도래한 것이다.

이러한 인공지능 번역기의 등장으로 지식과 정보의 습득과 교류, 그리고 인간의 사고방식에도 급격한 변화가 나타나고 있는데, 이러한 현상은 인간 학습의 성격과 의미에도 큰 변화를 야기하고 있다. 그런 의미에서 본 절에서는 과연 기계번역은 어떻게 인간 번역을 대체하고 있는가와 그 대체 과정에서 어떤 한계점이 있는가에 대해 논의하고자 한다. 인공지능을 탑재한 기계번역기의 등장으로 인간 번역이 어떤 인지적 역할을 하는지를 논의함으로써, 미래 인공지능 시대에 언어학습이나 사고력의 훈련이 어떤 의미가 있을지에 대해 이해할 수 있을 것이다.

1. 인공지능 번역의 발달 과정

20세기 중반에 들어서면서 등장한 컴퓨터의 발전에 발맞추어, 번역도 전통적인 인간 번역의 방식에서 벗어나서 컴퓨터의 연산능력을 활용한 기계번역machine translation: MT의 시대에 접어들게 되었다. 그로 인해 기계번역의 등장 초기에는, 번역가의 역량에 언어적 능력이나 문화적 소양뿐만 아니라, 그러한 전산 번역기를 다룰 수 있는 기술적 역량이 포함되기 시작했다(Pym, 2003). 그 이후 기계번역은 비약적인 발전을 거듭하게 되었는데, 그 발전 단계를 크게 세 가지로 구분할 수 있다.

2010년 이전까지의 첫 번째 단계는 다양한 번역 툴tools(Trados, Memo-Q, Memsource, Wordfast, Across)을 활용한 컴퓨터 보조 번역Computer assisted translation: CAT의 방식이 주를 이루었다(Federico, Cattelan, & Trombetti, 2012). 이 CAT 방식은 현재에도 번역 수요자들의 필요에 따라 스펠링 체크, 용어 관리terminology managers, 전자사전, 전문 검색full-text search, 용어 색인concordancers, 번역 메모리translation memory: TM 관리 등에 활용되고 있다.

두 번째는 신경망 번역이 등장(2016년)하기 이전 단계로, 그동안 번역 산업에서 중요한 역할을 담당해왔던 통계 기반 기계번역Statistical Machine Translation: SMT의 단계였다(Koehn, 2010). 그동안 SMT는 인간 번역Human Translation의 생산성을 향상시키기 위해 개발된 후, 크게 세 가지 목적으로 활용되었다. 하나는 인간 번역 결과물에 대한 사후-편집post-editing(O'Brien, 2002)으로 사후-편집자에게 효율적인 번역 수행의 선택지가 되기도 하였고, 기계번역 결과물에 대한 사후편집 여부를 결정하기 위한 방편이기도 하였다(Koehn & Germann, 2014). 다른 하나는 상호작용적 기계번역Interactive MT으로 인간 번역가가 문장을 완성하는 과정에서 다음에 출현 가능한 단어를 예측함으로써 인간 번역가의 작업을 보조하기 위한 목적이다(Koehn & Haddow, 2009). 마지막은 번역 메모리TM와 기계번역의 통합TM-MT integration으로 번역 메모리와 기계번역의 추천사항들의 일치도를 통합적으로 향상시키려는 목적을 중심으로 활용되었다(Simard & Isabelle, 2009).

세 번째 단계가 바로 최근 널리 대중화된 구글 번역기Google Translate, 파파고Papago, 지니톡Gini Talk 등과 같은 신경망 기계번역Neural Machine Translation: NMT의 등장이다. NMT 방식은 다층신경망을 이용하여 인간의 학습과정을 모방한 심층학습 기술이 사용된 기계번역으로서, AI 번역 알고리즘이 방대한 번역 결과 데이터를 스스로 학습한 후 차기의 번역에 활용하는 방식이다(Wu, Schuster, Chen, et al., 2016). 대표적으로 구글은 2016년 8월경 최초로 영-중 번역을 대상으로 신경망 기계번역 서비스를 개시한 이후, 11월 경에는 한국어를 비롯한 영어, 프랑스어, 독일어, 스페인어, 포르투갈어, 중국어, 일본어, 터키어에 신경망 기계번역 방식을 적용한 바 있고, 2020년 현재 구글은 공식사이트(translate.google.com)를 통해 전 세계 인터넷 사용인구의 99%를 차지하는 103개 언어를 지원하면서 매일 수억 건의 번역 요청을 처리하고 있다.

이 구글 신경망 기계번역GNMT의 품질은 인간 번역 결과와의 유사성을 측정하여 0.0~1.0 범위의 'BLEU bilingual evaluation understudy 점수'를 통해 판단하는데, 완성도는 다음 [그림 1]과 같이 인간 번역가의 점수와 큰 차이가 없는 수준이다.

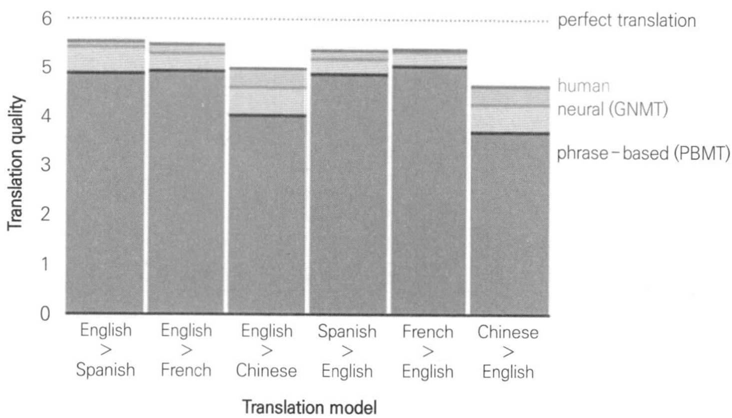

그림 1 인간-GNMT-PBMT의 번역 질 비교(https://ai.googleblog.com/ '20.5.현재)

초기의 기계번역은 번역을 훈련하거나 번역을 위한 참조translation inference의 과정에서 많은 비용이 소요되었고, 희귀한 단어rare words를 만났을 경우 만족할만한 번역이 이루어지지 못하다는 문제가 있었는데, GNMT은 신경망 알고리즘을 통해 이를 극복해 낸 것으로 평가받고 있다(Wu, Schuster, Chen, et al., 2016). 지금까지 소개한 기계번역의 변천과정과 그 기능적 변화를 간략히 정리하면, 다음 [표 1]과 같다.

표 1 기계번역의 기능적 발전 과정

기계번역 구분	번역의 특징	번역 툴의 예
컴퓨터 보조 번역 (Computer-assisted T)	• 단편적, 구문적 번역 및 용어 검색	• Trados, Memo-Q, Memsource, Wordfast, Across
규칙 기반 기계번역 (Rule-based MT)	• 개별 단어 단위 번역 • 구문기반(Phrase-based) 기계번역	• Dragon, • Naturally Speaking, • Speech note
통계적 기계번역 (Statistical MT)	• 사후-편집(post-editing) • 상호작용적 기계번역 • TM-MT integration	• 기존 구글 번역 • 네이버 번역 모델
신경망 기계번역 (Neural MT)	• 영어-중국어 번역기 모델 출시 • 인공신경망 번역 기능 추가 (2015.9.)	• Papago 새 버전 • 구글 신경망 기계번역(GNMT) 발표(2016.9.)
	• 빅데이터 학습을 통하여 전체 문장을 AI가 통째로 인식해서 번역	• 한국어, 일본어, 중국어, 터키어, 독일어, 프랑스어, 스페인어, 포르투갈어 추가(Ver. 2016.11.)
	• 다중 언어 트레이닝으로 자동 번역	• 제로샷(zero-shot)기능

기계번역 중에서도 SMT방식은 번역 처리기술이 인간의 설계에 의해 기계적이고 반복적으로 처리하는 방식이었다면, NMT는 AI가 스스로 번역 경험과 데이터를 축적하면서 자동적으로 번역 품질을 향상시키고 있다(Wu & Schuster, 2018). 이러한 인공신경망을 활용한 기계번역의 등장은 인공지능의 발전 속도를 감안할 때, 그 잠재력과 파급효과는 우리의 상상을 뛰어넘는 수준이 될 것이라는 것이 번역 및 기술전문가들의 공통된 의견이다(Arivazhagan, Bapna, Firat, et al.,

2019; Koehn, 2020).

요컨대, GNMT의 개발 이후 기계번역의 활용 현황은, 세계 대부분의 언어를 서비스하고 있고, 번역 품질은 인간 번역의 결과물과 거의 차이가 없으며, 번력 속도는 문장당 0.2초 수준으로 인간 번역과는 비교 자체가 불가한 수준이라는 것이다(Johnson, Schuster & Le, et al., 2017). 이러한 급속한 기계번역의 발전은 기계번역과의 차별성을 기반으로 한 인간 번역의 역할과 의미에 대해 반성적 성찰을 하게 만들었다. 이러한 상황 속에서 최근에는 번역학계에서도 인간 번역사의 역할에 대해 사후-편집의 역할에 집중하거나, 전문가 번역과 일반인 번역을 구분하는 차원에서 논의가 이루어지고 있는 실정이다(김혜경, 윤소영, 2018; 박찬준, 임희석, 2020; 윤애선, 2019).

2. 기계번역의 타당성과 인간 번역의 효용성 사이의 딜레마

본 절에서는 기계번역이 인간 번역을 대체하고 있는 상황 속에서, 기계번역의 작동 원리가 가진 타당성이나 효율성을 분석함으로써 인간 번역과의 차별성에 대해 논의하고자 한다. 이를 위해 우선 지금까지 발전되어온 다양한 번역 모형들이 어떤 구조, 원리, 그리고 성격을 가졌는지를 다음 [표 2]를 통해 살펴보자.

[표 2]에서 정리된 바와 같이, 고전적 번역 모형에서 최근 인공신경망 모형에 이르기까지, 번역 매커니즘의 변화 과정에 나타난 핵심적 특징은 다음과 같다.

표 2 번역의 모형에 따른 특성

번역 모형	번역 핵심구조	번역의 원리	신호의 성격
Jakobson (1960)	발화자-메시지(아날로그)-수화자	메시지의 맥락성(지시, 정서, 미학, 교감, 설득, 메타언어) 고려	구어와 문자 (언어적 해석)
소통 모델 (Shannon & Weaver, 1949)	발신자-메시지(디지털)-수신자	신호의 함수관계(확률) 계산으로 변환어 선정(맥락고려 불가)	전기적 신호 (기계적 해석)
시퀀스-to-시퀀스 학습 모델 (Sutskever et al., 2014)	여러 단어로 이뤄진 하나의 의미단위(sequence)에서 매핑	문장 단위의 기계번역: '맥락' 고려한 번역 가능	맥락(Co-text)을 고려한 번역
인코더-디코더 모델(Cho et al., 2014)	원천어-신경망(RNN, RCNN)-목표어	신경망 기계번역(NMT): 자연어처리 가능, 번역 품질 미완성	어텐션 벡터 적용, 번역기의 의미 인식 불가
인공신경망 모델 (Google, 2016)	Tensor Flow(AI학습 오픈 소스 플랫폼) 활용	인간-기계번역의 격차 축소(인간 번역가는 사후-편집에 집중)	부호기(Encoder)-처리기(Attention)-복호기(Decoder)

첫째, 초기 야콥슨Jakobson 모형에서 소통 모델로의 변화의 특징은 인간의 언어적 해석에 기반한 번역에서 전기적 신호에 대한 기계적 해석을 처음 도입하였다는 것이다. 즉, 인간의 언어라는 아날로그적 신호를 처음으로 컴퓨터 언어인 디지털로 처리하기 시작했다는 것인데, 이 초기 단계에서는 메시지의 맥락성을 고려하는 것이 불가능한 수준이었다.

둘째, 시퀀스-투-시퀀스sequence-to-sequence 모형은 여러 개 단어로 이뤄진 하나의 의미 단위sequence를 처리함으로써, 문장 단위의 번역이 가능해져서 맥락을 고려한 번역을 가능케 했다. 이는 초기 기계번역의 한계점(즉, 맥락성 고려 불가)을 극복하는 계기가 되었다는 점에서 의미가 있다.

셋째, 인코더-디코더 모델에서는 번역을 수행하는 기계의 원리(RNN, RCNN)가 인간의 신경망을 모사하기 시작했고, 어텐션 벡터라는 원리를 도입함으로써 자연어 처리가 가능해졌다는 것이다. 하지만, 초기에는 번역 품질이 그다지 높지 않았고, 번역기 자체가 내용(의미)을 인식하지는 못하는 수준이었다.

넷째, 구글의 인공신경망 모형GNMT은 텐서 플로우Tensor Flow라는 AI 기반 오픈 소스 플랫폼에 기반한 번역기로서, 개발자들이 자유롭게 GNMT의 소스 코드나 데이터에 접속하여 번역기를 보완할 수 있었고, 번역기 스스로 학습하여 자신의 번역품질을 개선할 수 있게 되었다. 아울러, 번역 단위가 단어 및 구에서 문장으로 확대되어 문장 내 의미의 흐름, 즉 맥락 인식이 가능하고, 학습데이터가 없는 언어도 인공지능이 스스로 학습할 수 있는 제로샷 번역zero-shot translation(Johnson, 2016)도 가능해졌다는 특징을 갖는다.

이러한 기술적 변화는 딥러닝 및 신경망 학습 기술의 발전과 엄청난 양의 빅데이터big data의 확보에 의해 가능해진 것이다. GNMT가 발표된 지 얼마 되지 않아 기계번역의 정확성, 속도, 엄밀성robustness의 모든 측면에서 형태학적으로 복잡한morphologically rich 언어나 생소한 어휘들open vocabularies에 대해서도 번역의 질과 참조 속도inference speed를 효과적으로 다룰 수 있음이 증명된 바 있다(Shah & Barber, 2018). 그로 인해 하루가 다르게 기계번역의 품질이 인간 번역가의 수준에 육박하고 있고, 그 속도와 효율성이 훨씬 개선되었으며, 인공지능 인식 능력의 향상에 따라 머지않아 인공지능이 번역의 내용(의미)도 해석할 수 있을 것으로 예상된다(King, 2019).

그렇다면, 이처럼 비약적으로 발전하고 있는 기계번역에 대비하여 인간 번역의 효용성에 대한 논의는 어떻게 변화하고 있는가? 썰Searle(1980)은 인공지능의 수준을 '강strong 인공지능'과 '약weak 인공지능'으로 구분한 바 있다. 여기서 '강' 인공지능은 인공지능이 모든 것을 알아서 해주는 단계라면, '약' 인공지능은 인공지능의 성능이 불완전하거나 인공지능에 완전히 의존하는 것이 적절치 않은 경우를 가리킨다. 따라서 '약 인공지능'의 시나리오에서는 인간과 인공지능의 협력이 중요한데, 번역의 경우에는 인공신경망 기계번역을 거친 초벌 번역에 대해 인간이 사후-편집을 수행하는 경우가 이에 해당한다. 그에 따라 GNMT의 공개 직후에는 번역 분야의 연구들이 특정 텍스트나 문구로 기계번역을 실시해 결과를 분석한 연구(박옥수 2016; 장애리 2017; 최동익 2016; 최효은 2017; 한승희 2017)나 포스트 에디팅을 중심으로 한 번역 교육의 새로운 방향을 모색하는 연구들(신지선, 2017; 이상빈, 2017)이 활발히 이루어지기도 했다.

그 이후 최근까지 신경망 기계번역의 한계에 대한 분석과 논의가 이루어지고 있는데, 그 중 일부는 다음과 같은 기계번역의 질적 수준에 대한 불신을 포함하고 있다.

> 표층적인 문장 이면에 감추어진 맥락을 반영할 수 있을까?, 문화란 거대한 바다를 기계가 어떻게 담아낼 것인가?, 한국인과 서구인의 사고방식의 차이를 어떻게 극복할 것인가?, 감성적인 언어 표현을 기계가 아날로그적으로 풀어낼 수 있을까? 예를 들어, '시원섭섭', '엉거주춤', '긴가민가'. '알쏭달쏭'과 같이 의미가 명확하지 않은 뉘앙스를 기계가 이해할 수 있을까? (전혜진, 2019, p. 113).

하지만, 위와 같은 번역의 한계성에 대한 논란(예, 우리말의 '시원섭섭, 엉거주춤, 긴가민가, 알쏭달쏭과 같은 표현들을 외국어로 제대로 번역할 수 있을 것인가? 등)은 '기계번역의 등장과 상관없이' 이미 오랜 기간 심리언어학이나 철학적 인식론의 주요 논쟁점들 중의 하나였다. 언어/문화 상대주의와 보편주의(구조주의) 간의 오랜 논쟁의 예를 들면, 문화적 상대주의의 관점에서는 외국어의 '완벽한' 번역이란 불가능하다고 판단할 것이고(Chang, 2018; Hitchens, 1994), 그러한 관점에서는 기계번역과 인간 번역의 격차는 좁혀지지 않을 것이다.

하지만 '강' 인공지능의 시나리오가 실현된다면, 위와 같은 논란도 어느 정도 수그러들 것이고, 인간의 사후-편집의 역할이 언제까지 유효할지 장담할 수 없다. 기계번역의 초기에는 컴퓨터에 의한 번역의 한계성에 대한 우려들도 많았지만(Gross, 2002), 2020년 현재의 기계번역의 수준은 그러한 우려를 무색케 할 정도로 발전하였다. 이처럼 상상을 넘어서는 속도와 수준의 인공지능의 발전을 고려한다면, 우리의 질문은 "기계번역이 인간 번역의 수준과 '거의' 차이가 없을 때, 인간의 번역 능력은 어떤 의미를 갖는가?"로 바뀌어야 할 것이다.

이러한 문제제기를 바탕으로, 기계번역과 인간 번역의 역할 분배의 문제는 다음 세 가지 사항들을 고려하여 논의되어야 할 것이다.

첫째, 최근까지도 기계번역은 언어라는 방대하고 복잡다단한 시스템을 다루기 힘들다거나 긴 원천 언어source language: SL 문장을 번역할 경우 번역품질이 저하되는 문제가 있었고(Zhou, Hu, Zhang, & Zong, 2017), 원천 언어가 이데올로기적 내용이나 편향된 의견을 포함하는 경우 그러한 의도를 온전히 파악하기 어렵다거나(송연석,

2013; 윤희주, 2007), 예절이나 에티켓 같은 문화적 뉘앙스를 포함한 내용은 단순히 확률적 모형으로 판단하여 번역할 수 있다(최현희·배만호, 2015)는 지적이 있었다. 하지만 현재 GNMT을 중심으로 한 기계번역은 이러한 기계번역의 타당성이나 신뢰성에 대한 우려를 완전히 불식시킬 만큼 그 활용성과 편의성에 있어서 획기적인 발전을 보여주고 있다는 점이다.

둘째, 기계번역은 번역의 매커니즘에서 목표 언어가 갖는 맥락context에 대한 해석이 포함되어 있지 않기 때문에, 인간 번역을 대체하는 수준에 도달하기 어렵다는 지적이 있었다. 하지만 기계번역의 맥락이해력의 문제는 2016년 GNMT의 등장 이후 대폭 보완되었고, 빅데이터와 인공지능 기술을 통해 목표 언어의 문맥이나 배경 지식을 충분히 반영하는 기계번역 알고리즘이 개발되면 이 문제는 사라질 것으로 판단된다(Wong, Maruf, & Haffari, 2020).

셋째, 번역의 결과물이 최선의 결과물인지는 여전히 인간이 판단하는 것이기 때문에, 인간의 관점에서 번역의 결과와 의미를 비판적으로 판단하는 것이 필요하다는 점이다(송연석, 2018). 이러한 지적은 기계번역이 아무리 인간의 수준에 도달하거나 뛰어넘어서더라도 인간이 개입한 번역만이 갖는 독특한 가치나 의미가 존재할 것이고, 따라서 기계번역이 인간 번역을 완전히 대체하는 것은 무의미하다는 관점으로 귀결될 수도 있다. 이러한 관점은 사실 인공지능의 의식과 인간의 의식을 동일한 수준으로 볼 것인가의 오래된 논란과 같은 맥락으로, 인식론의 영역을 넘어 철학적 존재론이 틀에서 논의되어야 할 문제라고 사료된다(Haikonen, 2020; Searle, 1980).

아울러 기계번역의 타당성이나 한계성 문제는 위와 같은 논란들

뿐만 아니라 '완벽한 번역이란 존재하는가'라는 근본적 질문을 바탕으로 생각해볼 필요가 있다. 이미 번역학에서는 번역은 복잡성complexity, 이질성heterogeneity, 근접성approximation을 내포한 과업이기 때문에, 완벽한 번역이 목표가 아니라 핵심적 의미를 전달하는 것을 목표로 해야 하고, 그 이상은 미완성의 영역 혹은 해석의 영역으로 남겨둘 수밖에 없다는 관점도 존재하기 때문이다(Pym, 2003).

결국 현재 번역학계는 기계번역의 타당성(번역의 질)에 대한 논란이 점점 수그러들면서, 인간 번역의 효율성(번역의 속도)과 실용성(번역의 노고)이라는 문제를 안고 있다. 다음 장에서 다룰 '번역 능력의 인지적 역할'은 이러한 상황 속에서 '인간 번역'의 의미를 이해하는 데 도움이 될 것이다.

3. 인간 번역 및 외국어 능력의 역할에 대한 일고

향후 번역학계의 핵심 논점은 기계(인공지능) 번역과 인간 번역이 어떤 역할을 나누게 될 것인가의 문제일 것이다. 앞서 논의한 바와 같이, 번역 작업이 완벽한 하나the one의 번역 결과물을 지향하는 것이 아니고 다양한 해석과 관점을 제시하는 것이라면, 그리고 번역을 통해 소통이 다양한 맥락적 정보나 지식에 의존하는 것이라면, 기계번역과 인간 번역의 역할 기대는 훨씬 분명해질 수 있을 것이다. 본고의 핵심 주장은, 기계번역이 아무리 발전하더라도 번역의 훈련 과정이나 그 과업을 수행하는 과정에서 수반되는 인지적 효과는 인간의 사고 능력의 형성과 발달에 매우 중요한 역할을 하고, 더 나아가 번역의 질적 수준을 높이기 위해 다양한 문화적, 기술적 역량이 활용될 필요가 있다는 것이다. 그런 의미에서 번역 능력의 기초가 되는 이중어 구사력을 갖추는 것은 교육적으로 당분간 의미 있는 역할을 할 수 있다.

이러한 점을 감안했을 때, 인공지능 번역기의 등장은 번역 교육의 측면에서 다음과 같은 시사점들을 제공해줄 수 있다.

첫째, 앞으로 번역 교육의 방향은 기계번역의 역할을 전후해서 다양한 사전 및 사후 번역의 전략을 기반으로 이루어질 것이다. 예를 들어, 안내서, 지침서, 매뉴얼과 같은 단순하고 내용기반적 번역은 기계번역을 충분히 활용할 수 있고, 번역의 분량이 많을 경우 초벌 번역을 기계번역기에 맡길 수 있을 것이다. 동시에 번역 교육의 차원에서는 번역가가 번역물이 가진 '맥락'에 대한 체계적인 이해를 바탕으로 여러 (기계)번역의 대안들 중 최적의 결과물을 선택하는 작업을 수행할 수도 있다(Pym, 2003).

둘째, 번역교육 방법론의 차원에서도 시사점을 준다. 기존의 툴 활용 번역(CAT)과 번역 프로그램을 코딩하거나 관리하는 기본 코딩 능력, 번역 프로그램을 다양한 목적에 활용하기 위한 기술적 능력, 그리고 번역결과물을 평가하고 설명하는 능력 등이 인간번역가의 기본 역량으로 다루어질 것이다. 그리고 그에 따라 번역 장비를 이해하고 이를 효과적으로 다룰수 있는 기술도 인간 번역가의 중요한 역량이 될 것이다.

셋째, 번역 훈련은 사고 훈련과 외국어 학습에 필수적인 요소이다. 번역 능력을 갖춘 이중어 구사자들은 아주 간단한 의사소통 행위에서부터 고차원적인 사고 및 학습에 이르기까지 두 언어 사이의 코드-전환이 자연스럽게 일어난다. 그런 의미에서 코드-전환의 한 형태인 번역 훈련은 사고력의 다양한 요소들을 강화할 수 있는 매우 중요한 경험이 된다. 더구나 번역에는 언어적 능력의 문제만이 아니라, 문화적 역량과 일상생활에 녹아든 수많은 기기들을 소통에 활용할 수 기술적 역량이 종합적으로 요구되므로, 번역 능력을 훈련하는 것은 효과적인 사고력 훈련의 기회가 될 수 있는 것이다.

마지막으로 인공지능 번역기의 등장이 외국어(이중어) 교육에 미치는 효과는 교차 언어 능력Trans-languaging의 개념을 통해 잘 이해할 수 있는데(Garcia & Wei, 2013), 이 개념의 다음과 같은 특징들은 외국어 교육의 역할을 이해하는데 도움을 준다.

첫째, 교차 언어 능력은 여러 언어들간의 교차적 시스템trans-system과 그러한 시스템이 만들어내는 교차적 공간들trans-spaces을 인식하고 적응할 수 있는 능력으로써, 오늘날의 세계화, 정보화, 그리고 초연결 사회를 살아가는데 반드시 필요한 역량이다. 즉, 교차 언어 능력은 단순한 여러 외국어를 구사하는 능력이 아니라, 다양한 사회문화적, 정치경제적, 기술산업적 공간들을 다중어 능력을 활용하여 종횡할 수 있는 사고 및 소통의 도구가 될 수 있다는 것이다.

둘째, 교차 언어 능력은 변혁적인transformative 태도를 갖게 해준다. 교차 언어 능력을 갖추기 위해 다중어를 학습하고 실행하는 과정은 모국어 및 자문화가 갖는 언어적, 사상적, 문화적 범주의 한계에서 벗어나서 새로운 사람, 관점, 문화, 그리고 세계관을 수용하고 소통하려는 개방적이고 자기변혁적인 태도를 요구한다.

셋째, 교차 언어 능력은 비판적 사고나 창의적 사고와 같은 고차원적 사고 능력이나 사고 습관을 기르는데 중요한 역할을 한다. 이

중어 학습의 경험을 가진 사람들일수록 다문화나 시민의식에 대한 이해나 실천의 가능성이 높다는 연구들과 이중어와 창의성의 관련성에 대한 연구들이 보여주는 것처럼, 교차 언어 능력은 편견 탈피, 사회 정의에의 민감성, 사고의 융통성, 개방성, 다양성 등의 요인들과 밀접한 관련성을 갖는다는 것이다.

본 장에서는 인공지능 번역기의 발전 속에서도 인간의 번역 역량을 기르는 것이 어떤 의미를 갖는지에 대해 논의하였다. 물론 이러한 번역 교육이 인공지능이 극도로 발달하게 될 미래에도 여전히 유용할지에 대해서는 확신할 수 없다. 이는 기술주도형 사회에서 인간의 역할이 어떻게 자리매김하게 될지에 따라 결정되기 때문이고, 그러한 인간의 의미와 역할을 반성적으로 성찰하려는 것이 포스트휴머니즘의 목표이다.

제7장

빅데이터 시대의 융합지식의 성격과 양상

1. 정보의 팽창과 빅데이터의 등장

지식정보화 사회 속에서의 현대인의 삶은 데이터의 생성과 소비를 통해 설명될 수 있다. 휴대폰 단말기와 초고속 인터넷, 사회연결망 서비스, 유튜브, 이메일, 클라우드 서비스 등을 사용하는 현대일의 일상적 삶과 업무 처리의 방식들은 데이터의 흐름 없이는 불가능한 일이다. 회사에서의 각종 업무도 대부분 전산화되어 PC, 모바일기기, PPT 매체들을 사용하지 않고 업무나 회의를 준비하거나 보고서를 작성하는 일은 거의 불가능해졌다. 사무, 영업, 홍보, 제품 생산, 유통의 모든 영역에서 IT기기들을 통한 데이터의 생산과 소비가 비즈니스의 필수 요소가 된 것이다.

그로 인해 필연적으로 데이터의 양도 폭발적으로 증가하고 있다. 도시에서 사람들이 사용하는 신용카드 사용 기록, 자동차들의 이동, 물류 정보들, 통화 및 문자 내용, 인터넷 동영상 서비스의 내용들 등 전 세계에 걸쳐 매시간 수많은 사람들의 활동으로 생성되는 데이터의 양은 엄청나게 많다. 일례로, 자율주행차는 도시를 주행하면서 시각 정보나 레이다 정보를 통해 초당 20~60MB 정도의 데이터를 사용하는데, 이를 합산하면 자동차 한 대당 하루에 약 4TB(4,000GB)에 해당하는 데이터를 소모하는 것으로 계산된다. 이러한 분량의 데이터를 처리하기 위해서는 고도의 데이터 처리 용량과 속도를 갖춘 클라우드 서비스가 필요하기 때문에, 자율주행 서비스 플랫폼을 준비하는 IT회사들은 그러한 기술적 준비에 매진하고 있다.

이처럼 인터넷을 통해 수많은 데이터들이 생성되고 소비됨에 따라 '데이터에 대한 데이터'인 '메타데이터'의 필요성도 증가하고 있다. 이러한 메타데이터의 증가 속도는 일반 데이터에 비해 두 배 이상 빠르게 증가할 것으로 예상되며, 그에 따라 테라바이트TB의 시대를 넘어 페타바이트(약 100만GB)의 시대가 도래하고 있다. 이를 안정적으로 처리하기 위해선 데이터를 보관하고 처리하는 서버의 증가와 수 많은 데이터들 속에서 빠른 속도로 패턴을 찾아내어 분석하고 예측할 수 있는 인공지능 기술의 발전도 필수적이다. 결국 현대의 기술적 사회 속에서의 데이터 수요의 증가는 빅데이터(데이터 양), 5G 인터넷(데이터 처리 속도), 클라우드 컴퓨팅(데이터의 유비쿼터스), 인공지능(데이터 처리 방법)의 발전을 토대로 할 수밖에 없다. 이러한 빅데이터를 둘러싼 기술적 환경 속에서 세상을 움직이는 힘의 원천source은 바로 (기존의 인간적 지식이 아닌) 전산화된 정보가 될 것이다.

빅데이터란 한마디로 기존 데이터베이스 관리도구의 데이터 수집, 저장, 관리, 분석하는 역량을 넘어서는 방대한 규모로 인해 기존의 방법이나 도구로 수집/저장/분석 등이 어려운 정형 및 비정형 데이터들을 의미한다. 빅데이터의 특징은 세 가지 차원—데이터의 물리적인 양Volume, 데이터의 형태 유무와, 연산가능 여부에 따라 나누어지는 데이터의 다양성Variety, 그리고 데이터를 빠르게 분석하고 처리하는 능력인 속도Velocity—에서 데이터의 성격이 기존의 것과 큰 차이가 난다는 것이다. 아울러 빅데이터는 정확성Veracity이 높고, 가변성Variability과 시각화Visualization 가능성이 있으며, 그에 따라 데이터의 활용가치Value도 훨씬 높아진 데이터를 의미하고 있다.

우선, 지식 정보화의 환경 속에서 빅데이터는 어떤 역할을 하게 될 것인지를 살펴보자.

첫째, 빅데이터를 활용하면, 구조화된 정보에 의존하지 않고 비구조적인 실시간 데이터의 수집과 분석 및 활용이 가능하다. 수많은 데이터들 간의 상관관계를 찾음으로써 미래에 대한 예측이 쉬워지고, 기존의 구조적 데이터에 대해 반복적 검색을 수행하는 방식이 아니라, 비구조적인 데이터에 대한 창의적인 검색도 가능하다.

둘째, 빅데이터를 활용하여 데이터를 분석하면 단순한 현황 파악에서부터 최적 의사결정 프로세스의 내재화에 이르기까지 폭넓게 사용할 수 있다. 성과가 뛰어난 기업들의 의사결정 유형을 분석해보면 거의 모든 업무 분야에서 데이터 분석이 인간의 직관적 판단 보다 우수하다는 것을 알 수 있다.

셋째, 빅데이터는 불확실성, 리스크, 스마트, 융합 등 미래사회의 특성에 대응하는 역할을 수행하며 기업에게 더 많은 기회를 제공한다. 다음 [그림 1]은 빅데이터의 활용 과정의 일반적 절차를 보여준다.

그림 1 빅데이터 활용의 일반적 절차

위 그림은 데이터를 축적하고 활용, 관리하는 형태에서 그것을 확산하고 공유하는 과정을 거쳐 빅데이터를 통한 분석이나 상황인식을 활용한 추론 등을 통해 새로운 가치가 창출됨을 보여준다. 즉, 빅데이터를 통해 데이터를 기반으로 한 패턴분석과 미래전망, 빠른 의사결정과 실시간 대응 지원, 트렌드 변화 분석을 통한 제품 경쟁력 확보, 타분야와의 결합을 통한 새로운 가치창출이 가능해진다는 것이다.

그렇다면 빅데이터는 교육이나 학습에 어떻게 활용될 수 있을까?

첫째, 빅데이터를 활용하면 현상(현실)에 대한 설명력이 증가한다. 빅데이터의 인식론적 기초는 파편화된 데이터의 총량이 사회의 어떤 현상이 가지고 있는 본질적 특성을 잘 보여줄 수 있다는 것을 전제로 한다. 즉, 수많은 데이터는 단지 데이터의 양만 많은 것이 아니라, 그 데이터를 드러내고 있는 현상 속에 감추어진 본질을 자연스럽게 보여주는 지표가 될 수 있다는 것이다. 물론 그렇다고 해서, 빅데이터를 통해 나타난 결과를 가지고 현실을 완전히 설명하거나 빅데이터 자체가 현상의 완벽한 재현representation이라는 것은 아니다. 하지만, 막스Marx의 양질전화의 법칙(어떤 존재가 가진 물질적 풍부함은 그 존재 자체의 질적 특성을 변화시키기도 한다)처럼, 빅데이터는 그와 관련된 현상의 본질을 탐색할 수 있는 중요한 자료가 될 수 있다. 따라서, 빅데이터를 활용하면 과거 처럼 어떤 현상에 대한 무리한 가설이나 인위적 해석에 의존할 필요없이 데이터의 풍부성만을 바탕으로 그

현상에 대해 설명하거나 이해할 수 있으므로, 학술적으로나 교육적으로도 매우 중요한 역할을 할 것이다.

둘째, 빅데이터 플랫폼이 정보의 보고 역할을 한다. 빅데이터가 처리되는 가상적 공간으로써 빅데이터 기술의 집합체이자 기술을 잘 사용할 수 있도록 준비된 환경을 빅데이터 플랫폼이라고 한다. 기업들은 빅데이터 플랫폼을 사용하여 빅데이터를 수집, 저장, 처리 및 관리하므로, 빅데이터 플랫폼은 빅데이터를 분석하거나 활용하는데 필요한 필수 인프라가 된다. 고객의 반응이나 무반응, 구매 의사결정, 고객 유치 및 이탈, 부정행위, 신용 부도, 제품 결함에 대한 불만 등을 빅데이터로 수집하고, 이를 다양한 예측 모델을 통해 분석한 결과를 바탕으로 기업의 효율적 경영을 위한 합리적인 의사결정을 내릴수 있는 것이다. 이를 위해 빅데이터 플랫폼에서 필요에 따라 데이터를 발굴하고, 보관, 가공하는 과정이 이루어지므로, 전 처리된 데이터를 분석하고 이를 각종 업무에 맞게 활용하기 위해서는 빅데이터가 처리될 수 있는 보다 안정적 기반이 제공되어야 한다.

이러한 빅데이터 플랫폼은 도서관을 대신하여 학습을 위한 데이터베이스의 역할을 하며 지식 탐색과 학습의 출발점 역할을 하게 될 것이다. 지식의 폭발적인 증가와 엄청난 연산능력과 작업처리 능력을 지닌 컴퓨터의 개발로 인해 오늘날 학교교육은 학생들이 과거처럼 단순한 지식을 암기하거나 기계적 계산 능력을 훈련하기를 기대하지 않게 되었고, 그에 따라 전통적 오프라인 공간의 도서관도 그 역할이 점점 퇴색되고 있다. 즉, 미래의 도서관은 빅데이터 플랫폼의 성격을 가지고, 학생들이 수많은 데이터나 정보에 접근하여 자신의 과업 수행을 위해 정보를 검색, 가공, 적용해보는 공간이 될 것이다.

셋째, 빅데이터를 다루는 것은 인간과 기계(컴퓨터)의 협력을 기반으로 한다. 빅데이터의 가장 큰 역할은 정보의 학습이나 가공에 있어서 인간 두뇌에만 의존할 수 없는 일을 해준다는 것이다. 빅데이터를 다루는 기술은 빅데이터를 효과적으로 처리하기 위한 알고리즘[1]의 개발에서부터 처리된 결과[2]에 대한 해석과 적용에 이르기까지 매우 넓은 스펙트럼을 포함하게 될 것이다. 따라서, 향후 정보화 사회에서는 이러한 빅데이터를 다루는 전문가들의 역할과 사회적 수요가 확대될 것이고, 학교교육과정에도 이를 포함해야 할 것이다.

2. 빅데이터와 데이터 마이닝

본 절에서는 빅데이터 시대에 지식이나 정보는 어떤 형태를 띠며, 어떻게 처리되고 학습될 수 있는가에 대해 살펴보도록 한다.

1) 텍스트 마이닝이란?

텍스트 마이닝text mining이란 수많은 텍스트들 속에서 의미있는 데이터를 발굴하여 원하는 정보를 얻어내는 기술이다. 과거의 텍스트 마이닝은 문서화된 text 속의 내용을 분석하는 것이 주를 이루었지만,

---

1 대용량의 데이터를 처리하는 기술 중 가장 널리 알려진 것은 아파치 하둡(Apache Hadoop)과 같은 맵-최소화(Map-Reduce) 방식의 분산 데이터 처리 프레임워크이다.

2 빅데이터의 데이터 처리 방법 중 문제를 여러 개의 작은 연산으로 나누고 이를 취합하여 하나의 결과로 만드는 분할 점령(Divide and Conquer: 데이터를 독립된 형태로 나누고 이를 병렬적으로 처리하는 것)이 있다.

최근에는 분석 기술의 발달로 사람들의 자연스러운 언어(자연어) 데이터에서 내용을 추출하는 기술이 개발되었다. 이러한 자연어 처리 기반 텍스트 마이닝은 언어학, 통계학, 기계 학습 등을 기반으로 한 자연언어 처리 기술을 활용하여 반정형/비정형 텍스트 데이터를 정형화하고, 특징을 추출하기 위한 기술과 추출된 특징으로부터 의미 있는 정보를 발견할 수 있도록 하는 텍스트 마이닝 기술이다.

텍스트 마이닝 기술이 적용된 일례로 전화자동응답시스템이 있는데, 이는 인간의 자연어를 통한 질문에 인공지능 시스템이 자동으로 응대하는 방식으로 이미 사회 곳곳에서 실용화되고 있다. 다음 [그림 2]는 한국전자통신연구원ETRI에서 개발한 자연어가 처리되는 질의·응답 시스템의 모형인데, 이러한 자동응답시스템을 구성하기 위해서는 자연어 데이터에 대한 텍스트 마이닝 과정이 필수적이다.

[그림 2]에 표현된 자연어(일상 언어)에 대한 텍스트마이닝 과정을 간단히 설명하면, (1) 사용자들이 질문을 하면, (2) 그 질문의 내용을

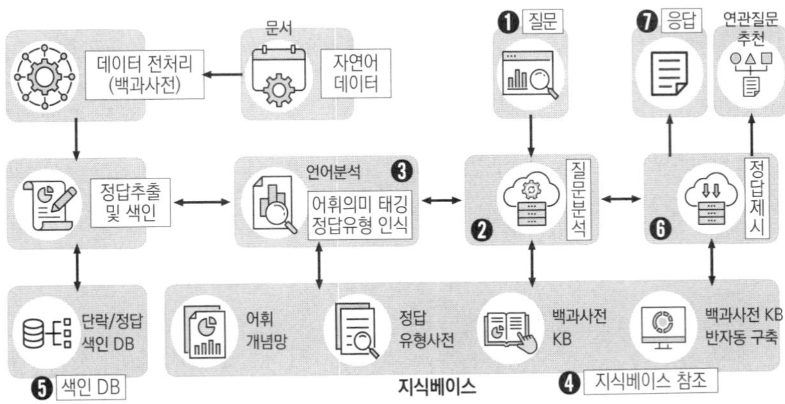

그림 2 ETRI의 자연어 기반 질의응답 시스템

분석하고, 질문의 구조에 대한 언어분석(3)과 질문의 내용에 대한 지식베이스 참조(4)를 동시에 상호보완적으로 수행한다. (5) 이러한 질문의 내용은 색인화 디바이스를 참조하여, (6) 색인화 과정을 거친 후 그것을 바탕으로 정답을 제시하게 되며, (7) 이러한 정답으로 추론된 내용을 사용자에게 알려줌과 동시에 그 응답 결과들을 바탕으로 연관 질문에 대한 FAQ를 제작할 수도 있다.

이러한 자연어 처리 기반 텍스트 마이닝의 주요 기술로는 자연어 처리(파싱, 형태소 분석, 품사 태깅, 관계 추출, 의미 추출), 언어모델링(언어 감지, 규칙기반 개체명·상용어 인식), 기계 학습 알고리즘(반복훈련을 통하여 습득한 정보 사용능력을 개선), 그리고 마이닝 기술(각종 통계적 기법을 활용한 정보 분류 및 분석 기술·기법) 등이 있다. 이 자연어 처리 기반 텍스트 마이닝 기술을 구현하기 위해서는 자연어 텍스트를 컴퓨터가 이해할 수 있는 요소로 구조화하여 문장 수준의 텍스트에서 의미를 추출해야 한다. 자연어 처리 기반 텍스트 마이닝 기술은 응답률, 해석의 정확도, 추출결과의 신뢰성 및 일관성, 처리 속도, 확장성 등으로 성능이 측정된다.

현재 많은 기업이 자연어 처리 기반 텍스트 마이닝 제품과 서비스를 제공하고 있는데, 이러한 서비스에는 비정형 빅데이터 분석 및 처리 플랫폼, 다국어 지원 검색 엔진, 텍스트 마이닝 기반의 소셜 네트워크 서비스 분석 솔루션 등이 있다. 또한 글로벌 시대를 맞이하여 다국어를 지원하는 텍스트 마이닝 기술로 IBM의 ICA IBM Content Analytics가 있는데, 이 플랫폼은 영어, 일본어 등 16개 언어를 동시 지원하며 기업의 문서, 외부 사이트, 소비자 보고서, 콜센터, 소셜 네트워크상의 댓글 등 다양한 데이터 소스로부터 비정형 데이터를 추출, 탐색, 분석하는 플랫폼이다. 향후 이러한 서비스에 대한 사회적 필요가 갈수록 확대되어 갈 것이고, 이 기술을 응용한 사회적 서비스들이 계속 증가할 예정이기 때문에, 이 분야의 전문가들이 많이 필요해질 전망이다.

2) 데이터 마이닝이란?

데이터 마이닝data mining은 대량의 데이터에서 유용한 정보를 추출하는 기술로, 다양한 통계적 기법, 수학적 기법과 인공지능을 활용한 패턴인식 기술 등을 이용하여 데이터 속에서 유의미한 관계, 규칙 패턴 등에 대한 규칙을 발견하는 것이다. 그 기본 절차는 크게 a) 데이터 소스에서 데이터를 정비cleaning하고 통합하는 과정, b) 데이터를 선별하고 변환하는 과정, c) 패턴을 찾아내고 표현하는 데이터 마이닝 과정, 세 단계로 구분된다. 이 단계를 좀 더 세분화하면 다음 [그림 3]과 같다.

[그림 3]과 같이 데이터를 탐색하고 모델을 구축하는 다양한 기법들은 오래 전부터 통계학 분야에서 선형 회귀분석, 로지스틱 회귀분석, 판별분석, 주성분 분석 등을 통해 이루어져왔다. 최근의 데이터

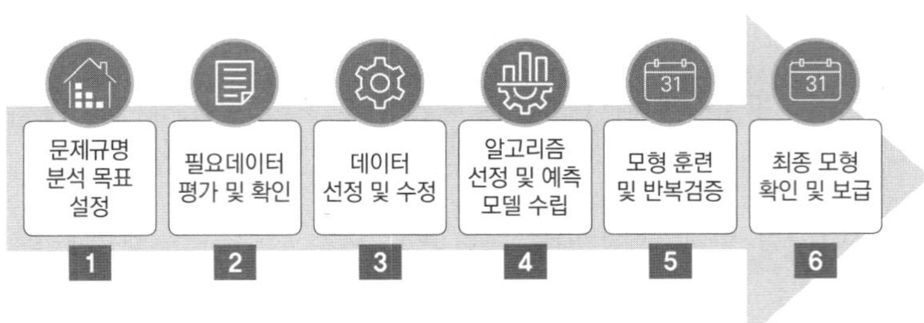

그림 3 데이터 마이닝의 단계

마이닝이 기존의 통계적 기법과 다른 점은 충분한 데이터를 활용한다는 점, 컴퓨터의 계산능력이 훨씬 증가했다는 점, 인공지능 기술을 활용해 패턴과 규칙의 발견해낼 수 있다는 점이다.

데이터 마이닝은 군사, 국가 정보, 보안, 비즈니스(경영, 물류, 소비자 성향 분석), 정치(유권자 성향 분석), 교통 및 통신(GPS 위치추적, SNS 여론 분석), 그리고 교육(학습자 분석) 분야 등의 다양한 분야에서 활용될 수 있다. 이 중 데이터 마이닝 기술이 이미 활발하게 적용되고 있는 분야가 비즈니스 분야로, 다양한 비즈니스 의사결정을 데이터 마이닝의 결과로 나온 모형을 활용해 수행하고 있다. 앞으로는 데이터 마이닝이 교육의 분야에서도 활발히 응용되게 될 것이고, 현재도 교육적 데이터 마이닝에 기반하여 학습을 분석하는 연구들이 수행되기 시작하였다(Romero & Ventura, 2019).

데이터 마이닝이 교육학에서 활용될 수 있는 영역은 다음 [그림 4]와 같이 컴퓨터 공학, 교육학, 그리고 통계학의 구심점의 차원(a)에서 이해될 수 있는데, 이미 이 세 가지 학문 영역의 지식과 이론들은 다양한 방식(b)으로 학습의 차원에 적용되고 있다.

[그림 4]에 나타나듯이, 교육학과 컴퓨터공학의 만남에서 컴퓨터기반교육이 이루어지고, 컴퓨터공학과 통계학의 융합을 바탕으로 데이터 마이닝이나 기계 학습의 원리들이 도출되고 있다. 교육적 데이터 마이닝Educational Data Mining: EDM과 학습 분석Learning Analysis: LA은 바로 교육학, 통계학, 컴퓨터공학의 공통 기반위에서 이루어지는 것이다. 아울러 기존의 온라인, 이러닝, 웹(인터넷)기반 학습들도 데이터 마이닝을 학습에 활용하기 위한 기본적 인프라의 역할을 하게 될 것이다. 전통적 대면학습은 한동안 그 역할과 의미를 유지하겠지

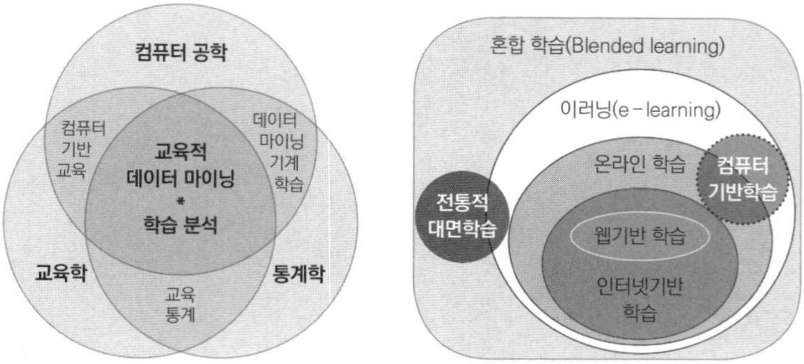

(a)
교육적 데이터 마이닝의 지형학

(b)
교육공학적 학습의 여러 접근들

그림 4 데이터 마이닝의 적용 영역과 교육공학적 관련성

만, 빅데이터의 등장과 그 활용성은 앞으로 컴퓨터기반 학습이 대세가 되는 흐름을 피할 수 없게 만들어갈 것이다.

다음 [그림 5]는 교육적 데이터 마이닝을 좀 더 구체적으로 설명해 주고 있다.

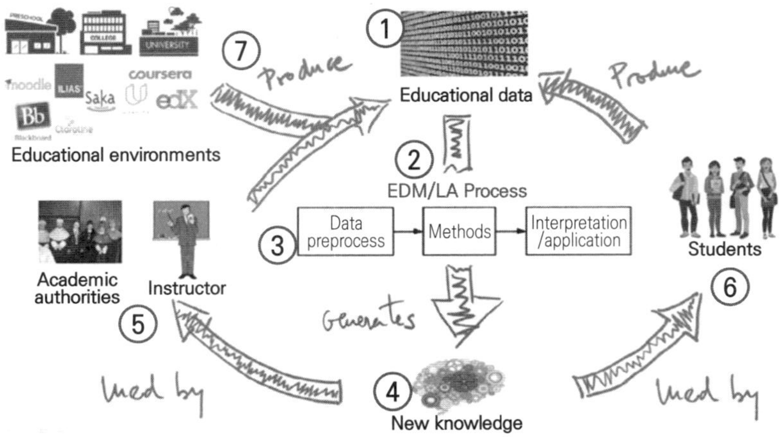

그림 5 교육적 데이터 마이닝/학습 분석을 통한 지식발견 사이클

[그림 5]에 묘사된 교육적 데이터 마이닝의 순환 과정을 간단히 설명하면, 교육적 데이터(1)가 EDM/LA 과정(2)을 통해 선가공된pre-processed 데이터의 처리와 해석 및 적용의 과정(3)을 거치면서 새로운 지식을 생성(4)하게 되는 것이다. 이렇게 생성된 새로운 지식은 교사 및 전문가들(5)이나 학생들(6)에 의해 교육 활동에 활용되는데, 그와 동시에 이러한 교사, 학생, 그리고 다양한 인터넷 교육 플랫폼들이 새로운 교육적 데이터를 생성(7)해내는 것이다. 이러한 과정들의 역동적인 순환이 바로 교육적 데이터 마이닝 및 학습 분석을 통한 지식 발견의 사이클인 것이다.

3) 데이터 기반 영상 분석

본 항에서 다루게 될 데이터 기반 영상 분석에 대한 설명은 인공지능과 빅데이터 기술의 결합이 미래 학습의 방향성을 이해하는데 유용한 통찰을 제공해 줄 것이다. 여기서 다루는 빅데이터의 활용성에 대한 기술적 설명을 통해 빅데이터를 어떻게 학습에 활용할지 생각해 볼 필요가 있을 것이다.

(1) 데이터 기반 이미지 분류Data-driven Image Classification

이미지 형태의 데이터를 분석하여 처리하는 기술은 자율주행을 위한 사물인식 등에 활발히 활용되고 있는 인공지능의 대표적 활용 분야이다. 컴퓨터가 이미지를 파악하는 것은 텍스트 같은 이진binary 형태의 정보를 처리하는 것과 다른 접근법을 사용하기 때문에, 데이터 처리에 있어서 CPUcentral processing unit의 제작 기술로 잘 알려진 Intel(주)

의 칩셋chip set 대신 영상 처리에 특화된 NVIDIA(주)가 제작한 칩셋을 활용하기도 한다. 예를 들어, 다음 [그림 6]과 같이 고양이를 인식하는 방식은 관찰점viewpoint variation, 빛의 방향과 정도Illumination, 고양이의 자세나 형태 왜곡의 상태deformation, 목표 이미지 인식의 방해요소(예, 나뭇가지), 그리고 고양이의 종류Intraclass variation 등에 따라 상당히 많은 변수가 고양이의 인식에 관여한다. 따라서 이미지 처리 장치는 특정 이미지를 인식하기 위해, [그림 6]과 같이 이미지 속의 픽셀pixel 단위 하나하나가 어떤 그림을 구성하는지에 대해 데이터베이스 속의 자료로부터 추론해내면서 이를 종합하여 그 이미지가 무엇을 나타나고 있는지를 판단하게 된다. 이는 인간이 이미지를 경험을 바탕으로 한 직관과 통찰력을 활용하여 파악하는 것과 상당히 다른 처리 방식이 될 수밖에 없다.

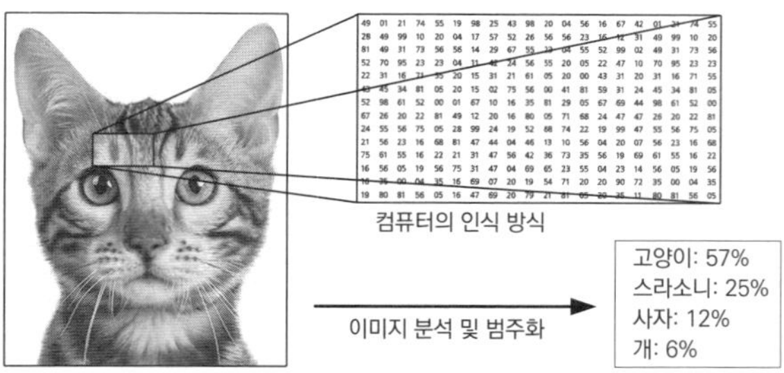

그림 6 사람과 컴퓨터의 이미지 인식 차이

인공지능 알고리즘을 통해 사물 이미지를 인식하는 방식은 그동안 여러 가지 시도가 있어왔는데, 그 중 한 가지가 규칙 기반 접근Rule-based approach이었다. 규칙기반 접근은 대상 이미지와 관련한 수많은 사진(예, 고양이 사진)으로부터 고양이의 몸 형태, 얼굴 형태와 구성, 각 기관의 독자적인 이미지(눈, 코, 입)에 대한 데이터베이스를 만들고 이를 바탕으로 대상이 고양이인지 혹은 다른 물체인지를 판정하는 방식이다. 즉, '이렇게 생긴 것이 고양이 눈이고, 저렇게 생긴 것이 고양이 입이다'라는 규칙을 설정하고 그 규칙을 근거로 판단하는 것이었다. 하지만 이러한 접근은 고양이의 종류나 눈코입의 모양새가 매우 다를 수 있기 때문에 완전한 방식이 되기 어려웠고, 따라서 완벽한 규칙을 설정하는게 불가능했다. 그리고 인식하고자 하는 대상(늑대, 개, 여우, 너구리 등)에 따라 독자적인 규칙을 생성해내야 하는 어려움도 있었다.

이러한 문제를 해결하게 된 것이 바로 데이터 기반 접근Data-driven approach이다. 이 방법은 사람이 일일이 규칙을 만들어주는 것이 아니라, 인공지능 알고리즘이 수많은 데이터를 바탕으로 직접적으로 사물을 판정하기 위한 알고리즘을 생성하는 것으로, 수많은 데이

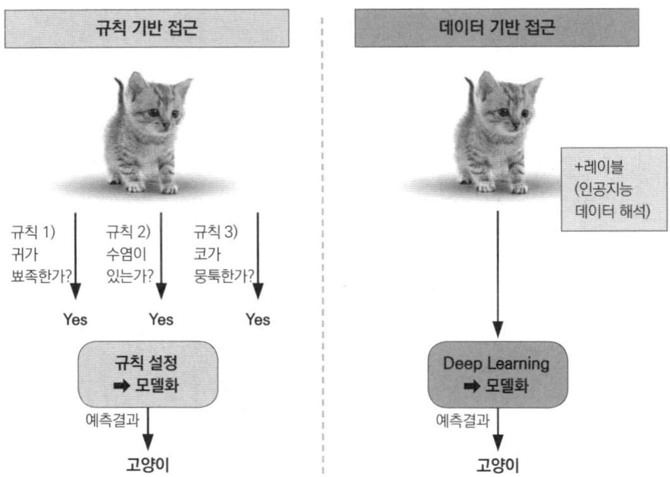

그림 7 규칙기반접근 대 데이터기반 접근

터(사물의 사진들)를 처리할 수 있는 프로세서의 성능과 딥러닝 알고리즘이 필수적인 조건이 되는 것이다.

데이터 기반 접근은 기계 학습Machine Learning 기법을 바탕으로 수많은 이미지와 레이블을 포함한 데이터셋을 통해 모델을 학습training 시키면, 학습된 기계 학습 모델은 새롭게 제시된 이미지에 대해 그 이미지의 레이블이 어떤 사물에 해당하는 지를 예측prediction하게 된다. 따라서 기계 학습 모형은 데이터셋으로부터 이미지를 학습하는 과정과 새로운 이미지를 예측하는 과정으로 구분된다.

이 기계 학습 모델링을 위한 데이터 셋은 인터넷(ImageNet, CIFAR 등)에서 쉽게 수집할 수 있는데, 이 데이터 셋data set을 가지고 누구나 직접 머신러닝 모델을 구축해볼 수도 있다. 예를 들어, 다음 [그림 8]과 같이 CIFAR-10 데이터셋은 10개의 클래스, 5만 개의 트레이닝 셋, 1만 개의 테스트 셋으로 구성된 리소스를 무료로 제공하고 있다.

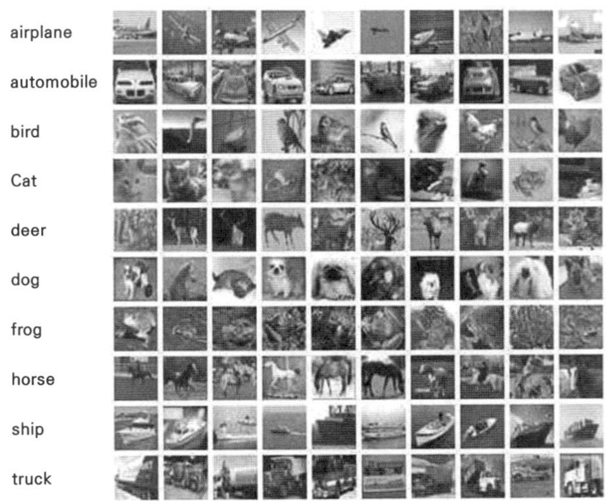

그림 8 CIFAR-10 데이터셋(출처: https://3months.tistory.com/512[Deep Play])

(2) 지능형 영상 분석

지능형 영상 분석 기술은 영상을 분석하여 내포된 특성을 인식하고 패턴을 추출하는 기술로 목적과 대상에 따라 객체 인식(얼굴, 색상, 글자, 숫자, 사물 등), 상황 감지, 모션 인식 및 추적, 객체 검색 등의 다양한 기능을 수행한다. 지능형 영상 분석이 대표적으로 적용되는 기술이 바로 안면 인식인데, 이는 얼굴 검출detect과 특징 추출을 중심으로 전체기반 인식, 특징기반 인식, 그리고 하이브리드 인식의 3가지로 분류된다. 안면 인식은 앞 장의 포스트-행동주의에서 설명한 것처럼 사람들의 얼굴을 구별해내는 것 뿐 아니라, 안면 근육의 미세한 움직임을 분석하여 분노, 슬픔, 혐오, 놀라움의 감정을 읽어낼 수도 있다. 또한 모션 인식 및 추적 기술을 통해 다양한 정보를 추출할 수 있는데, 동영상 속의 전후 영상들을 비교하여 객체의 위치를 추적하거나 장면의 상황변화를 인식할 수도 있다. 이러한 기술을 실용화한 대표적 사례로, IBM의 IVAIntelligent Video Analytics는 출입문 감시, 주차장 차량 출입 감시, 대중교통 이용 승객 현황 인지, 교량과 주요 시설의 이상 징후 파악, 번호판 인식 등에 활용되고 있다. 이러한 지능형 영상 분석 기술을 구현하기 위해서는 정확성(객체 인식의 정확도, 사물의 종류 파악, 사람의 얼굴 인식률), 일관성(같은 객체의 움직임 및 객체의 동일성 구별), 효율성(장비의 소형화), 보안성, 편의성 등의 성능이 요구된다.

지능형 영상 분석 기술이 적용된 또 다른 사례는 실시간 대용량 스트림stream 분석이다. 실시간 데이터 분석 기술은 시점과 종점이 구분되지 않는 대용량 스트림 데이터에서 패턴을 추출하여 의미 있는 정보를 발견하기 위한 분석 기술이다. 대상 데이터로는 각종 센서 데이터, 영상 데이터, 웹 트래픽, 클릭스트림 데이터, 콜 센터 로그, 보안 장비 로그 등이 포함된다. 다음 [표 1]은 세계적인 SNS 회사들이 어떤 데이터 분석 툴을 사용하고 있는지 보여주고 있다.

표 1 지능형 영상 분석 툴(tools)의 기능 및 특징

영상 분석 툴	기능	특징
Twitter의 아파치 스톰 (Apache Storm)	대용량 데이터를 실시간으로 분석	실시간 분석에 특화된 분산처리 시스템
Facebook의 하둡(Hadoop)	대용량 데이터를 적은비용으로 더 빠르게 분석할 수 있는 소프트웨어	배치(batch)분석에 특화된 대용량 분산처리 시스템
Yahoo의 Apache S4	단순 확장형 스트리밍 시스템 (S4: Simple Scalable Streaming System)	데이터의 연속 스트림처리: 범용적이고 분산 및 확장 가능한 플러그인 플랫폼
IBM의 Info Sphere Streams	방대한 양의 데이터 볼륨의 지속적인 분석 서비스	다양한 형태의 데이터의 복잡한 해석을 수행

같은 맥락에서 다음 [그림 9]는 빅데이터를 처리하기 위해 개발된 솔루션(Engine)들의 생태계를 보여주고 있다.

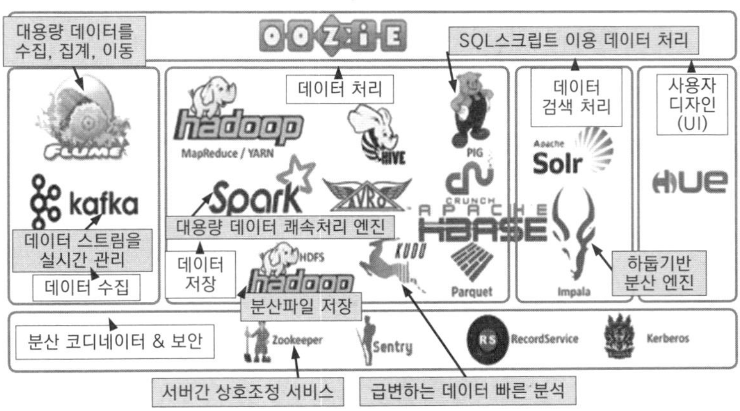

그림 9 하둡 생태계 속의 빅데이터 처리 엔진들
(출처: https://kr.cloudera.com/about.html)

위 솔루션 중 하둡Hadoop에 대해 간단히 설명해보자. 하둡은 아파치 루씬 창업자인 더그 커팅이 2006년 야후 엔지니어로 일하면서 개발한 오픈소스 프로그램으로, 여러 개발자가 자유롭게 응용하여 발전된 것이다. 그 주된 기능은 정형데이터나 사진영상 등의 비정형 데이터를 효과적으로 인식하고 판독하는 것이다. 포춘Fortune 500대 기업 거의 모두가 하둡을 활용하고 있는데, 대표적으로 아마존, 마이크로소프트, IBM, 오라클, VM웨어, 테라데이터 등의 업체들이 하둡을 활용하여 수많은 데이터를 효과적으로 처리하고 있다. 예를 들어, Facebook은 약 2천여 개의 서버에서 사용자가 업로드하거나 검색하는 데이터를 처리해주고 있는데, 그 저장과 관리를 하둡이 담당하고 있고 그 용량은 약 30PB(미국 내 도서관에 저장된 정보 총량의 3배)에 이른다. 이처럼 빅데이터의 활용이 기업 비즈니스에 필수적인 요소가 되고 있는 상황은 머지않아 교육의 영역으로도 확장되게 될 것이 거의 확실하다.

(3) 학습 분석과 데이터 시각화

데이터를 기반으로 한 의사결정의 중요성이 커지면서 데이터의 시각적 추상화 역시 주목 받고 있다. 예를 들어, 최근 거의 모든 대학들은 학습관리시스템learning management system을 개발하여 대학생들이 온라인으로 수업을 듣거나 과제를 제출하고, 교수 및 동료학생들과 소통하며 시험을 비대면으로 치를 수 있는 시스템을 구축해놓고 있다. 지금까지는 이 학습관리시스템에서 정형적 데이터(교수나 학생이 시스템 외부에서 별도로 제작한 미리 완성된 수업자료를 활용하는 것)를 활용하는 기능이 주를 이루어왔으나, 여기에 빅데이터 분석이나 인공지능 기계 학습, 클라우드 컴퓨팅 기술이 내포embedded된다면 시스템 내에서 다양한 방식으로 학습자료를 가공하여 수업에 활용할 수도 있다. 한가지 간단한 사례를 든다면, 이미 대부분의 대학 시스템은 학생들이 올린 보고서에 대해 자동으로 표절 검사를 실시해주고 있고, 온라인 학습의 진행 여부를 교수자에게 상세하게 실시간으로 보고할 수 있게 설계되어 있다. 이때 시각화된 분석 자료는 일반인들도 그 데이터의 의미를 직관적으로 판단할 수 있게 해주는 것이다.

이처럼 학습관리시스템에서 빅데이터 분석기술을 통해 자료 검색이 가능하고, 클라우딩 컴퓨터를 통해 자료를 언제 어디서든지 업로드 및 다운로드 할수 있으며, 전공 영역에 따라 기계 학습 알고리즘을 활용하게 된다면, 학습의 효과와 편의성을 강화해줌으로써 수업의 수준을 높일 수 있게 되는 것이다. 실제로 이미 Canvas, Moodle, Blackboard 같은 상용화된 시스템들은 다양한 학습분석 기술을 활용해 학습 진행상황의 확인, 학생별 학습 경로 추천, 학업 포기자 예측, 우수학습자 선별 등의 기능을 제공해주고 있다. 특히 이러한 자료들을 시각화해서 한눈에 파악할 수 있게 제공해주기도 하는데, 이것이 바로 데이터 시각화의 핵심 기능이다.

지금까지 소개한 빅데이터 분석 및 데이터 마이닝, 이미지 분석 등의 기술의 발전이 학습의 변화에 구체적으로 어떻게 기여할 수 있는지에 대해서는 다음 절에서 자세히 살펴보자.

3. 데이터 기반 학습 관리의 실제

1) 데이터 기반 학습 관리시스템의 기본 개념

데이터 기반 학습관리의 대표적 예가 학습관리시스템LMS과 학습컨텐츠관리시스템LCMS이다(손경아, 김동식, 2003). 학습컨텐츠관리 기능은 자원기반Resource-based 학습시스템에 의해 이루어지는데, 이는 학습자의 수행과제를 학습객체learning object로 생성하여 활용하는 것이 특징이고, 학습객체의 검색은 이러닝 소프트웨어의 기술적 표준 중의 하나인 한국교육학술정보원에서 개발한 KERIS-SCORMShareable Content Object Reference Model 메타데이터[3] 등을 활용할 수 있다. 학습컨텐츠관리시스템은 학습 내용 자체를 관리하는 것으로써 교사와 학습자에 의한 학습객체 생성 및 저장 기능, 검색에 의한 학습객체의 전달 기능이 있고, 학습관리 기능은 학습을 지원하는 기능으로써 학습방법 안내, 질의응답, 성적관리, 공지사항 등으로 이루어져 있다.

이 데이터 기반 학습관리 시스템이 효과적으로 활용되기 위해서는 다음과 같은 사항들이 고려될 필요가 있다.

첫째, 학습객체의 생성을 교사는 물론 학습자도 할수 있어야 한다는 것이고, 학습자의 학습과정 및 학습결과물을 학습자원learning resource으로 활용할 수 있어야 한다는 것이다.

둘째, 학습객체의 검색 기능이 중요한데, 이때 메타데이터의 재량

---

3 콘텐츠 자체의 특성을 여러 가지 분류 기준[기술적 특성, 저작자, 키워드 등]에 따라 그 항목을 체계적으로 정리하여 기록해 놓은 정보인데, 메타데이터에 해당 콘텐츠의 특성을 기록해 놓으면 콘텐츠에 대한 검색이 용이해지고 일목요연하게 관리될 수 있다(https://scorm.com/scorm-explained/one-minute-scorm-overview/).

항목 선택은 학습객체의 생성 및 활용, 학습객체들 간의 관련성에 중점을 두고 선정되어야 한다는 것이다. 예를 들어, 메타 데이터의 요소로 작성자, 제목, 수행과제 유형, 검색어, 관련 학습단원, 학습객체 구성요소, 학습내용 난이도, 사례, 자기평가 및 동료평가 결과 검색 등이 학생들의 학습현황을 파악하고 학업을 독려하는데 중요한 역할을 한다.

셋째, 학습관리 기능은 학습등록, 성적관리, 그리고 학습과정이나 학습평가를 토대로 개별 학습자들에게 맞는 적응적인 학습관리 Adaptive Analytics 기능이 포함되어야 한다.

그렇다면 데이터 기반 학습 분석을 실제 수업에 활용하기 위해 교사들은 어떤 준비를 해야되는지 다음 항에서 좀 더 자세히 살펴보자.

2) 데이터 기반 학습 분석시스템의 요소와 구조

교사가 학생들의 학습과정을 이해하기 위한 학습 분석에는 다음과 같은 요소들이 포함되어야 한다(조용상, 2014).

첫째, 학습 분석을 위해서 어떤 자료를 수집해야하나?

학습 분석을 위해 수집할 수 있는 데이터에는 대표적으로 다음 다섯 가지 유형이 있다.

- 디지털 콘텐츠가 발생시키는 데이터(Learning Content Data)
- 학습 플랫폼을 통해 발생하는 학습 활동 데이터(Learning Activity Data)
- 교육기관에서 교육 프로그램 운영 중에 발생하는 데이

터(Operational Data)

- 학습자의 경력과 인맥에 대한 데이터(Career Data)
- 학습자 또는 교수자의 프로파일링 중에 발생하는 데이터(Profile Data)

예를 들어, 다음 [그림 10]은 데이터 기반 학습분석 시스템의 하나인 캘리퍼 분석법Caliper Analytics의 구조를 보여주고 있는데, 이를 통해 교수자와 학생들이 제공하는 디지털 학습 자료들로부터 데이터를 수집하여 시각화해줌으로써 교수학습 현황에 대한 정보를 교육 관계자들에게 제공해주는 역할을 한다.

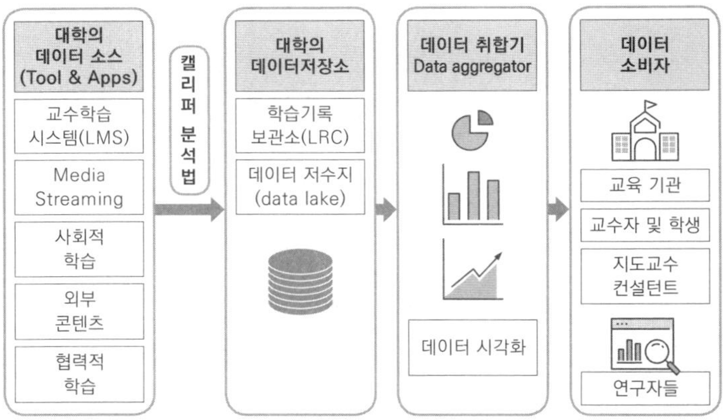

그림 10 캘리퍼 분석(Caliper Analytics) 시스템의 구성 요소
(http://www.imsglobal.org/caliper-11-metric-profiles)

[그림 10]에 나타나있듯이, 교수학습시스템으로부터 데이터 기반 시스템은 미디어 스트리밍 형식의 학습자료, 외부 콘텐츠, 사회적 및 협력적 학습의 자료들을 모아서 대학의 데이터 베이스에 정리해

놓고, 이를 취합하여 다양한 시각적 자료로 형상화하여 교육관계자들에게 제공해주는 기능을 하고 있는 것이다.

3) 데이터 분석 시스템의 활용

데이터 분석 시스템 내에는 구체적으로 다음과 같은 요소들이 교수학습을 촉진해주고 자원을 관리해준다(Buckingham, 2012).

(1) 학습 분석 대시보드Analytics Dashboard

일반적으로 학습 플랫폼이나 학습용 소프트웨어에서 발생하는 로그log 데이터들은 기술적인 포맷의 데이터로서 일반 사용자들에게는 제공되지 않고, 데이터 마이닝을 위한 소프트웨어를 이용해서 분석 작업에 사용된다. 하지만, 이런 데이터들이 테이블, 그래프 등을 통해 시각화되어 교수자나 학습자에게 제공되면 학습의 현황을 파악하는데 유용한 자료가 될 수 있다. 학습 분석 대시보드는 이 외에도 온라인 학습 지원을 위해 운영되는 헬프데스크에 요청된 로그, 전자문서 형태로 제출된 리포트, 다양하게 사전에 설정된 변수들 간의 상관관계 등을 종합적으로 분석하여 시각화해준다. 교수자는 물론이고, 학습자들은 이 분석 대시보드를 통해서 제공된 정보를 통해 또래 집단 속에서 자신의 (시험 성적, 포럼 기여도, 온·오프라인 세미나 참석/참여 정도에 대한) 상대적 위치를 파악할 수도 있다.

(2) 예측 분석Predictive Analytics

예측 분석은 정적인 데이터(인구 통계적 수치나 과거의 성취도attainment 등)

와 동적인 데이터(로그인 패턴, 온라인 토론 참여 정도 등)와 같은 학습자 데이터의 패턴을 이용해서 분석하는 방법이다. 예측 분석은 저성취 학생이나 학습포기 학생, 그리고 우수 성취자등의 학습 궤적을 그려서 필요한 시점에 개별적으로 처방적 조치를 해주는 기능을 한다. 즉, 예측분석을 통해 위험 단계의 궤적에 근접한 학습자에게 경고 메시지를 주고, 평균적인 학습 수준으로 진입하기 위한 활동 궤적을 안내해주는 것이다.

(3) 적응형 학습 분석Adaptive Analytics

적응형 학습 플랫폼은 특정한 학습 주제에 대해 개별 학습자들의 이해 정도를 측정해서 세부적인 피드백을 제공해주고, 추후 학습을 위한 각종 학습 자료들을 학습자에게 제공해주는 기능이다. 이 분석법의 가장 중요한 기능은 학습자가 선택한 주제에 대해 현재 어떤 수준의 이해에 도달했는지를 진단해서 적절한 콘텐츠를 제공해 주는 것이다. 물론 학습자들은 때때로 자신에게 난이도가 너무 높거나 너무 낮은 콘텐츠를 건너뛸 수도 있기 때문에, 보다 역동적dynamic으로 학습자에게 적합한 콘텐츠 전달 방식이 필요하다. 따라서 이 방식이 효과를 띠기 위해서는 풍부한 학습콘텐츠 자원이 갖추어져 있어야 한다.

(4) 소셜 네트워크 분석Social Network Analytics

소셜 네트워크 분석은 사람들이 어떻게 관계망을 형성하고 유지하는지를 이해하기 위해 사용되는데, 주제어에 대한 빈도나 트렌드를 관계망과 연계해서 분석하기도 한다. 사람들은 소셜 네트워크를 이용해서 서로 다른 유형의 관계를 형성하는데, 이때는 상호간의 영향력의 정도에 따라 관계 설정의 정도나 범위가 다양해진다. 학습의 문제에 있어서는 학습자의 개인적 관계 설정이나 그룹의 사회적 관계 구조가 개인이나 집단의 학습 성과에 어떤 영향을 미치는지 분석하는 것이 주된 관심사이다.

(5) 담화 분석Discourse Analytics

담화 분석은 학습활동에 관한 정량적 정보(로그인 횟수, 게시글 조회수, 메시지 등록 건수 등) 이외의 학습활동의 질적 기여도를 파악하기 위한 모델이다. 담화 분석은 패턴 인식이나 구문 분석을 통해 교수자와 학습자가 어떻게 상호작용하는지(예, 교사들이 에세이나 토론 글을 어떻게 첨삭을 하는지, 쓰기와 말하기가 학습에 어떻게 영향을 주는지, 컴퓨터가 어떻게 학습과제의 질적 수준을 파악하는지 등)에 대한 분석을 시도한다.

(6) ICT를 활용한 평가Assessment using ICT

ICT를 이용한 평가는 사지선다형의 문항에 의한 평가가 아니라, 학습자의 실제적 학습 성과를 판단할 수 있도록 학습 과정의 데이터를 수집하고 분석하는 것을 목표로 한다. 한 가지 예로 컴퓨터 게임에 적용된 기법들 중의 하나인 '스텔스 평가stealth assessments'가 있는데, 이는 게임의 수행과정에 대한 데이터를 수집하는 것과 마찬가지로 학습자의 수행과정을 학습자가 인지하지 못하는 방식으로 수집하는 것이다. 향후에 이와 관련된 다양한 평가방식이 개발될 필요가 있다.

4) 빅데이터에 기반한 학습 분석

지금까지 빅데이터가 어떻게 교육 분야에 활용될 수 있는지 구체적으로 살펴보았다. 빅데이터에 기반한 학습 분석이 갖는 역할과 활용성은 학습자, 교수자, 교육설계자, 교육기관, 그리고 교육정책 입안자의 측면에서 다음과 같이 정리될 수 있을 것이다.

(1) 학습자의 측면

- 학습 활동과 진도를 측정하여 학습을 지원할 수 있다.
- 학습 활동 과정에서 생성된 기록과 형성평가/총괄평가 혹은 학습자가 인지하지 못하지만 시스템이 학습자의 이해 정도를 평가할 수 있는 스텔스 평가 등을 통해 개선된 피드백 제공할 수 있다.
- 학습자의 학습 패턴을 기반으로 정상적인 학습 과정을 완료할 수 있을 지에 대한 사전 예측을 통해 조기 경보를 제공할 수 있다.
- 학습자의 선행 학습 수준, 선호도, 집중 시간 등의 데이터를 기반으로 개인화된 학습 경로의 생성 및 학습 자원을 제공할 수 있다.

(2) 교수자의 측면

- 우수학습자의 패턴 분석을 통해 학습 콘텐츠, 학습조직, 학습패턴 등을 비교분석 할 수 있고, 이러한 데이터를 기반으로 자신의 교수방법의 개선 방향을 도출할 수 있다.
- 학습진척도를 모니터링하여 의미있는 교수 개입과 상호작용을 증진시킬 수 있고, 학습내용을 학습자 집단의 요구에 맞춰 수정

할 수 있다.

- 도움이 필요한 학습자를 확인할 수 있고, 학습 진척도를 예측하여 교수 개입을 가늠할 수 있다. 물론 교육기관에서는 교수자가 적정 시점에 개입했는지 여부에 대해서 파악할 수도 있다.
- 학습자와 학습성과, 학습 활동 등을 측정하여 학습자의 상태를 보다 정확히 이해할 수 있고, 이를 바탕으로 개별 학습자에 맞춤형 대응과 조언을 해줄 수 있다.
- 학습 참여 부진 학생과 그룹을 조기에 발견하여 해당 학생과 그룹을 대상으로 집중 관리를 할 수 있다.
- 학습자별로 학업 수행 능력을 측정할 수 있는 방법(지필고사, 수행평가, 포트폴리오, 면접 등)이 다를 수 있으므로 학습자의 패턴과 성향에 대한 총체적 분석은 학습자의 성취도를 표현할 수 있는 기회를 확대해서 제공해 줄 수 있다.
- 개인과 그룹에 대한 학습 결과를 직관적으로 표현하는 시각화를 도입함으로써 학습 촉진을 향상 시킬 수 있다.
- 콘텐츠 노출 빈도, 학습자 참여율, 학습자의 태도 등 정량적인 데이터는 사실을 기반으로 하여 학습 경험을 개선하고 자원을 활용할 수 있도록 돕는다.

(3) 교수설계자의 측면

- 교수모형을 분석하고 교수적 개입의 효과를 측정하며 커리큘럼의 질을 향상시킬 수 있다.
- 학습 계획안과 학습 자료를 비교 및 평가하여 난이도를 조절하고 학습자가 요구하는 학습자원을 제공할 수 있다.

- 학습 선호도를 확인하고 교수적 개입을 계획하고, 난이도 및 학습경로의 전형(모범 사례)을 보여줄 수 있다.

(4) 교육기관의 측면

- 교육과정 운영을 모니터링하고 교육자원에 대해 평가하여 학습자의 학습효과를 분석할 수 있다.
- 학습자의 학습과정을 예측하여 학습자가 주의할 수 있도록 경고할 수 있다.
- 학업을 지속 할 수 있도록 이에 대한 예측모형을 만들어 적용할 수 있다.
- 학급 및 그룹의 활동 및 결과에 대한 효과성 측정에 유용하고, 기관에서 제공한 학습 환경의 효과성 및 타당성에 대한 모니터링 및 측정 데이터를 제공하기에 용이하다.
- 수강 재등록율 제고를 위한 전략 수립용 기초자료를 제공할 수 있다.
- 교수자의 교수학습 효과 향상을 위한 개입의 적정성과 교육과정 만족도 제고를 위한 전략 수립용 기초자료를 제공할 수 있다.
- 기술적 이슈에 미리 대응하거나, 학습자의 활동 기록을 통해 사전 대응이 가능하게 해준다.

(5) 교육정책 입안자의 측면

- 교육기관들을 비교하여 벤치마킹할 수 있는 우수사례를 찾아 공유할 수 있다.
- 입안된 교육정책과 품질 인증 가이드라인을 홍보할 수 있다.

• 생산성을 높이고 주요 민원에 신속한 답변을 할수있으며 교육 관계자들의 수행을 분석할수 있다.
• 기관의 정책효과모형을 만들수 있고 변화관리를 위한 계획을 세울 수 있다.

위에서 정리된 사항들처럼 빅데이터는 단순히 정보가 많다거나 산업적 활용성이 높은 것이 아니라, 교육의 측면에서도 학교교육의 다양한 영역에서 매우 큰 장점을 가지고 교수학습의 효과성을 향상시키는데 중요한 역할을 수행하게 될 것이다.

제8장

인공지능의 교육적 활용

본 장에서는 인공지능 시대를 맞이하여 학습과 교육의 양상이 어떻게 변하게 될 것인지를 살펴보고자 한다. 「미국 교육 부문의 인공지능 시장Artificial Intelligence Market in the US Education Sector」 보고서는 2017년에서 2021년 사이에 인공지능 교육은 약 47.5%가 성장할 것이라고 예측하고 있다. AI는 이미 교육현장 곳곳에 다양한 형태로 적용되고 있는데, 이러한 AI의 등장이 기존의 학교교육이 안고 있는 여러가지 문제를 어떻게 해결할 수 있을지에 주목할 필요가 있다.

1. 학교교육에 있어서 AI 기술의 적용

AI가 학교교육에 본격적으로 도입되면, 다음과 같은 교육적 변화를 기대할 수 있을 것이다. 첫째, 교육에 AI를 도입하게 되면 교육의 효율성, 개별화, 행정적 합리성을 촉진해줌으로써, 인간은 AI가 수행하기 어려운 역할에 보다 집중할 수 있도록 시간과 노력을 줄어줄수 있다. 학교교육에서 교사와 기계의 역할 배분이 AI의 도입을 통해 최적화된다면 학생들의 학습의 성과도 최고로 높아질 수 있고, 동시에 학생들도 미래의 AI 중심 사회의 기술적 도구들에 보다 익숙해질 수 있게 만들어준다.

두 번째는 AI의 도입은 차별화Differentiated되고 개별화individualized된 학습을 가능하게 해준다. 그동안 교사가 30명 가까이 되는 학생들을 다루어야하는 환경 속에서 개별화 교수를 현실화시키고 못하고 있었지만, AI 교육의 등장으로 그것이 가능해질 수 있다. 예를 들어, Content Technologies나 카네기 학습Carnegie Learning과 같은 교육서비스업체들은 AI 기술을 기반으로 학습, 평가, 피드백을 제공하는 지능형 교수 디자인intelligent instruction design과 디지털 플랫폼을 개발하고 있다. 이 프로그램은 학습자들의 지식 격차를 식별하여 그들에게 적절한 학습과제를 부여하여 학습을 안내해주고 있는데, AI가 점점 정교화되어감에 따라 학습자 얼굴 표정을 스캔하거나 입력현황keystroke을 분석해서 수업내용에 대한 난이도나 만족도를 평가하여 그에 적절한 학습과제를 제공해주기도 한다. 이러한 개별학생 맞춤형 커리큘럼customizing curriculum은 머지 않아 모든 AI 기반 학습기계의 표준적 기능이 될 것이다.

세 번째는 교육접근의 보편성universal access을 높일 수 있다. AI의 도입은 전 세계적으로 서로 다른 언어를 사용하거나 다양한 장애를 가지고 있거나 학업준비도가 높지 않는 학생들도 교육적 수혜를 받을수 있게끔 도와준다. 예를 들어, PowerPoint 번역기Presentation Translator는 교사들이 만든 프레젠테이션에 실시간으로 자막subtitles을 만들어주는 무료 프로그램이다. 이 프로그램의 도움으로 여러 가지 사정으로 학교에 다니지 못하거나, 최근 COVID-19 사태처럼 대면 수업이 불가한 경우에 학생들이 특정 학습 내용에 쉽게 접근할 수 있게 해주고 있다. 따라서 이러한 AI 기술들로 인해 기존 학교 시스템에 내재된 학과, 언어, 학년, 교수법 등의 장벽들이 점점 허물어지고 있다.

네 번째는 AI로 인해 행정 관련 업무들이 자동화되어 교육행정의 효율성이 증가하고, 교사들이 잡무에 시달리지 않고 수업에 집중할 수 있게 되었다. 예를 들어, 선다형 시험 뿐 아니라, 서술형 응답에 대한 평가를 대신해줄 수 있고, 그에 따라 입학 및 성적 관리를 보다 효율적으로 해주기도 한다.

2. 학교 밖에서의 AI 기술의 적용

AI 기술 덕분에 튜터링이나 학습 보조 프로그램들이 점점 지능화되고 있어서, 다양한 수준과 학습 유형을 가진 학생들에게 큰 도움이 될 수 있다. 사실 AI 기술들은 다른 분야보다는 교육 분야에 적용되는 속도가 더디지만, 현재 다양한 AI의 학습 보조 기술들이 인공지능 학습 멘토, 스마트 콘텐츠 개발, 교사의 교수법 개발, 교육전문가들의 가상 컨퍼런스 등에 활용되고 있다. 학교 밖에서 AI 기술이 교육에 적용되는 양상으로는 다음과 같은 예들이 있다.

첫째, 스마트폰이나 테블릿을 가지고 여유 시간을 활용하여 학습하면서 실시간으로 튜터의 피드백을 받을 수 있는 AI 기반 앱들이 많이 출시되어 있다. 예를 들어, Amazon Alexa, Apple Siri, Google Home과 같은 음성 인식 기술을 적용한 음성 비서Voice Assistants 기기들은 인간 교사에게 의존하지 않고도 다양한 자료와 정보를 검색하거나 설명을 들을 수 있도록 해주고 있다. 실제로, 미국 애리조나 주립대에서는 아마존의 Alexa를 이용해 캠퍼스 내의 다양한 학생들의 FAQ에 응답하거나, 학생들의 스케쥴을 관리하도록 하였다.

둘째, AI 기반 학습솔루션들은 학생들의 사전 지식이나 흥미에 주제를 맞추고, 특히 학생들의 취약점에 대응해주는 다양한 부가기능을 제공해주고 있다. 예를 들어, 학습 코스를 시작하기 전에 진단테스트를 실시하고, 그 진단결과를 분석하여 사용자에게 적합한 과업과 코스를 제시해줄 수 있다. 이러한 학습 솔루션의 사례인 Brainly는 학생들의 협력을 촉진해 주는 소셜 네트워크로서, 학습자들이 과제와 관련된 이슈를 토론하고, 서로 정보나 아이디어를 교환할 수 있도록 해주는 앱이다. 이를 위해 기계학습Machine Learning 기술을 활용하여 스팸 정보나 부적절한 내용은 걸러주고, 각 사용자의 특성에 맞게 개별화된 자료들을 추천해줌으로써 보다 향상된 사용자 경험을 제공해준다.

셋째, 스마트 콘텐츠Smart Content는 디지털 교과서에서부터 학습자 맞춤형 인터페이스에 이르기까지 다양한 학습 자료를 제공해주는 서비스이다. 예를 들어, 인공지능 솔루션을 제공해주는 Content Technologies사의 Cram101 프로그램은 교과서의 내용을 세분화하여 요약본을 만들고 핵심적 내용을 추출해 주거나, 테스트를 생성해주는 프로그램이다. 또한 스마트 콘텐츠 플랫폼을 개발하는

Netex Learning이란 회사는 AI를 기반으로 한 개인별 클라우드 플랫폼을 통해 가상 훈련, 가상 회의, 실시간 피드백, 그리고 디지털 커리큘럼의 환경을 제공해주고 있다.

넷째, AI 기반 학습 플랫폼은 학생들의 진도와 학습과정을 추적해서 그에 적합한 다양한 가상 멘토를 제공해 줄 수 있다. 물론 이러한 멘토링이 인간 교사의 수준보다 못할 수도 있지만, AI 기반 멘토링은 인간 교사가 서비스해주기 힘든 시간-장소를 활용하여 즉각적인 피드백을 제공해 준다는 장점을 가지고 있다. AI 교수 솔루션의 예로는 DreamBox, Khan Academy, Achieve3000 등이 있는데, 이러한 플랫폼을 통해 학생들은 자신의 지식 수준을 평가할 수 있고, 후향적 소통방식을 활용해 학생들이 학습을 수행하고, 개선점을 보완하도록 해주고 있다.

3. AI 기반 교육의 장점

AI 기반 교육의 장점은 크게 다음 다섯 가지로 정리될 수 있다.

첫째, 학생들의 취약점을 효과적으로 찾아서 대응해준다. 예를 들어, Coursera 학습플랫폼은 많은 학생들이 오답을 보여주는 문제를 출제자에게 알려줌으로써, 그 오답이 학습자의 문제인지 평가상의 문제인지를 검토하게 해준다.

둘째, 학생들은 AI 기반 학습에 훨씬 더 잘 집중한다. 예를 들어, VR 기술이나 게임화학습 프로그램들은 학습주제나 환경에 더욱 몰입하여 깊이 있게 상호작용할 수 있도록 유도한다.

셋째, 학습의 개별화가 가능하다. 다양한 AI 응용 알고리즘이 학습자 개개인의 지식, 홍미를 분석하여 보다 개별화된 학습과정으로 안내해준다. 예를 들어, Little Dragon이란 스마트앱은 사용자의 감정을 분석하여 그에 따라 사용자 인터페이스를 변경해주고, 이를 교육용 게임에 활용하기도 한다. 또한 ThinkerMath는 어린이들을 위한 AI 기반 수학학습 솔루션인데, 다양한 게임형식의 과업과 보상시스템을 통해 아이들이 보다 학습과정에 몰입하도록 하고, 아이의 현재 지식수준에 맞는 개별화된 학습 플랜을 제공하여 성취도를 높이게 만들어준다.

넷째, 교육과정의 자동 생성 기능이다. 오늘날 교사들은 더 이상 백지에서부터 교육과정 개발을 시작하는 것이 아니라, AI 프로그램의 도움으로 훨씬 다양한 자료와 교수법이 내재된 교육과정 템플릿을 필요에 맞게 수정하여 수업에 활용하고 있다. 예를 들어, 런던대London University College의 학자들에 의해 AI 기술을 바탕으로 개발된 「제3의 공간 학습Third Space Learning」 시스템은 교사의 말소리의 속도나 억양을 실시간으로 체크해 주는 것과 같은 교수 기술을 개선시켜 주는 프로그램이다.

다섯째, 다양하고 유능한 전 세계의 인간 및 AI 교사들을 사이버 교수학습 네트워크를 통해 만날 수 있다. AI-활용 교육 플랫폼은 공간적, 지리적 여건에 제한받지 않고 전 세계의 다양한 재능과 경험을 가진 교사들을 학생들에게 적절하게 분배해줄 수 있다.

4. 인공지능 시대의 학습의 미래: 바이오로이드적 학습의 등장

인공지능 기술의 발전은 결국 인간 학습자의 존재적 성격과 학습의 양상에도 큰 변화를 가져오게 될 것인데, 그 가장 특징적인 사례가 바로 바이오로드이적 학습이 등장했다는 것이다. 그런 의미에서 마지막으로 바이오로이드적 학습이 무엇인지에 대해 살펴보도록 하자.

인간을 더 이상 순수한 자연성에 기반하여 이해하지 않는 포스트휴머니즘은 기술의 발달과 공진화co-evolution해온 인간이 바이오로이드bioloid적인 성격을 지니게 될 수 있다고 본다. 따라서, 그러한 바이오로이드적 존재의 학습은 기존의 인본주의적 교육심리학 차원에서는 설명하기 어려운 학습의 형태가 될 수 있다(Ayala & Fu, 2017;Verner, Cuperman, Krishnamachar, & Green, 2017). 물론 바이오로이드의 기본 원리도 사실 인간의 생물학적 특징이나 행동 특성을 모방한 것이기 때문에, 바이오로이드적 학습이라는 것도 인간의 학습특성을 일부 공유할 수 있다(Bayne, 2015).

바이오로이드에 대해 이해하기 위해서는 사이보그란 존재를 먼저 이해할 필요가 있다. 사이보그는 도나 해러웨이Donna Haraway(1985)의 「사이보그 선언」[1]을 통해 널리 알려진 용어로서, 사이보그란 존재는 인간에 의해 만들어진 기계적 존재이면서도 동시에 인간과 동

1 미국의 여성학자 도나 해러웨이(Donna J. Haraway)의 에세이 「사이보그 선언(*Socialist Review*)」은 1985년에 처음 발표된 이후 그녀의 책 『유인원, 사이보그, 그리고 여자』(1991)에 다시 수록되었다. 해러웨이는 이 글에서 성차별 사회를 극복하는 사회정치적 상징으로 사이보그를 제시하였고, 그 후 사이보그는 공상 과학의 소재에서 벗어나 현실적 존재를 지칭하게 되었었다.

물, 동물과 기계, 그리고 인간의 신체와 비신체적 존재들 간의 구분을 허물기 위해 상징화된 것이다. 해러웨이는 이 책에서 "사이보그는 우리 자신이고, 인간과 기계의 관계성에 대한 새로운 정치적 관점을 제공한다."고 말하면서 다음과 같이 선언한 바 있다.

> 사이보그 및 그와 관련된 종족들은 인간과 비인간, 유기와 기술, 탄소와 실리콘, 자유와 구조, 역사와 신화, 부자와 가난한 자, 국가와 주체, 다양성과 결핍, 현대성과 탈근대성, 그리고 자연과 문화 사이의 관계성에 거대한 변혁을 가져왔다.

즉, 사이보그는 인간과 기계가 혼종화된 존재이자 인간이 만든 기계 문명의 파생물인 셈이다. 그런데 바이오로이드는 이러한 사이보그가 생체공학, 인공지능, 만물인터넷 기술들에 의해 더욱 새롭게 발전되어 탄생하게 된 존재이다. 따라서 바이오로이드적 학습이란 기존의 개별화된 주체로서의 인간 학습자에 의해서 이루어지는 생물학적이면서도 생체초월적 정신작용의 결과가 아니라, 인간과 기계의 혼성물로서의 바이오로이드적 존재가 환경에 대한 탐색과 경험을 통해 수행하는 학습을 의미한다.

바이오로이드적 학습은 현대 과학 기술의 발전에 따라 교수학습 환경도 기술적 성격을 반영하게 됨으로 자연스럽게 등장한 것으로, 그 구체적 사례로 이러닝(Attwell, 2007), 모바일러닝(Ally & Pirieto-Blazquez), 기술기반학습(Duval, Sharples, & Sutherland, 2017) 등이 포함된다. 이러한 바이오로이드적 학습은 교수학습이 기술적 환경에 기반하여 변화하였다는 것을 인정하는 것으로, 학습을 기존과 같이 교사와 학생의 '인간적' 만남으로 이해하는 것이 아니라, 학습의 필요와 환경적 조건에 따른 바이오로이드적 만남으로 이해한다.

하지만 바이오로이드적 학습은 기존의 생물학적 인간을 전제로 한 인본주의적 학습과는 성격이 다르기 때문에 그에 따른 새로운 학습이론이 필요하다. 즉, 지금까지 교육심리학 차원에서 인간의 학습을 설명해온 인지이론(기억, 정보처리 및 인출), 학습이론(구성주의, 경험주의, 사회학습이론), 정서이론(자기주도력, 동기이론, 의지이론) 등으로는 설명하기 어려운 학습의 형태가 등장하게 된다는 것이다. 기억의 문제를 예로 들면, 미래 사회의 인간관계나 삶의 조건들은 점점 사물의 관계망 속에 섞이게 되면서, 어떤 지식이나 정보를 인간의 두뇌 속에 저장할 필요성이 점점 줄어들고 있다(Radvansky, 2017). 이러한 '기억의 외장화'는 사실 메모, 노트, 저널, 저서와 같은 기호적 도구를 활용한 기록문화에서 시작하였고, 오늘날에는 외장하드, 클라우드 및 네트워크 컴퓨팅 등의 기술을 통해 실생활에 활용되고 있다. 인간의 사고의 경우, 인본주의적 학습에서 사고는 주로 이성을 갖춘 개인들의 합리적 추론의 과정으로 설명되곤 했지만, 실제로 인간의 사고나 지식들은 결코 개인들의 두뇌 속에서만 이루어지거나 특정 두뇌의 공간에 저장되는 것이 아닐 수도 있다는 것이다(Sloman & Fernbach, 2018). 이러한 관점을 반영한 인공지능 연구의 최근 추세가 바로 인간의 학습을 모사한 다양한 바이오로이드들의 개발이다(Ayala & Fu, 2017).

뇌과학이나 신경과학 분야의 최신 연구들의 상당수가 바로 이러한 바이오로이드적 학습에 대해 연구하고 있다. 즉, 최신 신경과학적 관점에서의 학습은 행동의 변화냐 인지 혹은 정서의 변화냐에 관계없이 학습의 결과는 최종적으로 뇌의 신경구조와 패턴에 변화를 초래하는 것이라고 간주한다. 사실 인본주의적 관점에서는 교육이 인간의 잠재성을 실현하는 과정으로 이념화되고 있지만, 실질적으로는 학습에 의해 인간 두뇌 속의 신경적 관계성들이 미세하게 조정됨으로써, 두뇌 시스템의 수행을 최적화하는 행위가 교육이라는 것이다(Berliner, 1992).

이러한 바이오로이드적 학습에 대한 설명이 매우 낯설게 들리겠지만, 사실 인간적 학습과 바이오로이드적 학습의 차이점을 비교하면 다음 [그림 1]과 같이 묘사될 수 있다.

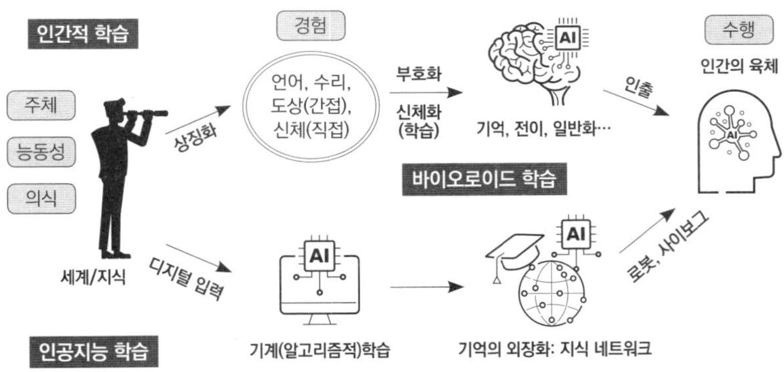

그림 1 인간적 학습과 인공지능 학습의 비교

인간적 학습은 인간이라는 학습의 주체가 의식과 능동성을 가지고 세상에 존재하는 언어, 수리, 도상, 신체적 기호로 상징화된 경험들을 자신의 두뇌 속에서 처리가 가능한 아날로그analog적 부호로 저장한다. 그리고 이렇게 머릿속에 저장(기억)된 정보들을 다른 유사한 개념으로 전이하거나 관련된 사실들로 일반화하는 과정을 거치고,

필요에 따라 이 정보를 인출하여 육체적, 혹은 정신적 과업을 수행하는데 활용하는 것이다.

인공지능 학습도 비슷한 원리에 의해 이루어진다. 인공지능 기계도 학습의 주체가 되어 능동성과 의식을 가질수 있고, 외부의 정보들을 학습 알고리즘이 이해하고 처리할수 있는 디지털digital 부호로 변환하여 처리한 후, 그 결과를 인공지능 내외부와 연결된 다양한 저장 매체에 저장한다. 그리고 인간을 대신하는 사이보그 로봇이 수행하고자 하는 과업의 목표에 따라 저장된 정보를 외부 정보망의 지식들을 참조하여 과업을 수행하는 것이다. 즉, 인간의 학습이나 인공지능의 학습의 차이점은 정보가 아날로그(인간)로 처리되느냐 디지털(로봇)로 처리되느냐의 문제와, 학습의 주체가 학습의 내용인 정보에 대해 '생물학적 이해(인간)'를 갖느냐 아니면 '사이보그적 이해(로봇)'를 갖느냐의 차이뿐인 것이다. 이러한 차이점에 대해서는 제4부에서 언급될 포스트휴먼의 철학적 입장(존재인식론)에서 좀 더 자세히 다루게 될 것이다.

결국 인공지능의 기술이 우리 생활 전반과 학습의 영역에 진입하게 되는 순간부터 우리는 더 이상 인간의 '생물학적' 한계에만 머무르지 않고, 인간적 사고와 기술적 도움을 동시에 활용할 수 있는 학습의 전략을 새롭게 계발할 필요가 있다. 즉 기술의존적 사회에서 학습자들은 더 이상 순수한 '휴머노이드'적 존재로 학습하는 것이 아니라, 필연적으로 바이오로이드적 존재로 학습하게 된다는 것이다. 따라서 앞으로는 기술적으로 증진된technology-enhanced 학습들의 타당성, 적절성, 효과성 등에 대한 연구와 논의가 더욱 필요하게 될 것이다(Hasse, 2019).

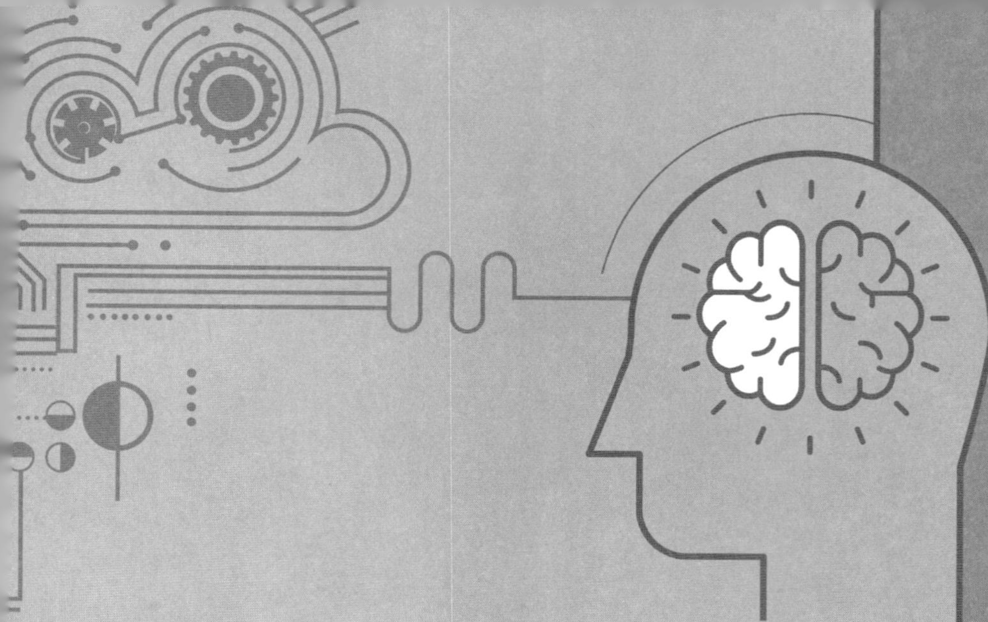

제4부

포스트휴먼 사회에서의 학교교육과정의 변화

미래는 기다려서는 안 되며,
우리 스스로 만들어야 한다.

－시몬 베유

제9장

학교지식 인식론의 전환

앞 장에서 논의한 포스트휴머니즘의 이론들은 기존의 인본주의적 지식관에 대해 어떤 비판적 관점을 가지고 있으며, 그 대안은 무엇인가? 본 장에서는 이 문제를 전통적 지식 구분의 타당성에 대한 검토와와 20세기 대표적 교육과정 인식론에 대한 비판을 바탕으로, 탈인본주의적 인식론의 얼개를 탐색하고자 한다.

1. 전통적 지식 구분의 타당성

최근의 지식생태계의 변화에 주목하는 포스트휴먼적 인식론은 기존의 학문적 구분이 갖는 타당성과 실효성에 의문을 제기한다. 지식의 분류에 관한 여러 접근이 있지만, 탈인본주의적 세계관을 기반으로 한 포스트휴먼적 인식론은 크게 세 가지, 철학적 인식론(지식의 통일성과 다중성의 문제), 인류학적 인식론(문화나 학문 집단의 인식 차이), 그리고 사회학적 인식론(노동의 분화와 전문성의 신장에 따른 지식의 세분화의 문제)의 차원에서 논의될 수 있다(Hadorn, Biber, Grossenbacher, et al., 2008).

첫째, 철학적 인식론은 지식이 조직되는 방식이나 지식과 실재의 관련성의 문제를 다루어 왔는데, 이는 역사적으로 세 단계로 구분된다: i) 고대 희랍의 지식은 모두 간학문적이었는데, 그로 인해 철학자들이 자신이 주장한 진리의 타당성을 한정하거나 경계짓는 것을 원치않았고, 플라톤Plato도 철학자를 '모든 지식을 통합할 수 있는 사람'으로 간주했다는 것이다. ii) 중세 이후의 인식론은 칸트Kant의 이성적 합리주의를 바탕으로 지식의 비평the critique of knowledge(지식이나 진리의 본질에 대한 탐구)에 집중되었고, 학문적 논의는 지식이 '내재적으로' 객관적 실재와 합치하느냐의 여부와 모든 지식의 통일이 가능한가의 문제에 집중되었다는 것이다. iii) 실질적인 지식의 분류는 20세기 들어서 칸트Kant의 선험적 지식a priori knowledge을 거부하고 객관적, 과학적 지식을 강조하기 시작한 논리실증주의logical positivism(이성과 논리적 사유에 의한 실증주의적 관찰이 가능한 사실만 진리로 수용)의 등장에 의한 것이었다.

즉, 20세기에 이르기까지 지식의 분류는 학자들의 주된 관심사가 아니었고, 20세기 초반부터 논리실증주의에 기반한 구조주의 이론의 유행, 그리고 20세기 중반부터의 과학적 연구의 활성화에 의해 지식의 분화와 학문적 범주화가 시작된 것이다. 미국의 본질주의 교육사조(Bruner, 1961)가 강조한 '지식의 구조'나 '나선형 교육과정'의 개념이 등장한 것도 바로 이러한 배경 때문이다.

둘째, 인류학적 인식론의 차원에서 지식은 크게 자연과학(물리적 인류학)과 인문학(문화적 인류학)으로 구분되지만, 두 영역 모두 학문적 분화의 이유가 비슷하다는 것이다. 먼저 문화인류학적 관점에서 보면, 학문 영역화는 학자들이 서로 다른 학문적 계파academic tribes나 지식의 영역knowledge territories에 거주하면서 자신들이 만든 학문적 성과나 문화적 실천에 가치를 부여하고 이를 보호하려는 활동이다(Pina-Cabral, 2004). 만일 지식이 보편적으로 이해가능하고 일반인에게도 쉽게 수용될 수 있다면, 각 학문영역의 전문가들은 자신들의 지식이 가진 권위와 영향력을 잃을 수도 있기 때문에, 다양한 은어나 기술적 언어의 사용함으로써 자신의 학문영역의 독자성과 전문성을 유지하려고 한다는 것이다.

이러한 학문적 분류의 정치성은 자연과학 분야에서도 마찬가지였다. 자연과학 분야의 연구가 활성화되기 시작한 17세기에는 학문적 연구가 무엇보다도 교회와 국가의 역할 차원에서 분리되기 시작했는데, 이는 당시의 '과학적' 연구가 여전히 신학적 세계관에서 벗어나지 못하고 있었기 때문이었다(Cardwell, 1971). 이어서 정서적affective 지식과 이성적rational 지식의 구분이 시도되었는데, 이때 정서적 지식은 불안정하고 여성적 지식으로 간주된 반면, 이성적 지식은 안정적이고 남성적인 지식으로 간주되었다(Keller, 1985). 이와 유사한 맥락에서 자연과학적 지식은 계량화되고 예측가능하다는 점에서 사회과학적 지식보다 안정적이고 이성적 지식이라는 관념이 형성되기도 했다(Snow, 1959).

이처럼 자연과학의 학문적 분화가 그 연구대상인 천체, 물질, 생명체, 화학물 등에 대한 18세기 수준의 인식에서 시작된 것임에도 불구하고, 그러한 초기적 분류 관념이 여전히 교과 지식의 선별과 구조화의 기초가 되고 있다(Tanguy, 1985). 오늘날 자연과학 분야의 첨단 연구들은 더 이상 위와 같은 전통적 학문 구분에 얽매어서 이루어지는 것이 아니라, 연구자 간 네트워크, 실험실 집단, 실험도구나 방법들, 정보 색인(libraries), 그리고 펀드의 원천 등에 의해 구분되어지고 있다(Bush, 1997).

셋째, 사회학적 인식론 차원에서 지식의 분류는 지식의 사회학 sociology of knowledge(Mannheim, 1984) 개념과 과학적 지식의 상대주의relativism of scientific truth(Feyerabend, 1977), 그리고 교차학문적trans-disciplinary 접근을 통해 논의되고 있다. 먼저 지식의 사회학은 사회적 이념이 과학적 연구결과에 영향을 미칠 수 있고, 진리는 사회적으로 구성된다는 관점이다. 이는 지식의 분류가 사회나 문화, 이념에 영향을 받아 구성되어지는 것이지 객관적이고 본질적인 구별을 통해 이루어지는 것이 아니라는 것을 의미한다. 다음으로 논리실증주의자들이 과학적 이성에 기반한 보편적이고 불변의 원리들을 바탕으로 기초주의foundationalism(전체 과학적 연구영역에서 공유될 수 있는 근본적이고 통일된 지식을 발견하려는 태도)를 견지했던 것에 반해, 과학적 지식의 상대주의자들은 학문영역은 객관적으로 발견되는 어떤 실재에 의해 구분되는 것이 아니라, 특별한 연구 관심을 충족하는 방식으로 형성되거나 유지될 수 있다는 관점을 견지하고 있다. 마지막으로, 교차학문성은 서로 다른 과학적 연구 분야들과 실재 세계의 행위자들이 사회적으로 당면한 문제를 규명하거나 구조화하면서, 어떤 연구 질문들이 그러한 실제적 문제들을 해결할 수 있는지 협의하는 것을 의미한다. 요컨대, 이상의 세 가지 사회학적 인식론(지식의 사회학, 과학적 지식의 상대주의, 그리고 교차학문적 접근)은 모두 지식의 분류가 절대적인 것이 아니라, 사회적 관점이나 필요성에 의해 이루어지거나 재구성될 수 있다는 것을 보여준다.

이처럼 지식의 범주화가 무력해지는 현상은 인터넷을 통해 유통되는 방대한 단편화된 지식들(예, 빅데이터)과 그러한 지식을 효과적으로 추출해낼 수 있는 기술(예, 검색 엔진)의 발달로 가속화되고 있다. 즉, 지식의 범주화는 본질적 특성에 의해서나 지식의 구조에 의해서 자연스럽게 이루어지는 것이 아니라, 지식이 활용되는 방식이나 지식을 둘러싼 사회적 담론에 의존하여 필요에 따라 이루어져 왔다. 그러므로 지식을 검색하거나 학습하거나 체계화하는 방식은 지식의 '내재적(본질적) 속성'에 구속되어야만 하는 것이 아니라, 학습자의 다양한 필요(심리적 경향, 학습의 목표, 활동의 성격 등)에 의해서 이루어질 수 있다는 것이다.

요컨대, 지금까지 논의한 철학적, 인류학적, 그리고 사회학적 인식론의 차원 모두를 검토해보았을 때, 지식의 구조나 학문적 분류가 절대적인 기준이나 명확한 내재적인 준거에 의해 이루어진 것은 아니라는 것이다. 대신 학문과 지식은 그 자체적으로 이질적이며 파편화되어있고, 매우 복잡한 방식으로 다른 학문들과 상호작용하면서 끊임없이 변화하고 있으며, 특히 최근의 폭발적 지식의 증가와 기술의 발전으로 전통적인 지식과 학문의 구분은 점점 무의미해지고 있다. 그런 맥락에서 앞으로의 포스트휴먼적 인식론은 인본주의적 세계관이나 학문적 구분에 얽매이지 않고, 모든 존재들 간의 소통과 관계형성을 위해 정보가 흐르는 양상으로 지식을 이해하게 될 것이다. 그렇다면 이러한 교육과정 지식에 대한 잘못된 인식들이 20세기까지의 교육과정 인식론에 어떤 영향을 미치게 되었는지 살펴보자.

2. 20세기 인식론의 한계와 그 해체적 접근

학교 교육을 통해 학생들에게 전수되기를 기대하는 학교 지식은 다양한 인식론적 관점을 기반으로 구성되고 구조화되어 왔는데, 그 대표적 예가 본질주의, 구조주의, 그리고 경험주의 이론이다. 본 절에서는 이 세 가지 교육과정 이론들이 어떤 한계점을 가지고 있는지를 포스트휴머니즘의 관점에서 비판적으로 논의해보고자 한다.

1) 본질주의적 인식론의 오류

본질주의는 크게 세 가지, 인식론적 본질주의(어떤 현상의 원인과 결과를 과학적 합리성에 기반하여 논의:예, 과학적 본질주의, 생물학적 환원주의), 기초주의foundationalism(학문의 특정 영역 전체에서 공유될 수 있는 근본적이고 통일된 지식을 발견하려는 태도), 그리고 문화적 본질주의(어떤 관념이나 가치관의 본질적 가치에 큰 의미를 부여하는 태도)로 구분된다(Sayer, 1997). 이 구분에 따르면, 교육과정 인식론에서 본질주의는 어떤 지적 탐구 방식이 인지적 사고를 훈련하기 위한 기본 요소인가(인식론적 본질주의)와 어떤 지식이 다른 지식의 근본이 되는 지식인가(기초주의), 그리고 문화적 전승들 속에서 어떤 가치와 태도를 학생들이 반드시 학습해야 하는가(문화적 본질주의)라는 세 가지 질문을 중심으로 다루어져 왔다. 그렇다면 이러한 본질주의적 태도가 교육과정 인식론에 어떤 영향을 미쳤으며 그 한계점이 무엇인지를 논의해보자.

교육과정론에서 본질주의적 지식관은 우선 인간 사회와 문화에 관한 전통주의적 관점[1]을 기반으로 수립되었는데, 이는 문화적 본질주의라고 볼 수 있다. 본질주의 교육관의 창시자인 배이글리W. C. Bagley는 본질주의essentialists란 용어를 "사회적 기관으로서 학교의 일차적 기능인 그 사회의 전통을 새로운 세대에 소개하기 위한 교육이론들을 강조하는 것"(Demiashkevich, 1935; Bagley, 1939, p. 326에서 재인용)이란 정의에서 가져왔다. 그러면서 배이글리는 이러한 관점이 지난 한 세대 동안 미국 교육에서 지나치게 강조된 나머지 교과 지식subject-matter knowledge의 숙달의 중요성을 간과해왔다고 비판한 바 있다(Bagley, 1939). 즉 배이글리의 본질주의에 대한 관점은 인류 집단들의 축적된 경험의 의미와 이를 세대 간에 전승하기 위한 교육의 역할을 강조함과 동시에, 교과 지식의 숙달을 위한 학생들의 지적 훈련discipline과 교사의 권위 및 통제를 중요시한 것이었다. 20세기 중반까지 이러한 배이글리의 본질주의적 지식관은 교사교육의 주도권을 놓고 듀이Dewey의 진보주의적 지식관과 경쟁하였지만(Null, 2003), 20세기 중반 이후에는 지식과 학습에 대한 구성주의 및 인지주의적 관점이 새롭게 제시되면서 그 영향력이 급속히 쇠퇴되었다.

인식론적 본질주의의 측면에서도 전통적 학습방식은 비판을 피하기 어렵다. 인지심리학자들의 관점에서 보면, 세상에 대한 인간의 경

1 여기서 전통주의적 관점이란 인간의 이성적 사유를 기반으로 영속적으로 전해내려오는 지식과 가치를 배워야 한다는 항존주의(perennialism)와 그러한 가치있는 지식들은 이미 검증된 인간의 경험으로부터 나온다는 본질주의(essentialist)를 포함하는 것이다(Ellis, 2014).

험과 이해의 축적물인 지식은 인간의 인지(사고) 능력의 발달에 절대적인 영향을 받는데, 그러한 인지 능력의 발달은 지각, 언어, 그리고 개념화conceptualization 등에 의해 이루어진다(Gelman & Medin, 1993). 여기서 인지심리학자들은 지각에서 개념으로 연결되는 과정을 설명하는 보편적인 이론은 없으며, 개념이 범주화되는 방식에 따라 정보를 인식하는 방식도 다르다고 보고 있다. 더구나 아이들이 지식(지각, 사고, 이해력의 발달)을 습득하는 방식은 상황 및 맥락기반적이기 때문에(Gelman, 2004), 지식의 습득을 일차원적이고 단편적인 원리로 설명하기 어렵다고 보았다. 즉, 학습자가 다차원적인 경험(지각)을 통해서 끊임없이 자신의 사고 구조를 형성하고, 언어의 도움에 의해 재구조화(개념화, 범주화, 체계화 등)한 결과가 학습이라는 것이 인식론적 본질주의의 기본 가정이다(Trowler, 2009). 그러므로 인식론적 본질주의 차원에서도, 20세기 초중반에 개념화되어 교과 지식의 숙달이나 교사의 훈련 등을 강조한 본질주의 교육은 21세기의 지식생태계와 학습의 양상을 설명하는 데 한계가 있을 수밖에 없다.

정리하자면, 본질주의적 교육관은 문화적 본질주의나 인식론적 본질주의 차원에서 모두 지식과 학습에 대한 최근 이론들과 큰 괴리를 가지고 있다(Imig & Imig, 2006). 그런데 여전히 학교지식의 많은 분량 속에 본질주의적 성격을 가진 지식들이 포진해 있는 것이 현실이다. 예를 들면, 인류의 유전적 변이에 대한 새로운 연구결과가 기존의 인종적 신념들이 비과학적이라는 것을 보여주고 있음에도 불구하고, 미국 생물학 교과서에는 여전히 인종적 차이에 대한 정형화된 편견들이 남아있다는 지적이 있다(Donovan, 2015). 따라서 각 교과의 내용 속에 이러한 본질주의적 인식론에 기반한 지식들이 얼마나 남아있는지를 비판적으로 검토하고 그 대안을 탐색하는 교과교육 연구가 필요할 것이다.

2) 구조주의적 인식론의 재검토

교육과정 인식론에서 구조주의적 접근은 크게 두 가지로 구분할 수 있는데, 하나는 교육과정의 구조화이고, 다른 하나는 지식의 구조화이다. 먼저 교육과정 구조화의 대표적 예로 번스타인Bernstein(1971)은 교육과정이라는 '틀' 속에서 어떻게 지식이 범주화되고 정형화될 수 있는지를 분석한 바 있다. 이러한 분석을 통해 번스타인은 학교 교육과정의 구조적 틀과 그에 영향받는 교육내용의 기능적 본질 사이의 관계를 밝히고자 했던 것이다. 예를 들어, 수업시간표는 효율성과 기능성을 목표로 교과 지식을 작은 틀 속에 세분화하여 배열하였고, 그로 인해 교과 지식이 파편화될 수밖에 없었다고 지적한다. 그에 따라 번스타인의 구조분석은 파편화된 지식의 단순 모음인 집합적 교육과정보다는 통합적 교육과정이 더 필요하다고 주장한 바 있다(Miller & Stronach, 2005).

다음으로 지식의 구조화에 대한 논의가 교육과정론에 정착된 주된 계기는 브루너Bruner(1961)에 의해 제안된 '나선형 교육과정Spiral curriculum'이란 개념에 의해서였다. 여기서 브루너는 '고도로 구조화된 지식'을 효과적으로 가르쳐야 한다는 점과, '점차적 난이도의 증가' 혹은 '새로운 학습과 기존 학습의 연계'는 등의 이유를 근거로 나선형 교육과정의 필요성을 강조한 바 있다. 사실 브루너가 이러한 구조주의적 지식의 개념을 채택하게 된 것은 20세기 초반부터 유행했던 사회과학 분야의 구조주의적 이론들(막시즘, 촘스키의 언어 구조, 피아제 인지 구조, 프로이드의 무의식 이론 등)의 영향을 받아서였다(Hawkes, 2003).

하지만 브루너의 나선형 교육과정 개념은 '지식의 구조'를 강조하거나 그에 대해 체계적으로 논의하였다기 보다는 교수학습의 방법론 차원의 제안이었다는 것을 브루너의 후속 저술들을 통해 확인할 수 있다. 우선 브루너(1966)는, 기존의 타일러Tyler(1949)의 목표설정에 중점을 둔 합리주의적 이론에 대한 반발로, 목적 자체보다는 그것에 도달하는 다양한 방법이 중요하고, 지식이나 기술을 습득하기 위한 효과적인 수단으로서 교수이론은 기술적prescriptive이어야 함을 강조한 바 있다. 이후 브루너(1973)는 당시의 인지심리학적 이론의 등장에 부응하여 발견 학습의 개념을 설명하면서, 발견이란 학생들이 "외부에 있는 무언가가 아니라, 그들의 머리속에 있는 것을 발견하는 것"(p. 72)이라는 표현을 통해 사고의 구조를 강조한 바 있다. 아울러 브루너(1996)는 당시 활발하게 논의되고 있었던 정보통신 이론과 문화이론들의 관점을 수용하면서, 인간의 마음은 전산 기기이기도 하고 문화적 산물이자 구성요인이라는 관점으로 학습이론을 전개한 바 있다. 이처럼 지식의 구조에 대한 브루너의 입장은 지식 자체가 가진 구조적 특성보다는 그러한 지식을 습득하는 인간 사고의 변화에 더욱 주목하였던 것으로 이해할 수 있다(Takaya, 2008).

사실 지식의 구조란 개념의 불확실성에 대해서는 앞서 논의하였듯이 부르디외와 자노티-카프Bourdieu & Zanotti-Karp(1968)의 '구조주의와 사회적 지식이론'에서 설명된 바 있다. 저자들은 아리스토텔레스가 시도했던 인위적인 분류나 그와 유사한 인위적인 유형학에 의존하지 않고 지식을 분류한다는 것은 사실상 무리라고 보았다. 그리고 사회과학을 학문적으로 이해한다는 것은 사회적 요소들을 독자적으로 이해하는 것이 아니라 "그들의 관계 체제를 생생한 경험을 바탕으로 합리화시키는 것"이라고 주장하였다(p. 704). 즉, 지식 자체가 구조적이어서가 아니라, 지식을 다루는 마음의 습성을 기르고 실천하는 것이 학습의 원리임을 강조하였던 것이다.

정리하자면, 교육과정 인식론에서 '구조'의 문제는 교과 지식의 '논리적logical' 구조와 학습자의 '심리적psychological' 구조라는 두 가지 틀을 기반으로 논의가 이루어져왔다(Posner & Strike, 1974). 그동안 학습자의 심리적 구조에 대해서는 교육심리학 영역에서 많은 연구가 이루어졌지만, 교과 지식의 논리적 구조에 대해서는 충분히 논의되지 못한 채, 브루너의 개념에 의존해 왔던 것이다. 어쩌면 '나선형 교육과정'이 의미하는 바는 지식 그 자체가 구조를 가졌다는 것이 아니라, 지식을 학습하는 학습자의 마음속 선행경향성advanced propensity을 의미하는 것으로 이해할 수 있다. 결과적으로 지식에 대한 구조주의적 접근은 충분한 연구나 논의가 이루어지지 않은 채 관습적으로 학교교육 현장에서 쓰여져 왔다. 따라서 앞으로는 '지식의 구조'라고 하는 인위적 개념에 얽매어 교과 내용들을 분류하거나 인위적으로 체계화하는 관습들에서 탈피하여, 지식의 유동적, 상황적, 관계적, 그리고 융합적 성격에 대한 연구가 필요하게 될 것이다.

3) 경험주의적 인식론의 한계

논리실증주의와 경험주의는 과학 철학(과학적 사고)의 핵심적인 인식론적 기반으로 지난 100년간 절대적인 권위를 누려왔고, 그로 인해 학교교육(교과지식)에도 뿌리 깊은 영향력을 미쳐왔다. 여기서 경험주의가 감각senses적 경험에 의해 습득된 지식을 중요시했다면, 칸트Kant의 철학에 뿌리를 두고 있는 논리실증주의는 경험적 사실 뿐만 아니라 이성적 논증의 결과에 따라 진리로 판명된 지식도 수용할 수 있다는 관점만 다를 뿐이다(Uebel, 2013). 그렇다면 이 둘의 공통적인 인식론적 한계는 무엇인가?

우선 1920년대의 오스트리아의 빈 대학에서 출발하여 1960년대까지 북미의 학계를 지배했던 논리실증주의는, 모든 (과학적) 학문 영역들에 걸쳐 공유가능한 근본적이고 최우선적인 과학적 합리성의 원리를 탐색함으로써 지식의 통일을 이룩하려는 태도로 정의할 수 있다(Hanfling, 1981). 하지만 논리실증주의의 권위는 2차 세계대전 이후의 자연주의 철학(모든 관찰가능한 결과는 자연적 원인이 존재한다는 관점)과, 귀납적 방법론이나 검증가능성verifiability에 대해 의문을 제기하였던 포퍼Popper(1970)의 비판 이후 쇠락하기 시작했다. 이러한 전환은 과학이, 논리실증주의자들의 주장처럼 객관적 사실들의 축적 과정이 아니라, 과학 영역의 관념들과 연구 방식에 의해 구축된 틀paradigm이 질적 변화를 겪는 과정일 뿐이라는 비판(Khun, 1962)에서 촉발된 것이었다. 즉, 한 시대의 과학적 사실들에 대한 믿음은 그 시대의 보편적 관념(즉, 정상 과학 철학)을 반영한 것일 뿐이라는 것이다. 이러한 비판 이후 과학적 지식의 권위는 큰 도전에 직면하게 되었고, 정상 과학normal science 철학을 대신하여 가설이나 이론에 얽매이지 않고 보다 개방적인 과학적 사고와 탐구방식을 지지하는 기술적 과학descriptive science이 등장하기도 했다(Grimaldi & Engel, 2007).

한편 경험주의는 듀이Dewey의 진보주의 교육운동의 가장 핵심적인 이론적 및 철학적 기반으로 20세기 중반에 이르기까지 북미의 가장 영향력있는 교육이론의 역할을 해왔다. 비록 1960년대 이후 구성주의와 인지주의 교육이론에 의해 그 영향력이 크게 줄어들었지만, 여전히 현재까지 학교현장에서 중요한 교육 원리로 활용되고 있다. 하지만 이제 경험주의에 대한 이론적 및 실천적 이해에 큰 변화가 필요한 시점이 되었는데, 그 이유를 다음 세 가지로 정리할 수 있다.

첫째, 과학기술과 정보통신 기술의 발전이 현대인의 학습, 생활, 그리고 소통의 방식에 근본적인 변화를 초래함으로 인해 인간 경험의 형태와 성격에 큰 변화가 일어나고 있다. 인간 경험의 성격이 변화하는 양상에는 여러 가지 사례들이 있는데, 앞서 논의한 가상현실이나 증강현실의 등장에 따른 가상적 경험이 그 대표적 예이다. 즉, 오늘날 인간 경험의 상당한 부분이 과거와 같이 신체나 감각 기관의 직접적 접촉에 의해서만 일어나는 것이 아니라, 간접적, 비대면적, 그리고 가상적 방식을 통해 발생하게 된 것이다(Markram, 2012). 이처럼 온라인 접속, 가상현실, 시뮬레이션, 사이버 세계 등을 활용한 게임이나 학습, SNS 활동, 재택 근무 등이 현대인의 일상생활을 상당 부분을 채워가고 있는 것이 현실이다.

둘째, 데카르트적 이원론에 기반한 전통적 인식론은 경험 주체와 경험 대상을 완전히 구별함과 동시에, 오직 인간을 유일한 경험의 주체로 간주해왔다. 그런데 그러한 경험의 주체인 '인간'에 대한 존재론적(인간이란 어떤 존재인가?) 및 인식론적(인간은 어떻게 사고하는가?) 관점들이 크게 변화하고 있고, 더구나 존재론과 인식론의 이분법적 구분을 해체하는 존재인식론onto-epistemology도 등장하고 있다(Kaiser

& Thiele, 2014). 이 존재인식론은 데카르트적 마음-신체 이원론을 기반으로 사고의 주체로서의 인간(존재)과 사고 그 자체(이성)를 분리시켰던 기존의 서유럽 백인 엘리트 중심주의적 세계관을 거부한 생태페미니즘(일원론)적 세계관을 바탕으로 한다. 예를 들어, 인본주의적 주체(인간)-객체(모든 사물)의 이분법에서 '인간'은 이성과 존엄성을 갖춘 자율적이고 독립적인 주체로서, 주체성이 결여된 세상 만물을 통솔하는 존재로 형상화되어 왔다. 하지만 앞 장에서 객체지향존재론에 대해 설명한 바와 같이, 인간의 경험은 인본주의적 관점에서 벗어나서 세상의 많은 '비인간적' 존재들과 동등한 관계성을 형성하며 상호의존적으로 살아가는 존재로서의 경험의 차원에서 새롭게 이해될 필요가 있다.

셋째, 포스트휴먼 이론들(즉, 신물질주의, 객체지향존재론, 포스트현상학 등)의 등장은 인간의 경험을 새롭게 설명하는 신실증주의new empiricism적 관점을 요구하고 있다. 신실증주의는 라투르Latour(2005)의 행위자망이론Actor-network theory을 기반으로 하고 있는데, 기존의 실증주의—즉 인간이 수립한 가설에 대해 "과학적 탐구(합리주의적이고 객관적인 자료수집과 검증)"를 통해 얻어진 결론만을 진리로 수용할 있다는 믿음—와는 달리, 인간중심적 관점을 벗어던지고 "그냥 있는 그대로 묘사just go on describing"하는 태도를 기초로 한다(Krarup & Blok, 2011). 그러므로, 신실증주의적 관점에서의 '경험'은 인간의 관점이나 행위에 의한 결과의 차원에서 벗어나서 모든 사물들의 상호작용의 결과로서 해석되기 때문에, 다음과 같은 신물질주의적 견해들과 입장을 공유한다.

"물질이 우리로 하여금 지배적인 담론에 저항할 방법을 가르쳐주고, 새로운 존재의 방식을 보여준다"(Hickey-Moody, Palmer, & Sayers, 2016, p. 220).

신물질주의는 "물질이나 신체가 독특하고 독자적인 능동성agency을 가지고 있다고 인식하기 때문에, 직접적이든 우연적이든 상관없이 인간의 의도성intentionality의 결과가 아니라, 그(물질이나 신체) 스스로의 충동impetus과 경로trajectory에 의해 움직인다"라고 본다(Frost, 2011, p. 70).

신물질주의적 관점에서 주체성subjectivity은 인간만의 특질이 아니라 사물에게도 부여되기 때문에, "인간과 사물, 문화와 자연, 정신과 물질의 경계는 점점 희미해지게 되는" 것이다(Braidotti, 2006, p. 200).

즉, 신물질주의는 인간의 경험을 본질적으로 물질적 흐름으로 설명하고, 인간만이 경험의 주체가 아니라 물질도 능동성을 갖고 경험의 주체가 될 수 있다고 본다는 것이다.

이러한 주장이 인본주의적 관점에 익숙해진 우리에게 매우 낯설게 느껴질 수도 있지만, 그러한 관점의 실천은 인공지능, 로봇공학, 만물인터넷Internet of Everything 등의 분야에서 활발히 적용되고 있다. 그리고 신물질주의적 관점은 기술공학이나 정보통신 분야에서만 적용될 수 있는 것이 아니라, 인문학, 사회과학 등 모든 학문 분야에도 적용될 수 있다(Pierre, 2016). 예를 들어, 전 세계적으로 학습의 주요 목표나 내용들이 문해력literary이란 개념을 통해 제안되고 있는데, 이러한 문해력 개념 자체가 '언어'(적 능력 및 방식)가 인간 학습의 본질적이고 필수적인 통로라는 관념에 기반한다는 점에서 매우 인본주의적이다. 따라서 신물질주의의 관점은 학습의 방식을 문해력에 국한하는 것이 아니라 감각성sensibility의 차원으로 확대할 것을 요구하기도 한다(Phung, 2016). 마찬가지로, 언어는 인간 학습에 있어서 이성의 역할을 중시하는 로고스Logos 중심주의, 즉 서유럽중심주의적 세계관을 기반으로 하고 있고, 이는 감정의 역할과 감성 교육을 등한시하게 된 근본적인 이유였다(Chaffin, 2004). 따라서 최근 OECD가 강조하는 리터러시 교육의 목표들도 리터러시를 대신하여 감각성의 차원에서 재개념화하는 것이 신물질주의적 교육원리에 기반한 학습경험의 대안이 될 수 있다.

요컨대, 포스트휴먼 교육과정은 기존의 교육과정 지식의 기반이었던 본질주의, 구조주의, 경험주의적 이론들에 대한 새로운 해석을 요구하고 있다. 물론 이러한 비판은 본고에서 언급하지 않은 행동주의나 구성주의 등의 다른 인본주의적 인식론 및 학습이론들에도 동일하게 적용될 수 있을 것이다. 마지막으로 다음 절에서는 이러한 인본주의적 인식론에 대한 대안적 관점으로써 비대표성이론의 관점에 대해 살펴보도록 하자.

3. 탈인본주의적 인식론의 대안: 비대표성이론

비대표성이론Non-representational theory은 1990년대 중반부터 스리프트Thrift(1996, 1997, 1999, 2000, 2007)를 중심으로 논의되기 시작한 존재인식론으로, 인간의 관점으로 세상을 설명해 왔던 것들에 대한 반성적 성찰이다. 존재론적 측면에서 비대표성이론은, 인간의 우월성을 전제로 인간을 다른 생태적 존재들보다 우선시하는 인류중심주의적 응시anthropocentric gaze에서 벗어나는 것이 인류가 당면한 생태적, 환경적 문제들을 극복하고 기술중심 사회에서 잘 적응할 수 있는 태도라고 본다(Hultman & Lenz-Taguchi, 2010). 그리고 인식론적 측면에서 비대표성이론은, 인간이 지구 생태계 속에서 어떻게 다른 존재들과 삶과 경험을 공유하고 있는지를 기존의 연구 방식—즉 발견, 해석, 판단 그리고 이론적 구체화—과는 다르게 시도하고자 한다(Lorimer, 2005). 즉, 비대표성이론은 후기구조주의이론, 현상학, 실용주의, 생태페미니즘, 그리고 여러 사회학적 관점들이 다양하게 혼합되어 있는 실천지향적 존재인식론이라고 정의할 수 있다(Thrift, 2000).

비대표성이론은 포스트휴머니즘의 기본 이론인 신물질주의, 객체지향존재론, 포스트현상학과 다음과 같이 세계관을 공유하면서, 기존의 존재론(인류중심주의)과 인식론(본질주의, 구조주의, 경험주의 등)의 대안을 탐색하고자 한다.

첫째, 신물질주의적 관점에서 비대표성이론은 생기론적 철학Vitalist philosophy과 과정 철학Philosophies of becoming을 토대로 인간의 관점만으로 세상을 이론화하는 데에는 한계가 있다는 태도와 경험에 대한 과정적 이해를 수용한다(Dewsbury, Harrison, Rose, et al., 2002). 인간의 의식은 세상을 지각perception하기 위한 하나의 소소한 창에 불과하며 실재는 인간의 인지 범주 너머에 존재할 수 있으므로, 우리가 경험한 것을 절대시하거나 인간의 언어로 표현하는 것의 한계성을 깨달아야 한다는 것이다. 비대표성이론은 이처럼 인간 이성 및 언어를 기반으로 세상을 설명하고 이해하려는 태도에서 벗어남으로써, 인간 이성으로 설명되지 않는 다양한 존재들의 체화된 삶의 양상들(신체적, 감각적, 일상적 모습들)을 이해하는데 주목하고자 한다(Thrift, 2007). 이것이 바로 신물질주의를 수용한 비대표성이론의 관점으로써, 인간이 자연적, 그리고 기술적 생태계 속에서 다른 존재들과 어떻게 체화된 경험을 공유하는지를 탐구하고자 한다.

둘째, 객체지향존재론의 측면에서 비대표성이론은 모든 종류의 사물들이 다양한 공간 속에서 무의식적인 과정을 통해 지속적인 상호관계를 형성하고 끊임없이 조우하는 과정을 설명하는 이론이다(Thrift, 2007). 따라서 비대표성이론은 인간은 물론 어떤 특별한 존재의 주체성에 의존하는 것이 아니라, 모든 존재들의 공동 주체화subjectification를 목표로 한다. 이것이 바로 비대표성이론의 객체지향존재론적 윤리관으로써, 인본주의적 윤리관(인간 주체성에 기반하여 이성적이며 일관된 규범적 준거들을 내세워 개인의 선택과 책임을 강조하는 것)과는 다른 태도를 취한다(Thrift, 2003, 2007). 즉, 행위의 역량을 확장하는 것 자체가 윤리적 행위라는 스피노자Spinoza(1996)나 들뢰즈Deleuze(1988)의 철학과 유사하게, 비대표성이론은 인간 이성의 판단에 의해서가 아니라 다른 모든 '비인간적' 존재들이 가진 생동성을 바탕으로 새로운 삶의 형태를 구성할 것을 촉구한다(Thrift 2007). 따라서 비대표성이론은 인본주의적 태도를 기반으로 세상을 판단하고 이해하는 것(이론화)보다는 일상적 작은 행위들 속에서 인간과 모든 사물들의 공존적 관계성을 회복하는 것을 윤리적 목표로 삼는다.

셋째, 비대표성이론은 사물과 함께 공진화하는 인간의 신체에 관심을 갖는데(Thrift, 2007), 이에 대한 현상학적 설명은 다음과 같다. 우선 비대표성이론은 인간의 신체는 세계(비인간적 사물들)와 분리되지 않고 끊임없이 상호작용함으로써 모든 비인간적 존재들과 물질적 관련성을 맺게 된다고 본다(Thrift, 1996)는 점에서 메를로퐁티Merleau-Ponty의 현상학에 동조한다. 여기서 인간의 신체와 다른 모든 비인간적 사물들의 관계는 동등한 영향력을 갖는 다양한 존재의 기술들technologies of being(지식, 도구, 사람, 판단시스템, 공간적 구조들의 혼성적 아상블라주)로 표현될 수 있다(Thrift, 2007, 1997). 이것이 바로 인간 주체성(이성)과 사물의 객체성(신체)을 구별했던 데카르트적 관념론을 넘어서는 육체성에 대한 현상학적 이해이다(Cataldi & Cataldi, 1993).

위와 같이 인간의 경험이 육체성을 통해 다른 사물들과 소통하는 방식은 다양한 이질적 네트워크와 연결들의 다중성multiplicity을 포함하고 있는데(Thrift, 1996, 2000), 그런 점에서 비대표성이론은 관계적 물질주의relational materialism라고 볼 수 있다. 이 관계적 물질주의는 "인간과 다른 비-인간적 존재들이 어떻게 세계 속에서 조우하고 있는지"에 관심을 갖고, 비인간적 존재들이 "인간의 배움과 되어감becomings에 어떻게 영향력을 미치고 있는지"를 주목하고자 한다(Hultman & Lenz-Taguchi, 2010, p. 527).

그런데, 오늘날 과학 문명이 만들어낸 기술적 환경은 이러한 이질성과 다중성을 현실 공간뿐만 아니라 가상공간으로 확장하고 있고, 이에 따라 인간이 다른 사물들과 소통하는 방식에도 근본적인 변화가 일어나고 있다. 따라서 생태적 환경에서의 인간의 경험에 대한 기존의 현상학적 설명은 가상적 환경이나 기술기반 환경에서의 경험을 설명할 수 있는 포스트현상학으로 전환될 필요가 있는 것이다. 예를 들어, 초고속인터넷과 스마트폰 등과 같은 정보통신 기술의 일상화로 인해 놀이와 학습의 명확한 구분이 공간성(학습 공간/놀이 공간), 시간성(공부 시간/노는 시간), 매체성(학습 도구/놀이도구), 현재성(온라인/오프라인) 등의 측면에서 사라지고 있다. 이러한 혼성성은 다음 [표 1]과 같은 기술적 변화에 따른 인간과 사물의 소통 방식의 변화에 의해 나타난 결과이다(Thrift, 2007):

표 1 포스트휴먼 시대의 기술적 변화와 그에 따른 소통방식의 변화

기술적 변화	소통방식의 변화
횡적 네트워크, 링크스, 뉴미디어, 통신-디자인의 결합	네트워크적 소통
터치스크린, 동작/맥락인식 인터페이스	인터페이스의 변화
유비쿼터스 컴퓨팅, 위치 태그의 일상화	유비쿼터스 환경
소셜미디어, Apps/Bots, 생체 인식, 신체측정술(biometry)	피드백기술의 혁신
로보틱스, 인공지능, 만물인터넷	사물의 능동성

위의 기술적 변화와 그에 따른 접촉contact 방식의 다변화가 보여주고 있는 것처럼, 오늘날 인터넷을 통한 검색, 빅데이터의 활용, SNS 활동, 방대한 정보를 담고 있는 웹문서, 유튜브를 통한 영상적 정보들, 스마트폰에 내재된 앱Apps 등은 우리의 생활과 학습의 방식들을 근본적으로 변화시키고 있다. 2020년 Covid-19 바이러스의 세계적 확산으로 사회적 거리 두기가 불가피해졌지만, 각종 기술적 장비를 이용해 업무, 소통, 교육을 지속할 수 있게 된 것도 기술적 도구의 역할이 얼마나 중요한지를 잘 보여주는 사례이다.

이는 오랜 진화적 역사를 가진 인간과 도구의 상호의존성이 기술사회에 걸맞게 적응됨으로써, 인간 속에 기술이 내포되고, 기술 속으로 인간성이 확장되고 있는 현실을 잘 보여준다. 결국, 자연성(생태), 문화성(인간), 기술성(기계) 간의 차이와 구별은 희미해지고, 그로

인해 자연스럽게 인간의 학습과 소통방식이 변화될 수밖에 없으며, 이러한 포스트휴먼적 환경에서의 인간존재의 의미와 경험을 새롭게 이해하기 위해선 비대표성이론(인간중심적 인식론에서의 탈피)과 더불어 포스트현상학적 관점(인간 경험의 본질에 대한 새로운 설명)이 필요하다는 것이다.

요컨대, 비대표성이론은 인본주의적 이원론으로 세상을 바라보는 것을 거부하고(신물질주의), 인간과 사물들 간의 동등한 상호의존적 공생을 지향하며(객체지향존재론), 급변하는 기술적 환경에 체화된 존재로서의 인간 경험의 본질(포스트현상학)이 무엇인지를 설명하고자 한다. 결국 비대표성이론은 세상에 대한 개방적open-ended 설명을 시도하는 하나의 실험적 태도로서(Thrift, 2007), 기존의 인본주의적 인식론이 갖는 한계를 극복할 수 있는 중요한 교육적 태도가 될 수 있을 것이다.

4. 소결: 인본주의적 경험(사회문화이론)에서 포스트휴먼적 경험(사회물질이론)으로

본 장에서는 지금까지 인본주의적 교육과정 인식론에 대한 비판을 포스트휴머니즘의 네 가지 이론적 기반인 신물질주의, 객체지향존재론, 포스트현상학, 그리고 비대표성이론을 중심으로 논의하였다. 그 요점을 세 가지로 정리하면 다음과 같다.

첫째, 신물질주의는 신체와 정신의 이분법적으로 구별하지 않고, 물질의 능동성을 인정하며, 존재론적 문제와 인식론적 문제의 구분을 두지 않는다는 것이다. 따라서 지식에 있어서도 인문학, 사회과학, 자연과학과 같은 전통적 학문의 구분에 얽매이지 않는 인식론을 지향하며 그에 따라 교육의 주체-객체(대상)의 구별 없이 지식의 물질성(예, 지식은 데이터로 전환되어 인간이나 컴퓨터나 동일한 방식으로 처리된다)을 수용하며, 교수 매체들의 능동적 역할에 주목하는 교육과정 인식론이 필요하다.

둘째, 객체지향존재론은 인류중심주의에서 벗어나서 인간과 다른 모든 비인간적 존재들이 네트워크적 관계로 이루어진 세계 속에서 동등한 역할을 수행한다고 본다. 따라서 교육의 목표도 인본주의적 목표에서 벗어나서 생태적 환경계 속에서 모든 존재들이 조화롭게 공존할 수 있는 방향성을 지향하게 되고, 이를 위해 학습자의 자아개념이나 교육적 수행에 대한 관점의 변화가 필요하다.

셋째, 포스트현상학은 최근의 과학기술적 환경 속에서의 인간의 역할과 그 경험의 성격이 기존의 현상학적 설명으로는 한계가 있다는 점을 인식하면서 출발한 것이다. 이러한 포스트현상학적 관점의 필요성은 가상경험, 피드포워드 이론, 그리고 뉴미디어의 등장을 통해 확인할 수 있고, 오늘날 일상화된 정보통신 매체들에의 의존성을 고려할 때 포스트현상학적 관점에서 인간의 경험과 학습을 이해할 필요가 있을 것이다.

미래의 인류가 수행하게 될 포스트휴먼적 경험(학습)을 기존의 인본주의적 경험과 간단히 비교하면, 다음 [그림 1]과 같이 묘사할 수 있다.

[그림 1]에서 묘사된 것처럼, 인본주의적 경험은 경험의 주체와 매개, 대상이 분명히 구분되어 있는 반면, 포스트휴먼적 경험은 경험

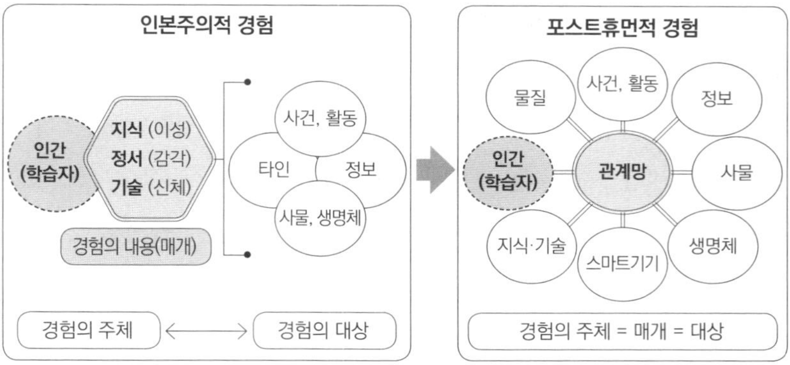

그림 1 인본주의적 경험에서 포스트휴먼적 경험으로의 변화 양상

의 주체, 매개, 대상의 구분이 없이 모든 존재들이 능동성을 가지고 밀접한 관계망 속에서 상호교류하는 것을 경험으로 간주한다. 결국 이러한 포스트휴먼적 존재로서의 인간의 경험(학습)에 대한 대안적 이론들은 학교 교육과정에서의 지식의 본질과 성격에 대한 이해를 근본적으로 변화시키고 있다. 따라서 다음과 같은 점들을 교육과정 인식론의 대안적 방향성으로 간주할 수 있다.

첫째, 전통적 지식의 구분은 철학적, 인류학적, 그리고 사회학적 인식론의 모든 차원에서 인본주의적 자의성에 기반한 것으로, 포스트휴머니즘의 관점에서는 그러한 구분들을 신물질주의적이고 객체지향존재론의 차원에서 재구성할 것을 요구하고 있다. 예를 들어, 과거의 학교교육에서 지식의 체계화, 구조화, 연계성, 맥락성, 그리고 지속성을 강조했다면, 앞으로의 학교교육은 지식의 융통성, 개별성, 시의성, 탈맥락성, 그리고 순간성의 특징을 수용할 수 있어야 한다는 것이다.

둘째, 학교 지식의 인식론적 근간이 되고 있는 본질주의, 구조주의, 경험주의는 모두 20세기의 인식론으로서, 오늘날 지식 생태계에서는 적합하지 않다는 것이다. 본질주의의 차원에서 보면, 최근의 교육과정이론이나 학습이론들은 문화적 본질주의(학교교육을 통해 배워야 할 근본적인 문화적 전승이 있다는 관점)나 인식론적 본질주의(인간 학습의 근본적인 인지적 과정에 대한 관점)와는 다른 다양한 관점들을 보여주고 있다. 구성주의의 차원에서도 지식의 논리적 구조나 학습자의 심리적 구조 등이 더이상 설득력을 가질 수 없을 만큼 지식의 성격이나 학습의 매커니즘에 대한 새로운 이론들이 속속 등장하고 있다. 경험주의적 측면에서도 마찬가지로 최근의 가상현실, 피드포워드, 영상(감각)의 시대의 등장을 놓고 볼 때, 20세기 초반에 형성된 경험주의 및 실증주의적 철학과 이론은 그 설명력을 많이 상실하고 있다는 것이다. 따라서 지식정보사회의 등장과 인간 경험의 본질적 변화에 맞게 지식과 학습에 대한 새로운 이론적 기반이 필요하고, 그에 따라 교육과정 인식론의 새로운 논의가 요구되는데 포스트휴머니즘이 그 역할을 할수 있다는 것이다.

마지막으로 인본주의적 인식론에 대한 대안으로서의 비대표성이론은 포스트휴머니즘의 주요 이론적 기반인 신물질주의, 객체지향존재론, 포스트현상학과 그 세계관을 공유하면서, 그동안 학교교육의 지식론에서 상식적 지위를 누려왔던 인본주의적 지식관의 대안이 될수 있을 것이다. 비록 비대표성이론을 기반으로 학교교육에서의 지식을 한꺼번에 교체할 수는 없겠지만, 실험적이고 전위적 시도만으로도 교육과정 철학, 인식론, 그리고 방법론의 차원에서 의미있는 논의의 장을 열어줄 수 있을 것이다.

제10장

포스트휴먼 교육과정의 미래

교육과정은 학생들이 학교라는 교육기관에서 어떤 내용을 학습할 것인가를 선정content selection하는 일과 선정된 내용을 효과적으로 학습하기 위해 어떻게 조직content organization할 것인가를 결정하는 일을 한다. 본 장에서는 이러한 두 가지 역할 차원에서 포스트휴먼 교육과정의 원리, 성격, 그리고 구체적인 형태에 대해 제안해보고자 한다.

1. 포스트휴먼 교육과정의 기본 원리

인본주의적 교육과정과 차별화되는 포스트휴먼적 교육과정의 가장 기본적인 원리는 지식의 물질성(신물질주의), 학습자(who) - 학습내용(what) - 방법(how)의 통일성(포스트현상학), 그리고 사물의 역량 인식(객체지향존재론)이다.

1) 지식과 방법의 물질성

'춤추는 사람dancer'과 '춤dance'은 분리될 수 있는가?(Holleran, 2019) 근대 과학의 발전은 바로 춤추는 사람으로부터 춤을 분리해내듯이 정신과 신체, 인식주체(학습자)와 인식대상(지식)을 분리해내는 과정을 기반으로 이루어졌다. 즉, 세계 그 자체에서 그것을 움직이는 원리를 추출해내고자 하는 것이 자연과학적 연구의 주된 목적이었다. 지식 자체와 지식을 갖춘 사람을 분리해낼 수 없다는 것은 인식과 존재를 구분할 수 없다는 것과 같은 의미이다. 오늘날 과학자들은 자연계의 모든 사물들을 분리하고 해체함으로써 최종적인 요소, 세포, 유전자, 모듈 등과 같은 사물의 최소 단위에 도달하더라도, 결과적으로 그러한 요소들을 종합하는 숨은 원리를 찾을 수 없다는 사실을 깨닫기 시작했다. 우주의 작동 원리는 그 최소 단위에 있는 것이 아니라, 각 부분들의 연결성과 관계성, 즉 전체성holism에 있었던 것이다(Hickey-Moody, Palmer, & Sayers, 2016).

지식과 학습의 관계도 마찬가지이다. 지금까지 지식은 학습의 대상이고 학습은 지식을 형성하는 과정이며, 학습자는 그러한 과정을 주체적으로 수행하는 존재로 간주되어 왔다. 이러한 개념적 구분은 지식, 학습, 학습자 간의 관계성을 상호 간에 독립적이고 개별적인 것으로 인식한 데서 나온 것이다. 만일 지식과 학습, 그리고 학습자를 서로 분리할 수 있는게 아니라면 어떻게 될까? 지식(학습의 대상)과 학습(지식의 과정)이 분리되지 않는 것임에도 불구하고, 지금까지 학교교육은 이 두 가지가 별도로 존재하는 것처럼 다루어왔다.

데카르트의 이원론적 세계관에 대한 근본적인 의문을 제기하면서 등장한 신물질주의는 정신과 신체는 근원적으로 하나라는 관점을 취한다. 물질과 정신이 하나일 뿐 아니라, 유기물(생명체)와 무기물(비생명체)도 근본적으로 교류되거나 통일될 수 있다고 본다. 그러므로, 인간의 사고는 두뇌 속에서 일어나는 생화학적인 반응을 통해서 파생된 결과일 뿐, 물질적 생성 과정을 뛰어넘는 어떤 초자연적 계시나 특성의 결과로 나타나는 것이 아니라는 말이다. 예를 들어, 신물질주의자인 고프Gough(2016)는 '학습자의 신체는 학습자의 의식이 도달하는 한계점을 지속적으로 재설정한다'고 주장한다. 이 말은 의식이 신체의 한계성을 재조정할수도 있지만, 역으로 신체적 한계에 의식이 구속당할 수밖에 없다는 의미이다. 쉽게 말해, 몸이 구속되어 있거나 장소에 갇혀있다면, 그 사람의 사고나 상상력도 그러한 물리적 환경의 제한을 받을 수밖에 없는 것처럼 의식과 신체는 '상호얽혀'있다는 말이다. 이것이 바로 정신과 물질, 인간과 사물, 그리고 유기체와 무기체의 아상블라주assemblage를 의미한다(Barad, 2003; Deleuz & Gatari, 1987).

포스트휴먼 교육과정의 이론적 기반이 되는 신물질주의는 지식과 학습의 물질성뿐만 아니라, 학습자에 대해서도 인본주의적 관점과 다른 입장을 취한다. 이를 학습자와 사물의 관계성, 학습자의 능동성, 그리고 학습의 정서성, 세 가지 측면에서 살펴보자.

첫째, 학습자(인간)과 학습 대상 및 도구(비인간적 존재)들의 상호의존성의 문제로써, 신물질주의는 인간만이 주체이고 비인간적 존재들은 객체(대상)라는 종속 관계성relationality에 대한 재고를 요구한다(Mulcahy, 2016). 즉, 우리가 사는 세상은 물질적(사물적 조건), 생태-문화적bio-cultural(생태적 환경과 문화적 환경), 그리고 상징적(인류 문명)

힘들이 사회적, 정치적 실천들 속에서 상호의존적 관계(즉, 아상블라쥬)를 형성하고 있다는 것이다(Braidotti, 2013). 예를 들어, 학교교실 안에는 학생들의 신체들, 의자와 책상들, 조명이나 컴퓨터 매체, 공간적 환경들이 다양한 아상블라쥬를 형성하며 상호연결되어 교차적 결속transversal bonds을 형성하고 있다. 이러한 인간과 사물들의 복잡한 관계성 속에서 노마드Nomad적 존재로서의 학생들은 역동적인 자아의 변형과 교차성transversality을 경험하는 것이다(Braidotti, 2016). 이러한 관계성 속에서의 학습은 인간 학습자가 '주체적이고 체계적으로 지식을 구성한다'(즉, 구성주의적 관점)기 보다는 주변의 모든 사물들과의 복잡한 상호작용을 통해 사물들의 아상블라쥬적 관계성을 하나하나 인식해나가는 것이다.

둘째, 인본주의 교육은 인간 학습자에 대한 계몽주의적 신념을 바탕으로, 인간만이 주체적으로 지식과 기술을 개발하는 능동적 존재라고 간주한다. 하지만 이러한 '능동성'의 관념은 자본주의나 신자유주의적 이념을 합리화하는 근거로 흔히 활용되고 있다. 예를 들어 '인적 자본'이란 용어는 자본주의가 필요로 하는 경제적 효용성을 극대화하기 위해 인간이 자원과 환경을 끊임없이 착취함으로써 생산성을 향상시키려는 자본의 본성을 정당화시키는 용어이다. 반면, 신물질주의에서 능동성은 인간만이 아니라 모든 사물들이 상호간의 관계성 속에서 자신의 역할을 수행하는 맥락적 물질성contextual materiality의 개념으로 이해된다. 사물들도 자신만의 내적 경향성과 역량powers을 가지고 있으며, 자율성autonomy과 생동감vitality을 가지고 그들의 유용성을 드러낼 수 있다(Shaviro & Patrols, 2006). 그러므로 인간은 자신의 필요뿐 아니라 사물들의 본성과 그들의 필요를 인식하면서, 단순히 사물들을 활용하는 것이 아니라 그들과 '함께' 수행해나가야 한다는 것이다.

셋째, 인본주의 교육은 학습의 결과로 인지 구조 혹은 사고의 변화, 그리고 신체적 기술이나 태도의 변화를 주된 목표로 한다면, 포스트휴먼적 교육은 정서의 변화에 가장 큰 영향을 미친다. 신물질주의는 고도로 구조화된 사회적 상징의 힘들이 복잡하게 상호작용함으로써 인간의 신체적, 정서적, 인지적 측면에 영향을 미치면서 학습이 이루어진다고 본다(Braidotti, 2013). 인간의 물질적 신체와 사물들이 상호작용하면서 학습자는 어떤 존재로 되어가는데becoming, 그 과정은 분명한 계획이나 절차에 의해서 예측한 바대로 이루어진다기 보다는 무의식적이고 감각적으로 생성되는immersing 과정을 거친다. 들뢰즈Deleuze(1994)는 이러한 점증적 변화를 차연difference이라고 불렀고, 그런 변화는 노마드적이며, 물질적이고 정서적인 특징을 갖는다(Braidotti, 2006). 예를 들어, 교육적 공간에서 교사와 학생간, 학생들 간, 그리고 학생과 사물들 간에는 불평등한 권력 관계가 존재하고, 그러한 관계는 정서성effection에 영향을 미치는데, 내적 작용인 감정emotion과는 달리 정서effect는 외적 작용으로써 다른 존재들과의 교류를 통해 유동적으로 흘러다닌다. 그에 따라 학습의 효과는, 내적 학습이나 감정의 변화에 앞서 정서적 변화를 우선 유발한다(Hoogland, 1979). 이것이 바로 포스트휴먼적 학습이 정서에 미치는 영향이다.

요컨대, 포스트휴먼적 학습은 인간과 다른 비인간적 존재들간의 상호의존적 관계성과 동등한 능동성을 기반으로 하고, 정서성의 측면에서 큰 영향력을 갖는다. 이러한 원리를 극대화하기 위해서는 인간을 다른 모든 존재들보다 우위에 두는 '인류중심적 시선anthropocentric gaze'을 걷어내고, 모든 존재들에게 동일한 역할과 능동성을 기대하며, 교육의 정서적 역할에 더욱 관심을 가질 필요가 있다(Hultman & Lenz-Taguchi, 2010).

2) 사물의 역량 인식

1990년대 후반부터 인문학이나 인간 과학의 분야에 '사물로의 회귀return to things'라는 흐름이 시작되었다. 이 흐름은 기존의 실증주의적이고 기호학적인semiotic 접근에서 탈피하여 사물을 있는 그대로 묘사하는 신물질주의적 문화new material culture와 기술과학적technoscience 연구에 관심을 갖는 것을 의미한다. 이러한 접근은 '사물에 매혹됨enchantment with things'이라는 태도를 기반으로, 그동안 인간 행위의 피동적 수용자에 불과했던 사물들이 침묵을 깨고 자신을 드러낼수 있게 하는 것이 목표였다. 이를 사물의 인격화personification of things라 부를 수 있다. 인류가 이러한 태도를 갖게 된 계기는 사물들의 존재성과 안정성을 부각시킴으로써 사물을 대변하는 것이 결국은 지구 생태계의 지속가능성을 보다 안정화시킬 수 있다는 판단 때문이었다(Domańska, 2006).

포스트휴머니즘은 위와 같이 인간과 사물간의 기존의 관계성에 대한 해체dis-orientation를 바탕으로 한 객체지향존재론을 이론적 기반으로 한다. 객체지향존재론은 모든 사물들이 기계적 관계성의 생태계ecologies of machinic relations에 속해 있다고 보기 때문에, 사물들과의 관계성의 수립과 접촉contacts에 의해서만 사물을 이해하고자 한다. 즉, 인간이 사물에 대해 이미 잘 알고 있다고 믿는 것은 근대주의적 오류이고, 사물들이 어떤 존재들이고 어떤 가능성을 가졌는지를 아는 것은 인간의 능력을 넘어서는 것일 수도 있다는 것이다(Gasche, 2014). 그러므로, 인간과 사물이 서로 '같이 되어가는 becoming-with' 관계라는 점을 인식하면서, 사물의 특성을 미리 예단하지 말고 그들과의 관계를 재정향화할 필요가 있다는 것이다.

이러한 사물의 독자성을 인정하는 것이 객체지향존재론으로써, 인간을 포함한 모든 존재들의 주체성을 인정하는 철학적 관점이다. 그러므로, 세상은 인간과 비인간적 요소들이 네트워크적 관계성 속에서 상호작용하는 시공간인 것이다(Harman, 2015). 이러한 객체지향존재론의 관점을 수용하면, 포스트휴먼적 학습자로서의 인간의 역할과 의미를 이해할 수 있다. 즉, 인간 학습자는 모든 비인간적 존재들과의 상호연관성에 기반한 관계망 속에서 상호의존적 활동을 통해 학습하고 공존하는 존재인 것이다. 예를 들어, 학교교육도 다음 그림이 상징하는 바와 같이 다양한 존재들의 협력 망 속에서 이루어진다.

그림 1 학교교육을 구성하는 존재들과 그들의 상호연관성

위 [그림 1]이 보여주는 핵심주제는 세상은 하나의 총체적 관계망으로서 모든 존재들이 교육에 기여하고 있으며, 상호연결되어 있다는 것이다. 따라서 인간중심적 교육의 관념에서 벗어나면 물질주의적 존재론을 바탕으로 학습 환경에 영향을 미치는 다채롭고 미발견된 '사물의 역량'에 보다 집중할 수 있다.

학습자-학습내용-방법의 통일성도 바로 이러한 사물의 능동성과 역량을 인식함으로 가능해진다. 아상블라주(Deleuz & Gatari, 1987)가 인간과 비인간적 존재들 간의 교차적 연결을 의미하듯이, 세상을 이해한다는 것(지식)은 학습자가 세상의 만물들과 관계 맺음을 통해 그들의 본질을 이해하는 것이다. 그런데, 이 관계맺음의 과정에서 사물들은 스스로 능동성을 가지며 다른 사물들에 영향력을 미치고, 사물이 영향을 미치는 대상에는 능동적 물질agential matter인 인간도 포함된다(Bolt, 2012). 그런 의미에서 바라드Barad(2003)는 공간적 지형학이나 물질적 사물들이 학교 공간에서 일어나는 사회적 상호작용에 큰 영향을 미친다고 주장한다. 학습에서 사물의 역할의 중요성은 최근 Covid19의 확산을 통해 보편화된 비대면 수업의 필요성에서 나타나듯이 이미 교육공학이나 교수매체론에서 충분히 논의된 바 있다. 기존의 교육공학과 포스트휴먼 교육과정의 근본적인 차이점은 사물이나 매체들이 단순한 수동적 도구가 아니라, 4차산업혁명의 기술적 매체들이나 인공지능이 인간의 학습에서 주도적 역할을 하듯이 능동성을 가지고 학습의 공동주체가 될 수 있다는 것이다.

3) 얽혀있음entanglement의 교육과정

우리는 너무나 오랫동안 휴머니즘적 관점에 길들여져왔기 때문에 세상을 탐색하고 학습하는 주체로서의 '나'에 대한 관념을 거부하기가 어렵다. 인식 주체인 '나'를 단순히 관계망 속의 한 요소나 하나의 데이터로서만 간주하기엔 심리적인 저항감이 큰 것이다. 이러한 인본주의적 관념의 틀에서 벗어남과 동시에 단순한 도구 이상으로 사물을 바라보는 인식의 전환이 필요한데, 그러한 예가 "아상블라쥬-얽혀있음entanglement-잘게 썰기mangle"의 접근법이다(McKnight, Rousell, Charteris, Thomas, & Burke, 2017). 그렇다면 '얽혀있는' 교육과정이란 구체적으로 어떤 것일까?

첫째, 학습자-교육내용-방법 등의 구별을 허무는 신물질주의의 등장으로 교육과정이 소멸될 것이라는 견해도 있고(Gaztambide-Fernandez, 2015, p. 248), 머지않아 교사들이 수업을 설계할 필요가 없어지리라는 예상도 많다(Snaza, 2015). 즉, 교육의 물질성으로 인과관계, 교육의 의도성intentionality, 순차성, 그리고 선형성linearity이 무의미해진다면, 그리고 물질이 갑자기 생동성vibrancy을 얻게 된다면, 우리는 과연 어떻게 커리큘럼을 디자인할 것인가?(Bennett, 2010).

지금까지의 교육과정 문서들(설계들)은 인간의 교육적 의도를 재현해놓은 마음의 습관habit of mind으로써, 세상에 대한 지식에 우리가 이해할 만한 구조를 부여한 것일 뿐이다(Barad, 2003). 즉, 교육과정 설계는 필수적인 교육의 요소가 아닌, 관습적이고 형식적인 의례rituals일 뿐이라는 것이다. 따라서, 수업에서는 그러한 관습적 양식들에 의존할 필요 없이, 다양한 지식의 형태적 양식modality(문자, 영상, 소리,

동작 등)을 다채로운 표현의 장르(음악, 시, 소설, 그림, 공작, 수행 혹은 몸동작 등)로 전환시켜 시도해볼 수 있다. 예를 들어, 참신성을 지닌 신임 교사들은 자신의 전공 지식과 관련된 경험과 노하우를 교육과정의 틀(수업목표, 학습 방법, 성과 평가 방식 등)에 맞추어 기술하는 대신 학생들과 자유로운 소통을 통해 실험적으로 공유해볼 수 있을 것이다.

둘째, 포스트휴먼 교육과정은 학생들의 교육적 경험들의 수많은 가능성들을 다양하고 혼합적인 경로로 지도위에 표현해놓은 것으로 비유할 수 있다(Deleuze & Guattari, 1987). 포스트휴먼적 교사들은 심오한 아상블라주, 실험적인 사건들, 흥미로운 자극들을 학생들에게 제안함으로써, 교사들도 미처 상상하지 못한 경험의 경로들을 통해 '전례 없는 미래unrepresentable future'를 창조할 수 있도록 도울 수 있다. 예를 들어, 미술 교육에서는 예술가들이 '물질적으로 분산된materially discursive'(다양한 맥락 속에서 물질들이 어떻게 산재하며 환경을 구성하고 있는지를 탐색하는 것) 작업을 수행한다면, 사회 속에서 예술 활동과 그 작품이 어떤 상징적 의미를 갖는지를 파악할 수 있을 것이다. 디자인 교육의 경우 사물(도구)의 형태나 배치가 인간의 생활에 어떤 활용가능성affordance을 증가시킬 수 있는가를 이해하는 것이 중요한 목적 중의 하나이다. 미술 교육에서 그러한 예술의 심미성과 실용성을 다양한 경로를 통해 경험하게 하는 것이 포스트휴먼적 미술 수업이 될 수 있다(Salm, 2012).

셋째, 포스트휴먼 교육과정은 단순히 물질의 역할을 실용성이나 한계성의 차원에서 고민하는 것이 아니라, 어떻게 인간과 비인간적 존재들이 내적 상호작용intra-act을 통해 서로를 변혁시킬 수 있는가를 고민하는 것이다. 예를 들어, 물질, 에너지, 자원, 그리고 쓰레

기들의 성질, 변화, 가공, 재활용 등을 고민하는 것이 과학 수업이나 기술(공학)수업의 주제가 될 수 있고, 그러한 물질의 특성과 인공물이 사회적으로 어떤 경제적 효과와 지정학적 파급효과를 가졌는가를 이해하는 것이 사회과(정치, 경제, 지리, 역사 등) 수업의 주제가 될 수 있다. 그리고 이러한 주제들에 관해 글을 쓰거나 토론을 하거나, 그림이나 음악으로 표현하는 것 또한 극이나 예술 교과 영역에서 중요한 학습주제가 된다.

이러한 포스트휴먼 교육과정의 방향성을 견지하기 위해서는 근본적인 학습개념의 변화를 필요로 한다. 앞 장에서 언급한 바와 같이 기존의 인본주의적 지식관은 사회문화적socio-cultural 이론의 관점을 기반으로 하고 있었다. 이제는 이것을 생태주의적 관점과 기술산업적 관점으로 변환시킬 필요가 있는데, 그러한 관점에 기반한 것을 사회물질적socio-material 이론이라고 부를수 있다(Fenwick & Edwards, 2010). 사회물질적 이론에서 인간(학습자)은 학습의 중심적이고 주체적인 존재라기보다는, 보다 커다란 시스템이나 네트워크적 구조에 속한 하나의 작용인으로서, 그 시스템의 물질성과 교호적 작용을 하는 존재로 간주되는 것이다(Edwards, Fenwick & Sawchuk, 2015). 이 사회물질적 이론을 간략히 개념화하면 다음 [그림 2]와 같다.

[그림 2]에서 보듯이, 지식에 대한 사회물질적 이론은 물질성(존재들의 특성), 사회성(존재들의 관계성), 그리고 문화성(존재들의 경험)의 내적 상호작용을 통해서 학습이 이루어지고 있음을 보여준다. 여기서 물질성은 도구나 기계 뿐만 아니라 인간에게도 적용되며, 사회성은 인간 사회뿐만 아니라 동물이나 기계들의 연결망에도 적용되고 문

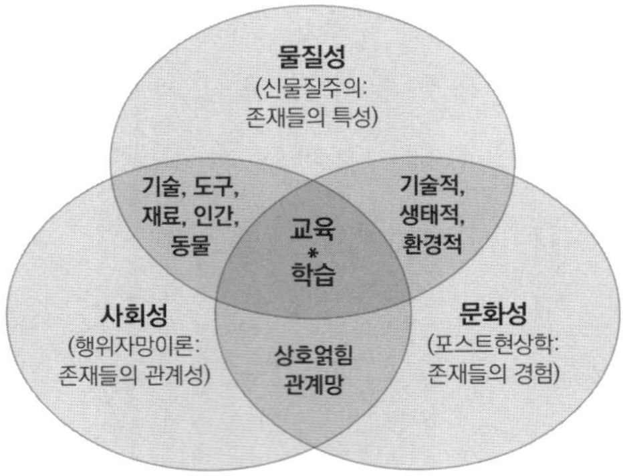

그림 2 사회물질적 관점의 구성요인

화성은 모든 포스트휴먼적 존재들의 경험과 그 행위들이 낳는 환경적 요인이자 결과를 의미한다. 미래의 학습은 과거와 같이 인본주의적 관점의 사회문화적이론으로 설명되는 것이 아니라, 인간-기계-사물의 경계를 넘어선 사회물질적 요인들의 영향력과 작용에 기반하여 설명되게 될 것이다.

4) 정서기반교육

포스트휴먼적 학습은 기존의 학습이 인지적(논리적 및 합리적 사고, 지식 위주의 학습) 학습을 강조했던 것에 비해, 정서성에 기반한 학습을 중요시한다. 그 이유는 포스트휴먼적 학습이 인간의 모든 신체적 감각들과 물질적 요소들을 모두 학습에 개입하는 중요한 능동자agent로 수용하기 때문이다. 이러한 포스트휴먼 교육의 특성은 다음 [그림 3]과 같이 인본주의적 교육과 대조된다.

한마디로 포스트휴먼 교육은 인지 중심 교육에서 벗어나 신체 및

그림 3 이성중심 인본주의 교육 대 정서중심 포스트휴먼 교육

정서 교육에도 관심을 기울인다. 교육 활동도 개별 학습자들이 가만히 앉아서 논리적 사고를 훈련시키고 교육의 목표(결과)에 집중하는 인본주의 교육이 아니라, 학습자들과 다양한 사물들이 네트워크 망 속에서 활발히 이동하며 감각을 최대한 활용한 학습활동을 중시하며 그 과정에 의미를 부여한다.

위와 같이 신체적 감각sensitivity과 느낌, 감정emotion을 중시하는 정서 교육affective pedagogy을 통해 학습자는 자신의 신체적 감각을 활용하여 시간과 공간의 육체성corporeality을 경험할 수 있는 좋은 기회를 얻을 수 있다(Ellsworth, 2005). 즉, 정서적 경험은 신체적somatic 반응을 유발하기 때문에, 정서 교육은 이성을 훈련시키는 교육과는 달리, 신체적이고 감각적인 활동과 밀접한 관련이 있다는 것이다.

이러한 정서교육과 신체적 활동의 관련성은 신물질주의의 관점에서도 이해할 수 있다. 신물질주의는, 인본주의적 관점인 이성주의rationalism와는 달리, 인간이 물질적(환경적) 공간 속에서 정서적 반응을 보일 수밖에 없으며(정서와 공간의 상호작용), 이러한 반응은 '끊임없이 진행된다'고 본다(Massey, 2005). 이러한 신체와 정서가 공간 속에서 상호작용하는 현상을 마수미Massumi(2002, p. 1)는 "신체가 움직이며 동시에 느끼는 동작과 감각은 서로 겹쳐지고 공명하고 간섭하며, 상호 강화하고, 완전히 계량화할 수 없는 방식으로, 종종 예측불가능하게 인간의 행위 속에서 전개된다."라고 표현하기도 했다. 아울러 트루먼과 스프링게이Truman & Springgay(2015, p. 155)는 "움직임과 느낌을 지속하고 있는 신체는 개방적이고 비결정적이며, 연결적이고 공동조성적인 특성을 갖기 때문에, 여러 존재들이 서로 얽히고 상호작용적 관계를 맺는 집합성과 상대성의 차원을 이해하는데 도움이 된다."고 주장하기도 했다.

요컨대, 정서기반 학습은 기존의 인지기반 학습과는 달리 다음과 같은 교육적 특징과 의미를 갖는다.

첫째, 정서기반 학습은 인지적 지식중심의 학습을 지양하고, 예술적, 창의적, 전인적인 경험을 목표로 한다.

둘째, 정서기반 학습은 인간은 본질적으로 '공간적, 시간적 의존성의 망에 얽혀 있는 존재'라고 간주하고(Haraway, 2008), 인간 뿐만 아니라 "살아있지 않은 사물들도 사회적, 물질적 네트워크 속에서 능동적 매개자로서 여겨질수 있다"는 말처럼 인류중심주의에서 벗어난 생태주의적 세계관을 기반으로 한 학습이다(de Freitas, 2012, p. 593). 생태주의적 세계관은 인간은 지구 생태계의 주인공이 아니라 구성원에 불과하며, 인간의 생존과 번영은 생태계 속의 다른 모든 존재들의 번영과 연계되어 지속가능성을 가질 때에만 의미를 갖는다는 관점이다. 정서기반 학습에서 이러한 생태적 태도가 중요한 이유는 정서가 인간의 동물적 특성이나 본능, 그리고 감정의 문제와 매우 밀접하게 관련되어 있기 때문이다. 따라서, 정서기반 학습을 기반으로 학습자는 신체적이고 감각적인 활동들을 통해 세상의 다양한 존재들과의 관계를 형성하고 그들과 상호작용하며 서로를 느끼고 체험하고 함께하는 경험들을 중요시하는 것이다.

셋째, 정서기반 학습은 학습의 동기, 끈기grit, 자신감, 자아정체성의 형성과 밀접한 관계를 갖고 있으므로, 이러한 심리적 기재를 바탕으로 자기규제 학습Self-Regulated Learning의 원동력이 될 수 있다. 1970년 대에 처음 소개된 자기규제 학습이란 학습자가 스스로 자신의 학습을 계획하고, 수행하며 평가하는 것을 가리킨다. 이 이론은 20세기말 역량기반 학습이 부각되면서 새롭게 조명받게 되었고, 디지털 기술의 발전으로 인한 기술향상학습 환경의 확대에 의해 더욱 활성화된 것이다. 그런데 이러한 자기규제의 개념이 지금까지는 인지적이고 명시적explicit 수준의 관리 차원에서만 논의되었다. 즉, 효과적인 자기 규제를 위해서는 상위인지metacognition, 자기평가, 학습환경의 개별화 등의 요인이 중요하다고 간주해왔다는 것이다(Persico & Steffens, 2017). 하지만 최근의 심리학 연구결과에 따르면, 자기규제가 정서적 안정감, 자신감, 학습의 내적 동기, 끈기 등의 정서적 요인에 의해 훨씬 더 크게 영향을 받는다는 것이다. 예를 들어, 학습의 가장 중요한 요인인 흥미interest가 인지적 요인에 의해서만 촉발되는 것이 아니라 정서적인 요인에 의해서도 촉발된다는 것이다(Peppler, 2013). 요컨대, 정서기반 학습의 중요성이 부각되고 있는 만큼, 포스트휴먼적 학습은 앞으로 훨씬 중요한 역할을 하게 될 것이다.

2. 포스트휴먼적 교육과정의 형태와 성격

1) 스펙트럼 교육과정spectral curriculum

교육과정은 기본적으로 크게 두 가지의 정의를 가지고 있다. 하나는 커리큘럼이란 용어가 그리스어 '*currere*'에 어원을 두고 있듯이, 학생들이 소정의 목적지에 도달하기 위한 과정process이나 경로track의 의미를 갖는데, 이는 교육과정을 학습자의 입장에서 이해하는 것이다. 다른 하나는 교육과정敎育課程의 한자어가 보여주듯이 교육을 위한 단위(정程)를 부과(과課)한다는 의미로, 학교교육을 체계적이고 효율적으로 수행하기 위해 교육의 내용, 시간, 공간, 인원수 등의 단위를 책정한다는 의미이다. 그렇다면 포스트휴먼적 교육과정은 어떤 성격과 형태를 가지고 있는가?

인본주의적 교육과정과 다른 포스트휴먼적 교육과정의 방향성을 이해하기 위해 필요한 몇 가지 중요한 이론들이 있다.

첫째는 시스템 이론systems theory이다. 시스템이론이란 자연적이든 인공적이든 전체를 구성하는 부분들이 상호간의 연관성을 바탕으로 상호의존적으로 작동하면서 전체 시스템을 작동시켜나간다는 이론이다. 기계machine의 사전적 의미에 시스템, 조직organization의 뜻이 포함되어 있듯이, 유기물 조직이나 무기물 조직이나 모두 시스템인 것이다. 따라서 자연생태시스템: ecosystem, 사회적 조직이나 기관social system, 그리고 기계machine: engineered system는 모두 특별한 목적을 수행하기 위해 고안된 시스템의 일종이다.

학교도 체계적인 교육을 효과적으로 수행해나가기 위해 인적 요소(교수자와 학습자), 물리적 요소(건물, 공간, 시간, 교재, 매체 등), 내용적 요소(지식, 교수법, 교육과정 등)가 밀접하게 상호연관된 교육시스템이다. 그런 의미에서 학교를 인류가 기성세대의 문명(지식과 기술)을 후속 세대에 효과적으로 전달하기 위해 개발한 인류학적 시스템enthropological system이라고 부르기도 한다(Snaza et al., 2014). 실제로 학생들도 학교라는 시스템의 한 일부이고, 학교교육의 평가도 다양한 형태와 규모의 시험 시스템에 종속되어 있다는 견해도 있다. 비록 그동안 공교육시스템에서 '교육의 목적'이나 '자율성', '인권' 등의 관념들을 바탕으로 인본주의적 이념이 강조되어 왔지만, 실제로 학교교육을 움직이는 원동력은 시스템이론을 통해 훨씬 효과적으로 설명될 수 있다.

한마디로, 포스트휴먼 교육과정은 학교교육에 대한 시스템 이론의 관점을 수용하여, 그러한 시스템의 목적을 효과적으로 달성하는데 교육과정이 어떤 역할을 할 것인가를 고민하는 것이다. 이를 본 장에서는 포스트휴머니즘의 세계관, 인간관, 그리고 지식관을 토대로, 시스템 이론에 기반한 교육과정에 대해 설명하고 있다.

둘째, 지식의 성격과 형태의 변화이다. 현재의, 그리고 머지 않은 미래 사회의 지식은 과거의 지식과는 큰 차이가 있기 때문에, 교육과정은 그 방향성에 주목해야 한다. 본 저자는 지식에 대한 기존의 관념들('지식의 저장', '지식의 구조', '지식의 분류' 등)에 많은 오류가 있다고 보고, 이에 대해서 제9장에서 기존 학교지식이 토대한 본질주의, 구조주의, 경험주의적 입장에 대해 비판적으로 논의한 바 있다.

이러한 불완전한 지식관을 바탕으로 오랫동안 학교교육은 편협한 수업의 방식을 유지해왔다. 예를 들어, 미국 실재주의 철학자인 화이트헤드Whitehead(1929)는 학교교육에서 다루어지는 '이해하지 못한 채 이루어지는 학습', '맥락에서 벗어나서 추상적으로 요약된 개념의 학습', '문제해결에 활용되지 못하는 지식', '암기만되고 전이되지 못하는 지식'에 대해 비활성적inert 지식이라고 비판하기도 했다. 머지않아 개인의 두뇌에 지식을 축적하는 시대는 사라지게 될 것이고, 학교교육에서는 정보의 탐색, 정보의 교류(공유), 정보의 응용/활용, 그리고 좋은 정보를 판단하는 능력 등을 기르는 것이 훨씬 중요한 과업이 될 것이다.

셋째, 교육과정의 목표는 지식만이 아니라 감정이나 정서, 태도 및 윤리, 그리고 기술skills 등의 영역들도 포함한다. 이 말은 교육과정이 지식의 문제(인식론) 뿐만 아니라 삶과 생활의 문제(존재론 및 가치론)을 포괄한다는 것이다. 그런데, 인본주의 교육에서는 이러한 문제들이 온전히 휴머니즘적 세계관을 기반으로 다루어 왔다는것이 문제이다. 따라서 포스트휴먼 교육과정은 동물성Animality에 대한 이해를 중요한 학습 주제로 포함할 것이다. 예를 들어, 문명Civilization이란 의미는 인간의 동물성을 제거하는 것으로 개념화되어 왔고 근대의 학교교육은 동물성을 배제하고 이성적 사유를 강조하면서 과학적 합리성을 기르는 것을 교육의 기본 목표로 삼아왔다.

하지만, 최근 과학적 연구들은 인간과 동물의 근본적인 차이에 대해 의문을 제기하는 결과를 내놓고 있다. 인간이 동물보다 지능이 더 뛰어나다는 것 외엔 정서, 문화, 언어 모두 인간만의 독자성을 주장하기 어렵다는 것이다. 예를 들어, 인간-동물 간의 소통을 연구하는 동물행동학Ethology은 인간의 언어에만 의존하지 않는다면, 인간과 동물의 소통이 가능하다고 본다. 이는 인간과 컴퓨터가 컴퓨터 언어computer language를 통해 상호 소통이 가능한 것과 마찬가지이다.

인공지능 기술이 더욱 발달한다면, 그리고 우리가 소통의 수단으로 '인간의 언어'만을 고집하지 않는다면, 머지 않아 세상의 모든 존재들과 소통이 가능한 시점이 올 것이다.

포스트휴먼 교육과정은 바로 인간 존재들만이 아니라 세상의 모든 존재들과의 소통의 가능성을 확대하기 위한 지식, 정서, 태도, 그리고 윤리의 문제를 포함하게 될 것이다. 이를 위해 우리에게 필요한 것은 다음 [그림 4]가 상징하는 바와 같이 세상 만물들이 '인간을 위해' 존재한다는 믿음에 대한 반성적 성찰이다.

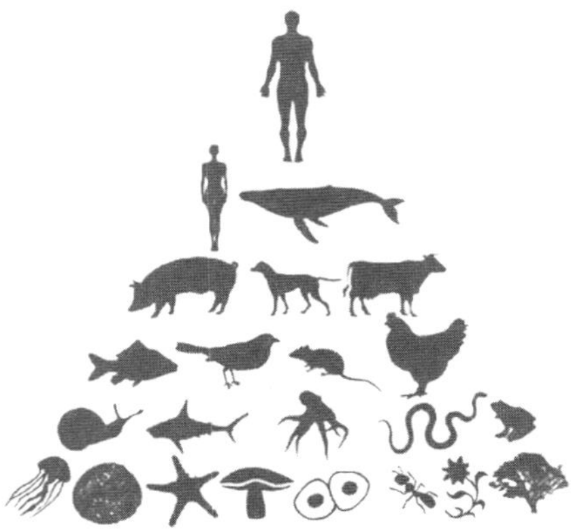

그림 4 인류중심주의적 세계관의 개념도

오랜 인류의 역사 동안 존재들 간의 차별성이 '하늘로부터 부여받은 특권'이라는 관념이 식민주의의 정당화, 인간 내 차별(성별, 인종, 계급, 종교 등)의 정당화, 동물학대의 근거가 되기도 하였다. 같은 맥락에서 미래에는 유전자 조작 기술을 인간 이기주의적 목적으로 사용하는 일을 정당화하는 근거가 될 수 있다는 것을 유념할 필요가 있다.

정리하자면, 포스트휴먼 교육과정은 인본주의적 문명관(동물성 제거)이나 인간 우월주의가 아니라, 객체지향존재론을 바탕으로 한 모든 종들 간의 소통Cross-species을 위한 지적, 정서적, 윤리적 태도를 기르는데 집중해야 할 것이다. 그런 의미에서 포스트휴먼적 교육과정은, 기존의 지식관에서 벗어나 보다 광범위하고 포괄적인 주제(생태 지식, 환경지식, 과학적 지식, 언어학, 윤리, 기술 등)를 다룬다는 점에서 스펙트럼 교육과정이라고 부를 수 있다.

2) 횡단적 교육과정Transversal curricula

포스트휴먼적 교육과정의 또 하나의 특징은 학문 영역, 학습의 양태, 정보의 형태 등의 모든 경계를 넘어 가로지른다는 것이다. 그런 의미에서 앞서 설명한 '단위를 매기는'(課程) 일로서의 교육과정은 21세기에 접어들면서 시효를 다했고, 포스트휴먼 교육과정은 혼연渾然(구별이나 차별 없는)의 교육과정이 되어야 할 것이다. 이 '혼연'의 교육과정을 다음 몇 가지 개념적 꼭지를 통해 설명해 보자.

첫째는 인적 자원의 혼연으로, 배우는 사람과 가르치는 사람, 학생 간의 구별(성적, 성별, 계층, 관심사, 능력차) 등에 얽매이지 않는 것이다. 인적 혼연은 학생의 역할(수동적 지식의 수용자)이나 교사의 역할(일방적 지식의 전달자)의 변화는 물론, 학생들 간의 역할 교류와 협력을 촉진할 것이다. 예를 들어, 협력적 글쓰기 교육과정Curriculum of collaborative writing에서는 교사-학생의 구분 없이 특정 주제를 가지고 물질적(공간, 시간, 재료, 노동력 등) 자원과 정신적(아이디어, 주장, 논점, 장르, 표현력 등) 자원을 골고루 활용하여 글쓰기의 공동작업을 수행하는 것이다(McKnight, Rousell, Charteris, Thomas, & Burke, 2017).

둘째는 지식과 정보의 혼연으로, 교과 구분subjects, 지식의 재현 양식mode of representation(심동적, 도상적, 상징적: Bruner, 1960), 지식의 전달 장르genres(교과서, 문학작품, 예술 작품, 언론기사, 논문, SNS 등) 등의 경계를 넘나들며 학습하는 것이다. 기존의 교육과정 지식은 세분화하고, 단계화하고, 경계를 나누는 지식이 학습에 더욱 효과적이라는 믿음을 기반으로 이루어진 것이다. 하지만 이러한 구분들은 구시대적 인식론적 관점에서 형성된 것이고, 최근 자연과학 뿐 아니라 사회과학 분야에서 이루어지고 있는 융합적 연구 결과들이 보여주는 통찰을 반영하지 못하고 있다.

셋째는 맥락성의 혼연으로 생태적ecologic 맥락 대 가상적virtual 맥락을 넘나들면서 학습과 경험이 이루어지는 것을 가리킨다. 기존의 학교교육은 생태적 세계의 물리적인 공간 내에서 대면적인 만남을 기반으로 설계된 것이지만, 정보통신기술의 급격한 발전 속에서 오늘날의 학생들이 경험하는 학습은 그러한 물리적 공간과 가상적 공간을 넘나들며 이루어지고 있다. 사실 학습은 생태적 공간(교실, 자연, 시장, 박물관 등) 내에서 정형적 도구(교과서, 볼펜, 칠판, 노트)에 의존하여 이루어지는 육체성corporeality 학습도 있지만, 가상적 공간(인터넷, 네트워크, 화상강의, 게임)에서 비정형적 도구(프로그램, 작업도, 알고리즘, 검색 엔진, 기계번역기 등)를 활용하여 이루어지는 비육체성incorporeality 학습도 있다. 그런데 최근 정보통신 환경은 학생들이 점점 더 육체성 기반 학습보다는 비육체성 기반 학습을 경험하거나 그러한 맥락에 더 익숙해지고 있다. 그러므로 포스트휴먼적 교육과정은 바로 생태적 공간에서의 육체성 기반 학습뿐만 아니라 가상적 공간에서의 비육체성 학습의 기회를 동시에 제공해주는 교육과정이라고 이해할 수 있다.

위와 같은 교육과정의 세 가지 혼연성(인적 혼연, 지식의 혼연, 그리고 맥락적 혼연)은 바라드Barad(2007)의 '시공물질spacetimematter'이란 용어를 통해 이해해볼 수 있다. 즉, 아이슈타인이 시간과 공간의 구별 없이 우주를 움직이는 4가지 물리적 힘(강력, 약력, 전자기력, 중력)을 통합적으로 설명하기 위한 대통일이론의 차원에서 일반상대성 이론을 발표하였듯이, 시간, 공간, 물질이 서로 하나로 얽혀있는 일원론적 상태가 '시공물질'이다. 이 시공물질이 우주를 움직이는 기본 원리로 이해되는 것처럼, 포스트휴먼적 교육과정은 '보이지 않는 엉클어진 손'이 교과 구분, 교수자-학생, 학생들의 배경이 갖는 경계를 넘어서 학교교육을 안내하는 교육과정으로 비유될 수 있다.

들뢰즈와 가타리Deleuze & Guattari(1994, p. 28)는 이러한 '모호하고 정리되지 않는 듯한' 교육과정이 갖는 함의에 대해 다음과 같이 강조한다.

> 첫째, 철학은 개념적 주사위를 던지는 것이고 이를 통해 개념교육이 이루어지므로, 그것은 미리 결정된 것이 아니다. 우리는 학생들이 개념에 대해 무엇을 배우고 생각하며 어떻게 그것에 반응할지 결코 예단할 수 없다. …… 개념을 가르친다는 것도 마찬가지로써, 개념은 앞으로 다가오게 될 사건에 대한 윤곽선contour, 개략적인 구조configuration, 생각들의 집합constellation일 뿐이다.
>
> 둘째, 페다고지는 실체 없는 감각의 사건으로써, 교수학습의

육체적 경험을 통해 실현되는 것이다. 그것은 교사와 학생들의 수많은 경험들이 때로는 폭포수처럼 풍부하게 쏟아지기도 하고, 때로는 지나치게 결핍되기도 한다.

셋째, 교육은 예측하거나 확정될 수 있는 것이 아니기 때문에, 실현의 즉시성immediacy of actualisation을 가진다. 즉, 교육은 '주사위 던지기dice rolling'처럼 즉시적 결정을 필요로 할 수 있다.

위와 같은 들뢰즈와 가타리Deleuze & Guattari의 비유들은 근대적 교육과정이 상정한 계획성, 체계성, 엄밀성이 얼마나 무모하고, 편파적이며, 현실과 거리가 먼 접근이었던가를 깨닫게 해준다. 이러한 비판적 관점에서 포스트휴먼 교육과정은 '폭풍같은 교육과정curriculum of storms'이고, 교실은 '벼락치는 현장lightening site'이며, 그리고 학습은 유레카Eureka의 경험이 될수 있다고 본다(Arakawa & Gins, 2002).

요컨대, 이러한 맥락 속에서 이루어지는 교육은 상이한 육체들과 정신들, 다양한 경험들의 연속, 그리고 끊임없는 유동성과 가로지름을 통해 학습이 생성될 수 있도록 조장하는 횡단적 교육과정을 필요로 할 것이다(Manning & Massumi, 2014).

3) 교육과정 너머의 접근Post-curricular approach

포스트휴먼 교육과정은 기존의 교육과정이 갖는 구조와 역할의 틀에서 벗어나는 교육과정을 지향한다. 즉, 포스트-교육과정은 20세기의 교육과정에 대한 관념에서 벗어난 비가시적, 비형식적, 비계획적 교육과정을 가리키는데, 이를 세 가지 측면에서 설명할 수 있다.

첫째, 학습 경험의 우연성을 인정하는 우연적 교육과정이다. 학교교육에서 학생들이 경험하는 가장 의미있는 순간 대부분은 우연한 사건들chance occurrences에서 일어난다(O'Donnell, 2013). 그리고 우리는 학생들이 학교에서의 수많은 경험들 속에서 어떤 존재들(교사, 친구, 교과 지식, 도서, 교수 매체, 교실 환경 등)과 의미있는 관계성을 맺게 될지 알 수 없다. 학생들은 능동적으로 움직이면서 모든 물질들과 개입하게 되는데, 그러한 경험들 속에서 우연히 혹은 필연적으로 변화가 일어나는 것이다. 그러므로 좋은 교육은 학생들이 학교에서 다양한 존재들과의 미묘한 관계성을 교육적이고 가치로운 일의 차원에서 형성하도록 꾸준히 조장하는 것이다.

문제는 교육은 미리 예측하여 기술되기 어려운 이질적인 환경에서 이루어진다는 점이다. 교실의 분위기는 그러한 예측불가능성을 수용하고 놀라운 사건을 받아들이는 환경을 갖추는 것이고, 교사와 학생은 그러한 교육적 대면의 사건들을 헤쳐나가야 한다. 그런 점에서 최근 역량중심 교육과정이 시도하고 있듯이 교사가 학생들에게 성취 지표에 집중하여 행동의 변화를 이끌어내려고 하고, 사회적 역량을 평가하면서 기술-기반skill-based 접근을 사용하는 것은 큰 오류를 범하는 것일 수 있다(O'Donnell, 2013, p. 265). 따라서 교육 실천가의 역할은 그러한 사건의 가능성을 촉진하거나 그것을 통해 학생들의 변혁이 일어나도록 '눈에 보이지 않는 지형invisible terrain'을 조성하는 것이다(O'Donnell, 2013, p. 281).

둘째, 중앙집중적이 아닌 분산적이고 관계적인 리조매틱rhizometic 교육과정이다. 들뢰즈와 가타리Deleuze & Guattari(1987)은 중앙 집중적 뿌리구조를 가지지 않고 사방으로 복잡하게 얽히고설킨 뿌리식물(리좀rhizomes)을 비유로 자연적, 사회적 존재들의 관계망을 설명한 바 있다. 이러한 리좀은 변이성variation, 확장expansion, 정복conquest, 사로잡음capture, 파지offshoot 등의 전략을 통해 성장해나감으로써, 조직화, 중심화, 자동화의 기재에 의존하지 않고 탈중심화되고, 비위계적이며 비지향적으로 작동하는 시스템이다(p. 21).

이 리좀의 특성을 교육과정의 구조에 대입하면, 리조매틱rhizometic 교육과정은 기존의 타일러R. Tyler(1949)식의 획일적, 합리적, 효율성 기반 교육과정과는 전혀 다른 운영의 원리를 가졌다고 볼 수 있다. 즉 리조매틱 교육과정은 학습 경험이나 효과가 학생-교사-지식-매체들 사이의 우연한 만남이나 관계맺음을 통해 생성emergent될 수 있고, 그 생성의 시점과 파급효과는 예측이 불가능하다. 대신 학생들이 어떻게 비인간적 사물들과 연결되고 새로운 이해를 형성하는가를 살펴봄으로써 그들이 학교에서 어떤 경험을 하고 있는지를 판단할 수 있다.

셋째, 지식의 계열화와 학습의 순차성에 얽매이지 않는 비순차적 교육과정이다. 기존의 교육과정은 학생들이 교육 목표를 향해 학습 내용을 조정하고 이를 체계적이고 순차적으로 배워나가는 경로를 설정하는 것으로 개념화되어 있다. 따라서 전통적인 교육과정에서는 특정 교과 지식을 학습의 순서에 따라 배열하고 그것을 학생들이 따라가도록 설계되어 있다. 하지만 이러한 교육과정의 위계성은 인터넷 연결망의 확산, 방대한 온라인 지식, 빅데이터와 인공지능의 등장, 사이버 학습의 일상화에 따라 이미 큰 도전을 맞이하고 있다. 예를 들어, 이러닝e-learning 학습시스템에서는 특정 교과의 내용에 접근하는 순서나 방법에 수십가지의 접근이 가능하기 때문에, 융통성있는 학습 루트를 통해 다양한 방식으로 수업목표에 도달할 수 있다. 학습 자료(지식, 데이터)를 구성하고, 선별 및 편집하고, 학생들에게 제시하는 방식에 많은 가능성이 있기 때문에 그 순서도 매우 복잡하거나 융통성을 가질 수 밖에 없는 것이다(Chi, 2009).

이러한 교육과정의 비순차성은 결국 포스트휴머니즘의 기저 이론 중 지식에 대한 신물질주의적 관점을 잘 드러낸다. 지식은 인간의 관념과 같은 순수한 정신적 실체만도 아니고, 인간의 이해를 벗어나서 객관적이고 가시적 형태를 가진 물질적 실체도 아니다. 그러므로 지식의 구조나 학습순서가 정해진 것이 아니기 때문에, 지식에 접근하고 경험하며, 그것을 이해하기 위한 접근법은 학습자나 환경에 따라 매우 다양할 수밖에 없다. 그러므로, 학습자는 자신의 관심사와 비인간적 사물들의 관계성을 지속적으로 매핑mapping하면서 학습의 경로들을 개척해나가야 한다. 그 경로는 학교 공간이나 교사의 지도 범위에 국한되는 것이 아니라, 자신이 의미를 형성하는 방향으로 자유롭게 나아갈 수 있다. 이러한 접근법을 '교수법의 한 형태로서의 신물질주의new materialism as a form of pedagogy'라고 부른다(Reddington & Price, 2018). 그러므로 포스트휴먼 교육과정은 이러한 지식에 대한 비순차적 접근을 허용하고, 생태적 학습(오프라인)을 통해서든 가상적 학습(온라인)을 통해서든 학생들이 각자 취향과 수준에 맞게 선택적으로 학습하는 것을 장려할 필요가 있다.

요컨대, 인간의 경험은 하나의 맥락에 고정되어 발생하는 것이 아니라, 항상 다중성multiplicities, 사건들events, 사례들occasions, 감정들feelings, 그리고 만남들experiences 속에서 이루어진다(Whitehead, 1978).

따라서 그러한 다중성과 복잡성 속에서 다양한 존재들과의 만남을 기반으로 한 학생들의 학습은 우연적이고, 비순차적이며, 리조매틱하다는 것을 이해할 필요가 있다. 그것이 바로 포스트휴먼 교육과정이 지향하는 '교육과정 너머'의 접근이다.

제11장

포스트휴먼 시대의 리터러시 교육

명실상부한 디지털 시대(Kress, 2003)에 들어선 이후, 현대인들은 첨단 정보통신 장비들을 활용하여 때와 장소를 가리지 않고 다양한 형태의 정보와 메시지들을 주고받으며 학습과 소통을 이어가고 있다. 아울러 디지털 기술은 학교 리터러시 교육에도 실질적으로 적용되고 있으며(Carrington & Robinson, 2009), 고등교육에서는 사이버러닝, 이러닝, 인터넷 강좌와 같은 가상 공간에서의 학습이 다양한 형태로 자리를 잡아가고 있다(Goodfellow & Lea, 2007). 그에 따라 리터러시의 역할이 실생활에서만 의미를 갖는 것이 아니라, 가상세계나 게임 활동에도 적용됨으로써, 디지털과 아날로그 현실의 경계붕괴blurring 나 혼성화hybridity가 급속하게 진행되고 있다(Steinkueler, 2007). 이러한 디지털 기술의 발전에 따라 나타난 뉴미디어는 점점 일상생활 속으로 침투하고 있으며, 이에 따라 기존의 미디어에 의존한 리터러시는 더 이상 현대인들의 학습과 소통의 방식을 설명하기 어려운 수준에 까지 이르게 되었다.

위와 같은 뉴미디어의 등장으로 인해 결국 리터러시의 성격과 역할이 변화될 수밖에 없는데, 이러한 첨단 정보통신 디지털 기술의 발달과 뉴미디어의 등장에 따라 달라진 리터러시의 새로운 양상을 포스트휴먼적 리터러시라고 부른다(Mazzei & Jackson, 2018). 하지만, 이 포스트휴먼 리터러시의 구체적인 개념과 이론적 배경, 그리고 그 성격이나 방향성에 대해서는 국내외적으로 아직 충분한 논의가 이루어지지 않고 있다. 그런 의미에서 본 장에서는 다음 네 가지 질문을 중심으로 포스트휴먼 리터러시의 개념을 설명하고자 한다: 첫째, 포스트휴먼 리터러시가 등장하게 된 배경은 무엇인지?, 둘째, 포스트휴먼 리터러시는 어떻게 범주화될 수 있는지? 셋째, 포스트휴먼 리터러시의 주요 이론적 기반은 무엇인지?, 그리고 넷째, 포스트휴먼 리터러시가 갖는 대안적 연구 주제와 교육의 방향은 무엇인가?가 그것이다.

그동안 리터러시는 언어가 인간만이 가진 자질이라는 인본주의적 관점을 바탕으로 인간 이외의 존재들에게는 적용되지 않았고, 그로 인해 그들의 관점과 목소리는 침묵되었다. 하지만 최근 4차 산업혁명으로 상징되는 정보통신 기술의 발전은 언어 혹은 기호가 하나의 데이터로서 모든 존재들에 대한 이해와 상호 간의 소통을 위한 매개에 불과하다는 관점이 상당한 설득력을 갖게 되었다. 포스트휴머니즘은 바로 이러한 관점을 가장 잘 대변화고 있는 세계관이자 이론적 기반으로서, 향후 새로운 기술적 환경의 변화에 부응하여 리터러시의 개념을 확장시키고 새롭게 그 역할을 규명하는데 기여하게 될 것이다.

1. 리터러시 이론의 발달과 포스트휴먼 리터러시의 등장

1) 리터러시의 지형도

리터러시의 개념은 인류가 문자를 개발하게 된 이후로 3Rs(reading, writing, arithmatic)로 대표되는 정보를 담지한 언어적 및 수학적 기호들을 해독해내는 능력을 의미하는 것에서 출발하였고, 최근에는 여기에 연구 및 조사research 능력을 포함시키기도 한다(Gilster, 1997). 과거의 리터러시의 개념은 활자와 소리에 기반한 언어 정보를 해독하는 것이었지만, 1950년대 이후 TV로 대표되는 대중 매체의 등장으로 영상 정보 혹은 '영상 언어'에 대한 해독 능력이 강조되었고, '미디어의 비판적 이해'에 초점을 둔 미디어 리터러시의 개념으로 대체되었다(Rogers & O'Daniels, 2015). 하지만 컴퓨터가 대중화된 1980년대 이후 '디지털 미디어'의 개념이 등장하게 되자, 리터러시의 성격은 미디어의 제작자와 수용자의 경계가 붕괴되고 리터러시 영역에 '정보의 생산'이 포함되게 되었다. 특히 유비쿼터스Ubiquitous에 기반한 사회관계망서비스(이하 SNS)가 확대됨으로써, 소통, 인간관계, 정보분석 및 평가, 협업과 집단지성, 개인정보와 평판, 놀이와 사회참여, 시민성 등이 미디어 리터러시의 중요한 요소로 자리 잡게 되었다(Potter, 2018).

위와 같은 디지털 미디어의 등장으로 인해 리터러시의 개념과 성격이 근본적으로 변화함으로써 나타난 것이 바로 디지털 리터러시digital literacy이다. 디지털 리터러시는 1960년대에 처음 등장한 컴퓨터 리터러시란 개념에서 시작하였고, 그 용어는 숙달의 단계(mastery: ~1980년대 중반), 응용의 단계(application: 1980년대 중반

~1990년대 후반), 그리고 회고의 단계(1990년대 후반부터 현재)로 구분되어 쓰이고 있다(Martin, 2003). 현재 디지털 리터러시는 '컴퓨터를 활용하여 여러 가지 출처로부터 얻은 다양한 형태의 정보들을 이해하고 새로운 정보로 조합하여 자신의 목적에 맞게 활용하는 능력'이란 정의로 이해되고 있고(Gilster, 1997), 인터넷의 보급을 바탕으로 등장한 네트워크 리터러시(네트워크 활용에 관한 윤리의식을 갖추고 네트워크 상의 정보를 검색하고 접근 및 처리하여 활용하고 다른 사람과 소통할 수 있는 능력: McClure, 1994)란 용어도 이와 유사하게 쓰이고 있다.

이후 디지털 리터러시는 아래 [표 1]에 정리된 바와 같이 여러 학자들에 의해 다양하게 정의된 바 있다.

표 1 디지털 리터러시의 구분

학자	구분
Tyner(1998)	컴퓨터 리터러시, 정보 리터러시, 테크놀로지 리터러시, 비주얼 리터러시, 미디어 리터러시
Bawden(2001)	기술기반 리터러시와 디지털 리터러시(인터넷 리터러시, 하이퍼 리터러시, 멀티미디어 리터러시)
Martin(2003)	기술적 리터러시, 정보 리터러시, 미디어 리터러시, 비주얼 리터러시, 소통 리터러시
P21(2007)	정보 리터러시, 미디어 리터러시, ICT 리터러시

[표 1]과 같은 디지털 리터러시에 관한 현대 사회의 관심은 '21세기 학습'의 성격을 제시하면서 다양한 정보를 비판적으로 사고하기 위해 디지털 리터러시가 필요하다고 강조한 유네스코UNESCO(2001)의 정책 방향에도 잘 나타나 있다. 국내의 경우 디지털 리터러시가 연속성continuum과 다국면적multidimensional 성격을 바탕으로 오늘

날 모든 형태의 리터러시를 포함하고 있다는 점에서 기술적-, 비판적-, 그리고 사회적 리터러시로 구분하기도 했다(한정선·오정숙·임현정·전주성, 2006). 하지만 최근 정보통신 기술의 발달과 디지털 환경의 확장 및 생활화로 인해 디지털 리터러시를 더 이상 세부적으로 구분하는 것이 의미가 없다는 관점이 대두되고 있다(안정임·김양은·전경란·최진호, 2017).

디지털 리터러시는 언어교육 및 외국어교육의 영역에서도 필수적 내용이 되어가고 있다. 디지털 리터러시는 기술을 활용한 소통과 학습을 강조하기 때문에, 컴퓨터 보조 언어학습computerassisted language learning과도 밀접한 관련성을 가지면서 동시에 자연스럽게 다양식성multimodal을 활용한 언어교육을 장려한다. 이러한 디지털 리터러시를 위한 교육적 접근의 대표적 예로 다음 [표 2]에 소개된 모바일-보조 언어학습mobile-assisted language learning: MALL을 들 수 있다. MALL의 접근법은 전통적 교실 기반 언어학습이 아니라, 모바일 기기 및 앱을 주로 활용하고(Reinders & Pegrum, 2015), 내용 기반 학습content-oriented learning에 집중하며(Kukulska-Hulme, 2009), 디자인-기반 학습Design-oriented learning(Kukulska-Hulme, 2009)을 통한 언어교육을 강조한다.

표 2 안드로이드 기반 인기 외국어 학습 앱(MALL의 사례들)

Drops: Language learning Developer: Language Drops Price: Free⁺ ★★★★★	**Learn Languages with Memrise** Developer: Memrise Price: Free⁺ ★★★★★
Duolingo: Learn Languages Developer: Duolingo Price: Free⁺ ★★★★★	**Lingvist: Learn German, French** Developer: Lingvist Technologies OÜ Price: Free⁺ ★★★★★
Busuu: Learn Languages Developer: Busuu Price: Free⁺ ★★★★★	**Babbel - Learn Languages** Developer: Babbel Price: Free⁺ ★★★★★

물론 위와 같은 모바일 앱을 활용한 언어학습을 통해 디지털 리터러시를 기르는 일은 아직 많은 한계점을 안고 있다. 예를 들면, i) 모바일 앱 언어학습 프로그램들이 상당히 오래되거나 부적절한 언어학습 이론에 기반한 것이라는 점, ii) 언어학습 내용들이 초보적 수준의 내용으로 이루어져 있어서 높은 수준의 학습자들에게는 적합하지 않다는 점, iii) 성취도 테스트의 수준이 높지 않다는 점, iv) 상당 부분 지루하고 반복적인 훈련들로 구성되어 있다는 점, v) 맥락에서 벗어난 어휘 암기 학습들을 포함하고 있다는 점, vi) 가르치기보다는 테스트하기에 집중된 앱들이 많다는 점, vii) 오래된 언어 역량의 표준에 기반하고 있다는 점, 그리고 viii) 이런 앱들의 확산으로 언어교사들의 일자리가 줄어들고 있다는 점들이 그것이다.

위와 같은 한계점들은 현대인들의 경험과 학습의 생태계가 급격하게 변화함에 따라 나타난 것으로써, 리터러시 개념에 대한 새로운 정의를 요구하고 있는 것이다.

2) 포스트휴먼 리터러시의 등장

디지털 리터러시가 등장한 지 50여년이 지나 디지털 문명이 정착되었고 4차산업혁명의 혁신과 더불어 등장한 포스트휴머니즘은 디지털 리터러시의 개념에도 커다란 변화를 초래하게 되었다. 그 결과로 나타난 포스트휴먼 리터러시는 다음과 같은 여섯 가지의 이론적 관점을 기반으로 하고 있다.

i) 인간만이 타고난innate 언어 능력을 갖고 있는 것이 아니다.

언어가 인간 고유의 능력이고 동물들의 언어는 인간의 언어 수준에 미치지 못한다는 관점은 대표적인 인본주의적 세계관을 바탕으로 한 언어이론이다. 모든 종들은 자신들만의 독특하고 고유한 언어나 소통의 방식을 가지고 있다.

ii) 소통의 매개체로서 언어는 인간에게만 주어진 것이 아니고, 모든 비인간적 존재들도 자신의 언어를 가지고 소통의 주체가 될 수 있다. 예를 들어, 각 동물종은 자신들만의 독특한 소통의 방식을 가지고 있고, 기계도 기계언어를 통해 인간과 그리고 자신들끼리 소통할 수 있다. 즉, 언어는 존재들 간의 소통의 도구이지, 어떤 특정한 존재의 전유물이 아니다.

iii) 언어적 소통이나 비언어적 소통은 다양한 기술적 매개들을 통해 물질화될 수 있다. 인간의 사고(정신)는 언어를 매개로 물질화되어 형상화(문자)되거나 문서의 형태로 저장될 수 있고, 또한 컴퓨터와 같은 기술적 매체들이 처리할 수 있는 형태로 디지털화될 수 있다. 이러한 물질화는 언어적, 비언어적 소통의 여부와 상관없이 모두 가능하다.

iv) 디지털로 매개되는 소통은 다양식적 방식을 통해 훨씬 생동감있게 이루어질 수 있고, 더욱 새로운 소통의 방식을 생성해낼 수 있다.

v) 디지털 네트워크를 활용한 소통은 인지적 분산(아이디어의 사회적 확산)을 더욱 효과적으로 촉발시킨다.

vi) 리터러시와 관련한 사회기술적 혁신은 리터러시 교육의 정책이나 실천을 훨씬 앞질러 갈수 있다.

위와 같은 디지털 리터러시의 방향성은 탈인본주의적 언어관, 다양식성, 다감각성, 기술기반 접근을 강조하는 것으로 이해할 수 있다. 이러한 디지털 리터러시의 등장이 앞으로의 리터러시 생태계에 미치게 될 변화는 다음과 같이 정리될 수 있다.

첫째, 디지털 시대를 맞이한 이후로 다양식성multimodality과 다감각성multisensuality이 점점 리터러시의 중요한 형태가 되고 있다. 실질적으로 학교에서의 학습이 더 이상 교과서나 면대면 수업과 같은 전통적 학습방식에 의존하지 않고, 디지털 교과서나 이러닝과 같은 매우 다양한 학습의 방식을 통해 이루어지고 있다(Carrington & Robinson, 2009, Goodfellow & Lea, 2007).

둘째, 리터러시의 영역이 게임이나 가상세계의 영역으로 확장되었을 뿐 만 아니라, 리터러시 활동이 훨씬 번성하는 공간이 되고 있다(Steinkueler, 2007). 이는 현실과 가상, 아날로그와 디지털의 경계가 붕괴되거나 혼성화hybridity된 공간 속에서 인간의 경험이 이루어지고 있다는 것을 의미한다.

셋째, 디지털 기술의 발전은 인간의 경험을 다양한 방식으로 변형함으로써, 디지털 매체가 단순한 소통의 도구가 아니라, 소통이나 학습의 주체나 본질적 요소가 되게끔 하고 있다(Harman, 2018). 예를 들어, 인공지능 기기, 사물인터넷, 자동화기기, 그리고 챗 봇Chat Bot이나 자동응답 및 검색시스템 등과 같은 다양한 기능을 가진 봇들bots이 매체가 인간을 대신하여 소통의 주체가 되고 있음을 잘 보여준다.

예를 들어, 앞서 소개한 모바일 언어학습의 도구로 개발된 언어학습 앱App을 대신하여 다양한 챗 봇이 등장하고 있다. 다음 [표 3]은 최근 가장 많은 인기를 끌고 있는 대화형 챗 봇 프로그램이다.

표 3 언어학습 도구로서의 대화형 챗 봇(Chat Bot)

회사로고 챗 봇 명	Telegram	Messenger	WeChat	Line	WhatsApp
소유회사	Tencent 외 공동	Facebook	Tencent	Naver	Facebook
실 사용자수 (2019)	2억 명	13억 명	10억 명	3억 명	15억 명
주사용 계층	중동의 보안중시 30~40대	미국 16~24세 해비유저들	아시아 (주로 중국) 25~34세	아시아 및 중동의 16~44세	남미, 중동, 아시아 16~54세

[표 3]이 보여주듯이, 챗 봇들의 실사용자수는 매년 10~30% 이상 급속도로 증가하고 있고, 여러 계층의 사용자들이 이메일, 메신저, 홍보, 토론, 게시판의 다양한 목적으로 활용하고 있다. 이러한 챗 봇의 가장 큰 특징은 단순히 인간의 메시지를 전달해주는 도구가 아니라, 인간을 '대신하여' 다양한 소통의 기능을 인공지능을 활용하여 대행해주고 있다는 점이다. 즉, 리터러시의 주체가 순수한 인간에서 다양한 기술적 존재들로 확장되어지고 있고, 인간은 그들과 실질적으로 소통하고 있다는 사실이다.

결국 향후의 디지털 리터러시는 최근 4차 산업혁명으로 대표되는 기술적 혁신의 산물들과 인간 간의 소통이 어떻게 이루어질 것이냐의 문제와 관련되는데, 이 문제에 대한 본질적인 철학적, 이론적 관점을 제공해주는 것이 바로 본 저서의 핵심 주제인 포스트휴머니즘이다.

다시 정리하자면, 포스트휴머니즘은 기술 문명에 의해 탄생한 사이보그적 존재가 인간에 의해 타자화되고 소외되고 있지만 그 존재의 의미에 대해 새롭게 주목해야한다는 해러웨이Haraway(1991)의 통찰과, 가상적 현실도 인간의 체화된 경험으로 인정될 수 있다는 체화된 가상성embodied virtuality에 대한 헤일즈Hayles(1999, 2012)의 개념을 바탕으로 수립된 일원론적 세계관이다. 해러웨이Haraway(1991)의 'cyborg manifesto'는 20세기 후반의 급속한 과학기술의 발전으로 유기물과 기계, 인간과 비인간적 존재들, 신체적과 비신체적 존재들의 이분법적 구분이 더 이상 의미가 없다는 것을 선언한 것이다. 특히 4차 산업혁명으로 대변되는 획기적인 기술의 발달로 인해 인간의 경험은 더 이상 지금까지의 아날로그-디지털 혹은 실재적-가상적 경험의 이분법에 얽매이지 않고, 양자를 동일한 의미로 수용하고 있다(Badminton, 2000; Wolfe, 2010).

이러한 포스트휴먼적 환경 속에서의 인간의 리터러시 경험을 가리키는 것이 바로 포스트휴먼 리터러시posthuman literacies로써 뉴 리터러시New Literacy라고도 불린다. 따라서 포스트휴먼 리터러시는 디지털 시대의 다양한 기술들과 양식성modality을 바탕으로 포스트휴먼적 존재들이 어떻게 정체성을 형성하며, 의미를 생성하고 다른 존재들과 소통하는지를 연구한다(Barton, 2001). 즉, 포스트휴먼 리터러시는 소통 주체로서의 인간과 기계, 소통 방식으로서의 아날로그와 디지털의 경계가 모호해지고 붕괴되는 포스트휴먼적 환경 속에서 리터러시가 어떤 새로운 이론 및 실천적 의미를 갖는지를 논의하는 것이다.

2. 포스트휴먼 리터러시의 범주

포스트휴먼 리터러시는 단순히 기술적 측면만을 의미하는 것이 아니기 때문에, 크게 디지털 리터러시, 탈인본주의적 리터러시, 비판적 리터러시, 혼성적 리터러시 라는 네 가지 영역을 포함하여 논의되고 있다.

1) 포스트휴먼 리터러시의 양식성: 디지털 리터러시

포스트휴먼 리터러시는 디지털적 환경에서의 리터러시 연구와 실천에 관심을 갖는 디지털 리터러시이다. 최근 사람들은 종이에 인쇄된 텍스트 보다는 디지털 기기를 매개로한 텍스트와 정보들에 대한 읽기에 노출되어 있기 때문에, 디지털 매체와 자료에 기반한 지식과 정보에 더욱 친숙할 수밖에 없다. 과거의 인쇄기반 텍스트들은 점점 디지털화되고 다양화된 양식mode(텍스트, 이모티콘, 이미지, 동영상 등)의 정보로 변환되어 가상적 네트워크 속에서 빠르게 유통되고 있기 때문에, 저자나 독자 모두 이러한 리터러시 물질성의 근본적 변화에 적응할 필요가 있다. 골리Gourlay(2013)는 이러한 디지털적 리터러시의 특징으로 정보의 양이 방대하고enormous, 극단적으로 분산되어 있으며radically distributed, 파편화되어 있고, 다성적multivoiced이라는 점을 강조한 바 있다. 같은 맥락에서 윌리엄스Williams(2009)는 디지털 자료에 대한 온라인 읽기가 단속적이고ephemeral, 파편적이며, 간텍스트적inter-textual이라는 점에서 '흐릿한 리터러시shimmering literacies' 라고 부른바 있다. 이처럼 디지털적 읽기 환경은 텍스트, 음성, 이미지가 만화경kaleidoscope 같이 복잡하게 조합되어 있는 자료들에 대해 매우 상이한 읽기-쓰기의 행위를 수행해야 하기 때문에, 리터러시 수행자들은 기존의 아날로그적 텍스트 환경과는 전혀 다른 의미 생성과 해독의 과정을 경험하게 되는 것이다.

최근 교육 분야에서의 리터러시 연구도 디지털적 환경에서 나타나는 다양한 리터러시 행위들에 관심을 갖게 되었는데, 그 대표적 특징은 다양식적이고 시각적인 형태로 의미가 생성되고 유통된다는 것과 그 양상이 저자-매체-메시지-독자 간의 관계성의 측면에서 복잡하고 하이브리드적이며 다성적인 성격을 띤다는 것이다. 따라서 이러한 디지털적 리터러시를 제대로 이해하기 위해서는 아날로그-디지털 네트워크의 혼재, 물리적-가상적 세계의 공존, 그리고 혼성화된 주체성subjectivities의 성격을 설명할 수 있는 포스트휴먼 리터러시의 관점이 필요하다는 것이다. 예를 들어, 학교교육에서 수행되는 리터러시 실천들은 공식적으로는 여전히 아날로그적 형태를 기반으로 하고 있지만, 학생들의 삶의 실제는 실물성-가상성, 인간-비인간(예, 게임 속 아바타 및 이모티콘 속의 캐릭터들)의 경계가 완전히 서로 얽혀서 뒤섞인 환경 속에서 살고 있다. 따라서 향후 학교교육이 최근 디지털적 환경에서 살고 있는 학생들에게 정형화된 교과 지식이나 공식화된 지식official knowledge(Apple, 1995)을 대변하고 있는 아날로그적 텍스트를 강요하는 것은 적합하지 않을 것이다.

요컨대, 디지털 리터러시는 기존의 종이를 기반으로 문자나 이미지 정보가 유통되는 환경이 아니라, 인터넷, 가상현실, 동영상 등의 다양한 기술과 양식성이 디지털 환경 속에서의 리터러시 문제를 다루는 것이다.

2) 포스트휴먼 리터러시의 핵심 관점: 탈인본주의 리터러시

포스트휴먼 리터러시는 인본주의적 세계관에서 탈피하여 리터러시의 의미와 역할을 탐색하는 탈인본주의post-humanism 리터러시이다. 지금까지의 리터러시 연구는 인간만이 가진 고유한 특질로서의 인간 언어나 상징 체계를 매개로 인간이 어떠한 의미를 생성하고 소통하는지에 대해 논의하는 것이었다. 하지만 포스트휴먼 리터러시는 인간과 '인간 이외'의 존재들 모두가 복잡한 생태적 망 속에서 수평적 관계flat ontology를 가지고 상호연결되어 있다는 행위자망이론ANT을 바탕으로 소통의 매개체(언어, 기호, 신호, 데이터 등)가 인간만의 소유물이 아니라는 관점에서 리터러시의 성격과 역할을 새롭게 정의하고 있다(Snaza, Appelbaum, Bayne, Morris, Rotas, & Sandlin, 2014).

여기서 '인간 이외'의 존재를 위한 리터러시가 어떤 것인지 이해하기 위해서는 다음 세 가지 점을 확인할 필요가 있다. 첫째, 언어가 인간만의 자질이자 특권이라는 기존의 인식은 인간의 언어를 사용하지 못하는 다른 모든 존재들을 타자화시키고 침묵하게 함으로써 소외시켰다. 포스트휴먼 리터러시는 소통의 매체인 '언어'를 인간 언어human language로만 국한하지 않고, 지금까지 '인간 이하less than human'의 존재로 타자화되고 대상화되어 왔던 존재들(동물, 사이보그, 컴퓨터, 사물 등)의 소통 가능성에 대해 개방적으로 논의하고자 한다(Wolfe, 2018). 따라서 포스트휴먼 리터러시에서의 '언어'는 인간에게만 부여된 특질로서 인간 언어의 차원이 아니라, 모든 존재들의 소통의 매개로서 물질-언어matter-language의 차원에서 이해할 필요가 있다(박휴용, 2019).

둘째, 인간만이 사회를 구성하는 것이 아니라, 동물들이나 사물들도 사회를 구성하여 복잡한 존재들의 관계망 속에서 상호작용하며 작용하고 있다는 사실에 주목할 필요가 있다(Appadurai, 1986). 아울러 지난 인류의 역사 속에서 나타났던 모든 편견과 부정의는 "인류중심주의anthropocentrism를 바탕으로 종 간inter-species 차이와 종 내intra-species 차이(예, 성차별, 인종차별, 언어차별 등)에 대한 존재론적 구별을 정당화"함으로써 이루어졌다(Gruen & Weil, 2010, p. 127). 따라서 리터러시의 의미와 역할을 인류중심주의에서 탈피하여 새롭게 탐색하는 것이 포스트휴먼 리터러시의 지향점이다.

셋째, 리터러시 이론에는 정체성identity, 주체성subjectivity, 의도성intentionality, 매개medium, 맥락성context, 의미meaning 등이 중요한 개념적 요인으로 논의된다. 여기서 정체성, 주체성, 의도성도 인간의 특성으로만 간주되지 않고, 동물, 사물, (통신)기계, 심지어는 물질 자체에도 그러한 특질들이 부여될 수 있다는 것이다(Balahur, Mihalcea, & Montoyo, 2014).

위와 같은 이유에서 포스트휴먼 리터러시는 언어, 기호, 도구만이 매개가 아니라, 인간도 단순한 소통의 매개체가 될 수 있고, 맥락에 의존하지 않는 맥락 초월적 소통도 의미를 가지고 활발하게 이루어질 수 있다는 사실에 주목한다(Harman, 2005). 즉, 인간의 언어와 인본주의를 바탕으로 한 기존의 리터러시에서 벗어나, 인간과 비인간적 존재들의 상호의존적 얽힘을 직시할 때만이 현재 인류가 경험하고 있는 '이질적 현실들heterogeneous realities'을 보다 제대로 이해할 수 있다는 것이다(Deleuze & Guattari, 1987). 특히 오늘날 정보통신 기술의 비약적인 발전으로 인간 경험과 사고, 소통의 질적 변화가 일어나고 있기 때문에, 언어/기호, 소통/통신에 대한 기존 이론적 설명이 아닌 대안적 설명을 위해서라도 포스트휴먼 리터러시의 관점이 필요하다는 것이다.

3) 포스트휴먼 리터러시의 방향성: 비판적 리터러시

포스트휴머니즘은 지금까지 인본주의에서 상정하는 '인간'의 범주 속에 수많은 사회적 약자들(여성, 유색인종, 장애인, 토착민, 문화적 및 언어적 소수민, 그리고 교육받지 못한 계층 등)이 소외되고 타자화되어왔다는 사실에 대한 반성에서 출발한 것이다. 즉, 인본주의란 개념 자체가 서구 유럽 백인 남성 지식인 계층이 규정한 인간상에 대한 이념화의 결과라는 것이다(Braidotti, 2013b). 이러한 사회적 약자들이나 언어문화적 소수자들에 초점을 맞추어, 그들이 어떻게 정보, 문화, 교육으로부터 관습적으로 소외되고, 차별받고, 거부되는지를 논의하는 것이 바로 비판적 리터러시다(Murris, 2016). 이러한 관점을 바탕으로 루크와 프리바디Luke & Freebody(1997, p. 1)는 비판적 리터러시Critical literacy를 "교육을 통해 소외된 인간들이 다양한 유형의 글쓰기 능력을 개발하여 사회적 변화, 문화적 다양성, 경제적 형평성, 그리고 정치적 참정권의 가능성을 확장하는데 참여할 수 있도록 연대하는 것이다"라는 정의한 바 있다.

미래 기술의 발전으로 인류의 대부분의 문제나 한계점들을 해결할 수 있다는 기술중심주의적 세계관은 포스트휴머니즘의 한 분파인 트랜스휴머니즘transhumanism의 관점(Bostrom, 2003, 2005; Kurzweil, 2014)에 국한된 것이기 때문에, 포스트휴머니즘이 인본주의, 기술

문명, 과학만능주의, 진보된 자본주의advanced capitalism 등에 대한 비판적 인식을 포함한다는 것을 이해할 필요가 있다. 예를 들어, 문학의 영역에서 비판적 리터러시는 유럽 문화의 종주국들의 문학이 아닌 제3국의 원주민이나 소수자들의 문학에 더욱 관심을 갖는다. 예를 들어, 들뢰즈와 가타리Deleuze & Guattari(1987, p. 18)가 소수 문학을 이해하기 위한 비판적 관점으로 "언어의 탈영토화deterritorialization of language, 정치적 즉시성immediacy으로의 연결, 그리고 집단적 아상블라주assembalge"를 강조한 것이나 토속 문명들에 대해 여러 문화기술지 연구들(Tuck, 2015)이 등장한 것이 바로 그것이다. 또한 기술과학적 리터러시technoscientific literacy의 영역에서도 미래 사회의 기술과학적 조건들이 가져올 수 있는 잠재적 문제들에 대한 숙고와 대안 교육적 실천을 논의하려는 분야인 비판적 수행 교육학Critical Performative Pedagogy: CPP도 있다(MacDonald, 2014).

포스트휴먼 리터러시는 위와 같은 비판적 리터러시를 핵심적 연구주제로 포함하면서, 인류중심주의에서 벗어나 세상의 모든 '비인간적' 존재들과 관계성을 재설정하여, 보다 다채롭고, 생태적이며, 회복적인 존재로 거듭나는 것을 목표로 한다. 천Chun(2015)은 이러한 목표 하에서, 비판적 리터러시의 실천이 갖는 7가지 공통적 성격을 제시하였는데, 생생한 경험을 기반으로 할 것, 사회적 기호학으로서의 언어, 지역적 및 지구적 권력의 문제에 집중하기, 일상생활에 참여하기, 자기-반성적인 실천, 공동체 정신의 재건, 그리고 실용적이고 정치적 목표를 공유하는 것이 그것이다. 이러한 특징들은 비판적 리터러시가 세 가지 방향성—즉 일상적이고 생동감이 있는 리터러시, 전 지구적 소통의 공동체 지향성, 그리고 자기반성적이고 개혁적인 소통—을 강조하고 있음을 잘 보여주고 있다.

마지막으로, 비판적 포스트휴먼 리터러시의 핵심 논의 분야 네 가지를 소개하고자 한다: i) 비인간적 존재들을 포함한 공동체의 새로운 윤리-존재-인식론적 패러다임을 수립하는 것(St. Pierre, 2014), ii) 세계화의 확장으로 인해 양산된 유동적이고 불안정한 노동계층the precariat이 갖는 소통과 정체성의 문제에 주목하는것(Standing, 2014), iii) 인터넷과 같은 기술적 환경으로 심화되는 언어제국주의와 그 속에 여전히 인종적, 젠더적, 문화적 차별 등의 인본주의적 편견이 팽배해있음을 인식하고 반성하는 것(Appleby, 2014), 그리고 vi) 언어 교육(및 평가)에 있어서 시장중심적 언어교육, 획일화된 표준화검사등이 언어 학습자들에게 미치는 사회문화적 및 인식론적 영향력에 대해 비판적으로 논의하는 것(Shohamy, 2001)이 그것이다.

4) 포스트휴먼 리터러시의 성격: 혼성적 리터러시

혼성적 리터러시는 리터러시의 주체성이나 능동성(존재론), 인식 주체와 인식 대상의 관계(인식론), 정보의 진위나 내용 수준(가치론)과 같은 철학적 구분을 초월하여 자연성-인공성, 아날로그-디지털, 생명-기계, 생태-문화 등이 혼합된assemblage 리터리시를 의미한다(Kuby, Spector, & Thiel, 2018). 리터러시의 혼성성에 대해 잘 소개하고 있는 들뢰즈와 가타리Deleuze & Guattari(1987, p. 474)는 인체 근육이 평활근smooth muscle과 횡문근striated muscle이 어우러져 상호보완적으로 작동하는 것에 착안하여, “유연 공간smooth space과 경직 공간striated space이 서로 상호전환하며 공존”함을 강조한 바 있다. 이 원리를 바탕으로 하여 작문 전략을 짠다면, 독자들에게 분명한 구조나 포맷(예, 학술 도서의 전형적 포맷)을 통해서 작가나 독자에게 예측가능성과 안정감을 제공하면서도, 동시에 규칙이나 규범에서 벗어난 충분한 유연공간을 제공함으로써 참신함과 상상력을 자극하거나 해석의 여지를 제공할 수 있다는 것이다.

포스트휴먼 리터러시의 혼성성은 다음 세 가지 측면에서 이해될 수 있다.

첫째, 리터러시 참여자의 정체성(능동성, 주체성)이 혼성적으로 존재한다는 것이다. 예를 들어, 인간의 정체성은 여러 가지 차원의 상이한 정체성들이 다층적이고 복잡하게 얽혀 있기 때문에, 개인의 소통 의도나 메시지의 의미를 이해하기 위해서는 인간 정체성에 대한 다차원적인 해석이 필요하다는 것이다(Block & Corona, 2016).

둘째, 포스트휴먼 존재의 사고와 표현은 기존 인본주의적 존재에게 기대되는 것과 다를 수밖에 없다. 마쩨이와 잭슨Mazzei & Jackson(2018)은 어떤 작가의 문학적(예술적) 표현이 회고적 인식론 reflective epistemology에 의존하는 것이 한계에 다다랐고, 존재론적 미래성ontological futurity으로 나아가는 경향이 있기 때문에, 이러한 '표현'의 문제를 다루기 위해서는 아상블라쥬 속에 얽힌 작가의 존재성을 상상하지 않을 수 없다고 주장한다. 즉, 포스트휴먼 문학은 해석과 의미-창출의 힘이 완성되지 않은 존재들의 미완성된 표현 expressions-to-come으로 간주될 수 있다는 것이다.

셋째, 포스트휴머니즘은 전통적인 학제 구분(자연과학, 사회과학, 인문학 등)을 뛰어넘어 인간, 자연, 사회가 모두 동등한 주체성과 능동성을 가졌다고 보고, "인간과 다른 모든 비인간적 능동자agent들 간의 상호 얽힘"에 보다 큰 관심을 갖는다(Pedersen, 2010, p. 246). 따라서 포스트휴먼 리터러시도 행위자들actants의 범주를 인간에서 부터 자연-문화의 아상블라주나 인간-도구-세계의 상호 얽힘으로 확장하여, 그러한 다양한 행위자들 간의 교류와 소통이 어떤 의미나 관계성을 형성해내는지를 이해할 필요가 있다.

정리하자면, 포스트휴먼 리터러시는 작가와 독자의 혼성, 정체성이나 존재성(현재-미래)의 얽힘, 그리고 인간-비인간적 존재들의 상호얽힘 등과 같은 혼성성을 지닌 것으로, 이러한 경계의 확장성을 바탕으로 인간/기계/동물/사물들 간의 관계성을 포괄적으로 고려한 리터러시의 역할을 탐색해야한다는 것이다. 다음 절에서는 이러한 포스트휴먼 리터러시의 구체적인 이론적 기반이 무엇인지 살펴보자.

3. 포스트휴먼 리터러시의 이론적 기반

이제 본 저서에서 여러 차례 언급한 포스트휴머니즘의 네 가지 이론들—신물질주의, 행위자망이론, 비대표성이론, 그리고 포스트현상학—을 바탕으로 포스트휴먼 리터러시가 어떤 성격을 갖고 있는지 살펴보자.

1) 신물질주의New materialism

신물질주의는 인간의 마음mind을 인간의 신체body로부터 구별했던 데카르트의 마음-신체 이원론에서 벗어나, 인간의 마음(관념)과 신체(물질)를 하나로 간주하는 일원론적 철학을 바탕으로 자연계의 동식물, 사물들, 기계에게도 능동성을 부여하려는 생기론vitalism적 관점이다(Connolly, 2013). 디지털 리터러시는 리터러시의 신물질주의적 성격을 가장 명확하게 드러내는데, 그 가장 큰 이유는 포스트휴먼적 조건 속에서 인간의 사고나 정서뿐만 아니라 신체마저도 컴퓨터와 네트워크를 통해 디지털화 및 데이터화되고 있기 때문이다. 예를 들어, 마인드 파일mind file(컴퓨터가 인간의 사고를 모사하여 입력된 정보)을 해독하는 마인드웨어Mindware나 인지적 보철 장치들cognitive-prosthetics(사고를 확장 및 촉진해주는 알고리즘), 그리고 신체 기능을 향상시켜주는 신체 보철 장치들은 모두 인간의 한계를 넘어서게 해주는 디지털 장치들이다(Clark, 2003). 이로 인해 머지않아 인간, 사이보그, 자동기계(로봇) 등과 같은 포스트휴먼적 존재들은 인공지능 기술(디지털 알고리즘)을 바탕으로 인간의 육체적 및 정신적 정보들을 모두 데이터화됨으로써, 인간의 경험이 점점 정보 네트워크 속에서 인공지능 컴퓨터에 의해 처리 되는 정보의 형태로 소통되게 된다는 것이다(Haney, 2006).

요컨대, 위와 같은 디지털 기술의 발달은 인간적(이성)-동물적(신체)-도구적(물질)-전산적(디지털정보) 요소들 간의 근본적인 경계의 붕괴를 초래하는데, 이러한 포스트휴먼적 조건 속에서 이루어지게 될 리터러시(소통, 정보교류, 학습 등)의 문제를 이해하기 위해서는 신물질주의적 관점이 요구되는 것이다.

2) 행위자망이론Actor-Network Theory: 이하 ANT

행위자망이론은 정보통신 기술의 발전으로 중요성이 커진 네트워크와 기계(컴퓨터)의 역할을 인간 및 비인간적(동물, 기술, 도구 등) 존재들과의 관계망과 아상블라주assemblage의 차원에서 설명하기 위해 제안된 이론이다(Latour, 1993). ANT는 인류 문명이 이루어낸 성취들이 인간의 독자적 역할에 의해서만이 아니라, 비인간적 존재들과의 상호의존적 관계 속에서 이루어진 것이라고 보고, 모든 존재들에게 행위자actors로서의 능동성을 부여한다(Latour, 1993). 그렇다면 과연 모든 존재들에게 능동성이 부여한다는 것은 무슨 뜻일까? 이를 행위자actor, 중개자intermediary, 매개자mediator의 개념들의 연관성을 통해 설명해보자.

네트워크 조직 속에서 행위자들 간의 상호작용은 중개의 역할이나 매개로 구분된다. 여기서 중개자는 전달되는 메시지의 의미를 바꾸거나 변화시키지 않고 단순히 전달만 하기 때문에, 입력과 출력이 동일하지만, 매개자는 자신들이 전달하는 의미와 요소들을 변형, 번역, 왜곡, 조정하는 역할을 하는 존재이다(Latour, 2005). 인간 행위자는 비인간적 존재들과 마찬가지로 네트워크 속에서 단순한 중개자가 되기도 하고, 비인간적 존재들도 자신의 역할에 따라 매개자의 역할을 할 수도 있다. 예를 들어, 우체부나 택배원은 내용물을 전달하는 역할만 하므로 중재자이고 이런 역할은 기계가 대신해도 무방하다. 반면, 인공지능 시스템이나 스마트 기기들은 단순히 인간의 명령에 따른 행위만 하는 것이 아니라, 스스로 판단하고 인간을 주도하면서 어떤 작업을 수행해낼 수 있기 때문에 매개자가 된다. 즉, 인공지능 시대에는 더 이상 인간만이 주체성을 가진 매개자이고, 사물(도구, 기계)들은 수동적으로 중개자 역할만 하는 것이 아니라는 말이다.

사실 이미 인간의 많은 일상적 행위들이 의미 있는 매개자의 역할이 아니라, 단순한 중개자가 되거나 의미 없는 작업을 수행하는 경우도 많다. 학습의 경우에도 마찬가지로 다음 [그림 1]들은 그러한 장면을 상징적으로 보여준다.

그림 1 전통적인 무의미한 학습 행태의 사례

공부 흉내내기(a) 획일화된 학습(b) 구겨넣는 지식(c)

위 [그림 1-a]는 과거에 숙제를 억지로 제출하기 위해 흔히 이루어졌던 '공부 흉내내기pretending learning'의 장면을 보여주고, [그림 1-b]는 교실에서 학생들이 개성이나 창의성을 펼칠수 없게 천편일률적 지도가 이루어지는 장면이고, [그림 1-c]는 지나치게 많은 지식을 머리 속에 구겨 넣는scamming 학습을 상징하고 있다. 위와 같은 방식의 학습은 학생들이 지식을 매개로 한 학습을 통해서 자신의 인지적 정서적 변화가 이루어지는 것이 아니라, 단순히 중개자의 역할을 함으로써 스스로 어떤 변화도 이루어낼 수 없는 것이다. 특히 학습은 개인들의 머리 속에서 이루어지는 것이 아니라, 개인 행위자들이 다른 행위자 및 사물들과 물질적이고 사회적 경험을 통해 의미를 창조해내는 것이다. 그런 의미에서 에드워즈와 클라크 Edwards & Clarke(2002)는 교육을 네트워크 공간 속에서의 의미 창조 과정이라고 부르기도 했다.

반면 현대인들이 스마트 기기를 활용할 때, 그 기기들(비인간적 존재들)은 단순한 중개자가 아니라, 인간의 생활(학습과 소통)을 안내하거나 이끌어주는 매개자의 역할을 하고 있다. 만일 인간 행위자가 비트코인을 발굴하기 위해 네트워크에 접속해 단순한 채굴 행위를 반복적으로 수행한다면 그것은 컴퓨터 만도 못한 수동적이고 기계적인 행위를 하고 있는 것에 불과하다. 즉, 주체성과 능동성을 가진 행위는 '인간' 만이 할수 있는 것이 아니라, 어떤 존재인가에 상관 없이 각 행위의 맥락적이고 실용적인 의미에 비추어 결정된다. 따라서 ANT의 관점에서 보면, 포스트휴먼 리터러시는 인간이나 비인간적 존재들이 기술적 네트워크(망)의 환경 속에서 자신의 맡은 역할에 따라 상호소통하고 협력하기 위한 기본 역량을 갖추는 것이다.

요컨대, ANT에 입각한 리터러시는 인간과 다른 비인간적(자연적, 기계적, 문화적) 존재들 간의 상호이해를 바탕으로 한 소통과 학습에 초점을 맞춘다(Munro, 2009). 이러한 ANT 기반 리터러시를 기존의 리터러시와 비교하면 다음 [그림 2]와 같다.

[그림 2]에 나타나듯이, 기존의 리터러시 이론이 '인간(정보 창출자)-리터러시 도구(언어, 매체)-타인이나 사물(정보 수용자)'를 구별한 것과는 달리 ANT 기반 리터러시는 네트워크 조직 내에서 모든 존재들이 수평적 관계의 행위자actants로 간주한다. 따라서, ANT에 기반한 리터러시는 인간(인식 주체)-도구(인식 매개)-세계(인식 대상)라는 인간중심적 관념에서 벗어나서, 이질적 네트워크들이 다중적으로 연

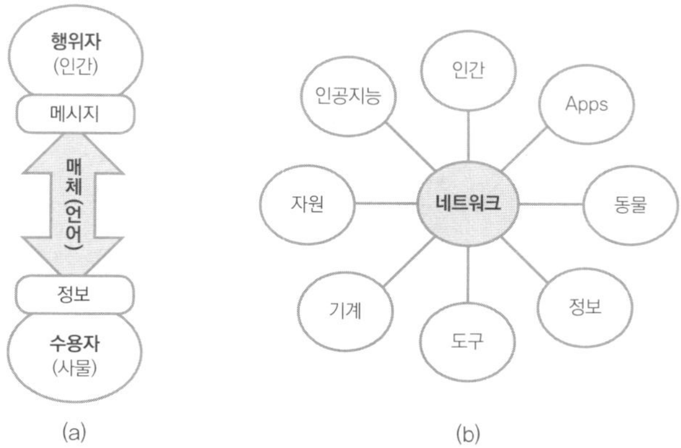

그림 2 기존의 리터러시모형(a) vs. ANT 기반 다중적 리터러시 모형(b)

결된 세계 속에서 소통과 학습의 문제를 다루는 것이다(Thrift, 1996, 2000).

3) 비대표성이론non-representational theory

앞 장에서 설명한 바와 같이, 비대표성이론은 인간의 관점으로 세상을 설명하려는 태도에서 벗어나, 생기론적 철학vitalist philosophy과 과정 철학philosophies of becoming을 토대로 세상에 대한 이해를 새롭게 설명하려는 시도이다(Dewsbury, 2000). 비대표성이론은 인간이 무엇을 경험했다고 말하거나 그 경험을 언어로 표현하는데 한계가 있다는 관점(Foucault, 2002)에 동의하고, 실재reality는 인간의 인지 범주 너머에 존재할 수 있다고 간주한다(Thrift, 2007). 쉽게 설명하면, 인간의 인식의 틀을 바탕으로 세상을 설명해온 기존의 관점들 및 이론들이 가진 대표성을 거부하고, 인간의 사고에서 벗어나서 세상을 이해하고자 하는 시도이다.

위와 같이 탈인본주의적이고 비판적 성격을 갖는 비대표성이론에 기반 한 포스트휴먼 리터러시는 기존의 언어나 이성, 그리고 의식적 행위로서의 리터러시와는 전혀 다른 리터러시의 행위와 의미에 초점을 맞춘다. 그런 의미에서 비대표성이론에 기반한 (포스트휴먼) 리터러시가 기존의 리터러시와 어떤 차별성을 갖는지를 스리프트 Thrift(1996, 2000, 2007)의 이론을 바탕으로 설명해보자.

i) 비대표성이론은 모든 종류의 사물들이 주체적으로 다양한 공간 속에서 지속적이고 무의식적인 과정을 통해 상호 관계를 형성하고 끊임없이 조우한다는 것이다(Thrift, 2007). 즉 인간만이 세상 만물을 대표하는 것이 아니고, 세상의 모든 존재들(사물, 동물, 기계, 도구 등)이 주체적으로 의미를 생성하고 소통을 시도할 수 있다는 것이다. 결국 소통이나 메시지 생성이 인간의 의식이나 언어에 의해서만 이루어지는 것이 아니므로, 포스트휴먼 리터러시는 기존의 인간의 언어에 의존한 리터러시에만 국한되는 것이 아니라, 모든 존재들과의 다양한 소통의 형태나 전략을 탐색한다.

ii) 인간의 신체가 세상 혹은 비인간적 사물들과 쉽게 분리할 수 없고(Merleau-Ponty, 2013), 사물과 함께 공진화해 온 인간의 신체는 단순히 인간 정신을 담는 그릇이 아니라, 소통의 중요한 주체가 될 수 있다고 본다(Thrift, 2007). 즉, 인간의 신체는 세계 속에서 끊임없이 다른 사물들과 상호작용함으로써 그들과 긴밀한 물질적 관련성을 맺게 된다는 것이다(Thrift, 1996). 이러한 인간 신체와 비인간적 사물들의 공존 전략을 '존재의 기술technologies of being'(지식, 도구, 사람, 판단시스템, 공간적 구조들의 혼성적 아상블라주)이라고 부를 수 있고, 포스트휴먼 리터러시는 이처럼 세상의 만물들과 소통하고 관계를 형성하는 존재의 기술을 의미한다(Thrift, 2007).

iii) 포스트휴먼 리터러시는 과학적 합리주의에 의존하지 않고, 실험주의experimentalism적 태도(Deleuze, 1997; Nietzsche, 1974)로 세상의 다양한 존재들과 개방적open-ended 소통을 시도하고자 한다(Thrift, 2007). 그리고 인간이 자기 자신이나 다른 존재들에게 행하는 세속적 실천Practices(생동감을 촉발함으로써 새로운 삶의 형태를 구성하는 행위)에 관심을 갖는다(Thrift, 2007). 요컨대, 포스트휴먼 리터러시는 세상의 다양한 존재들과 실험적이고 개방적인 소통을 통해 그러한 존재들을 이해하고 스스로의 삶의 의미를 생동감있게 재구성하는 노력이라고 볼 수 있다.

그렇다면 비대표성이론에 기반 한 포스트휴먼 리터러시의 구체적인 사례가 무엇인지 살펴보자. 스리프트Thrift(2007)는 오늘날 정보통신기술의 발전 속에서 현대인들이 세상의 다양한 존재들과 소통하는 원리를 i) 끊임없는 유동성(수평적 네트워크, 링크, 미디어 및 통신), ii) 다양한 인터페이스(터치스크린, 몸짓, 맥락 인식, 대화형 인식기) iii) 유비쿼터스 컴퓨팅 및 위치 태그, 그리고 iv) 지문 및 생체 인식을 통한 지속적인 피드백을 들고 있다. 즉, 이와 같은 다양한 소통의 방식들이 바로 오늘날 포스트휴먼적 존재들이 세상의 사물들과 상호작용하고 관계를 맺어가는 방식인데, 바로 이것이 테크노-리터러시나 정보-리터러시 등의 용어로 불리고 있는 것이다. 중요한 점은 이러한 소통의 방식들이 단순히 정보통신기기의 등장으로 새로운 인터페이스(소통)의 방식이 등장한 것이 아니라, 이러한 소통이 기존의 인간(주체)-사물(도구 혹은 대상)의 이분법적 관계성으로 단순화해서 이해할 수 없다는 것이다. 왜 그런가하는 이유를 부연 설명해주고 있는 것이 다음 항에서 설명될 포스트현상학이다.

4) 포스트현상학post-phenomenology

포스트현상학은 현실 세계와 가상세계가 혼재하는 기술적 환경 속에서 달라진 인간 경험의 본질을 기존의 현상학으로는 설명하기가 어렵기 때문에 대안적 관점으로 등장하였다(Bogost, 2012; Ihde, 1995, 2008). 포스트현상학은 인간의 신체나 감각적 기능들, 그리고 세상에 대한 인식(시각)을 흉내내는 첨단 기술의 등장으로 인해 인간이 (가상현실을 통한) 간접적인 경험으로도 기존과 유사하게 세상을 이해할 수 있다고 가정한다(Simonsen, 2013). 기존의 현상학은 인간이 현실에 기반한 경험을 피드백feed-back의 방식으로 회고하면서 학습을 수행한다고 설명하였다. 하지만, 포스트현상학은 인간이 자신에게 주어지는 정보(데이터)를 전향-먹임feed-forward의 방식으로 수용하면서, 순간적인 판단과 맞춤식 선택에 의해 적합한 정보를 의식에 제공한다는 사실에 주목하였다(Hansen, 2015). 인간의 시각 정보의 수용이 그러한 정보 처리 방식을 보여주는 대표적인 예이다.

이러한 시각 정보 처리 방식을 모사하여 외부 정보를 학습(수용, 판별, 저장, 인출)하는 인공지능 기술들(예, sensing technology)이 개발되고 있고, 이것이 인간의 리터러시(정보해독 및 학습)에 대한 이해에도 그대로 적용될 수 있다는 것이다.

최근 뉴미디어new media의 등장으로 인해 현대인의 미디어 소비 및 정보 활용 방식이 변화한 것은 첨단 기술 속에서의 인간 경험의 변화에 대한 포스트현상학적 설명의 좋은 사례이다. 그런 의미에서 뉴미디어 리터러시는 가상과 현실이 혼합된 맥락(혼성성)에서의 리터러시를 다루기 때문에 본질적으로 포스트휴먼적이다. 앞서 설명한 바와 같이 뉴미디어가 전달하는 정보는 인간의 의식적 인식(perception, recognition, attention 등)을 직접적으로 거치지 않고 흐르면서도 처리될 수 있다는 것인데, 이러한 뉴미디어의 특성을 미시시간성microtemporality이라고 한다(Hansen, 2015). 또한 뉴미디어의 내용이나 양식mode은 간접적이고 정서적 차원에서 인간의 성향propensity에 더 큰 영향을 미치기도 한다(Stiegler, 2011). 즉, 뉴미디어는 다음 [그림 3]과 같이 이성적 사고와 의식적 노력을 통한 인지적 학습의 측면보다는 이성에 의존하지 않는 감각적이고 정서적 학습에 더 큰 영향을 끼칠 수 있다는 것이다.

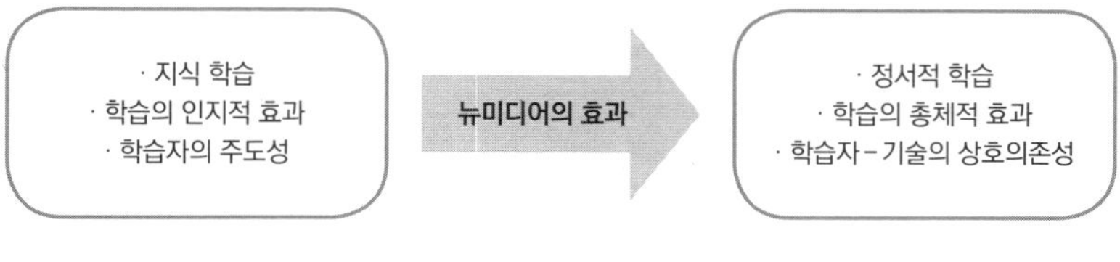

그림 3 뉴미디어와 학습 방향성의 변화

최근 4차 산업혁명으로 대표되는 기술적 변화가 빅데이터, 데이터-마이닝 기술, 인공지능 정보 서비스 등이 인간의 생활에 직접적으로 영향을 미치게 되었다. 이 기술들이 인간(정보소비자) 자신보다 더 그들의 기호나 성향을 더 잘 파악하여 정보를 제공해주는 환경에서, 인간의 '의식적 활동'은 그 영향력이 감쇄될 수밖에 없는 것이다. 아울러 뉴미디어는 인공지능 알고리즘을 활용한 인터넷 기술들을 바탕으로 네트워크상의 수많은 지식이나 정보들을 가공하여 추론, 예측, 융합과 재조합, 창의적 아이디어의 생성해줌으로써 '의식적인' 인간의 학습과 사고도 지원할 수 있는 것이다(Hansen, 2015). 요컨대, 위와 같은 뉴미디어의 등장은 현대인이 정보를 소비하고 학습하는 방식을 근본적으로 변화시킬 것이고, 그에 따라 포스트휴먼적 존재들을 위한 리터러시의 성격도 변화하게 될 것이다(Hayles, 2012).

정리하자면, 포스트휴먼 리터러시의 기반이 되는 네 가지 이론들—신물질주의, 행위자망이론, 비대표성이론, 포스트현상학—은 각각 포스트휴먼 리터러시의 디지털적 성격, 탈인본주의적 성격, 비판적 성격, 혼성적 성격을 가장 잘 드러내고 있는데, 이는 다음 [그림 4]로 정리될 수 있다.

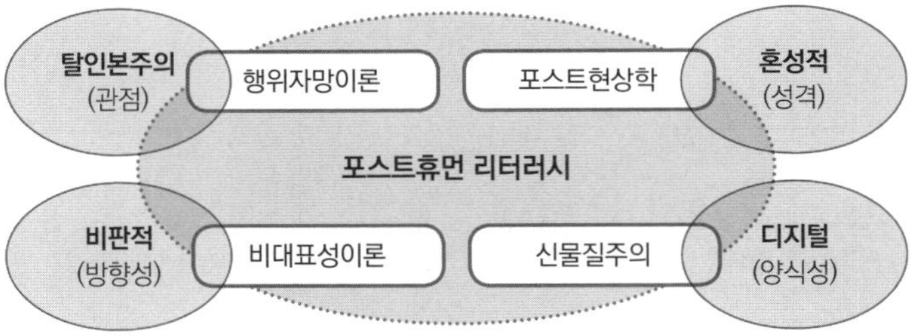

그림 4 포스트휴먼 리터러시의 기초 이론과 성격들

4. 포스트휴먼 리터러시의 대안적 연구 관심

본 절에서는 포스트휴먼 리터러시의 등장으로 기존의 리터러시 연구에서 충분히 다루어지지 못했던 세 가지 주제—정서의 재발견, 담론의 물질성, 그리고 가상적 정체성—가 부상하였다고 보고, 이에 대해 간략히 논의하고자 한다.

1) 리터러시의 정서성

포스트휴먼 리터러시에서 정서가 중요한 역할을 차지하는 이유를 다음 네 가지 측면에서 이해할 수 있다.

첫째, 합리적 이성이 사물을 명확하게 구분하고 분류하는 범주화의 방식으로 파악하는 것과는 달리, 정서는 중간지대grey area, 혼성성, 대략성aboutness을 허용하는 심리적 특질이기 때문에, 이분법적 사유(마음-신체, 인간-비인간, 이성-정서 등)를 거부하는 포스트휴머니즘의 세계관과 맥을 같이한다. 그런 의미에서, 포스트휴먼 리터러시는 무엇인가 분명히 언명되거나 범주화되지 않는 감정적 상태를 용인할 뿐 아니라, 그러한 정서나 감정이 인간뿐만 아니라 비인간적 존재들에게도 존재성의 중요한 요소가 될 수 있다고 본다.

둘째, 정서는 존재의 내재적인 특질일 뿐 아니라 존재들 사이in-between의 관계성에서 더욱 의미있게 생성되고 작동한다(Ahmed, 2013). 즉, 정서는 존재들의 개별적이고 독자적인 감정 상태를 보여준다기 보다는 존재들 사이의 상호의존적인 관계성을 보여주는 중요한 특질이라는 것이다. 그런 의미에서 정서 연구를 통해 존재들의 사회성the sociality of beings을 더욱 잘 이해할 수 있고, 사람들, 사물들, 무드들moods, 맥락들을 서로 엮어주는 풍부한 감정들의 중요성을 잘 이해할 수 있다.

셋째, 정서에 대한 관심은 윤리 교육이나 정의justice 교육의 방향성 제시에 중요한 역할을 한다. 지금까지의 윤리나 도덕교육은 칸트 I. Kant의 도덕적 추론 능력[1]이나 밀J. S. Mill의 공리주의적 이성 및 합리성을 위주로 한 윤리관이 지배적이었다(Beach, 1996). 그런데 이러한 합리주의적 윤리관은 인간의 이기심이나 인간과 자연과의 관계성(생태나 환경)의 문제 등을 해결하는데 근본적인 한계를 지닐 수밖에 없었다. 그 대안적 가치들 중의 하나가 사회적 정의social justice[2]이고, 사회적 정의에는 정서성이 필수적으로 관여한다. 예를 들어, 베넷Bennett(2010, p. 37)은 개인의 윤리적 책임감은 "자신이 참여하는 대상과의 아상블라쥬에 어떻게 정서적으로 반응하는가"에 따라 논의될 수 있다고 주장하기도 했다.

그런데, 여기서 사회적social이란 개념은 인간 집단에만 적용되는 것이 아니라, 동물이나 사이보그 등 비인간적 집단들에게도 동일하게 적용되므로 사회적 윤리에 대한 논의에는 모든 존재들이 포함된다(Kuby & Crawford, 2017). 따라서 포스트휴먼적 윤리관은 지금까지

---

1 칸트의 윤리학은 초월적 자유라는 이념에 근거하고 있다. 칸트는『순수이성비판』에서 인과법칙의 지배를 받는 경험적 자아와 인과법칙을 사슬 끊고 스스로 새로운 인과계열을 시작할 수 있는 예지적 자아를 구분하고, 자유로운 예지적 자아만이 도덕적 행위자가 될 수 있다고 보았다(이원봉, 2011:174).

2 사실 이 주제는 지금까지 상대성(relationality)과 만남의 생태학(ecologies of encounter: Springgay, 2015), 상호 관계의 윤리(ethics of mutual relation: Taylor, 2016), 존재들 간의 아상블라주(Bennett, 2010), 그리고 존재인식론적 정의(onto-epistemic justice: Murris, 2016) 등의 개념을 통해 많이 논의된 바 있다.

의 사회적 정의, 권력, 능동성, 주체성 등의 문제가 인본주의적 합리성에 근거했던 것과는 결을 달리하여 탈인본주의 및 정서성을 기반으로 하고 있고, 그에 따라 포스트휴먼 리터러시도 인간과 다른 비인간적 존재들의 관계맺음과 소통을 위한 리터러시를 지향하는 것이다.

넷째, 정서에 주목하는 것은 이원론mind-body dualism적 사유나 이성중심적 세계관에서 벗어나서 존재의 물질성을 이해함으로써 다양식적modalities 리터러시의 가능성을 열어준다. 인간의 감정과 정서는 이성적 사유보다는 신체적 상태나 감각 운동적 기능에 큰 영향을 받기 때문에, 정서성에 주목하면 언어의 굴레에서 벗어나서 다양한 감각sensibilities을 활용한 리터러시를 탄생시킬 수 있다. 예를 들어, 워고Wargo(2017, p. 292)는 교실 내에서 발생하는 특정한 소리가 어떻게 새로운 형태의 체화된 지식knowledge-in-motion을 이끌어내는지에 대해 연구하고 있다. 그는 소리나 소리 조합이 가진 양식으로서의 접근성modal affordances을 활용하여, 교사들이 "어떻게 하면 생성적인 듣기emergent listening를 통해 아이들로 하여금 창조적 에너지를 만들어내게 할 수 있을지"를 연구하고 있다. 워고Wargo는 어린이들이 소리와 함께 '쓰기/만들기/존재하기writing/making/being'를 함으로써 윤리적-존재적-인식론적 세계관을 환기시킬 수 있다고 주장했는데, 이러한 연구는 다양식성을 활용한 리터러시의 중요성을 깨닫게 해주고 있다.

2) 리터러시 담론의 물질성

리터러시는 인간의 사고와 소통을 매개하는 도구의 개념에서, 그러한 도구를 통해 어떤 지식, 정보, 그리고 의미를 취득하게 되는가라는 기능의 개념으로 확장되었다. '리터러시'란 용어가 탄생한 배경이 1492년 구텐베르크가 활자 인쇄술의 발명 이후 리터러시가 언어(활자)에 전적으로 의존해왔던 것 때문이지만, 1890년대 에디슨에 의해 영상 기술이 도입된 이후에는 리터러시는 시각의 영역Visual Literacy으로 확장되었다. 그리고 1930년대 영국 IMI사에서 개발한 텔레비전 시스템으로 대중적 방송이 실현되자 리터러시는 대중성(TV 리터러시)의 성격을 포함하게 되었고, 1980년대 개인용 컴퓨터의 등장으로 리터러시는 다시 정보화 및 개별화란 성격(컴퓨터 리터러시)을 띠게 되었다. 그리고 1990년대 이후 정보통신 기술의 급속한 발전은 리터러시의 작용 양상을 네트워크적(형태)이고 기술적(기능)으로 바꾸어놓기 시작했고, 그것이 바로 오늘날 디지털 리터러시의 본질인 것이다(주용완·배영, 2008).

위와 같은 리터러시의 형태와 성격의 변화 과정의 가장 큰 특징은, 리터러시의 물질성이 강화되고 있다는 것을 잘 알 수 있는데, 이러한 흐름에서 등장한 것이 바로 앞서 언급한 뉴 리터러시 연구(NLS)이다. 즉, 리터러시 행위(글쓰기)나 결과물(문서 텍스트들)이 갖는 물질성materiality에 대한 구체적인 인식이 최근에 등장하기 시작했다(Budach, Kell, & Patrick, 2015). 포스트휴먼 리터러시는 바로 이러한 리터러시의 물질성에 기반하여 리터러시의 형태와 내용, 그리고 그 의미를 이해하고자 하는 것이다.

예를 들어, 리터러시가 어떤 내용과 의미를 띠게 될 때 그것은 사회적으로 담론의 역할을 하게 되고(Gee, 2004), 그 담론은 다양한 기호와 상징성을 갖고 나타나기 때문에 기호학적 이해와 해석이 수반되어야 한다(Van Leeuwen & Kress, 2011). 그런 의미에서 포스트휴먼 리터러시는 이러한 담론의 물질성에 주목하고자 한다(Barad, 2003, p. 291):

> "담론은 단순히 언어적 및 상징적 체계, 문법, 화행, 대화를 참조하는 것이 아니기 때문에, 담론을 단지 언어적 묘사로 간주하는 것은 대표주의적 사고representationalist thinking의 오류를 범하는 것이다. 담론은 단순한 언어가 아니라, 말해지는 것을 제한하거나 촉발하는 힘을 가지고 있다."

그렇다면 이러한 담론의 물질성을 잘 보여주는 포스트휴먼 리터러시란 무엇인가? 유아 독서교육의 영역을 예로 들면, 하우드와 콜리어Harwood & Collier(2017)는 어린 아이들을 "자연 속의 존재"로서 재조명하는 방식으로 초기 리터러시 교육이 재개념화되어야 한다고 주장한다. 유아 숲 교육의 경우, 그들은 "아이들이 나무나 풀잎 등과 같은 사물들을 바라볼 때, 하나의 나뭇가지가 어떻게 사람의 신체, 사람과의 관계성, 그리고 나무를 이해하는 데 의미 있는 대상이 되는지를 묘사해줄 필요가 있다"고 주장한다. 실제로 아동 문학 속에 흔히 등장하는 애니미즘animism(예, 나무가 아이에게 말을 거는 것)은 단순한 공상적 설정이 아니고, 숲이라는 '마법의 세계'는 인간과 비인간적 존재들이 공존하며 소통하는 장소라는 것을 깨닫게 해주는 모티브motif인 것이다. 즉, 포스트휴먼 리터러시는 포스트휴먼적 관점으로 사물에 대한 인간의 이해를 재구성하고, 인간과 비인간적 존재들(동물, 식물, 물질, 그리고 공간들 등)이 불가분리의 상호관계 속에서 공존하고 있음을 깨닫을 수 있는 역량을 기르는 것이다.

요컨대, 담론의 물질성이란 담론의 주체이자 대상인 모든 포스트휴먼적 존재들이 생동적 자기조직성을 가지고 상호 구성적인 역할을 한다는 것을 설명하는 개념이다(Braidotti, 2013a, p. 2). 따라서 포스트휴먼 리터러시는 담론의 물질성을 기반으로 주체들(물질들)과 담론들의 상호 구성적인mutually constitutive 관계성에 주목하고, 담론을 추상적이고 관념적인 언어로서가 아니라 물질성을 가진 작용force으로 이해함으로써, 리터러시의 형태, 성격, 그리고 그 역할에 대한 새로운 해석을 시도하는 것이다.

3) 가상적 정체성

포스트휴머니즘의 하위 이론들 중의 하나인 객체지향존재론Object-Oriented Ontology(Bogost, 2012; Harman, 2018)에 따르면, 정체성과 주체성은 인간에게만 주어진 특질이 아니다. 무형 문화유산intangible heritage이 유형 문화유산과 동일하게 그 역사성과 문화적 가치를 인정받고 있는 것처럼, 기술이나 노하우 혹은 아이디어는 유형의 인간의 신체에 구속되는 것이 아니라 무형의 정보로 변환될 수 있다. 포스트휴머니즘은 이처럼 사고(지식, 정보)와 체화성embodiment을 인위적으로 구분하거나, 기계적/물리적인 작용과 생물학적의 작용을 구분하지 않기 때문에, '이성적 사유 능력을 가졌다고 가정된' 인간만이 주체성subjectivity을 가졌다고 보지 않는다(Hayles, 1999). 헤일즈

Hayles(1999, p. 14)는 이처럼 "인간의 의식(주체성, 정체성)이 신체적(물리적) 굴레에서 벗어나서 가상의 영역으로 확장되는 현상을 체화된 가상성embodied virtuality"이라고 불렀다.

위와 같은 체화된 가상성의 개념에 따르면, 포스트휴먼적 존재들은 현실세계와 가상세계의 구분 없이 세상을 인식하게 된다. 그리고, 그러한 인식이 그들의 주체성과 정체성 형성의 기초 자원이 되는데, 이때 나타나는 정체성이 가상적 정체성virtual identity이다(Piñuelas, 2008; Taylor, 2002). 즉, 포스트휴먼적 존재들은 현실-가상 공간의 구분 없이, 여러 공간들과 위치들, 맥락들, 그리고 그 속에서의 다양한 존재 방식들과 얽혀서 끊임없이 변화하면서 역동적으로 새로운 경험과 의미를 만들어낸다(David Holmes, 1997).

포스트휴먼적 존재들의 정체성은 현실성과 가상성이 혼합되어있기 때문에, 그들의 리터러시는 현실과 가상의 공간들 속에서 고정되지 않고 끊임없이 이동하는 기호들과 의미들을 이해하고 그것을 기반으로 소통하고 상호작용하는 능력을 의미한다. 예를 들어, 골리Gourlay(2012)는 영국의 대학생들이 모바일 기기를 활용하여 SNS를 통한 글쓰기를 할 때, 그것이 어떻게 현실세계와 가상세계를 넘나들며 그들의 정체성(선택과 동기)을 드러내고 있는지를 연구한 바 있다. 이러한 연구를 바탕으로 골리Gourlay는 그러한 글쓰기들이 근본적으로 디지털 네트워크 속에서 작가와 독자가 완전히 얽혀서 혼성적이며 다성적이고 파편화된 미량의 텍스트들이 혼재하는 상태로 존재하고 있다고 설명하고 있다.

그러한 맥락에서 헤르만손과 자르Hermansson & Saar(2017)는 노마딕nomadic 공간 속에서의 존재 방식에 대한 논의(Deleuze & Guattari,

1987)를 바탕으로 글쓰기writing에 대한 새로운 접근을 제시한 바 있다. 글쓰기를 노마드적으로 이해한다는 것은 글쓰기 행위를 초급/상급 작가, 고급/하급 어휘자, 과정/결과, 재생적/창의적 글쓰기 등으로 이분법적으로 구별하지 않고, 작가의 주권sovereignty을 특권화시키는 것(예, 독립성, 창작성, 저작권 등을 지나치게 강조하는 것)에서 벗어나는 것이라고 주장한다. 즉, 글쓰기란 본질적으로 저자, 글의 주제, 등장인물이나 사물, 그리고 독자 등이 세밀하게 상호연계되어 그 역할이 고정되지 않고 매우 혼성적이고 복잡한 과정을 통해서 완성되기 때문에, 글쓰기의 성격과 질적 수준을 위와 같이 단편적으로 판단하는 것은 적절하지 않다는 것이다. 따라서 포스트휴먼 리터러시는 글쓰기의 주체와 대상, 저자와 독자, 맥락의 현실성과 가상성, 내용의 상징성과 물질성 등의 관계성에 대해서 새롭게 숙고하는 것에서부터 출발해야 하는 것이다.

요컨대, 포스트휴먼 리터러시는 다양한 포스트휴먼적 존재들을 포용하여 그들과의 관계성을 재설정할 수 있는 정서성을 재조명하고, 담론의 물질성에 주목하여 다양식적 리터러시를 활용하며, 현실-가상적 실재의 구분에 국한되지 않는 리터러시 주체들의 정체성과 그 경험에 대한 관심을 갖는 것이다.

5. 포스트휴먼 리터러시 교육의 방향

그동안 포스트휴먼 리터러시의 성격이나 전망에 대해서는 해외 학자들을 중심으로 논의가 이루어졌지만, 리터러시 교육 차원에서는 해외에서도 거의 논의가 이루어지지 않았다(Kuby & Rowsell, 2017). 그런 의미에서 본 절에서는 포스트휴먼 리터러시를 위한 교육이 어떻게 변하게 될 것인가를 범주 확장 교육과 학습주체의 확장이라는 두 가지 측면에서 논의하고자 한다.

1) 범주 확장 교육exoeducation

루이스와 칸Lewis & Kahn(2010)은 오늘날 정보통신(네트워크, 유비쿼터스, 디지털 등) 기술의 발달로 인해 교실 내에서 교사와 학생간의 면대면 상호작용으로 일어났던 기존의 수업과는 전혀 다르게 학습 형태가 변화하는 것을 '범주 확장 교육exoeducation'이라고 부른 바 있다. 본고에서는 이 개념에 착안하여 포스트휴먼적 교육에서 일어나고 있는 세 가지 범주 확장—물리적, 사회규범적, 그리고 학습원리—에 대해 논의하고자 한다. 여기서 물리적 범주란 학교 건물이나 교실 등과 같은 면대면의 교육이 이루어지는 시간적, 공간적 틀을 가리키고, 사회규범적 범주란 교사와 학생, 그리고 학생들 간의 관계와 같은 사회적 관계성이나, 인본주의, 보편교육, 도덕교육 등과 같은 사회윤리적 규범의 틀을 의미한다. 그리고 학습원리의 범주란 학습자, 학습내용, 학습방법, 그리고 학습 매체들 간의 관계성이 새롭게 구조화되고 있다는 것을 의미한다.

첫째, 물리적 범주의 변화를 보면 학교교육이 이루어지는 장면의 시간성과 공간성이 크게 변화하고 있다. 최근 정보통신 기술의 발달과 디지털 학습 환경의 팽창에 따른 유비쿼터스 환경의 일상화는 학습이 더 이상 교실이라는 공간성과 학교 일과라는 시간성의 틀에 얽매일 필요가 없어졌다는 것을 분명히 보여주고 있다(Cope & Kalantzis, 2010). 특히 디지털 교과서나 인터넷 활용 교육과 같은 디지털 수업의 활성화로 기존의 '교실 내' 학습을 토대로 수립된 교육심리학적 이론들의 재개념화가 요구되고 있다(Tucker & Goodings, 2014). 최근 국내에서 학교/교실 공간의 재설계에 대한 연구(김재영, 이종국, 2018; 맹재숙, 박수정, 2015)가 활성화되고 있는 것도 바로 학습환경의 물리적 토대가 변화하고 있기 때문이다.

둘째, 사회규범적 범주의 측면에서 최근의 교육은 학습의 과정에서 수반되는 교사-학생 및 학생들 간의 관계성에 대한 교수학습이론이나 역할 기대가 크게 변화하고 있다. 예를 들어, 과거에는 교사 전문성이 교과지식 전문가, 교수학습 전문가, 혹은 학급관리 전문가의 차원에서 논의되었다면 최근에는 지식 보다는 정서 교육의 차원에서 학생이해 및 상담, 지식에 대한 융합적 접근, 그리고 평가의 전문성 등이 교사의 중요한 역할로 인식되고 있다(Frost, 2019). 학생들에 대한 역할 기대도 온라인 및 사이버 학습의 영역이 확대되면서, 자기주도 학습이나, 개별화 학습, 컴퓨터기반 학습 등의 영향으로 학생들 자체의 자율성과 주도성이 훨씬 중요한 학습의 요소로 간주되고 있는 것이다(Rashid & Asghar, 2016).

마지막으로 학습 원리 범주의 변화는 포스트휴먼적 학습 원리에 직접적 영향을 받아 나타난 현상이다. 포스트휴머니즘은 물질과 정신은 하나라는 신물질주의적 일원론을 바탕으로 체화된embodied 마음과 외부의 물리적 환경은 불가분리적 관계를 지녔다고 본다. 즉, 포스트휴먼적 학습에서는, 앞서 행위자망이론이나 포스트현상학에서 설명했던 것처럼, 학습자의 사고(인식), 학습 내용(지식, 정보), 학습 전략, 그리고 학습 매체(기술적 도구)가 상호유기적으로 혼성화되어 작동한다고 간주한다. 예를 들어, 기술-기반 언어학습 Technology-Enhanced Language Learning: TELL에서는 학습learning 대 활용 practice, 공부study 대 놀이play, 교실 훈련classroom exercise 대 현장 경험 field experience 등이 명시적explicit으로 구별되지 않고 언어를 부지불식간에 학습할 수 있는 기술의 물질성materiality에 대한 연구가 활발히 이루어지고 있다(Reinders & Pegrum, 2016; Smith, 2019). 이처럼 포스트휴먼적 환경에서 이루어지는 학습은 학습자(사고)-학습내용(지식)-학습도구(기술)가 인위적으로 구별되지 않고 혼성화된 상태에서 이루어지기 때문에 이에 대한 학습원리에 대한 새로운 개념화가 필요한 것이다.

2) 포스트휴먼적 존재성의 확장

그동안 인류의 역사 속에서 '인간'의 개념화가 항상 비인간적 존재들의 타자화를 통해 이루어져왔고, 그로 인해 계급, 인종, 젠더, 언어, 그리고 자연의 대상화 등의 문제를 유발하여왔다(Morgan, 2016). 이 중 '인간들' 사이의 문제에 대해서는 후기식민주의, 후기인종주의, 다문화주의의 논의를 통해 많이 다루어져왔으나, 인간과 동물, 그리고 기계들을 모두 포괄한 포스트휴먼적 존재들 간의 문제에 대해서는 거의 논의가 이루어지지 않았다. 그런 의미에서 포스트휴먼 리터러시는, 앞서 소개한 객체지향존재론을 기반으로, 인간(교사와 학생), 사물(비인간 존재들을 포함한 매체, 도구, 자원), 그리고 지식(기술, 태도, 정보 등) 모두가 동등한 자격을 가진 교육의 주체라고 간주하면서, 그들의 존재성[3]에 대해 다음 [표 4]와 같이 구분하고 있다(Lewis & Kahn, 2010, p. 1).

표 4 포스트휴먼적 존재들의 구분

구분	포스트휴먼적 존재들에 대한 정의	사례들
동물적 (자연적) 존재	종(species)과 속(genus)의 분류학적 구분을 모호하게 함으로써 범주화를 오염시키는 존재들	유전자변형 생물들
기술적 존재	유기체(organic)와 인공물(artificial)의 구분, 보철적(prosthetic)인 것과 자연적(natural)인 것의 이분법적 구분을 저해하는 존재들	인공 보철 장치 인간, 로봇개(robodog), 아바타, 챗 봇, 사이보그
초자연적/비정상적(paranormal) 존재	과학적 설명이나 물질적 구명(verification)에서 벗어나서 현세를 넘어선 존재를 연상시키는 것들	전설상의 생물, 뱀파이어, 좀비, 유령, 에일리언
심리학적 혹은 병리학적 존재	건전함(sanity), 정상성(normality), 전통적으로 올바른 상식의 범주에서 벗어나는 존재들	다중인격자, 정신질환자
정치적·사회적·이념적 존재	공동체의 성스럽고 심오한 경계를 넘어서서 사회적 법규를 위반하는 존재들	무정부주의자, 환경론자, 자연회귀론자
경계적 창조물로서의 존재	문화가 자연과 인공, 인간과 비인간, 보통과 병리적인 것을 구분함으로써 표지(demarcation)를 보여줌과 동시에 허물기도 하는 상태	휴대폰 좀비, 사이버 좀비, 인터넷 유랑자

위 표에서 정리되었듯이, 포스트휴먼적 존재들은 동물적, 기술적, 초자연적, 심리·병리학적, 정치·사회·이념적 존재들로 이루어져있으며, 여기에 경계적 창조물들(Grahan, 2002)[4]도 포함된다.[5]

3 루이스와 칸(Lewis & Kahn, 2010)은 이러한 존재들이 기존의 인본주의적 관점에 의해 소외되고 타자화되어 왔음을 강조하기 위해 '괴물(monsters)'이라고 표현하고 있다.

4 이 존재들은 경계의 붕괴를 보여줌과 동시에 그러한 경계를 깨는 것도 강력히 금기시(taboo)하는 역설적인 공간에 존재하는 경계적 창조물로서, 상징적으로나 물질적으로 다양한 정치적, 사회적, 심리학적, 경제학적 기능을 수행한다.

5 바오푸(Baofu, 2009:39)는 포스트휴먼적 존재들을 인공지능 로봇이나 기계,

결국, 지금까지의 리터러시는 '이성을 가진 정상범주의 인간들 간의 소통'이라는 암묵적 인식을 기반으로 하였다면, 포스트휴먼 리터러시는 그러한 인본주의적 범주화에서 탈피하는 것이다. 즉, 포스트휴먼 리터러시는 과거처럼 인간중심적 세계관에 의해 리터러시의 형태와 기능을 규정하는 것이 아니라, 위와 같은 다양한 존재들을 리터러시 행위의 주요 참여자로 포섭하면서 그들과 상호작용하고 소통하는 것을 목적으로 하는 것이다. 이러한 포스트휴먼 리터러시의 존재론적 기반은 포스트휴머니즘이 강조하는 "인간에 의해 소외된 비인간적 존재들의 타자화가 양산한 존재론적 불안정성ontological precariousness을 반성적으로 회고함으로써 그들과의 관계를 회복하려는 시도이다"(Fuller, 2011, p. 72)라는 목표 의식하고도 일치하는 것이다. 그러므로 포스트휴먼 리터러시는 포스트휴먼 시대의 세상의 주역으로 등장할 이러한 존재들(대상들)을 포섭하여 이해하고 그들과 상호소통하는 것을 핵심적 목표로 하게 될 것이다.

3) 정리하며

본 절에서는 지금까지 포스트휴머니즘의 등장으로 인해 리터러시의 개념과 성격이 변화하고 있는 현상에 주목하고, 이를 자세히 이해하기 위해 포스트휴먼 리터러시의 범주와 이론적 기반, 대안적 연구주제, 그리고 포스트휴먼 리터러시 교육의 방향에 대해 논의하였다.

그리고 사이보그에서 유전자 조작된 초월적 존재들, 떠다니는 의식(floating consciousness), 하이퍼-공간 의식(hyper-spatial consciousness), 펼쳐진 무의식(unfolding unconsciousness) 등으로 까지 확장시키기도 했다.

본고에서 논의된 핵심적 사항들을 간단히 정리하면 다음과 같다.

첫째, 포스트휴먼 리터러시는 2000년대 이후 급속히 발달한 디지털 미디어의 등장으로 인해 개념화된 디지털 리터러시의 독특한 성격을 포괄하는 뉴 리터러시의 한 영역으로 간주되기도 한다. 하지만, 포스트휴먼 리터러시의 가장 큰 특징은 기존의 리터러시가 데카르트의 이원론적 철학과 소통의 매개인 언어 및 기호에 대한 인본주의적 관념에 기반하고 있는 것과는 달리, 일원론적 철학과 탈인본주의적 세계관을 기반으로 세상 속 모든 존재들 간의 소통과 유의미한 상호작용에 방향성을 두고 있다는 점이다.

둘째, 본 절에서는 포스트휴먼 리터러시가 양식성(디지털 리터러시), 핵심적 관점(탈인본주의 리터러시), 방향성(비판적 리터러시), 그리고 성격(혼성적 리터러시)에 따라 네 가지 영역으로 구분되어 논의되고 있음을 설명하였다. 즉, 포스트휴먼 리터러시는 디지털 미디어의 등장과 현실과 가상세계의 경험이 혼성화된 사회적 맥락에 주목하면서, 탈인본주의적 세계관과 철학을 핵심에 두고, 기존의 자연에 대한 인간의 착취, 인간 사회의 억압과 부정의, 그리고 현대 물질 문명 및 문화의 제반 문제들에 대한 올바른 이해와 비판적 성찰을 목표로 하고 있다.

셋째, 본 절에서는 위와 같은 포스트휴먼 리터러시의 기본 원리와 성격을 설명하기 위해 포스트휴머니즘의 네 가지 주요 이론들—신물질주의, 행위자망이론, 비대표성이론, 그리고 포스트현상학—을 소개하였다. 이 네 가지 이론을 종합적으로 정리하여 설명하면 다음과 같다: 디지털 미디어를 통해 생성되고 유통되는 지식이나 정보는 정신-물질의 구별 없이 인간의 사고와 컴퓨터/네트워크 사이에서 자유롭게 오고갈 수 있다(신물질주의). 이러한 정보통신 기기의 활용이 갈수록 확장되는 오늘날 인간의 경험은 현실 세계와 가상세계를 넘나들면서, 직접 경험과 간접 경험의 혼재된 상황 속에서 사물에 대한 이해와 소통을 시도하게 된다. 뉴미디어는 이러한 환경 속에서의 인간의 학습과 정보처리 방식에 최적화된 매체이고, 그 속에서 인간이 어떤 경험을 하고 있는지는 기존의 현상학적 이론과 다른 설명이 필요하다(포스트현상학). 그리고 이러한 포스트휴먼적 경험들 속에서 인간이 경험하는 리터러시는 순수한 인본주의적 성격과 형태에 머무르는 것이 아니라 정보의 형태로 물질화되어 네트워크 속에서 흘러다니고 있는 것이다. 이때 네트워크 속의 행위자(인간, 동물, 사이보그, 인공지능, 기계들)들은 모두 동등한 자격을 갖는 소통의 주체가 되는 것이다(행위자망이론). 이러한 인간과 세상 만물들 간의 수평적 관계성이 요구되는 이유는 기존의 리터러시 이론은 세계를 이해하고 설명하며 통제하고 상호소통하기 위한 모든 과업들을 인간의 관점과 판단에 의존하는 인류중심주의를 바탕으로 하고 있었다는 것이다. 하지만 인류가 야기한 심각한 환경, 에너지, 생태적 문제들을 돌이켜볼 때, 그러한 인간(행위)의 대표성과 정당성에 의문을 제기하고, 인간 이외의 다른 존재들의 입장과 관점에서 세상을 새롭게 파악하려는 노력이 요구되고 있다(비대표성이론).

넷째, 포스트휴먼 리터러시는 기존의 리터러시와는 다른 새로운 연구 주제를 탐색하고자 하는데, 본 장에서는 이를 정서의 재발견, 담론의 물질성, 그것을 가상적 정체성의 차원에서 논의하였다. 이를 정리하자면 i) 포스트휴먼 리터러시는 그동안 인간 고유의 특성으로 인식되었던 이성의 지배에 소외되었던 정서(감정)의 문제에 주목하고, 이를 통해 비인간적 존재들에 대한 포용과 윤리 및 사회성 교육, 그리고 생태 교육에 관심을 두고자 한다. ii) 포스트휴먼 리터러시는 언어가 단순히 관념이나 상징의 수준에 머무르는 것이 아니기 때문에, 향후 담론 연구에 있어 담론(언어 및 리터러시)의 물질성에 대한 이해와 연구를 확장할 필요가 있다는 것이다. iii) 포스트휴먼 리터러시는 정체성의 문제에 대해 인간 및 현실 세계의 범주를 넘어 인간 이외의 모든 존재들과 가상세계에서의 정체성에 대한 관심으로 확장할 필요가 있다는 것이다.

마지막으로 저자는 포스트휴먼 리터러시 교육이 학교 교육의 범주와 포스트휴먼적 존재성을 확장하는 방향으로 나아가야 함을 강조하였다. 즉, 포스트휴먼의 등장으로 지구생태계 속에서의 인간종, 인류의 정책, 그리고 인류와 다른 존재들 간의 관계성에서 '인간 지배의 정당화'라는 기존의 인식과는 전혀 다른, "모든 존재들의 수평적 관계성을 인식하기"가 요구되어지고 있는 것처럼(Braidotti, 2013a, p. 1-2), 기존의 생태페미니즘이 인간 대 자연 생태계의 관계성에 초점을 맞춘 것과는 달리, 포스트휴먼 리터러시를 통해 인간 대 모든 비인간적 존재들(생태계, 물질, 기계 문명 등)의 관계성을 기반으로 한 리터러시가 필요하다는 것이다. 특히 앞으로 고등교육의 확장과 고령화에 따른 평생교육 시대를 맞이하여 리터러시 교육은 전 생애주기에 필요한 교육의 핵심 주제 및 내용이 될 것이고, 디지털 리터러시의 필요성이 대두되는 상황 속에서 포스트휴먼 리터러시는 더욱 중요시될 것이다. 아울러 교과의 융합과 지식의 통합에 따라 미래 사회의 역량도 변화해가는 시점에서 대학교육의 교양 지식들도 본고에서 논의한 포스트휴먼적 리터러시의 차원에서 재해석 및 재구성되는 과정이 필요할 것이다.

본 장에서 논의된 포스트휴먼 리터러시의 개념과 이론들은 충분히 정교화되고 정착되어진 관점들이라기보다는 최근 활발히 논의되고 있는 디지털 리터러시에 대한 새로운 관점과 전망을 제언하는 차원이다. 따라서 향후 리터러시의 중요성에 대한 인식과 현장실천이 확장됨에 따라 포스트휴먼 리터러시에 대한 관심과 논의가 더욱 세밀화 될 필요가 있다. 포스트휴먼 리터러시의 역할은, 다른 장에서 언급한 비판적 포스트휴머니즘의 관점에서처럼, '인간' 존재와 그 역할에 대한 반성적 성찰을 바탕으로 지구적 생태계 속에서 그 존재 의미를 새롭게 점검하는 것이다. 따라서 이러한 인류중심주의의 탈피와 관계성의 확장을 지향하는 포스트휴먼 리터러시가 미래 세계의 리터러시 연구 및 실천의 궁극적인 지향점이 될 것이다.

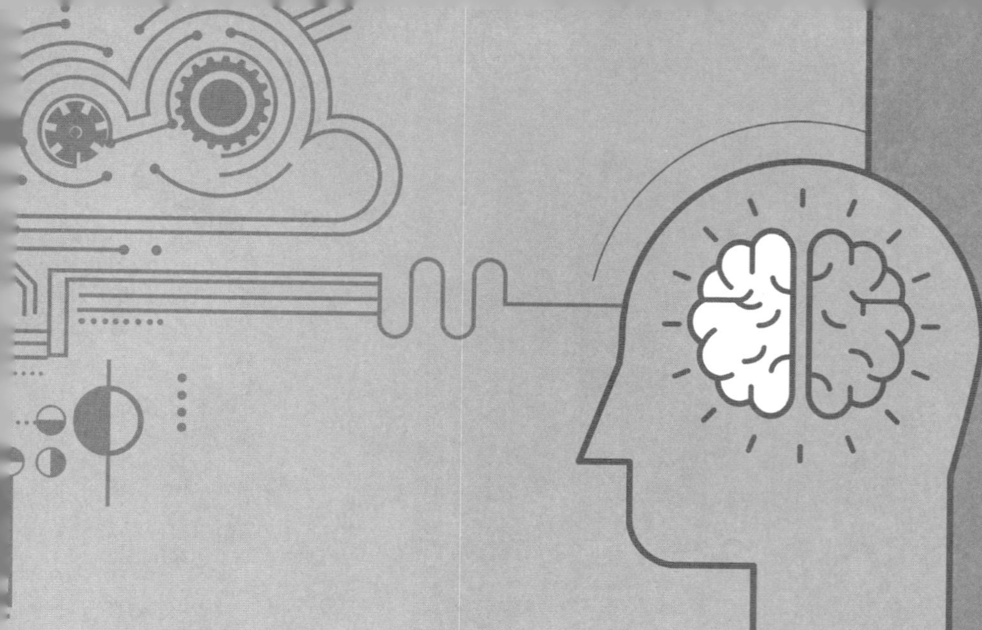

제5부

미래의 기술적 변화와 학습의 혁명

이제껏 익숙했던 것은 미래가 아니다.

– 요기 베라

제12장

사이버 세계의 확장과 학습의 혁명

1. 시뮬라크라: 현실real과 가상virtual의 구분이란 없다.

프랑스 철학자 보드리야르Baudrillard는 『*Simulacra and simulation*』(1981)에서 시뮬라크라(원본 없는 복사본)와 시뮬레이션(진짜 같은 모방)이라는 개념을 통해 대중의 문화 소비가 갖는 특성을 설명한 바 있다. 즉, 보드리야르는 현대의 전자식 미디어 문화는 시뮬라크라처럼 가짜와 진짜의 구별 없이 대중 속에서 소비되며 재생산되고 있다고 비평한 바 있다. 예를 들어, 디즈니랜드 같은 테마파크들이 다양한 마스코드, 캐릭터들을 창조해내고 이것이 언론과 광고를 통해 반복적으로 노출됨으로써, 대중들은 그러한 캐릭터들을 진짜 존재들보다 더 실감나게 느끼고 소비하고 있다는 것이다. 특히 현대의 디지털 기술들은 그러한 가공의 이미지들을 원본의 질적 저하 없이 무한히 반복하여 복제해냄으로써, 대중들이 진짜보다 더 훨씬 실감나게 가공물들을 소비할 수 있는 환경을 만들어내고 있는 것이다(Baudrillard, 1994).

이러한 보드리야르의 통찰이 소개된 이후 40여 년이 더 지난 오늘날의 기술적 발전은 사이버 환경과 경험을 일상화함으로써, 우리가 일상생활에서 시뮬라크라와 시뮬레이션을 더욱 빈번하게 경험하도록 만들고 있다. 이러한 현실은 단순히 정신 현상만이 아니라 물질적 산물로써 문화를 바라보는 문화적 물질주의cultural materialism의 개념에 주목하게 만들었다.

저자는 20여 년 전 이메일e-mail이 처음 등장했을 때, 많은 사람들이 손편지의 감성이 사라지고 소통의 질이 저하될 것을 크게 우려하였던 것을 기억한다. 하지만 지금은 거의 모든 사람들이 이메일의 편리함과 신속함에 익숙해졌고, 더 이상 손편지는 '진짜'이고 이메일은 '가짜'라는 생각을 하지 않는다.

그림 1 지난 20년간의 통신 매체의 변화 양상

위 [그림 1]이 잘 보여주는 것처럼, 지난 20년간 대중의 소통 방식은 큰 변화를 거듭해 왔다. 우리나라의 경우, 이메일을 통한 소통은, 1997년에 처음 한메일(hanmail.net)이 무료 인터넷 웹메일 서비스를 시작한 후 급속히 대중화되었다. 2009년 11월 미국의 애플Apple이 출시한 아이폰iphone의 등장과 2010년 6월 출시된 삼성의 갤럭시폰의 등장으로 시작된 휴대폰 서비스는 현재 한층 더 기능이 강화된

스마트폰의 대중화로 이어졌다. 그리고 구글(2006년), 마이크로소프트(2008년), IBM(2011년), 오라클Oracle(2013년) 등의 세계적 정보통신 업체들이 클라우드 플랫폼을 구축하기 시작한 이후, 2020년 현재에는 클라우드가 휴대 통신, 유비쿼터스, 자율주행, 온라인 서버 등의 서비스를 제공하기 위한 핵심적 플랫폼으로 자리잡고 있다. 이러한 통신 환경의 기술적 변화는 소통 매체들이 혁신적으로 변화하고 있음을 보여주고 있을 뿐, 그로 인해 메시지의 진실성이 감소하는 것은 아니다.

오늘날 통신기술의 발전은 가상 공간의 창조와 향유가 가능한 기술적 환경을 만들었고, 그 속에서의 사람들의 경험도 여전히 의미가 있다. 한마디로 자연적natural 공간이나 가상적virtual 공간이나 모두 진짜real라는 것이다. 앞 장에서 언급한 바와 같이, 클락Clark(2003)이 얘기했던 '의식의 데이터화'는 바로 인간의 경험(의식)이 데이터의 형태로 가상 공간과 네트워크 속에서 자유롭게 이동할 수 있다는 것을 의미한다. 이는 인간의 의식이 정신 현상에서 물질현상(데이터)으로 변환되는 것을 의미하며, 네트워크화된 가상 공간 속에서 활동하는 인간의 의식도 '진짜'라는 것이다. 이것이 정신과 물질이 서로 통한다는 신물질주의의 기본 아이디어이다.

인간의 의식이 가상의 공간 속으로 '들어갈 수', 즉 디지털화될 수 있다는 것은 정신적 활동(학습, 기억, 사고, 정서, 감정 등)은 물론 신체적 활동(감각적 반응, 동작, 자극, 행동, 스킬 등)도 디지털화될 수 있다는 것을 의미한다. 그런 의미에서 포스트휴먼적 학습은 인간적(인지적, 신체적) 학습뿐만 아니라, 사이버적(정신의 데이터화와 디지털화) 학습도 포괄한다. 포스트휴먼적 조건에서는 인간의 사고와 의식이 디지털화될 수 있고, 그 경우 "인간은 더 이상 생물학적 존재만이 아닌" 것이다(Hayles, 1999). 특히 이러한 사이버적 존재로서의 인간의 조건에 관심을 갖는 그룹이 트랜스휴머니스트trans-humanists이다. 이들은 포스트휴먼이란 인간-기계 공생체symbiotics로서 마음, 감정, 정체성들이 브레인넷Brainnet(Kaku, 2018) 등과 같은 온라인 네트워크에 자유롭게 접속하여 사회적 관계망을 형성하며 살아가는 혼성적 존재이다(Conti, Passarella, & Das, 2017).

요컨대, 포스트휴머니즘은 인간이 현실 세계나 가상세계에서 공히 경험하고 학습하고 생활할 수 있다고 보기 때문에, 가상세계를 '가짜'라고 인식하지 않는다. 오늘날 사람들은 이미 다양한 종류와 수준의 사이버 세계를 경험하고 있다는 사실을 감안하면, 그러한 경험 속에서 살아가는 인간이란 어떤 존재인지를제대로 이해할 필요가 있다.

2. 가상현실: 뉴노멀new normal

인간의 학습 양상은 언어의verbal 시대에서, 영상의visual 시대를 거쳐, 가상의virtual 시대로 빠르게 바뀌어가고 있다. 이제 많은 사람들이 도서 보다는 영상매체등을 통해 정보를 얻거나 학습을 하고 있으며, 점점 가상적 활동을 활용한 여가, 직업훈련, 학습 프로그램들이 엄청나게 개발되고 있다. 예를 들어, 최근에는 남녀노소의 구분없이 컴퓨터나 휴대폰에 접속해 다양한 온라인 게임을 즐기고 있고, 자동차나 비행기의 조종 훈련, 다양한 기술의 학습, 건축이나 토목의 모델하우스 등을 통해 시뮬레이션 학습이 일상화되어가고 있으며, 명상, 상담치료, 스포츠 훈련, 기술 훈련 등의 분야에서 이미지 훈련image traning 기술들이 적용되고 있다. 한마디로 언어적 학습을 대신하여 영상 및 가상적 학습이 뉴노멀new normal이 된 것이다(Hinsen, 2013).

오늘날 사람들이 사용하는 카메라의 99.9%가 디지털이듯이, 어떤 현상을 표현하기 위해 수식어가 더이상 필요 없는 상태를 뉴노멀이라고 한다. 이미 가상현실 게임이 컴퓨터 게임의 뉴노멀이 되었고, 이메일이나 문자를 통한 소통이 손편지를 대신해 뉴노멀이 되었듯이, '디지털 교과서'로 대표되는 디지털 학습은 이미 인간 학습의 뉴노멀이 되어가고 있다(Negroponte, 1995). 아날로그 학습과 디지털 학습의 차이는 인간이 '지식'을 어떤 형태로 경험하고 있느냐의 차이인 것처럼, '현실적' 지식과 '가상적' 지식도 마찬가지로 지식이 매개되는 형식만 다를 뿐이다.

가상현실 속에서의 학습은 다음과 같은 여러 가지 효과를 가지고 있다는 점을 눈여겨 볼 필요가 있다.

- 다른 매체에서는 경험할 수 없는 현존감sense of presence을 느낄 수 있다.
- 가상학습 환경은 실재 세계의 경험을 재현해주므로 보다 융합적 접근을 할 수 있다.
- 역할 수행이나 시나리오 작성은 학습자가 자신의 역할을 수행할 때, 실세계의 결과에 얽매이지 않고 일시적으로 책임감을 느껴보는 경험을 할수 있다.

- 모사된 문제해결 활동들은 접근하기 힘든 특수한 환경(수술실, 생산시설, 가상 도시, 전투 상황등)을 학습자 맞춤형 세팅으로 설계할 수 있다.
- 가상세계에서는 비의도적 학습이 촉진되므로, 학생들은 지식 이외의 경험을 해볼 수 있다.
- 다중의 학습자들이 주어진 문제를 해결하기 위해 서로 소통하면서 협력할수 있다.
- 가상세계의 소통은 기존의 소통 방식 보다 훨씬 더 현실적인 소통을 가능케 해준다.
- 점점 복잡하고 다양화되어가는 미래 사회를 학습하고 적응하는데 도움이 된다.
- 현실 세계에서는 불가능한 리더쉽의 역할을 경험하거나 창조적이며 실험적인 아이디어를 체험해볼 수 있다.

포스트휴먼적 학습은 위와 같은 가상현실의 경험들 속에 숨어있는 학습의 형태와 전략들을 보다 구체화하고 그 의미를 발견해내고자 한다. 그렇다면 가상현실 속에서의 학습은 기존의 학습과 어떤 차별성을 갖는가?

첫째, 가상세계에서는 기성 세계의 질서(교사-학생)가 전도될 수 있기 때문에, 교사중심에서 학생중심으로 전환하는 것이 필수적이다. 가상세계에서는 젊은 학생들이 기성 세대의 추종자일 수밖에 없는 현실의 벽에서 벗어나서, 현실 세계에서는 불가능한 선도자의 역할을 경험해볼 수 있기 때문에, 창조적이고 실험적인 사고나 행위들을 보다 적극적으로 시도해볼 수 있다.

둘째, 가상세계에서 학생들은 보다 적극적으로 학습에 개입할 수 있고 자신들의 경험을 자유롭게 확장함으로써 보다 의미있는 학습 과정을 경험할 수 있다(Polka, 2001). 그리고 학습의 내용이 이미 구성된 형태로 학습자에게 전달되는 것이 아니기 때문에, 학생들이 자발적이고 적극적으로 이해를 구성하는 것을 강조하는 구성주의 학습이론도 도움이 된다. 예를 들어, 학습자는 병실이나 발전소, 심지어는 전체 타운을 건설하기 위한 시나리오를 작성하거나 그 속에서의 자신의 역할을 학습자 맞춤형으로 자유롭게 설정할 수 있다. 그 과정에서 실재 세계의 결과들에 크게 제한받지 않고, 창의적으로 문제해결 활동들을 시도해볼 수 있다(New Media consortium, 2007).

셋째, 가상학습 환경은 그 속에서의 경험이 실재 세계의 적용이나 훈련과 유사하기 때문에 본질적으로 융합적인 학습이 가능하다(Lombardi, 2007). 가상세계는 점점 더 복잡하고 전 지구화되어가는 사회 속에서 학습자들이 생활과 학습이 분리되지 않는 환경에 보다 잘 적응할 수 있게 해준다(Moore, Fowler, & Watson, 2007). 예를 들어, 가상세계의 생태계가 정치적, 경제적, 사회문화적 요소들을 모두 포함하고 있기 때문에, 그러한 가상적 세계의 규칙이나 규범norm에 적응하기 위한 전략이나 태도를 융합적으로 배워보는 기회를 가질 수 있다.

넷째, 가상세계에서의 학습은 비의도적 학습이나 정서적 학습에 훨씬 더 효과적이다. 학생들은 지식 자체를 위한 발견이나 창조가 아니라, 그들이 이룩하기를 원하는 뭔가 새로운 것을 경험함으로써 보다 분명한 이해와 깊은 통찰력을 얻게 된다(NMC, 2006).

다섯째, 가상세계 환경은 다중의 학습자들이 주어진 문제를 해결하기 위해 서로 소통하면서 협력할수 있도록 해준다(Antonacci & Modaress, 2005). 가상세계에서는 온라인 가상 플랫폼을 바탕으로 전 세계의 학생들이 쉽게 상호작용할 수 있고, 기존의 이메일, 블로그, 위키 등과 같은 초기 매체들보다 훨씬 현실적인(대면적인) 소통을 가능하게 해준다.

위와 같이 가상세계는 참여자들의 경험의 폭과 학습의 가능성을 훨씬 확장시켜줄 수 있다. 그러한 경험들이 너무 자극적이다거나 위험하거나 비현실적이라는 생각은 지나친 우려이고, 그러한 보수적 태도에서는 창의성이 발휘될 수 없다. 창의성은 젊은 세대들이 기성세대의 관념이나 행위들에 구애받지 않는 것에서 시작되므로, 가상현실은 창의성의 발현에도 큰 효과를 가져올 수 있다.

3. 경험적 학습과 메타 학습

1) 경험적 학습: 인본주의 학습이론

경험적 학습Experiencial learning은 기존의 인본주의적 학습이론들 중의 하나로서 매우 큰 설득력을 가지고 인간의 학습을 설명하는데 활용되어 왔다. 경험적 학습은 주로 경험Experiencing, 회고Reflecting, 사고Thinking, 그리고 수행Acting이라는 네 가지 요소를 기반으로 한 학습을 의미하는데(Abbey, Hunt, & Weiser, 1985; Hunt, 1987), 학습자가 새로운 것을 경험하고, 그 경험을 되돌아봄으로써 인지적 사고의 일부가 되고, 이를 실천을 통해 학습의 내용이 더욱 강화될 수 있다는 것이 기본 요지이다. 즉, 경험적 학습은 [그림 2]와 같이 이 네 가지의 과정이 순차적으로 그리고 반복적으로 이어지면서 경험이 확장되는 것으로 학습을 설명하고 있다.

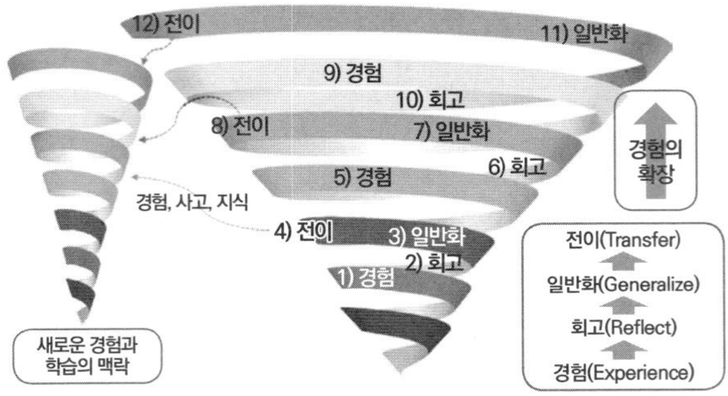

그림 2 경험학습의 나선형 모형(Kolb & Kolb, 2009, p. 310)

아울러 경험적 학습 이론은 경험, 회고, 사고, 수행이 상호작용함으로써, 확산Diverging(경험+회고), 동화Assimilating(사고+회고), 수렴Converging(행동+사고), 그리고 적응Accommodating(경험+행동)이라는 학습의 다양한 양상들을 설명해 왔는데, 이를 그림으로 정리하면 다음 [그림 3]과 같다.

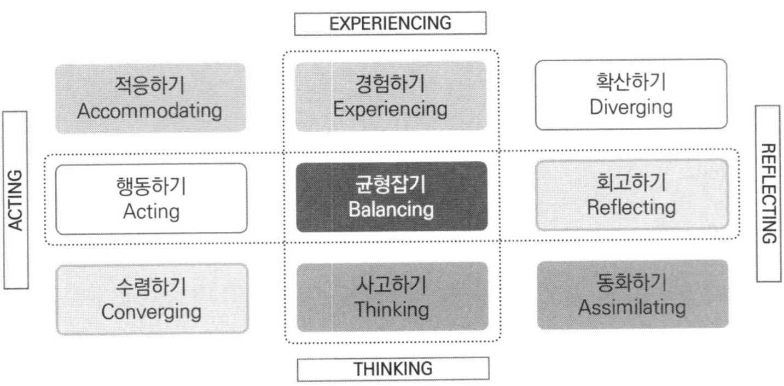

그림 3 경험적 학습이론의 9개의 학습 공간(Kolb & Kolb, 2009, p. 322)

이러한 경험적 학습이 오랜 동안 현대적 학습이론들 중의 하나로써 학습을 설명하는데 중요한 역할을 해왔지만, 본고는 이 경험적 학습이론도 인본주의적 학습이론이라는 한계에서 벗어나지 못하고 있음을 지적하고자 한다. 즉, 경험적 학습이론의 네 요소인 경험 ⇨ 회고 ⇨ 사고 ⇨ 수행은 인간 학습자의 독자적이면서도 직접적인 경험을 학습의 기본 출발점으로 전제하고 있다는 것이다.

2) 메타 학습: 탈인본주의 학습이론

과연 학습자들의 모든 경험과 학습이 위 경험적 학습이론이 설명하는 것처럼 항상 독립적이고 직접적이며, 단계적인 사고의 과정을 거치면서 이루어지는 것일까? 우리는 사실 많은 학습이 간접적인 경험이나 집단적인 행위, 그리고 무의식적인 혹은 기계적인 행동들 속에서도 이루어지기도 한다. 따라서 이러한 간접적, 혼합적, 집단적 혹은 무의식적 학습의 양상들을 설명하기 위해서는 새로운 학습 이론이 필요한데, 그 중 하나가 바로 메타 학습이다.

메타학습은 여러 가지 의미를 쓰이고 있는데, 그중 다음 세 가지 —i) 다른 학습자의 학습 결과로 생성된 정보로부터 간접적으로 학습하는 것secondary learning, ii) 학습된 정보에 대한 상위 지식을 학습하는 것meta knowledge learning, iii) 연역적 학습inductive learning 혹은 귀납적 학습learning-from-examples의 결과로부터 학습하는 것—가 메타 학습에 대한 가장 일반적인 설명이다. 위 세 가지 메타학습에 대한 설명의 핵심 원리는 메타학습이 간접적인 학습, 2차적 학습, 그리고 상위 지식에 대한 학습이라는 것이다. 따라서, 메타 학습은 학습자 자신이 학습내용에 집중하여 직접적으로 학습을 수행하는 것이 아니라, 다른 여러 학습자들의 다중적 학습의 결과를 수합하여 2차적인 학습을 시도하는 것을 의미한다.

위와 같은 의미에서 메타 학습은 인공지능 기계 학습machine learning의 일종인 딥러닝deep learning에서 기본적 학습 원리로 활용되기도 한다. 인공지능 학습 알고리즘은 메타 학습을 활용하여 수많은 학습수행자learning agency들로 하여금 1차적 학습을 수행하게 함과 동시에 그 학습의 결과를 취합하여 2차 혹은 3차 학습도 수행하도록 한다. 이 과정에서 보다 학습속도를 향상시키기 위해 병렬적 학습을 시도하고, 이를 종합하여 순차적 학습에 뒤처지지 않는 학습 결과의 정확성을 유지하게 된다(Chan & Stolfo, 1993).

이 메타학습이 시사하는 것은 인간의 학습도 반드시 직접적으로 이루어지는 것이 아니라, 메타학습을 활용하게 되면 보다 효율적이고 고차원적 학습을 수행할 수 있다는 것이다. 예를 들어, 반두라Vandura(1961)의 사회 학습social learning이론도 메타학습의 일종으로, 자신에게 주어진 직접적, 신체적 경험에 반응함으로써만 학습이 이루어지는 것이 아니라 다른 사회적 존재들(부모, 교사, 또래)의 행동을 모방함으로써도 학습이 이루어진다는 사실이다. 즉, 사회적 존재로서 인간은 다양한 방식의 메타 학습 전략을 활용하여 학습하고 있는 것이다.

이 메타학습을 응용한 것이 바로 메타 강화 학습Meta Reinforcement Learning: meta-RL인데, 메타 강화학습은 학습자agent가 미지의 과제를 보다 빠르고 효율적으로 학습할수 있도록 최적화하는 것을 의미한다. 예를 들어, 인공지능 학습 알고리즘은 효과적인 메타 학습 모델을 활용하여, 지도 학습supervised learning의 훈련 모형training model으로 익혔던 학습 방식을 넘어서 훈련 기간에는 경험하지 못했던 새로운 과업이나 새로운 환경에도 적응하여 학습을 일반화하는 방식을 개발하고 있다. 다음 [그림 4]는 학습자가 일련의 학습 경험들 속에서 어떻게 메타학습이 이루어지는지를 보여주는 기본적인 도식이다.

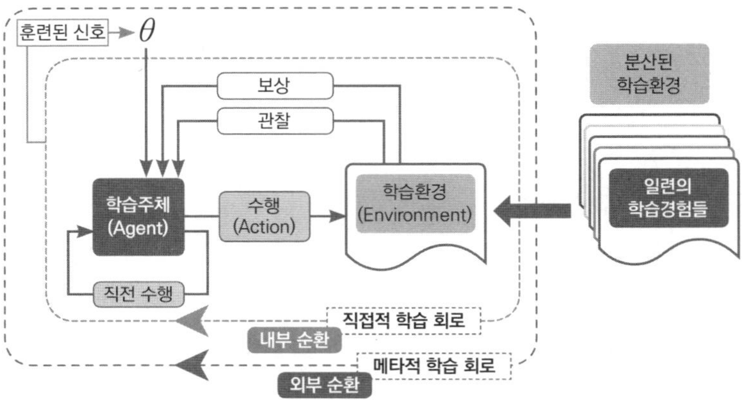

그림 4 메타 강화학습(meta-RL)의 설명 도식(Botvinick, et al., 2019, 수정)

[그림 4]는 학습자Agent의 특정 학습 환경에서의 수행Action이 지속적으로 다양한 학습 환경에 노출되면서 내부 순환과 외부 순환을 통해 어떻게 학습이 강화되는지를 보여주고 있다. 여기서 내부 순환 회로는 학습능동자가 환경과 상호작용하면서 최고의 보상을 가져다주는 조건을 최적화시키는 회로이고, 외부 순환 회로는 매번 새로운 환경에 맞추어 학습능동자의 행위를 결정하기 위해 매개변수를 조정하는 회로이다. 이 두 가지 회로가 동시에 작동하면서 이루어지는

것이 메타 강화학습인데, 인공지능 딥러닝Deep Learning은 표면적 학습(내부 순환적 학습)이 다발적으로 이루어짐과 동시에 그러한 학습들에서 나타난 결과들을 외부순환을 통해서 동시에 처리함으로써 다층적인 딥러닝이 이루어질 수 있는 것이다.

요컨대, 메타 학습은 인간 학습의 특징으로 간주되었던 의식적, 직접적, 단계적(논리적) 사고에만 의존하는 학습이 아니라, 무의식적, 간접적, 병렬적 학습의 메카니즘을 설명하는 것으로 포스트휴먼적 존재들의 학습 방식을 설명하는 하나의 이론이 되는 것이다.

4. 메타-세계meta-verse : 손에 잡히는 것만이 현실이 아니다.

전 근대적 관념 속에서 탄생한 하나의 세계 즉, 우주universe란 용어는 더 이상 우리가 사는 세상에 대한 정확한 표현이 아니다. 우주는 이제 통일된 하나의 세계가 아니라, 다중-세계multiverse이자 메타-세계meta-verses가 되고 있다. 메타-세계란 실제 세계가 다양한 가상 공간을 통해 경험되거나 재현될 수 있으므로, 실재 세계와 가상세계를 모든 포함한 세계를 가리킨다(Metaverse Roadmap Glossary, 2007). 메타-세계 속 공간의 거주자들은 실제 세계를 반추하면서 자신만의 아바타를 참조하여 활동 환경을 구축하며 가상세계를 경험해 나간다. 이때 실재 세계에서는 불가능한 광범위한 경험(날기, 물속 걷기, 공간이동, 아바타 창조 등)을 창조하는 자유를 경험해볼 수 있는데, 이러한 가상적 경험들은 "사회적 네트워크, 시뮬레이션, 온라인 게임의 융합convergence을 통해서 활발하게 개발되고 있다(Gartner research, 2007). 가상세계의 환경 설정은 어떠한 교과 지식이나 학습의 영역에도 적용될 수 있으며, 장소나 인공물들은 상상력을 발휘하여 실재적이거나 세밀하게 혹은 일반적이거나 대략적으로 만들 수 있다. 예를 들어, 가상세계 프로그램의 3D 구성 툴을 활용하여, 물리적 사물들이나 물질들을 우주적 스케일에서 나노 스케일에 이르기까지 시각화할 수 있다(New Media consortium, 2007).

단일-세계universe라는 개념을 대신하여 메타-세계라는 개념을 채택한다면, 인간의 경험을 실재real와 가상virtual으로 나누는 기존의 관념은 소멸될 것이다. 즉, 21세기의 기술적 환경 속에서 인간은 단일 세계를 살고있는 것이 아니라, 다중적이고 메타적 세계를 살고 있기 때문에 하나만 '진짜'이고 다른 세계는 '가짜'라고 간주할 수 없다는 것이다. 그렇다면, 이러한 메타-세계 속에서 인간은 어떻게 학습할 수 있을까?

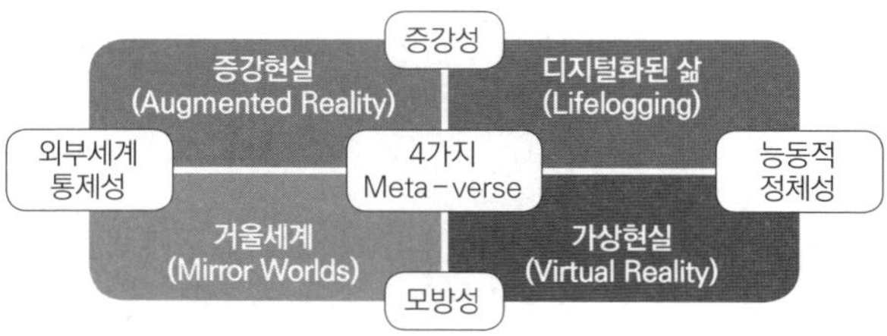

그림 5 메타-세계의 4가지 형태

메타-세계는 증강성에서 모방성에 이르는 정도와 능동적 정체성에서 외부세계 통제성의 수준에 따라, 위 [그림 5]와 같이 4가지 세계로 나누어진다(Pucihar & Kljun, 2018). 즉, 증강현실은 증강성과 외부 세계의 통제성이 높은 세계이고, 디지털화된 삶(웨어러블 모바일 장비를 장착한 개인들의 삶과 행동들이 종합적으로 네트워크에 기록됨으로써, 개인들의 삶을 보다 편리하고 유용하게 안내하는 기술)은 증강성도 높고 인간의 능동적 정체성도 높은 세계이다. 같은 방식으로 거울세계는 현실세계의 모방성simulation이 높고 외부세계의 통제성도 높은 세계이고, 가상현실이란 현실 세계를 모방하면서도 인간의 능동적 정체성이 높은 세계이다. 거울세계는 현실 세계를 그대로 디지털 환경(프로그램)을 통해 재현해놓은 것으로 그 대표적 예로 Google Earth나 Microsoft Virtual Earth 등과 같은 맵 프로그램이 있다.

요컨대, 오늘날의 기술적 환경들은 인간이 과거와 같이 '순수한' 생태적 현실만을 경험하는 것이 아니라, 위 그림과 같은 다양한 '가상적' 세계를 경험하고 있다는 것이다. 즉, 기술은 인간의 신체적 활동의 범주를 확장시키거나 증강시켜주고, 인간의 삶은 아나로그적 양식의 경험으로 끝나는 것이 아니라 디지털화되어 기록, 재생, 그리고 재창조되고 있으며, 인간의 생태적 세계는 그것을 모방한 거울세계를 통해 새롭게 경험(학습, 검토, 훈련)되고 있는 것이다. 더 나아가 우리는 아예 가상적 세계를 만들어서 필요에 따라 그 속에 거주하면서 제 2의 삶을 살아가고 있는 것이다. 따라서, 이러한 메타-세계의 등장이 학습과 교육에 어떤 변화를 가져오게 될 지에 대한 대응이 필요할 것이다.

5. 메타-학습의 제약들

그렇다면, 메타-세계에서의 경험을 기반으로 한 학습은 어떤 제한점들을 안고 있을까? 이 문제에 대한 고민하기 위해서는 '멀티태스킹multi-tasking'이나 '미디어 중독' 등의 이슈에 대한 이해가 필요하다.

우선 멀티태스킹의 측면을 보면, TV와 음악을 배경 삼아 숙제를 하거나 공부를 하는 학생들이 많다. 실제로 많은 사람들이 숙제를 하면서 페이스북, 음악, 문자메시지 확인, 이메일 주고받기, 심지어 온라인 다중접속 역할MMRPG게임까지 동시에 하기도 한다. 그런데 이러한 멀티태스킹의 효율성을 둘러싸고 학계에서도 찬반 양론이 뜨겁다. 멀티태스킹이 등장했던 초기에는 대체로 해롭다는 평가가 많았지만, 어느 순간 멀티태스킹의 장점들에 대한 연구결과가 발표되기 시작했고, 멀티태스킹에 뛰어난 사람들은 영재처럼 조명을 받기도 했다(Jenkins, 2009). 그리고 여러 전문가들이 멀티태스킹을 단순한 습관이 아니라 디지털 세상에서 필수적인 기술이라고 부추키기도 한다.

반면 보수적 관점이 강한 학교교육 전문가들에게는 멀티태스킹이 탐탁치 않게 받아들여지고 있다. 멀티태스킹의 효율성과는 별도로 멀티태스킹이 도취 상태를 유발하는 신경화학물질을 분비하여 보상을 받기 때문에 기분이 좋아지고, 활동의 생산성을 긍정적으로 간주하는 착각을 불러일으킨다는 연구도 있다(Jackson, 2008). 또한 최근에는 운전하면서 문자를 하거나 업무를 처리하는 등의 위험을 수반하는 멀티태스킹에 대한 우려를 경고하는 여러 언론보도들도 많아지고 있다(Vogel, 2007). 그리고 대학의 대규모 강좌에서의 학생들의 수업태도를 관찰한 연구에서는 수업시간에 멀티태스킹을 하는 학생들의 학업성취도나 성적이 낮아졌다는 연구도 등장하고 있다.

멀티태스킹은 인간이 어떻게 멀티세계를 살아가고 있는가를 보여주는 가장 대표적인 예이다. 특히 최근 등장한 뉴미디어와 모바일 유비쿼터스 기기들의 편리성과 친근성은 멀티태스킹의 가능성을 확대시키면서, 유흥과 학습, 그리고 업무를 수행하는 것에 대한 새로운 이해를 요구하고 있다. 멀티태스킹이 시간을 절약하고 때로는 집중력을 높여주며, 그것에 익숙해지면 업무 수행의 편안함을 배가시켜주기도 하지만, 반면 미디어를 주변부에 늘 대기상태로 두게 되면 절제력, 판단력 의사소통 감각 등을 잃게 될 수도 있다. 그러므로, 멀티태스킹이나 미디어에의 잦은 노출이 어떤 문제점을 초래할 수 있는가에 대해 미디어 의존도의 조절 역량에 대한 디지털 리터러시 교육이 필요할 것이다.

위와 같은 멀티태스킹에 대한 기본적 논란점을 염두에 두고, 멀티-세계에서의 경험을 바탕으로 한 활동(소통, 학습, 과업수행 등)의 환경을 조성하기 위해 다음 몇 가지 점들에 대해 고민할 필요가 있다.

첫째는 환경적 요인으로, 하드웨어나 소프트웨어가 충분한 성능과 학습적 효과성을 갖추어야 한다는 기술적 문제와 제반 조건을 갖추기 위한 비용의 문제가 있다. 효과적인 가상 학습의 환경을 갖추기 위해서는 고성능 하드웨어와 초고속인터넷, 그리고 효과적인 경험을 제공해줄 수 있는 프로그램의 개발과 같은 기술적 조건이 필요하다. 동시에, 그러한 시설과 장비을 갖추거나, 학습 프로그램의 사용을 위한 비용들도 이용자가 감당할 수 있어야 한다.

둘째는 프로그램과 관련된 문제로써, 교육적 목적으로 상세하게 개발된 가상세계 프로그램이 필요하고, 그 속에서도 학생들의 학습을 안내할 학습관리 시스템learning management system이 필요할 수도 있다. 아울러 가상적 경험(학습)의 과정 속에서 안내자(교사)의 역할과 개입의 정도를 프로그램 자체의 역할과 어떻게 분담하여 설정할지도 고민해야 한다. 예를 들어, 가장 잘 알려진 가상현실 설계 게임인 세컨드 라이프Second Life 내에는 'Moodle'이라는 공개 학습운영 시스템이 개발되었는데, 이를 학습자가 효과적으로 활용하기 위해 Sloodle(Second Life라는 다중적 가상세계와 Moodle의 학습관리 시스템의 통합)이라는 툴 셋tool set이 쓰이기도 한다.

셋째는 학습자 관련 요인으로, 가상-세계의 경험(활동)과 현실 세계의 경험(활동) 간에 적절한 균형을 맞추지 못하는 경우가 발생할 수 있다. 일부 학생들은 가상현실의 경험에 몰입된 나머지 현실 세계에서의 학습이나 생활에 집중하지 못하는 경우가 있고, 그런 경우 실재 교실 활동에의 참여나 집중에 문제를 야기할 수도 있다. 혹은 학생들의 스타일에 따라 메타-학습과 같은 기술-기반 학습 환경이 편안할 수도 있고, 지루할 수도 있다. 때로는 학생들이 현실과 가상을 구별하지 못해서, 블로그, 카페, SNS 등을 통해 자신의 실재적 삶을 관조하듯 바라보는 현상도 발생할 수 있다. 이러한 문제는 결국 가상세계와 현실 세계 간의 괴리로 인해 발생하는 문제로써, 그 간격이 좁혀지기 까지는 많은 시간이 소요될 수 있다.

넷째는 교수자 관련 요인으로, 교수자들이 메타-학습의 본질을 이해하거나 그것을 위한 물리적 환경을 조성하는데 경험이나 기술이 부족할 수도 있다. 예를 들어, 수업 설계에는 기존의 교수법보다 훨씬 더 많은 시간과 노력이 필요하고, 구체적인 학습목표를 가진 특정 수업의 경우에는 가상 학습 환경의 설계가 적합하지 않을 수도 있다(NMG, 2006).

다섯째는 사회적 책임감liability과 윤리의 문제이다. 가상세계에서의 학습 환경을 구축하는 것은 이용자가 사적 공간을 구축하거나 그 속에 허가되거나 인증된 사용자들이 입장하는 것을 의미한다. 그렇지만 그 속에서 벌어지는 일들은 현실 세계의 윤리적, 법적 기준과 부합하지 않을 수 있다(La Chapelle, 2007). 이러한 사적 공간에서, 가상적 폭력, 가상적 갈등, 성적 착취, 과도한 감각적 탐닉 등의 문제가 발생할 경우 공공(국가, 학교, 공동체)의 개입을 어떻게 관리할 것인지에 대해서는 논의가 필요할 것이다(Bugeja, 2007).

이상의 논리와 같이 메타-세계의 경험과 학습은 장점과 단점을 가지며 아직까지 사회적으로 논란의 대상이 되고 있다. 하지만 현대인의 경험은 점점 더 이러한 메타-세계의 범주로 확장되게 될 것이며, 그에 따라 그 가능성과 영향력에 대한 활발한 연구와 이해가 필요할 것이다.

제13장

메타-세계 기술들의 교육적 적용

본 장에서는 앞서 소개한 메타-세계라는 포스트휴먼적 환경속에서 학습이 어떤 성격을 띠게 될 것인지 구체적으로 살펴보자.

1. 증강현실 기술의 교육적 적용

1) 증강현실 기술과 학습

오늘날 다양한 산업 및 보안 분야에서 활용되는 모바일 기기에는 많은 센서들(얼굴인식, 혈압 및 심박체크, 유해가스 감지, 적외선 탐지 등)이 달려 있어서 사람들의 작업이나 활동을 편리하게 보조해주고 있다. 증강현실 기술Augmented Reality: AR도 마찬가지인데, 모바일mobile AR 기기들은 HUDhead-up display, 트라이코더tricorder(환경이나 공간을 스캔하는 드론), 홀로체스holochess(가상적 물체를 현실 공간에 투영하는 기술), 그리고 엑스레이 비전x-ray vision(물체의 내부를 투시하는 기술) 같은 기술들을 이미 적용하고 있다(Lamantia, 2009). 이처럼 매체와 실재 세계를 연결해주는 센서 기술들은 비행, 전투, 과학 및 산업적 실험, 로봇 개발, 그리고 수술 등의 분야에서 시뮬레이션을 위한 상황적situated 학습을 통해, 사람들의 행동을 보조하고 안내하는 다양한 역할을 수행하고 있다(Schon & Gustafsson, 2005).

위와 같은 증강현실 기술은 교육과 학습의 영역에도 적용될 수 있다. 즉, 학습자가 현상을 보다 깊이 이해할수 있게 하고, 실제 세계를 투영하면서도 그것을 넘어서는 탐색을 통해, 역사, 예술, 기술, 생물학, 천문학, 지리학 등 다양한 지식 분야의 주제들과 관련한 물리적 환경을 탐험할 수 있게 해준다. 증강현실 기술들이 학습에 미치는 영향을 이해하기 위해서는 더 이상 과거의 종이 도서에 기록된 문자의 형태로 담겨진 지식을 시각에만 의존하여 학습하는 모습을 상상해서는 안된다. 특히 인간의 활동을 분석적 활동(사물과 환경에 대한 논리적, 합리적 탐색)과 감각적 활동으로 나눈다면, 증강현실 기술은 환경으로부터 주어지는 감각에 몰입하고, 감각적 경험을 감정으로 내재화하고impregnation, 내재화된 감정을 다시 외적 상상으로 확산시키는 과정imagination을 통해 감각적 활동을 훨씬 활성화시킬 수 있다(Tillon, Marchal, & Houlier, 2011).

증강현실 기술을 이용한 학습은 다음과 같은 학습의 변화를 전제로 한다.

첫째, 지식은 문자의 형태로만 담겨있지 않고, 다양한 양식성(그림, 동영상, 소리, 공간적 행위, 시간적 변이 등)을 통해 존재한다.

둘째, 그러한 지식을 수용하는 인간의 감각 기관도 시각적 기관뿐만 아니라, 청각, 촉각, 후각, 미각, 공감각 등의 다양한 정보의 통로를 활용하여 학습이 이루어질 수 있다.

셋째, 증강현실 기술들은 다양한 첨단 기술적 매체들을 통해 구현되기 때문에, 그러한 매체들의 활용에 익숙해지는 것이 학습의 기본적인 출발점이다.

넷째, 증강현실 기술을 활용한 학습은 인지적 학습 뿐만 아니라, 정서적, 사회적, 행동적, 그리고 윤리도덕적 학습에도 널리 확장될 수 있는 가능성을 가지고 있다.

다섯째, 증강현실 기술은 평균적 지적, 신체적 능력 수준을 가진 학습자를 대상으로 한 보편적 학습자를 상정한 것이 아니라, 다양한 능력 수준을 가진 학습자들의 필요나 개별성에 더 효과적으로 부응하여 학습을 촉진해줄 수 있다.

결국 위와 같은 증강현실 기술의 잠재력은 학습이 세상을 인간의 관점에서 인지적이거나 논리적으로 이해하려는 것이 아니라, 인간(정신적 및 물질적)과 사물, 기술, 그리고 실제 환경(생태적 및 가상적)의 상호의존적 관계성에서 나오는 것이다. 따라서, 그러한 관점을 올바로 이해하기 위해서는 신물질주의(생태성과 가상성의 연결성), 행위자망이론(인간 및 비인간적 존재들의 상호의존적 역할), 그리고 객체지향존재론(인간과 동물, 기계 등의 평등한 상호주체성과 능동성)과 같은 포스트휴먼적 관점들이 어떻게 인간의 경험과 학습을 설명하고 있는가를 이해할 필요가 있는 것이다.

2) 증강현실 기술의 교육적 활용 사례

증강현실 기술은 교육 현장에서 구체적으로 어떻게 활용될 수 있는가? 슈페히트Specht(2012)는 이 문제를 증강현실과 실제 세계를 잇는 여섯 가지 차원(맥락, 정체성, 위치, 환경, 관계성, 시점)과 증강현실이 학습에 활용되는 여섯 가지 양상(묘사, 탐색, 이해, 회고, 협력, 실행)의 측면에서 다음 [그림 1]과 같이 여섯 가지 사례로 활용되고 있다고 설명한 바 있다.

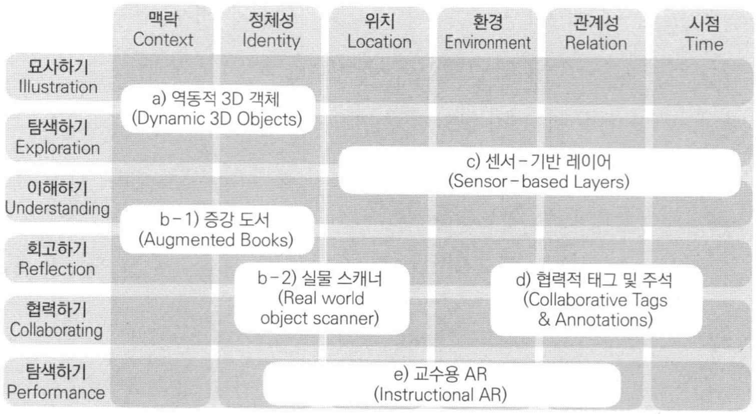

그림 1 증강현실과 실제 세계의 연관성(가로축)과 증강현실이 학습에 활용되는 양상(세로축)에 따른 학습 활용 사례(Specht, 2012, p. 7)

슈페히트Specht(2012)는 [그림 1]에 표현된 것처럼, 인간의 다양한 학습의 양식들(묘사, 탐색, 이해, 회고, 협력, 실행)이 어떤 맥락성, 정체성, 위치, 환경, 관계성, 그리고 시점의 차원에서 증강현실 기술들을 통해 구현될 수 있는가를 보여주고 있다. 그 구체적인 실현 양상을 하나씩 간단히 소개해 보자.

(1) 다이나믹 3D 객체

다이나믹 3D 객체는 사물에 대한 3차원적 묘사Illustration와 상호작용적 3D 시각화visualization를 위해 주로 활용된다. 예를 들어, 공대생들의 증강현실 시각화 능력를 훈련시키기 위한 목적으로 활용되었을 때, 공간 지각력 향상에 긍정적 효과가 있었다는 연구(Martin Gutierrez et al., 2010)가 있고, 복잡한 공간적 모형을 좀 더 맥락적이고 몰입적으로 인식하게 함으로써, 3차원 물체에 대해 다면적 관점을 향상시키는데 도움이 되었다는 연구(Dede, 2009)도 있다.

또한 수학이나 기하학 교육에 활용하면, 학생들의 사고실험mental experimentation을 돕고 공간적 감각을 향상시키는데 효과가 있었다는 보고(Schmalstieg et al., 2007)가 있으며, 아울러 토론과 협력적 구성을 자극함으로써 협력적 시나리오를 작성하는데도 도움이 된다고 한다.

(2) 증강 서적Augmented books 및 실물 스캐너scanners

증강 서적이나 실물 스캐너에 증강현실 기술을 활용하면, 사물에 대한 사실적 묘사와 더불어 학생들이 학습내용을 회고하는데 도움을 줄 수 있다. 증강된 서적이나 사물들은 실제 세계 사물들과 디지털 증강 기술을 연결하는 가장 기본적 방식이다. 더 나아가, 증강현실의 구현에 다양한 물질성materiality(소리, 텍스춰, 움직임 등)을 추가함으로써, 사용자들이 책을 읽을 때 감각이나 인식 범주를 확장하게 되어 내용을 보다 흥미롭고 깊이있게 이해할 수 있다.

사물의 증강을 구현하는 세 가지 방식이 있는데, 모바일 기기로 사물을 스캔하여 증강시키거나, 사람이 증강시키고자 하는 사물을 움직이면 유비쿼터스 카메라 시스템이 대상 물체를 추적하면서 스크린에 증강된 이미지를 보여주는 방법도 있다. 그리고 최근에는 Google Glass 등에 장착된built-in 카메라로 사물을 투시하여 필요한 정보를 증강시켜 확인할 수도 있다.

증강 서적 기술이 적용된 사례를 보면, 서적 곳곳에 마커marker를 표시하면, 다이나믹 3D 매체를 통해 독자들이 책 내용에 대해 보다 몰입적인 경험을 할수도 있고, 학습 내용물이나 교육적 일러스트에 대한 집중력을 증가시킴으로써 텍스트 내용에 대한 이해도를 높일 수도 있다(Dias, 2009). 도심 디자인 분야에서 실물 스캐너를 활용하는 사례로는, 카메라로 도시 곳곳의 실물을 비추면 그 사물에 대한 부연설명이 활성화되어, 디자인 설계를 위한 정보획득이나 가상적 모델링으로도 활용할 수도 있다(Wang et al., 2007).

(3) 감각-기반 레이어Sensor-based Layers

감각-기반 레이어는 교육적으로 탐색이나 몰입을 보조하는 일에 주로 활용된다. 즉, 사용자가 느낄 수 있는 감각 정보(시각, 청각, 촉각, 후각 등)를 기반으로 사용자가 인식할만한 정보의 범주를 확장해 주는데, 이때 감각 정보가 사용자의 관점으로 제시되기도 하고, 저변에 깔린 위치표시geo-tagged 정보DB처럼 사용가능한 정보를 필터링하여 제공해주기도 한다. 레이어Layar라는 증강현실 브라우저는 장소-기반 정보 레이어의 일종인데, 사용자의 위치와 진행방향에 따라 사물의 정보를 필터링하여 선별된 정보를 맵이나 카메라 위에 띄워준다.

그림 2 증강현실 브라우저(Layar)의 실행 화면

교육적 측면에서 이러한 기술은 자연 현상이나 학습 대상이 되는 사물들에 대한 탐문-기반inquiry-based 접근의 학습에 유용하게 사용될 수 있다. 한 가지 예로, 알렉산드로Alessandro(2010)는 증강현실과 기존의 맵 검색 인터페이스를 조합하여 실세계를 검색하는 여러 인터페이스들 중, 나침반 기반으로 길을 안내해주는 줌zoom 기능이 가장 효과적인 방식이었다고 보고하였다.

(4) 협력적 태깅Collaborative Tagging 및 부연설명Annotation

협력적 태깅의 교육적 목표는 분산 지능distributed intelligence과 빅데이터 기술을 활용하여 많은 사람들이 태깅을 통해 쉽고 효과적으로 지식을 생성하고 공유할 수 있도록 하는 것이다. 협력적 증강현실의 가장 기초적인 활용은 사용자들이 장소-기반location-based 환경에서 협력적으로 실세계 사물들에 대한 설명에 태그를 달아 타인에게 정보를 공유하는 것이다.

예를 들어, AR 게임에서는 사람들이 공유할 인공물들artifacts을 배치하여 3D 사물을 협력적으로 조작해보는 작업을 과제로 제시하기도 한다. 닐슨 외Nilsson et al. (2009)는 이를 활용하여 위기 관리 시나리오에서 구조대원, 경찰, 군대 등의 상이한 참여자 사이의 협력을 이끌어내기 위한 방법을 개발하였는데, 그 결과 협력의 효율성이나 사용자의 가치 인식에 긍정적 효과가 있었다고 밝힌 바 있다.

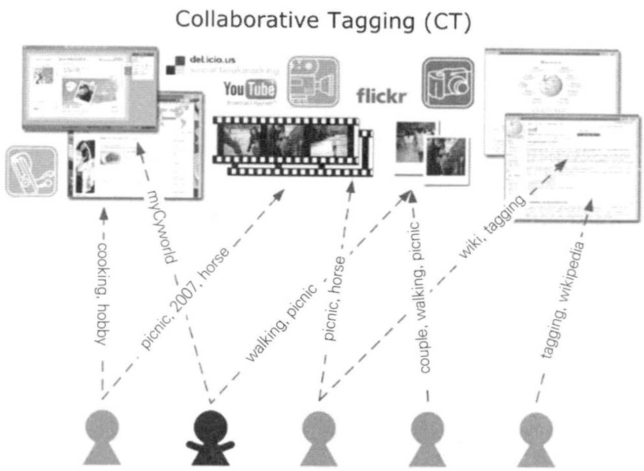

그림 3 추천 시스템에서의 협력적 태깅(Ji, Yeon, Kim, & Jo, 2014)

또한 [그림 3]과 같이 추천 시스템에서 다양한 사용자들이 협력적 테깅을 통해 새로운 사용자들에게 필요한 정보를 제공해 주기도 한다.

(5) 실물 조작을 활용한 교수적 증강현실Instructional AR

교수적 증강현실의 교육적 활용은 실시간 피드백을 제공하고, 동작과 실물을 연결하고, 증강현실을 기반으로 한 피드백 시스템을 구현하는 것을 목적으로 한다. 증강현실을 이용한 완전한 교수 환경의 수립을 위해서는 매우 세밀하게 실제 세계를 기록하는 것이 필요하다. 교수적 목표의 증강현실은 실세계 사물들을 현실감있게 조작해 보는 것이 목표인데, 산업계의 사용 예를 들면 BMW가 증강현실 시스템을 통해 자동차 유지관리 시스템을 운영하는 것을 예로 들 수있다(Interone Worldwide, 2010). 이 외에도 심동-인지psychomotor-cognitive적 협력 과업에 있어서 과업 수행을 증강시키기 위해 시각 피드백을 제공하는데 활용하기도 한다(Kotranza et al., 2009).

증강현실 기술을 교육적 목적으로 활용하기 위해서는 다음과 같은 질문들에 대해 숙고할 필요가 있다.

- 실제 세계의 어떤 측면을 증강시키고자 하는가?
- 얻고자 하는 학습의 성과를 고려했을 때 어떤 가상적 매체가 학습에 도움이 될 것인가?
- 사용하려는 가상적 매체를 학습자들이 공유하거나 실세계 사물들과 연결될 수 있는가?
- 실세계 사물과 디지털 미디어 간에 어떤 관련성이 학습을 향상시킬 수 있는가?
- 증강을 위한 어떤 협력적 조작이 학습을 자극하는데 도움이 되는가?

위 질문들을 통해 인간과 사물, 매체, 기계들의 관련성과 상호의존성을 체계적으로 이해하는 것이 증강현실 기술의 교육적 접목을 위한 기초 자료가 될 수 있을 것이다.

2. 생활 기록lifelogging을 활용한 학습

1) 생활 기록의 개념과 목적

지속적 개인경험 기록CARPE: Continuous ARchiving of Personal Experiences이라고도 불리는 생활 기록Life-logging은 개인의 신체에 부착된 카메라wearable camera로 일상생활의 이미지를 촬영하면서 개개인의 삶을 전반적으로 기록하는 것을 말한다. 그러한 생활 기록의 장점은 개인이 경험하는 모든 사람, 대화, 행위, 장면(장소), 사건 등을 디지털화하여 저장할 수 있고, 이를 필요할 때마다 검색하여 인출할 수 있고, 타인과 공유할 수 있다는 것이다. 이러한 개인의 일상생활을 관찰monitoring하는 행위는 자신의 삶을 바라보면서 이를 원하는 방향으로 조성해나감으로써, 개인의 활동, 작업, 혹은 습관 등을 자료화archive할 수 있다. 한마디로 생활 기록은 개인이 자신의 일상적 삶이나 대인관계, 작업활동 등을 잘 들여다보고, 저장하고, 기억하게 해줌으로써 학습이나 작업의 성과를 높여줄 가능성을 가진다는 것이다.

이 생활 기록이 어떻게 활용되느냐에 따라 그러한 정보는 학습, 커리어 개발, 자기 평가에도 활용할 수 있고, 사회 활동과 관계성의 형성을 촉진해주며, 때로는 건강 관리나 의학적 정보로도 활용할 수 있다. 스타인Stein(1995)은 이러한 생활 기록은 개인들이 쉽게 놓칠 수밖에 없는 자신의 활동에 대한 기억을 체계적으로 저장할 수 있다는 측면에서 조직적 기억organizational memory이라고 불렀다. 즉, 일상

생활, 다양한 학습 활동, 그리고 직장에서의 일상적 활동들(절차와 과정)을 자동적으로 포착해주는데, 특히 정보화 사회에서 개인들의 다양한 디지털화된 활동들(인터넷 사용, 이메일, 전산 작업들)을 자동적으로 보관해준다는 장점도 있다. 아울러 최근 정보기기의 발달로 생활 기록을 위한 데이터 포착 및 저장이 점점 간편해지고 저렴해지고 있어서, 생활 기록이 점차 일상화되어갈 수 있다. 그에 따라, 이러한 개인들의 생활자료들은 마케팅 분야(소비자 행동분석, 광고 노출), 여론조사 기관, 보험 자료, 건강 관리 분야에서 유용하게 사용되기도 한다(Hughes et al., 2012).

2) 생활 기록의 원리

인간의 일상 생활은 다양한 길이의 지속적인 사건들로 구분될 수 있다. 옷을 입거나 치장하는 일, 음식을 준비하거나 정원을 가꾸는 일, 이동하거나 운동을 하는 일, TV를 시청하거나 음악을 감상하는 일, 정보를 검색하거나 컴퓨터로 작업을 하는 일, 사람들을 만나거나 발표하는 일 등 모든 것이 우리의 일상적 행위이고 기록의 대상이 된다. 그런데 우리는 이러한 모든 활동들을 기억할 수 없다. 인간의 기억은 의도적인 학습에 의해 생성되는 암기 기억route memory과 잊지 못할 사건이 발생할 때 생기는 일화 기억episodic memory, 그리고 기존의 경험이나 이해와 논리적으로 연결됨으로써 이루어지는 의미기억semantic memory으로 이루어지는데(Cohen & Conway, 2008), 우리에게 기억할 만한 일화가 발생하거나 의미있는 경험일 경우를 제외하고는 기억에 남지 않는 것이 일반적이다. 그러므로 생활 기록은 우리의 일거수일투족이나 의미 있는 사건 등을 모두 기록해줌으로써 기억을 확장시켜주는 역할을 한다.

생활 기록은 개인들의 일상생활 모든 행동들을 디지털화하여 저장하기 때문에, 생활 기록을 수행하는 개인들을 계량화된 자아Quantified Self라고도 부른다. 생활 기록을 수행하는 개인들은 자신들의 모든 행위를 직접 기억할 필요 없이, 필요할 때 추출해냄으로서 자신의 행위들에 대해 반성적으로 검토하거나 새로운 통찰력을 이끌어낼 수도 있다. 예를 들어, 일찍이 마이크로소프트Microsoft 연구소의 고든 벨Gordon Bell이라는 연구원은 최초로 자신의 삶을 모두 디지털화하는 'MyLifeBits' 프로젝트를 시작한 바 있다(Gemmell et al., 2002, 2006).

이러한 MyLifeBits 같은 생활 기록이 대중화되게 된 것에는 다음과 같은 배경이 있다. i) 컴퓨터 저장 용량이 비약적으로 증가하고 가격도 저렴해지면서, 개인적 자료들이 클라우트 서버 등에 쉽게 저장될수 있다. ii) 개인 활동의 다양한 양상을 간편하면서도 안전하게 그리고 방해받지 않고 저장할 수 있는 다양한 촬영 기기(Google Glass)나 센서기술(신체 및 건강측정기)이 개발되었다. iii) Facebook, YouTube, Twiter, 블로그 등의 다양한 SNS 매체를 활용하여 자신의 일상적 경험과 일화를 저장하고, 타인에게 보여주며, 스스로의 건강과 감정을 체크하기도 하는 문화가 사회적 유행이 되었다. 이러한 계량화된 자아가 오늘날 디지털 세계의 한 양상이다(Metz, 2014).

3) 생활 기록의 활용성

생활 기록은 단순히 일상 생활을 저장하는데 그치지 않고 필요한 정보를 검색하거나 추출해서 다양한 목적으로 활용해야 하므로, 기록된 내용을 효율적으로 조직하고, 분류하고, 접근하고, 그 속에서 의미있는 패턴이나 정보를 찾아내는 것이 중요하다. 그러한 활용이 이루어지지 않는다면, 생활 기록은 엄청난 양의 무의미한 데이터에 불과할 수밖에 없기 때문이다. 생활 기록 운동을 가장 먼저 실천해왔던 앤더슨C. Anderson은 오랜 기간 동안의 생활 기록의 경험을 되돌아본 후, 최근(2016. 4. 16.) 자신의 트위터에 다음과 같은 소감을 기재하기도 했다.

그림 4 오랜 '생활 기록' 실천자의 자기반성적 평가

위 트윗의 메시지는 한마디로 맹목적인 생활 기록을 통해서는 의미를 찾아 내기 어렵다는 것이다. 앞서 소개한 고든 벨Gorden Bell도 자신의 삶을 단순히 기록하는 일이 "내 삶에 많은 가치 있는 것을 가져다주지 못했다"라고 최근 미국의 유명 컴퓨터 잡지인 ComputerWorld와의 인터뷰에서 밝힌바 있다.

그러므로 생활 기록의 내용을 유용하게 추출하는게 중요하다. 현재 생활 기록의 내용 추출 방식에는 사건 추출event extraction과 핵심 프레임 추출key frame extraction이 활용되고 있다. 그리고 개인의 생활 기록에 포함된 내용들의 의미를 추출하거나 내용적으로 풍성하게 만들기 위해서는 외부 네트워크와의 연동성과 빅데이터로서의 특성을 갖출 필요가 있다. 즉, 생활 기록으로 축적된 데이터들이 빅데이터의 핵심 요소인 정보의 진실성veracity(정보의 정확성), 정보처리의 신속성velocity(데이터 내의 패턴이나 변화를 빠르게 정보화하는 것), 다양성variety(수집된 데이터의 이질성과 다면성)의 특성에 얼마나 부합하는가가 중요하다. 생활 기록을 빅데이터 기술로 잘 관리할 수 있다면, 그 속의 정보를 채굴하고 외부 자료들과 교차 참조하면서, 생활 기록 내외부의 다양한 원천으로부터 새로운 지식을 발견해낼 수 있다.

따라서 생활 기록은 구체적으로 다음과 같은 상황 속에서 활용될 수 있다.

i) 개별화된 건강 및 보건 관리: 칼로리 소모나 신체적 활동의 내역, 다양한 신체 신호vital signal의 측정 및 관리를 위해 FitBit One, Nike FuelBand, Lark 등의 앱(프로그램)이 개발되어 착용자의 신체 활동에 대한 실시간 피드백을 제공해 주고 있다. 이는 게임 장비에 부착될 수도 있고, SNS 장비에 내포되어 자신과 동료들의 상태를 비교함으로써 활동을 독려하는데 활용될 수도 있다(Barua et al., 2013).

ii) 수면의 질과 패턴을 감독하고, 건강 관리를 위한 자기점검self-monitoring의 장비로 활용될 수 있다.

iii) 네비게이션 등을 위한 위치 기록location logging 및 추출의 용도로도 활용되는데, 이동 기록 장치인 OMG Autographer(이미지 센서 및 소프트웨어 개발사인 Oxford Metrics Group이 제작)나 Narrative Clip 등을 이용해 이동 및 방문 활동을 저장한 후 필요한 경우 되짚어볼 수 있다.

iv) 생활 기록 장치들은, 점점 센싱 기술들이 발전하게 되면, 시각적 자료 뿐만 아니라 후가, 청각, 물리적 사물, 촉각 등의 내용들도 저장될 수 있다(Hamilakis & Labanyi, 2008). 예를 들어, 산림욕장에 방문했을 때 그 숲속의 냄새를 저장하는 기술을 통해, 나중에 해당 장면을 리뷰하게 될 경우, 산림욕장의 상쾌한 냄새를 다시 경험할 수도 있는 것이다(Stix, 2011).

v) 학생들의 경우 박물관이나 미술관, 그리고 다양한 교육적 명소를 방문했을 경우, 그 경험과 느낌들을 자동적으로 기록하고, 이를 차후에 리뷰해볼 수 있는 기회를 제공한다.

vi) 생활 기록의 내용들은 먼 훗날 자신의 기억력이나 인지 능력, 그리고 신체 능력이 감퇴하게 될 경우, 자신의 과거 경험들을 반추해볼 수 있는 기회를 제공해주기도 한다(Doherty et al., 2011).

사실 생활 기록은 어떤 특정한 목적을 가지고 전문가들에 의해 체계적으로 이루어지는 경우도 있지만, 일반인들에 의해 일상생활 속에서 수시로 이루어지고 있기도 하다. 예를 들어, 스마트폰을 이용해 사람들을 다양한 방식으로 자신의 삶을 기록하고 있는데, 아주

사소한 일들까지 사진이나 동영상을 찍어 기록하고 있는 것이 대표적 예이다. 그리고 Facebook이나 Instagram, Twitter 등의 SNS 활동들도 자신의 일상생활을 기록하고 타인과 공유하는 생활 기록의 한 예이다. 이러한 현상은 기술적 매체의 발전에 기인한 것으로, 이러한 생활 기록의 활동들이 소통이나 기록의 측면 뿐만 아니라, 학습이나 자기 개발의 차원에서 매우 큰 활용가능성을 가지고 있다는 것이 중요하다. 물론 기계적이고 무의미한 기록이나 소통이 아니라, 어떤 목적성과 유용성을 가지고 그러한 생활 기록의 활용성을 고민하는 것이 필요할 것이다.

3. 거울세계mirror world에서의 학습

거울 현실이란 현실 세계를 그대로 가상 공간에 재현함으로써 새롭게 탄생하게 된 현실로서, 현실을 그대로 모방한다는 점에서 거울세계라고 불리운다. 거울세계란 표현은 겔런터Gelernter(1992)의 동명의 저서에서 처음 등장하였는데, 말 그대로 컴퓨터 프로그램을 통해 세상을 거울처럼 그대로 재현해낼 수 있다는 의미이다. 저자는 컴퓨터의 발전은 궁극적으로 광범위하게 분산된 단말기를 하나로 통합한 거대한 시스템을 만들어내게 될 것이고, 그 시스템은 실제 세계의 전체 모습을 그대로 담게 될 것이라고 예언한 바 있다. 그러한 하나의 중앙통제방식의 거대한 컴퓨터 시스템이 미래 사회에 어떤 영향을 미칠 것인가의 문제는 30여년이 지난 포스트휴머니즘의 핵심 주제들 중의 하나로써, 그 방향성은 비결정적인 성격을 띠며 다양한 해석의 여지를 남겨 놓고 있다.

그렇다면 컴퓨터에 의한 거울세계의 등장은 인간의 학습에 어떤 변화를 가져올 수 있는가? 겔런터Gelernter는 컴퓨터 소프트웨어가 실재 세계를 있는 그대로 모든 세부적 사항들 까지 모사하여 창조하게 되면, 사용자들은 그 디지털화된 '현실을 투영한 세계'를 앉은 자리에서 마음껏 경험해볼 수 있다고 강조한 바 있다. 겔런터가 처음 이러한 현실의 '거울식 재현'의 아이디어를 제시했을 때만 해도, 세상을 투영한다는 것은 외부적(표피적) 양상의 재현에만 국한되었었다. 그런 의미에서 그는 실제 세계를 거울세계로 재현하는 것은 조감도'topsight'의 성격을 띠는 것이라고 설명하였다. 즉, 'insight'이 사물들의 본질을 꿰뚫어 보는 통찰력이라면, 거울세계의 재현은 "높은 관측점에서 전체 세계의 윤곽에 대한 큰 그림을 그리는 '조감도'이다(p. 52)"라고 상상했던 것이다. 하지만 오늘날 컴퓨터의 성능과 처리 기술은 세계의 외경 뿐만 아니라 내부의 모든 디테일까지 현실과 거의 유사할 정도로 재현해내는 것이 가능한 수준에까지 이르게 되었다는 점을 상기할 필요가 있다. 즉, 오늘날 컴퓨터의 성능은 현실세계의 대부분의 양상들을 '거울세계'로 재현해 낼 수 있을 만큼 발전해가고 있다는 것이다.

윅스트롬, 칼렐, 프로슬링-헤닝손Wikström, Carlell, & Frostling-Henningsson(2002)은 거울 현실이 구현되는 방식을 크게 세 가지—거울 모형mirror model, 시너지 모형synergy model, 그리고 가상모형virtual model—으로 구분한 바 있다. 이 구분을 바탕으로 거울세계를 통한 학습이 어떻게 이루어질 수 있는지 생각해보면, 다음 [표 1]과 같다.

[표 1]과 같은 거울세계의 교육적 활용을 보여줄 수 있는 몇 가지

표 1 거울세계의 세 가지 모형들

유형	개념	교육적 활용
거울 모형 (mirror model)	현실을 '있는 그대로' 재현하여, 그 재현된 현실을 '간접적으로' 경험하는 것	각종 시뮬레이션 교육(비행, 소방, 전투 훈련, 위험물 관리, 산업기계 작동 훈련 등)
시너지 모형 (synergy model)	현실을 '유사하게' 모사한 거울세계를 창조하여, 현실 세계와의 '혼성적 경험'으로 시너지 효과를 거두는 것	실제 교실 환경 재현 + 가상적 학습 환경 재현
가상모형 (virtual model)	현실 세계에 '제한받거나 얽매이지 않고', '상상의 세계'를 창조하여 그 세계를 경험하는 것	각종 창의적 문제해결 교육(우주여행, 지구 속 탐험, 심해 탐험, 가상 공간 설계 및 체험, 인체 내 탐험 등)

사례를 제시해보자.

첫째, 3차원 디지털 기술을 활용하여 가상 공간 내에 도시나 건물 등과 같은 공간적 환경을 설계하고, 실험적이거나 가상적 사건을 발생시켜 그 속에서 이루어지는 일들을 모니터링함으로써 어떠한 파급효과가 벌어지는지를 검토하는 것이 전형적인 거울세계의 활용법이다. 이러한 거울세계를 도시공학에서 활용한 연구의 예를 들면, 뵈르너Börner(2001)는 정보시각화 기술information visualization techniques을 활용하여 디지털 쌍둥이 도시를 설계한 후 두 도시의 시민들의 상호작용 방식을 비교하였다. 이때 두 도시에 상이한 매개변수parameters를 주입한 후 그 변수로 인해 두 도시의 시민들의 반응이 어떻게 나타나는지를 비교하는 연구를 수행했던 것이다. 이러한 미지의 사태에 대한 연구는 가상적 환경을 설정하지 않고서는 수행하기 힘든 연구로, 도시공학, 건축학, 사회학, 정치학 등의 분야의 연구에 유용하게 쓰일 수 있는 것이다.

둘째, 거울세계를 가장 현실적으로 재현해 놓은 것이 바로 사이버 회랑Cyber Commons이다. 사이버 회랑은 전 세계의 모든 인적, 물적 자원들이 가상의 회랑에 모여 실시간으로 공동체적 협력을 구현하여 어떤 문제를 해결해나가는 것을 의미한다. 그런데, 이러한 사이버 회랑은 굳이 현실 세계를 그대로 모사할 필요는 없고, 현실 세계(실제적 모임)와 가상세계(가상적 모임)를 유기적으로 연결하여 시너지 효과를 내거나, 아니면 순수하게 가상의 공간과 환경을 구축하여 실제 세계에서는 구현하기 어려운 활동을 시도함으로써 더 큰 협력을 이끌어낼 수도 있다.

셋째, 최근 학교현장에서 많이 실천되고 있는 플립드러닝flipped learning도 거울 모형의 교육적 적용의 한 사례로 이해될 수 있다. 즉, 학생들은 가정에서 컴퓨터를 통해 가상 환경에서 이루어지는 내용을 미리 경험해보고(거울 모형 혹은 가상 모형), 실제 교실에서는 교사와 함께 사이버 경험의 주는 교육적 의미를 검토해보거나 교사의 감독하에 실제적으로 체험해보는 경험(시너지 모형)으로 수업을 구상할 수도 있는 것이다.

넷째, 거울세계의 최신 버전은 '있는 그대로의 세계'를 재현하는 것이 아니라, '사용자의 주관적인 관점이 상상하는 세계'를 재현시키는 기술들이 개발되고 있다. 이 기술은 결국 현실을 그대로 재현하지 않고 부가적으로 혹은 더욱 창조적으로 보여주는 증강현실 기술과 연동된 것으로 감각의 증진enhancer for senses이나 사물 투시x-ray vision와 같은 기술로 구현된다(Biggio, 2020). 이는 아직 '존재하지 않은' 혹은 '상상의 세계에서 존재하는' 현실을 재현해주는 것으로, 이러한 기술을 필요로 하는 사람들에게는 매우 유용한 기술이 아닐 수 없다. 예를 들어, 장애인, 과학자, 예술가 등과 같이 현실적 조건에 제한되어서는 자신의 잠재력을 발휘하기 어려운 사람들에게는 더없이 중요한 학습 및 경험의 기회가 될 수 있는 것이다.

아울러 유제니Eugeni(2016)는 이 '증강된 거울세계'를 일인칭 시점 사진first-person shot이라고 부르면서, 세계를 완전히 개별화된 관점으로 새롭게 해석하는 기회가 될 수 있다고 주장한다. 물론 이러한 일인칭의 세계관이 기존에도 존재하였지만, 지금은 그것이 기술적 도구들에 의해 훨씬 명확하고 구체적으로 시각화될 수 있다는 것이다. 여기서 현실세계를 투영하는 '거울'의 역할은 현실성의 관점에서는 보이지 않던 것들을 기술적 도구의 도움으로 보여줌으로써 그것이 작동되는 방식에 대한 사용자들의 이해를 도울 수 있다는 것이다.

정리하자면, 본 절에서는 지금까지 증강현실, 생활 기록, 거울세계 등의 개념을 통해 메타-세계의 등장이 학습자의 경험과 학습에 어떠한 영향을 미치고 있는지를 설명하였다. 이러한 논의의 핵심은 미래의 학습은 현실에 적응하거나 물리적 한계에 구속되는 학습이 아니라 가상현실과 디지털 환경의 확장에 따라 현실과 가상의 경계를 넘나드는 학습의 기회를 제공해 줄 수 있어야 한다는 것이다. 그것이 포스트휴먼적 학습의 구체화로서 기술기반 학습이 지향하는 교육의 방향성이라고 할 수 있다.

제14장

기술기반 학습의 이해와 실천

포스트휴먼 학습은 앞서 설명한 리좀rhizome, 아상블라쥬assemblage, 영토화territorialization, 관계적 작용intra-actions, 존재들entities, 그리고 다중성multiplicities과 같은 기본 개념들을 바탕으로 기존의 인본주의적 학습의 관습들과는 완전히 다른 기술 향상적 학습을 포용한다.

본 장에서는 기술 향상적 학습을 잘 보여주는 대표적 사례들인 사이버 학습, 네트워크 학습, 뉴미디어 학습, 모빌리티 학습, 영상기반 학습에 대해 설명하고자 한다. 그리고 마지막으로 실제 교실 현장에서 적용될 수 있는 기술기반 수업의 사례들을 소개해보기로 한다.

1. 기술 향상적 학습technology enhanced learning의 이해

교육공학 차원에서 수업설계 이론의 하나인 기술향상적 학습은 쌍방향 기술interactive technologies을 활용한 교수학습을 어떻게 효과적으로 설계하고 평가할지에 대한 전략이다. 20세기 초반부터 인간 교사를 모사하는 컴퓨터 기반 교수 시스템이 개발되어왔는데, 최근에는 다양한 기술적 매개들(모바일 기기, MOOCs, 가상세계)을 활용한 학습의 설계와 평가에 집중하고 있다. 이 분야의 최신 연구주제들에는 디자인 과학으로서의 학습Learning as a Design Science, 협력적 사회 학습, 기술기반 학습 환경, 자기규제 및 형성적 평가, 사물과 인프라구조에 대한 학습, 그리고 디지털 양극화와 사회적 정의 등이 포함된다(Duval, Sharples, & Sutherland, 2017).

기술 향상적 학습은 다음과 같은 분야들을 포함하고 있다.

첫째, 컴퓨터 보조 협력 학습computer-supported collaborative learning: CSCL에서는 컴퓨터 과학의 기술적 도구들이 어떻게 지식을 재현하고, 학생들은 이를 어떻게 학습하는지를 연구한다. 이와 관련된 연구 주제들은 학습 과학learning sciences, 의사소통 이론, 인간-컴퓨터 상호작용, 그리고 프로그래밍 언어 등이 있다(Noss & Hoyles, 2017, 29-35).

둘째, 지능형 적응적 학습 환경Adaptive Intelligent Learning Environment: AILE은 1970년대에 논의되기 시작하였는데, 개별 학습자의 특성에 맞게 학습 과정을 최적화하는 것을 목적으로 학습 목표가 되는 지식, 교수자의 교수활동, 그리고 학습자의 반응과 관련한 모델을 수립하여 학습 모형과 학습 환경을 구성하려는 접근이다. 그동안 수많은 기술적 접근들이 개발되면서, 학습 속도, 지식 보유력, 지식의 전이, 학습자 동기 등의 문제와 관련하여 많은 연구성과가 누적되었다.

지능형 적응적 학습 환경은 [그림 1]과 같이 인공지능에 의해 관리되는 가상 교사가 교육 내용(지식)과 교육과정에 대한 참조를 바탕으로 개별 학습자의 학습 스타일과 진도를 파악하고(인지적 모델), 이를 바탕으로 학습을 안내해가는 시스템을 말한다. 이 분야의 2대 연구 주제는 지능형 튜터 시스템Intelligent Tutoring Systems: ITS과 적응적 교육용 하이퍼미디어Adaptive Educational Hypermedia: AEH이다(Herder, Sosnovsky, & Dimitrova, 2017, pp. 109-114).

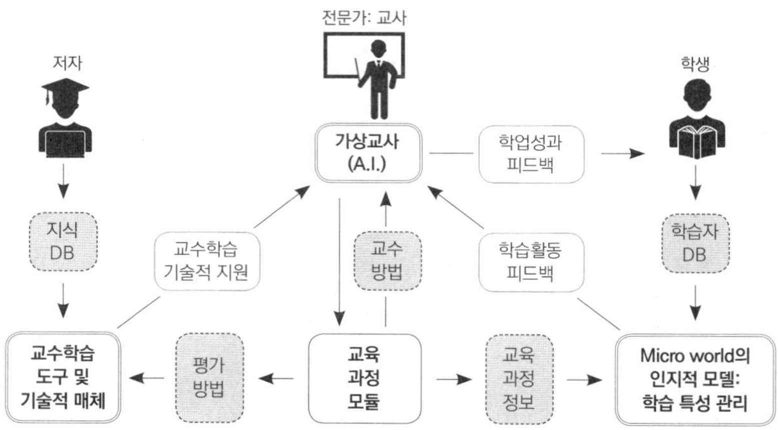

그림 1 지능형 적응적 학습 환경(AILE)의 기본 모형

셋째, 위와 같은 컴퓨터 보조 학습모형들은 학생들이 학습하는 매커니즘에 대한 모형화를 바탕으로 한 미시세계micro worlds의 설계가 핵심이다. 여기서 미시세계란 학습자의 학습이 이루어지는 가상적인 머릿속 세계를 의미하는데, 학습자가 자신의 경험을 구성하고, 문제를 해결하고 실천하는 과정을 설계하고 모형화한 결과이다. 학생들의 효과적인 학습을 이끌어내는 이러한 가상적 미시세계를 적

절하게 설계하는 것이 컴퓨터 보조 학습의 핵심적 목표인데, 예를 들어, 구성주의에 기반을 둔 미시세계 설계는 학생들의 각각의 활동이 그것과 관련된 지식의 핵심과 자연스럽게 만나도록 환경을 조성하는 것이다(Noss & Hoyles, 2017).

2. 사이버 학습

사이버 학습은 원격 교육이라는 이름으로 시작한 온라인 학습의 일종이다. 원격교육은 일찍이 1960년 초부터 학교교육의 기회를 갖지 못했던 문맹인들이나 노인층을 대상으로 한 국가수준의 교육적 보완책의 차원에서 논의되었다(Maile, 1960). 그들이 대부분 농산어촌 같은 시골이나 낙후된 지역에 거주하고 있었기 때문에, 도심의 학교 시설에의 접근성이 떨어져서 원격교육을 통한 교육 서비스의 제공 방법이 논의되었던 것이다. 그러다가 1970년대 들어 컴퓨터의 발달과 대중적 보급에 따라 교육공학educational engineering의 차원에서 원격 교육의 필요성과 효과성에 대한 논의가 활발히 이루어졌고, 이러한 원격교육은 캐나다나 호주와 같은 광범위한 지역에 인구가 산재한 국가를 중심으로 성인교육이나 직업 교육의 차원에서 20세기 후반까지 많은 실천이 이루어졌다(Daniel & Meech, 1978; Keegan, 1980). 21세기에 들어서자, 컴퓨터와 정보통신 기술이 눈에 띄게 발달하면서, 원격교육이란 명칭을 대신하여 이러닝e-learning(Galagan, 2000), 인터넷기반 학습Internet-based learning(Smith & Hardaker, 2000), 사이버 학습cyber-learning(Keller, 1995) 등이 학술적 논의의 중심적 용어의 자리를 차지하게 되었다. 이후 2020년에 이르기까지 이러닝과 사이버 러닝 등은 교육공학의 가장 핵심적 주제이자 실천의 전략들로서 전통적인 교과서나 교사의 지도에 구속되지 않은 상태에서 정보 매체들의 도움을 받아 시간과 장소에 구애받지 않고 이루어지는 모든 학습의 형태를 가리키는 개념으로 활발히 사용되고 있다.

사이버 학습은 학습이 온-오프라인 환경, 면대면face-to-face과 비대면 상황, 가상과 실재 공간, 그리고 인간 학습자와 사이보그 학습자 등의 경계에 구애받지 않는 모든 학습을 포함하는 것을 의미한다. 오늘날 초고속 인터넷 및 가상 공간의 등장이라는 기술적 환경에서는 다양한 컴퓨터 매개체들을 활용한 온라인 학습의 비중이 늘어나고 있고, 특히 최근 COVID19의 전세계적 유행은 비대면 근무, 회의, 학습이라는 소통의 방식이 새로운 표준new normal이 될 정도의 변화를 가져오게 되었다. 이러한 기술적, 생태적 환경의 변화는 학습이 과거의 대면학습의 성격이나 형태에 구애되어서는 안된다는 것을 깨닫게 해주고 있다.

오늘날 정보통신기술의 발달을 특징으로 하고 있는 사회에서의 학습은 학습자가 기술적 혹은 도구적 매개를 사용하여 정보나 지식을 습득하는 모든 활동을 의미하게 되었다. 즉, 사이버네틱스cybernetics가 인간과 기계의 소통에 대한 연구라면, 사이버 학습은 모든 매개적 조건들을 활용하여 인간과 정보의 소통이 일어나는 모든 활동을 의미하는 것이다. 전통적 교육에서도 학습이 인간과 지식의 직접적인 소통에 의해서가 아니라, 문자, 기호, 교과서, 필기도구, 칠판 등의 도구를 통해서 이루어졌고, 오늘날 기술기반 사회에서는 컴퓨터나 휴대폰 등의 하드웨어와 각종 학습 프로그램과 어플 등의 소프트웨어를 조합하여 학습을 수행하고 있는 것이다. 따라서 팬데믹과 같은 위기의 상황에서의 학교교육에 Zoom, Webinar 등의 실시간 화상회의 프로그램을 활용한 비대면 수업이 일상화되는 것은 인류가 개발한 기술적 도구들을 활용한 사이버 학습의 자연스러운 실천으로 간주될 수 있는 것이다.

학습을 위와 같은 사이버 학습의 개념으로 확장하게 되면 다음과 같은 장점을 얻을 수 있다.

첫째, 사이버 학습은 교사와 학습자의 관계가 보다 역동적으로 변할 수 있는 가능성이 있으며, 학습이 시간, 공간, 내용의 의미 차원에서 맥락에 국한되지 않는 탈맥락성을 띠게끔 하고 있다.

둘째, 사이버 학습은 인터넷 망에 접속하여 이루어지기 때문에, 자연스럽게 인터넷의 자료나 지식 데이터베이스의 정보를 활용할 수 있어서 데이터의 접근성도 훨씬 뛰어날 수밖에 없다.

셋째, 사이버 학습은 실제 공간의 학습을 완전히 배제한 것이 아니라, 실제 공간과 가상 공간의 혼성적 활용을 기반으로 하기 때문에, 전통적 교실의 공간적 한계에 얽매이지 않으면서도 보다 안정적이면서 효율적인 교수환경을 모색할 수 있다.

넷째, 사이버 학습은 교과서 지식에 국한되거나 전통적 지식/학문의 경계에 얽매이지 않고, 교수자-학습자 구별이나 학습 내용과 교수 방법의 구분에 구애되지 않은 개방성과 이동성을 가지고 있다. 한마디로 사이버 학습은 온라인-오프라인, 교수자-학습자, 내용-방법, 시간-공간, 학교 안-밖의 경계를 초월한 학습이라는 성격을 갖는다(Peters & Humes, 2003).

물론 사이버 학습이 갖는 단점이나 한계점도 존재한다. 첫째는 학습과 비학습의 경계나 공적 공간-사적 공간 등의 경계가 사라진다는 것이 반드시 긍정적인 효과만 가지고 있는 것이 아니라는 것이다. 이러한 경계 붕괴의 대표적인 문제점이 학생들이 자신이 수행하는 활동의 성격이나 목적에 대한 분별력이 흐려지는 것이나, 집중력 감퇴가 일어나기 쉽다는 것이다(Dirckinck-Holmfeld & Jones, 2009).

둘째는 학습에 대한 주도권이나 통제가 학생 스스로에 의해서 이루어져야 하고, 이를 보완하는 기술적 장치들이 개발되더라도 궁극적으로 학습 활동에 대한 주인의식ownership이 모호해질 수 있다는 것이다(Castells, 1996, p. 59).

셋째, 사이버 공간에서의 학습은 필수적으로 컴퓨터를 활용하고 인터넷 망에 접속하여 이루어지기 때문에, 컴퓨터 바이러스나 작동 에러, 혹은 광고나 애드웨어adware 같은 원치 않는 요인들에 노출될 우려가 있다는 것이다. 아울러 학습자의 개인적 자료나 학습 내용 및 방법에 대한 기술적 빅브라더big brother의 감시나 통제panopticism의 대상이 될 가능성이 높다는 것도 단점요인이 될 수 있다(Edward & Usher, 2000).

요컨대, 이러한 사이버 학습의 성격과 장단점을 모두 고려하였을 때, 사이버 학습을 정착시키기 위해서는 현실 공간에서의 기존의 질서와는 다른 이질적 공간heterotopia에서의 대안적 질서를 모색해야 되므로, 그러한 사이버 학습을 위해 교사, 학습자, 그리고 지식이나 매체들이 어떤 새로운 관계성을 맺으며, 각 주체의 역할 범주를 어떻게 혁신적으로 변화시킬지에 대해 고민해볼 필요가 있을 것이다(Focault, 1986).

3. 네트워크 학습

1) 네트워크 학습의 이해

네트워크적 학습은 학습에 관여하는 사람, 사물, 기술, 아이디어 혹은 개념 등과 같은 모든 존재들이 네트워크 내의 상호의존적인 관계성 속에서 각자 동등한 역할을 수행하며 학습하는 것을 의미한다. 따라서 네트워크적 학습에서 교수법 이론의 핵심은 모든 존재들이 어떻게 연결되고, 능동적으로 관여하고, 효과적으로 작동함으로써 학습자의 흥미를 유발하고, 새로운 아이디어를 생성하며, 지속적으로 학습효과를 높이는지를 탐색하는 것이다(Fenwick & Edwards, 2014). 이 네트워크 학습이 갖는 교수학습의 매커니즘은 세 가지 특징을 가지고 있다.

첫째, 네트워크 학습은 비선형적nonlinear 학습 로직을 바탕으로 유연하고 융통성 있는 학습경로를 제공해준다. 비선형적 학습 로직이란 학습을 수행해내가는 방식에 있어서 모든 학생들에게 동일한 일반적 학습 방식을 강조하거나, 한 학생에게도 동일한 학습방식이나 학습원리를 적용하지 않는다는 것이다. 즉, 인터넷의 기본 원리가 다중 접속과 다중 경로를 허용하는 하이퍼텍스트적 연결망이듯이, 네트워크적 학습도 지식을 탐색하는 과정이나 최종 학습 목표에 도달하는 방법이 획일화되거나 고정되어 있지 않다는 것이다.

둘째, 네트워크 학습은 비주얼 학습 플랫폼의 등장을 낳게 되었는데, 이는 5G 통신과 빅데이터로 대표되는 초고속 인터넷 기술의 등장으로 가능해진 것이다. 따라서 이제는 더 이상 과거와 같이 텍스트 기반 정보나 학습 컨텐츠를 일방적으로 수용하는 것이 아니라,

유튜브YouTube나 틱톡TikTok과 같은 영상플랫폼 등을 활용하여 다양한 음성 및 영상 학습 컨텐츠들이 속도나 용량의 제한 없이 양방향으로 교류될 수 있는 환경을 경험하게 되었다.

셋째, 네트워크 학습은 매개적 학습mediated learning의 성격을 갖는데, 이는 학습의 기본 동력이 '메시지'에서 '미디어'로 이동하게 됨으로써 촉발되었다. 여기서 '메시지'란 학습의 대상이 되는 정보의 내용을 가리키고, '미디어'는 학습의 매개가 되는 정보를 전달하는 '형태format'나 양식성modality을 의미하는 것이다. 즉, 미디어 비평가 맥루언M. McLuhan이 말한 '미디어가 메시지다'란 것과 같은 의미로써, 기술정보사회에서는 정보 자체의 중요성 못지않게 정보를 매개하는 매체나 미디어의 역할과 영향력이 중요해진다는 것이다. 따라서, 앞으로는 학습의 대상이 되는 내용만큼이나 학습을 매개하는 도구나 기술들이 훨씬 학습에 큰 영향력을 끼치게 된다는 것에 주목할 필요가 있다.

예를 들어, 인본주의적 학습관은 학습의 주된 목표를 학습한 내용을 개인 학습자의 기억 속에 저장하는 것으로 간주되었다. 하지만, 지식이 폭발적으로 증가하는 정보화 사회에서 학습은 필요한 지식을 머리 속에 저장하는 것이 목표가 아니라, 우리가 원하는 과업을 수행하기 위해 정보를 효과적으로 관리하고 활용하는 것이 주된 목표가 되어야 한다. 즉, 지식정보화 사회에서 학습의 역할은 정보처리 능력을 기르는 것이고, 이 경우 어떤 지식이나 정보를 개인의 두뇌 속에 저장할 필요성이 점점 줄어드는 것이다. 따라서 앞으로 학습의 결과는 인간의 두뇌 속에 저장하는 '기억'으로 남는 것이 아니라, 정보를 효과적으로 관리하고 응용할 수 있는 기술적 매체들(컴퓨터, 스마트폰, 인공지능 앱)에 저장한 데이터가 되는 것이다. 이러한 기억의 외장화enternalization of memory는 과거에는 메모, 노트, 저널, 저서와 같은 기호적 내용의 기록에서 시작하여, 오늘날에는 외장하드, 클라우드및 네트워크 컴퓨팅 등을 통해 기술적으로 훨씬 다양하게 확장되고 있다(Radvansky, 2017).

이러한 네트워크적 학습의 원리를 잘 설명해줄 수 있는 대표적 이론이 바로 앞서 설명한 행위자망이론Actor-Network Theory이다. ANT 이론은 인간을 포함한 모든 존재들이 지역성에 얽매이지 않고 시공간적으로 분산되어 서로 복잡하게 얽혀 세상을 구성하고 있다고 본다(Bogost, 2012). 따라서, 인간도 독자적이고 특별한 존재가 아니라 '기술에 기반한 네트워크 조직 속의 한 요소'로서 네트워크와 분리되어 생존할 수 없는 존재인 것이다. 그러므로 '인간' 학습자도 독립적이고 개별적으로 학습을 주도하는 존재라기 보다는 사회기술적 요인들 즉, 기술, 매체, 혹은 네트워크에 의존하며 그들과 상호작용을 통해 학습하는 존재인 것이다(Bijker, Hughes, & Pinch, 1987).

2) 네트워크 학습의 성격: 공간성, 가상성, 연결성

모든 학습은 공간성에 기반하여 발생하며, 공간 속의 여러 주체들, 사물들, 그리고 에너지의 흐름을 포함하는 물질성을 띠고 있다. 즉, 인간의 사고가 형성되고, 이동하며, 적용되는 작용들은 순전이 정신적이거나 관념적인 활동이 아니라, 두뇌 속의 뉴런에서 전기적이고 화학적 신호가 흘러다니듯이 물질성을 띤 활동이라는 것이다. 이 물질적 학습 활동이 공간 속의 다양한 요소들과 상호작용하면서, 환경적 요소들의 영향을 받으며, 적절한 맥락 속에 적용되고 실천되는 것 모두 공간성으로 설명될 수 있다는 것이다(Donoghue, 2007). 이것이 바로 학습 공간Learning Spaces이란 개념으로써, 그러한 공간의 가장 중요한 특징이 바로 네트워크성이다. 따라서 학습은 다양한 요소들(학습자들, 기계들, 기술들, 정보들)이 관계성을 맺고 구성된 네트워크적 공간 속에서 다양한 요소들 간의 유기적인 상호작용에 의해 이루어진다는 것이다(Miller et.al., 2008).

최근까지 테크놀로지가 교육에 미치는 역할에 대한 논의에서 이러한 학습의 공간성이 충분히 다루어지지 못했다. 즉, 기술적 도구들이 학습의 공간적 환경 속에서 어떻게 활용되고 있는지, 학습 공간 속의 학습 활동들에서 기술이 어떤 역할을 하는지, 학습 환경이 공간의 특성을 충분히 고려하여 조성되었는지에 대한 연구가 부족했다는 것이다. 따라서, 기술적 도구의 기능뿐 아니라, 공간적 환경과 사물들의 디자인, 그 속에서 일어나는 학생들의 활동들의 설계와 평가에 대한 개념화가 이루어져야 한다(Bligh & Crook, 2017, pp. 69-87). 그리고 테크놀로지는 이러한 학습 환경을 생태적 세계에서 가상적 세계로 확장시켜 주었는데, 그것이 바로 앞 장에서 소개한 가상 공간에서의 학습Virtual Learning이다. 이러한 가상세계 경험을 설명해주는 핵심어로 사회화, 가상 경험의 몰입성, 현실성, 협력성, 모험성, 창조성, 참여성이 있다(Savin-Baden, Falconer, Wimpenny, &, Callaghan, 2017).

가상세계의 경험은 게임이나 오락 등의 소비적 활동에 국한되지 않는다. 가상세계에서의 활동이 생산적이고 창조적인 활동으로 활용될 수 있는 것을 잘 보여주는 예가 사회적 소프트웨어를 활용한 대중적 협력Mass Collaboration 분야이다. 이는 Web 2.0 기술을 기반으로 사용자들이 수동적 소비자가 아니라 능동적 생산자의 역할을 하도록 유도함으로써 대중적 협력 과정을 가능케 해준다. 참여의 문화를 통해 사용자들은 새로운 아이디어, 지식, 그리고 생산물의 공동 창조자가 되고, 집합적 과정과 활동에 참여하면서 개인적 의미를 발견할 수 있다. 대중 협력의 공간을 제공하는 대표적인 플랫폼으로는 Scratch(학생용 코딩 툴), Wikipedia(집단지성 백과사전), 사회적 태깅 Social Tagging(대중적 지식형성 포맷), MOOCs(개방형 다중 온라인 학습), 혹은 Citizen Science(대중참여 및 협력적 과학지식 플랫폼) 등이 있다.

예를 들어, 코세라Coursera는 미국 스탠포드대 교수인 앤드류 응Andrew Ng과 대프니 콜러Daphne Koller가 "교육을 통해 사람들의 자립하여 자신의 삶과 가족, 그리고 그들이 살고 있는 공동체를 개선시키도록 도와주고자 한다"라는 설립취지를 기반으로 2012년 설립한 온라인 학습 플랫폼이다. 여기서 다음 [그림 2]와 같은 MOOC형 강좌를 인터넷을 통해 제공하고 있는데, 수업 과목으로는 공학, 데이터 과학, 기계 학습, 수학, 경영학, 컴퓨터 공학, 마케팅, 생물학, 의학 과목뿐만 아니라 인문학과목들이나 사회과학 과목들도 포함하고 있다.

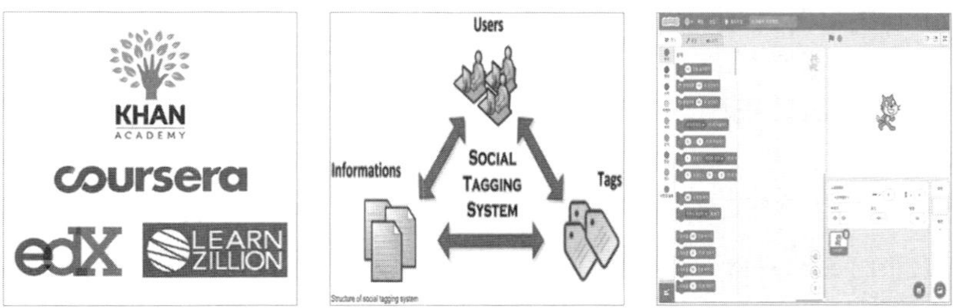

MOOC 학습 플랫폼(a) 소셜 태깅의 구조(b) Scratch 3.0(c)

그림 2 집단 지성 학습 플랫폼(a), 소셜 태깅(b), 그 인터페이스 (c)의 사례

이러한 온라인 상의 사회적 협력을 가능케해주는 핵심 원리가 바로 네트워크적 연결성이다. 즉, 협력적 네트워크를 바탕으로 한 학습 플랫폼을 통해 개별적으로 지식을 형성해나가는 학습과정이 집단적 수준에서 일어나도록 환경을 제공해줄 수 있다. 물론 이러한 협력이 보다 효과적으로 이루어지기 위해서는 학습자 개개인의 대인관계 역량(사회성), 정보매체를 다루는 기술적 역량, 그리고 지식, 상상력, 통찰력 등을 아우르는 문화적 역량 등이 요구된다(Cress & Fischer, 2017). 실제로 온라인 학습의 참여자들은 인증된 수료집단, 탐색했던 집단, 구경만 한 집단, 등록만 한 집단(Ho et al., 2014)이나, 능동적 참여자, 수동적 참여자, 그리고 구경꾼(Milligan et al., 2013) 등으로 상당히 다른 수준으로 구별되어 진다.

요컨대, "세계화는 모든 사람들이 연결되어 있다는 급조된 느낌을 만들어내고 말았다"(Braidotti, 2013, p. 42)는 지적처럼, 네트워크 사회의 연결성과 외적 유대감을 어떻게 깊이 있고 지속적인 연대와 상생의 관계로 이어나갈지는 좀 더 지켜볼 필요가 있을 것이다.

4. 뉴미디어적 학습

1) 뉴미디어적 학습이란?

뉴미디어 학습이란 무엇인지 이해하기 위해서는 우선 뉴미디어에 대해 알아야 한다. 뉴미디어는 크게 두 가지 개념으로 사용되는데, 하나는 전자 통신 기술의 발전으로 등장한 새로운 정보교환 및 통신수단으로서 대중매체에서 주로 활용되는 수단이라는 개념이다.

그리고 기존 매체와 새로운 기술이 결합함으로써 생겨난 다른 개념은 기존 미디어의 경계영역에 등장하여 정보화시대의 소비자들의 일상 속에서 더욱 편리하고 유용하게 활용되는 도구란 개념을 지닌다. DVD, VOD, 케이블 TV, 영상전화, 인터넷 방송, 셀룰러 전화, 위성통신, 광통신 등의 하드웨어적 기술로 구현된 도구가 전자를 가리킨다면, 위키피디아, 구글검색, 네이버지식 등과 같은 분산지능 플랫폼, 사회관계망서비스SNS(블로그, 트위터, 메신져, 페이스북 등), YouTube, TikTok과 같은 동영상 플랫폼, 뉴스레터 등의 주문형 뉴스서비스 등이 뉴미디어가 후자의 개념에 해당된다.

오늘날 뉴미디어가 생활 속에 파고들어 일반 대중에 널리 보급됨에 따라 뉴미디어를 통해 다양한 정보를 습득하고 학습하는 일이 일상화되고 있다. 이를 뉴미디어적 학습이라고 부를 수 있는데, 본 저서의 앞 장에서 다룬 바 있지만, 그 대표적 특징을 다시 한번 정리해 보자.

첫째, 뉴미디어는 인간의 사고, 지각, 의식, 주목이 파악하지 못하는 방식으로 정보를 매개하거나 소통의 목적 달성하는 미시시간성 micro-temporality(Hansen, 2015)을 가졌다는 것이다. 예를 들어, 인간이 동영상(영화)을 자연스럽게 인식하기 위해서는 최소 초당 24프레임의 정지된 이미지를 빠른 속도로 처리하게 되는데, 뉴미디어는 그러한 미시시간적으로 흐르는 정보를 다룰만한 기술적 특성을 지고 있다는 것이다.

둘째, 뉴미디어의 메시지들은 간접적이고 비인지적으로 그것을 활용하는 사람들의 감정이나 성향에 영향을 미칠 수 있다는 것이다. 이것도 앞서 소개한 미시시간성의 효과인데, 미시시간성이란 인간의 의식적 수준에서 감지하기 어려운 시간의 단위로 정보가 처리되는 것을 말한다. 즉, 미시적 시간 단위를 거치는 정보들은 논리적이나 합리적 사고보다는 인간의 감각적이고 정서적인 부분에 무의식적으로 더 큰 영향을 줄 수 있다는 것이다.

셋째, 과거의 미디어가 이미 지나간 정보를 수집하거나 기록하고, 전달하는 피드백feed-backward의 원리에 주로 의존하였다면, 뉴미디어는 미리 앞서서 필요한 정보를 탐색하고 예측하는 전향-먹임feed-forward의 원리를 동시에 활용한다는 것이다. 즉, 첨단 정보통신 기술에 기반한 뉴미디어들은 빅데이터나 데이터-마이닝 기술 등을 활용하여 지식이나 정보들을 다루는 방식이 훨씬 지능화되어짐에 따라, 추론, 예측, 융합과 재조합, 창의적 아이디어를 촉발하는 방식으로 정보를 처리함으로써 사용자의 학습이나 사고 작용을 효과적으로 지원할 수 있게 된 것이다(Hansen, 2015).

요컨대 뉴미디어적 매체를 활용하여 정보 탐색이나 학습을 수행하는 것은 뉴미디어의 미시시간성에 영향을 받게 되며, 인지적인 측면 뿐만 아니라 정서, 감정적인 측면에서 더 큰 효과를 볼 수 있으며, 기존의 피드백 원리를 활용한 학습과는 전혀 다른 피드포워드 원리를 활용함으로써 보다 창의적인 사고와 학습을 경험할 수 있는 기회를 갖게 되는 것이다.

2) 뉴미디어 학습의 원리: 포스트현상학과 피드포워드

정보통신 기술의 발전으로 등장한 뉴미디어로 인해 인간의 소통과 경험이 완전히 변화하고 있는데, 이를 설명하기 위해서는 기존의 현상학적 설명과는 다른 포스트현상학적 설명을 요구하고 있다. 포스트현상학이 설명할수 있는 경험의 성격은 첫째, 기존의 육체화된 경험과는 다른 가상적(온라인, 언택트, 상상적) 환경에서의 인간의 경험, 둘째, 기술적 매개(스마트폰, SNS, 뉴미디어, 온라인 공간의 토론, 게임 및 학습)들에 크게 의존하는 경험, 그리고 셋째, 인간의 지각을 변형transform(확대/감소)하거나 인간의 행동을 변환translation(촉진 및 억제)시키는 기술적 중재mediation에 의한 경험 등이있다. 이러한 뉴미디어의 등장에 따라 학생들이 세상을 경험하고 세상과 소통하는 방식이 어떻게 달라졌으며, 동시에 그것이 어떻게 학습에 활용되고 있는가를 이해할 필요가 있는 것이다. 이러한 뉴미디어 환경에서의 교육적 실천에는 기술적 인공물들의 다중적 상태성multistability(Idhe, 2009), 회고성reflexivity, 물질적 능동성material agencies, 객체지향존재론OOO의 관점이 필요하다.

뉴미디어가 가져오는 경험의 변화를 설명하는 또하나의 원리가 바로 앞 장에서 소개한 전향 먹임feed-forward이다. 전향 먹임은 말 그대로 아직 경험하지 않은 내용(감각, 신호, 데이터 등)을 미리 예측하며 시행착오를 거치지 않은 채 선제적으로 대응해나가면서 학습하는 전략을 말한다(Frean, 1990). 기존의 인본주의적 학습이론은 19세기적인 투입-산출input-output 모형을 기반으로 인간의 기억의 한계성을 감안하여, 학습 내용을 기억으로 저장하고 효과적으로 인출하기 위한 피드백 원리를 강조하였다. 그렇기 때문에 논리적 계획, 시행착오, 그리고 회고적 수정으로 이러지는 순차적 학습에 초점을 맞추었던 것이다.

하지만, 포스트휴먼적 학습에서는 피드포워드 원리를 중시하기 때문에 인간의 기억에 크게 의존하지 않고 다양한 기술적 매체를 활용하여, 추론과 전향적 예측에 기반한 비순차적이며 감각적 학습을 더 중시하고 있다. 이 두 모형을 도식화하면 다음 [그림 3, 4]와 같다.

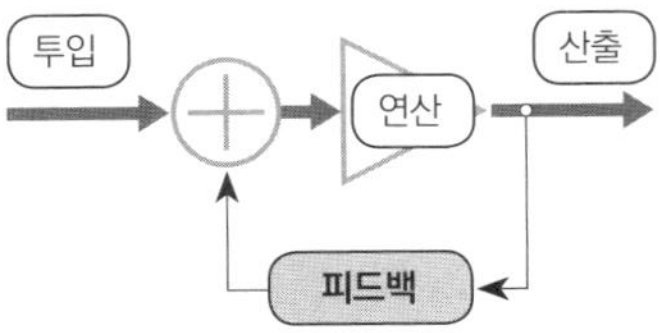

그림 3 피드백 정보처리 모형

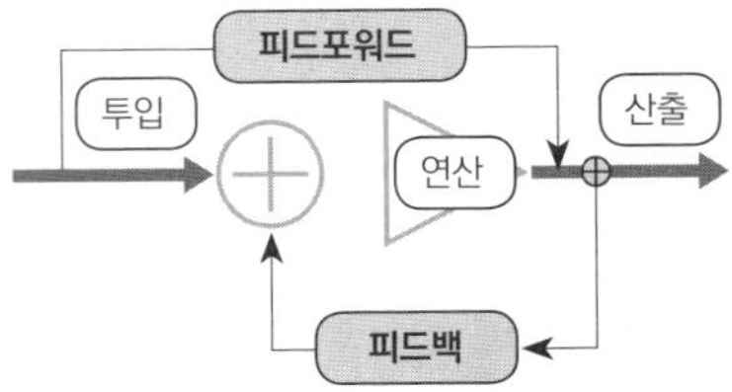

그림 4 피드포워드+피드백 정보처리모형

인본주의는 지금까지 [그림 3]과 같이 피드백의 원리만을 바탕으로 한 정보처리 모형으로 학습을 설명해왔었다. 하지만, 포스트휴머니즘의 학습 원리는 포스트휴먼 학습자들이 피드백 뿐만 아니라, [그림 4]에서 표현된 것처럼 피드포워드라는 선제적 정보처리 프로세스를 통해 학습을 수행하고 있음을 강조하고 있다. 즉, 피드포워드 모형은 학습 내용에 대해 이성적 사유(인지적이고 의식적인 검토)를 바탕으로 한 피드백 과정은 물론이고, 이성에 의존하지 않는 감각적으로 직관적인 예측과 판단에 의해 학습하는 행위를 포함하고 있는 것이다.

3) 뉴미디어 학습의 전략들

앞서 설명한 바와 같이 뉴미디어적 학습은 무의식적이고, 비의도적이며, 명확한 계획이나 분명한 형식에 얽매이지 않는 학습을 포함한다. 그렇기 때문에, 뉴미디어적 학습은 집단적 학습보다는 개별적 학습이고, 일방적 전달에 의한 학습보다는 자발적이고 실천적 학습이며, 학습의 준거에 얽매이거나 학습 목표에 도달 여부로 학습의 의미를 판단하기 보다는 학습의 과정에 더 큰 의미를 둔다. 그리고 뉴미디어적 학습은 기존의 규범적 학습 내용이나 획일적 교과서의 내용, 그리고 다음 장에서 설명하게될 인본주의적 학습이론에 의존하지 않기 때문에 점차 전통적인 학교나 교사의 역할이 축소될 수도 있다.

뉴미디어적 학습은 학습과 생활의 경계가 분명하지 않은 일상적 학습이며, 프로젝트 학습, 탐구 학습, 그리고 평생학습Life-long learning 등의 개념들과 잘 어울린다. 이러한 뉴미디어적 학습에 대해 이토 외Ito et al. (2009) 등은 "같이 어울려 다니면서, 이것 저것 어지럽히면서, 몰두하면서 배운다."라는 표현으로 잘 설명한 바 있다. 실제로 초고속 인터넷의 확장으로 다양한 학습 플랫폼들이 개발되고 있으며, 많은 학생들이 학교에서 배우는 것 이상으로 인터넷의 여러 매체들을 통해 비형식적인 온라인 학습을 경험하고 있다. 예를 들어, 가상세계 속에서 아바타를 통해 사회적 교류나 자신 만의 세계를 만들어가는 가상현실 게임(Second Life)을 활용하면 온라인에서의 문화, 예절, 사회성을 기르는 전자시민교육'e-Citizens'이 이루어질 수도 있다(Buckingham & Willett, 2013).

무엇보다도 뉴미디어적 학습을 가장 잘 대표하는 학습이 게임기반 학습이다. 지난 30여 년 동안 비디오 게임의 학습 효과 및 가능성에 대해 많은 논쟁이 있어왔고, 그 의미에 대해 학자들마다 서로 다른 견해를 가지고 있다. 하지만 비디오 게임에 대한 부정적 입장을 지닌 학자들도 오늘날의 미디어 환경에서 영상 매체가 인간의 정보 탐색과 학습활동에 너무나 중요한 영향을 끼치고 있다는 것은 부인하지 못할 것이다. 예를 들어, 게임기반 학습의 전문가인 토마스와 브라운Thomas & Brown(2011)은 전 세계적으로 널리 보급된 World of Warcraft와 같은 다중접속역할게임MMORPG을 제대로 수행하기 위해서는 동료로부터의 학습peer-to-peer learning, 조언해주기mentoring, 탐구기반 학습inquiry-based learning, 실험적experimentation이며 암묵적tacit 학습, 그리고 정열과 협동 등의 다양한 학습전략의 활용이 필수적인데, 이러한 전략들은 Z세대가 살아가는 새로운 학습환경에 대한 거의 완벽한 묘사라고 극찬하기도 하였다.

뉴미디어를 활용한 학습은 인터넷과 첨단 정보통신 매체들을 활용한 학습이기 때문에 디지털 리터러시digital literacy 역량과도 직접적인 연관성을 가진다. 이 디지털 리터러시에는 디지털 세계에 통용될 신산업들(웹 툰, 웹 작가, 웹 홍보, 인터넷 미디어 등)에 참여하기 위한 디지털 스토리텔링, 유튜브나 SNS 활동 등을 포함하는 디지털 미디어 제작, 디지털 문화 산업 등에 대비하기 위한 역량들이 포함되는데(Ohler, 2013), 이러한 역량들은 뉴미디어 환경에 익숙하고 그러한 매체들을 능숙하게 다룸으로써 길러질 수 있는 것이다. 마지막으로, 앞으로는 이러한 뉴미디어적 학습의 중요성을 강조해주는 용어들인 뉴미디어 생태계New Media ecology, 디지털 네트워크 미디어, 네트워크된 공공문화Networked public culture, 동료-기반 학습Peer-based learning, 학교 밖 학습, 우정-기반friendship-driven 및 흥미기반 참여Interest-driven 참여, 수평적, 공동체적 관계성과 윤리의식 등의 용어들에 대해 더욱 관심을 가져야 할 것이다(Ito, Horst, Bittanti, et al., 2009).

5. 모빌리티 학습

사회학자인 짐머만Zimmerman(1990)은 라디오의 등장으로 인해 즉각적 정보 전달의 중요성이 부각되었고, TV의 등장으로 외딴 곳에 떨어져 사는 사람들의 문화적 격리가 해소되었는데, 이러한 거리좁히기un-distancing의 기술들로 인해 사회생활의 속도가 매우 빨라질 것을 예견한 바 있다. 특히 TV는 대중적 의사소통의 대표적인 매개체로서 공공 영역을 재구성함으로써, 개인들의 자아와 정체성이 근접한 공동체 내에서만 형성되는 것이 아니라, 자신과 멀리 떨어져 있고 직접적인 관련성이 없는 사람들(즉, 사회적 저명인사들)의 영향을 받을수 있는 환경을 만들었다(Gitlin, 1980; Meyrowitz, 1985; Thompson, 1995). 이처럼 통신 및 정보 매체의 발달은 현대인들의 소통과 정보 습득 활동에 있어서 더 이상 물리적 거리에 구애받지 않도록 만들었는데, 이를 현대인의 이동성mobility이라고 부를수 있다.

모빌리티의 증가로 인해 사람들의 사고와 학습의 범위는 무한히 확장되고 있다. 모빌리티는 특정 순간에 어느 지형학적 위치에 머물 수밖에 없는 신체적 한계를 극복하고 사람들의 사고를 제한없이 이동시킬 수 있다. 사람들은 기억에 의존하거나, 문서(책, 가이드북, 브로슈어, 사진 엽서)를 참조하거나, 대중매체(라디오, 영화, TV프로그램)를 시청하거나, SNS 같은 뉴미디어(블로그, 인스타, 트위터, 유튜브 등)를 이용하여 어딘가로 생각을 이동한다. 사람들은 이러한 상상 이동을 통해 물리적인 신체 이동 없이도 상상의 대상을 간접적으로 경험할 수 있다(de Botton, 2002, p. 309).

모빌리티의 증가는 학습과 소통의 유동성 뿐만 아니라, 인간 정체성의 유동성을 야기하기도 한다. 예를 들어, 최근의 기술중심 사회에서 사람들이 일상생활 속에서 검색 엔진, 소셜 네트워킹 앱, 인터넷 쇼핑몰, 유튜브, 안내 지도 등을 활용하는 가운데, 사람들의 모든 행위 이동, 경험 등이 정보통신망의 신원확인 절차에 의존할 수밖에 없게 되었다. 이러한 개인확인identification 시스템들은 기존의 지장, 인감, 자기소개서, 혹은 추천서 등을 대신함으로써 기술이 인간 내에 내포되어embedded, 인간(자아 및 정체성)이 더 이상 생물학적 특성에 제한되지 않고 자신의 신체의 굴레를 벗어나서 자유롭게 정보망 속을 이동할 수 있게 되었다는 것을 보여준다. 물론 이러한 정체성의 유동성은 정서적 안정감이나 대인관계의 결속력 등에 있어서 문제를 야기할 수도 있으므로, 그러한 부정적 효과에 대해서도 주의할 필요가 있다.

이러한 인간 행동과 사고의 모빌리티를 신체적 이동에 적용한 것이 바로 유비쿼터스ubiquotous 기술인데(Turkle, 2012), 오늘날 스마트폰의 등장은 이 유비쿼터스 기술을 대중화하고 일상화하는 데 결정적인 역할을 하게 되었다. 그렇다면 이러한 인간 사고의 모빌리티를 현실화한 유비쿼터스 기술과 스마트폰의 등장은 학습에 어떤 효과를 가져왔는가?

첫째, 모빌리티는 세상의 존재들 간의 관계성을 확장시킨다. 포스트휴머니즘의 기저 이론인 행위자망이론ANT도 세상의 모든 존재들 간의 밀접한 네트워크적 관계성과 그 확장을 보여주는 이론이다. 학습은 더 이상 학교 및 교실의 공간 속에 국한될 필요가 없으며, 물리적 공간 뿐 아니라 가상적 공간의 차원에서도 확장될 수 있음을 보여준다. 이러한 연결과 확장의 개념을 잘 보여주는 기술들이 바로

[그림 5]의 IoTInternet of Things, IoPInternet of People, 그리고 IoEInternet of Everything 기술이다.

Internet of Things(IoT) Internet of People(IoP) Internet of Everything(IoE)

그림 5 객체지향존재론을 구현한 사례들

인터넷의 확산은 사물들의 이동성과 관계성이 확장되고 있다는 것을 의미한다. 최근 IoT 기술들은 사물들이 더 이상 독자적으로 기능하지 않고 유무선 통신을 통해 인터넷 상에서 모든 사물들과 연결되어 사람들이 공간의 제약을 받지 않고 사물들을 활용할 수 있게 만들어주고 있다. 따라서 모빌리티란 이동성이 높아진다는 의미라기 보다는 공간의 제약없이 다른 존재들과 보다 밀접하게 상호의존적 관계성을 맺을수 있다는 의미이다. 더 나아가 사물들의 연결성뿐만 아니라, 사람들 간의 연결성을 확장시켜주고 있는 것이 바로 사람 인터넷IoP이며, 사람들, 사물들, 그리고 데이터 혹은 정보가 모두 밀접하게 연결되어 작동하는 것이 바로 모든 것의 인터넷(IoE)의 개념이다.

둘째, 모빌리티는 사람들의 능동성을 확장시킨다. 새로운 곳으로 더 멀리 이동할 수 있다면, 사고나 행동의 능동성agency은 증가할 수 밖에 없다. 국내 여행만 가능하던 시대에서 자유롭게 해외여행을 다닐수 있는 시대를 맞이하면서, 사람들은 생각과 행동, 그리고 문화적 역량이 훨씬 글로벌화하게 되었다. 이동의 자유는 사람들로 하여금 훨씬 더 적극적으로 사람들을 만나고, 낯선 곳을 방문하고, 새로운 일을 시도해볼 수 있는 도전의 기회를 제공해주었다.

셋째, 모빌리티는 사람들의 상상력 즉, 사고의 폭과 깊이를 확장시킨다. 모빌리티는 물리적 공간의 이동만이 아니라 가상 공간 속에서의 이동성, 즉 앞서 소개한 메타-버스 차원에서 훨씬 더 큰 효과를 갖는다. 스마트폰의 가장 큰 장점 중의 하나가 휴대성이듯이, 스마트폰에 휴대가능성이 없다면 그 쓰임새는 크게 줄어들 수밖에 없다. 어디를 가든 항상 휴대할 수 있기 때문에, 스마트폰의 용도가 극대화되는 것이다.

이처럼 모빌리티의 증가와 스마트폰의 등장은 학습의 양상을 근본적으로 바꾸어놓고 있다. 앞서 설명하였듯이 조용한 도서관에서 의자에 앉아 몇 시간씩 책을 보며 공부하는 '정주적' 학습의 시대는 가고, 장소에 구애받지 않고 편안한 자세로 다양한 매체를 활용하여 원하는 정보를 탐색하며 문제를 해결하는 '유랑적인' 학습의 시대가 다가오고 있다.

지금까지 설명한 바와 같이 학습의 이동성과 유비쿼터스ubiquotous를 바탕으로 한 것이 모바일 학습Mobile Learning이다. 모바일 학습을 정의하자면, 공간을 제약하고 있는 교실을 넘어선 학습을 위해, 교육과정과 시간표를 줄여서 학습자가 모바일 장비의 도움을 받아 활용가능한 장소와 자원으로부터 미시적 공간micro-sites을 수립할 수 있도록 하는 학습이다(Sharples & Spikol, 2017, p. 89). 오늘날의 모바일 기기와 정보통신 기술들은 학습자들이 장소를 넘나들며 대화와 상호작용을 가능케하는 촉진자의 역할을 하고 있고, 이제는 학교의 틀에서 벗어나서 일상적 학습(공간적 확장)이나 평생 학습(시간적 확장)을 통해 사람들이 생태적 세계와 가상적 세계에서 마음껏 경험하고 지식을 탐색해나갈 수 있도록 해주고 있다.

요컨대, 모빌리티가 극대화된 현대의 학습은 기존의 고착화된 지식을 머리 속에 구겨넣는Scamming 학습이 아니라, 새로운 것을 탐색하기 위한 학습이 되어야 한다. 학교는 거대한 학습생태계의 작은 부분에 불과하다는 것과 학습이 일상적이며 평생의 과업이라는 것을 기억할 필요가 있다. 앞으로는 장소의 중요성은 점점 줄어들고, 학습이나 경험이 물리적 공간의 범주 넘어서 일어나게 되므로, 학교만이 아니라 가정, 공동체, 박물관, 직장 등 모든 공간에서 일어나는 학습에 주목해야 한다(Kirkman, 2002, p. 36). 물론 초등학교에서 기초적 지식이나 보편적 관념을 가르치는 단계는 필요하겠지만, 그 이후의 학습은 결국 새로운 것을 탐색하는 것이 지적 훈련의 기본이 되어야 하고, 그것이 창의성 교육의 출발이다. 그러한 창의성 교육에 상시적이며 유비쿼터스한 디지털 기기들을 어떻게 활용할 수 있을까를 고민하는 것이 교사들의 중요한 역할이 될 것이다.

6. 영상기반 학습

1) 영상기반 학습의 기본 원리

영상기반 학습이란 사진, 그래픽, 동영상 등과 같은 시각적 자료를 통해 학습하는 것을 의미하고, 학습에 도움을 주거나 학습을 자극하는 그러한 자료를 시각적 보조물visual aid라고 부른다. 이러한 시각적 보조물을 통해 학습을 하게 되면, 보다 실제적이고 정확하고, 능동적인 학습이 가능해지는 것이다. 우리가 생각한 것보다 훨씬 다양한 시각적 보조물이 존재하는데, 예를 들면, 모형들, 실물, 차트charts, 사진/그림, 지도, 게시판, 칠판, 슬라이드, OHPover head project, 그리고 최근 가장 많이 활용되는 PPTpower point 자료들이 여기에 속한다. 쿠반Cuban(2001)의 연구에 따르면, 감각적 통로에 따른 정보가 들어오는 비율과, 정보를 다루는 방식에 따른 기억의 정도는 다음 [표 1]과 같이 다르다고 한다.

표 1 정보 수용의 통로와 정보를 다루는 방식에 따른 학습의 정도

정보의 통로	학습비율	정보를 다루는 방식	기억 정도(%)
미각(Taste)	1.0	읽기(Read)	10
촉각(Touch)	1.5	듣기(Hear)	20
후각(Smell)	3.5	보기(See)	30
청각(Hearing)	11	듣고 보기(Hear & See)	50
시각(Sight)	83	말기기(Say)	70
총	100	말하며 동작하기 (Say & Do)	90

위 표에 정리되어 있듯이, 정보가 수용되는 대부분의 감각적 통로는 시각(83%)이고, 그러한 정보가 학습이 되기 위해서는 '듣고 보기'가 동시에 이루어지는 동영상이 기억의 가능성이 상당이 높다(50%)는 것이다. 이러한 기억의 정도는 표현 활동인 '말하기'(70%)나 '말하며 동작하기'(90%) 보다는 낮지만, '동영상 따라하기'와 같은 활동과 병행한다면, 그 어떤 학습의 양식보다 훨씬 기억효과가 높으리라는 것을 쉽게 짐작할 수 있다.

영상기반 학습을 미래의 중요한 학습의 도구로 활용하고자 할 때, 다음 세 가지 원칙을 기억할 필요가 있다(Shabiralyani, Hasan, Hamad, & Iqbal, 2015).

첫째, 지금까지는 인터넷이나 Youtube, TikTok과 같은 기술적 환경이나 영상플랫폼이 대중화되지 않았기 때문에 영상 매체들을 통한 학습의 기회가 부족했던 것이지, 비영상 학습이 영상학습보다 더 학습의 효과가 뛰어났기 때문이 아니었다는 점이다. 즉, 기술의 발달로 인해 등장한 새로운 학습환경은 과거의 학습 방식에 비해 훨씬 효과적일 수 밖에 없고, 따라서 과거로 회귀하기도 어렵다는 것이다.

둘째, 기존의 학습방식은 완전히 사라지지 않고 경우에 따라 유용하게 사용될 수 있지만, 전반적 학습의 효과는 기술적 매체들이 제공하는 생동감/실제성, 쌍방향성, 몰입성, 그리고 편리성(이동성, 신속성, 경제성) 등의 측면에서 과거의 학습 방식과는 비교할 수 없을 정도의 차이가 난다는 것이다.

셋째, 시각적 보조물들은 학습 목표(대상)에 대한 학생들의 개념적 사고를 가시화시켜주는 확실한 사례를 제공해주고, 학습 내용에 대한 흥미를 더욱 자극해주며, 교사의 설명이나 학습안내를 훨씬 수월하게 도와준다. 즉, 시각적 보조물은 다른 자료들보다 학습 대상에 대한 훨씬 직접적인 경험을 학생들에게 제공해줄 수 있다.

넷째, 그럼에도 불구하고 시각적 보조물들은 학습의 목표나 학생들의 개입 방식에 따라 적절한 의도와 반응성을 기반으로 학습에 활용될 필요가 있다. 아울러, 시각적 보조 수단을 통한 학습은 만능이 될 수 없으며, 학습의 목적이나 학습의 유형에 따라 선택적으로 활용될 필요가 있다.

위와 같은 원리들을 고려하면서, 영상기반 학습이 어떻게 미래의 학습을 주도하고 있는지, Google의 Youtube의 사례를 통해 살펴보자.

2) 영상기반 학습의 대표: Google의 YouTube

구글의 동영상 플랫폼인 유튜브가 빠른 속도로 대중화되면서 그 영향력이 크게 증가하고 있고, 학습 및 교육적 콘텐트만으로도 하루 평균 10억뷰를 기록하고 있다. 유튜브를 통해 뉴스나 정보를 얻는 사람들이 2013년 20%에서 2018년 38%로 두 배 가량 증가하였고, 시청자들의 53%가 유튜브 비디오들이 세상에 대한 정보를 얻는데 유용하다고 응답하였다. 실제로 일상적인 작업에 대한 사용법을 설명해주는 'how to video'에 대한 검색 결과는 매해 70% 정도씩 증가하고 있으며, 80%의 인터넷 트래픽이 비디오를 통해 이루어지고 있다(2019년 기준). 그로 인해 미국인의 87% 정도가 유튜브 비디오가 과거에 잘하지 못했던 일상적 문제 해결에 대해 도움을 받았다고 응답하였다.

현재 자타가 공인하는 세계 제일의 검색 엔진 서비스를 제공하는 구글은 하루 35억 회의 검색을 처리하고 있는데, 이는 세계 모든 사람들이 최소한 이틀에 한 번씩은 구글을 통해 정보를 검색하고 있음을 보여준다. 구글의 뒤를 잇는 제2의 검색 엔진이 바로 유튜브로서 이 둘이 결합하면 가장 효과적인 정보검색 툴이 될 수 있다. 사람들이 얻은 정보는 3일이 지나면 오직 10% 정도만 보유하지만, 비디오를 통해 얻은 정보는 65%정도 보유하는 것으로 알려져 있다. 유튜브 비디오는 정보를 보다 정확하게 기억하게 도와주고, 복잡한 과정을 쉽게 학습하는데 용이하며, 어려운 토픽도 보다 잘 이해하도록 해준다. 그에 따라, 81%의 부모들이 만 11세 이전의 자녀들이 주기적으로 유튜브를 통해 정보를 얻는 것을 허용하고 있다(Pew Research Center). 유튜브는 이러한 배경을 바탕으로 YouTube Kids 플랫폼을 유아학습 플랫폼으로 추천하면서, YouTube Kids Parental Guide를 제공하고 있기도 하다. 따라서 유튜브는 현재 교육적 내용이나 DIY 콘텐츠의 확장에 적극 투자하고 있는데, 그 대표적 플랫폼이 바로 YouTube Learning(https://www.youtube.com/channel/)이다.

유튜브의 비디오 제시 방식은 기본적으로 Facebook News Feed와 유사한 알고리즘 추천 방식을 통해 이루어지는데, 이는 사용자들을 보다 오랜 동안 집중해서 유튜브를 즐기도록 하는데 도움이 된다고 밝힌 바 있다. 하지만 이러한 유튜브의 추천 알고리즘은 사용자들에게 그들의 취향에 따라 극단적인 콘텐츠를 선택하게끔 한 쪽 방향으로 몰아가거나 부적합한 콘텐츠를 탐닉하게끔 한다는 지적을 끊임없이 받아왔다(Tufekci, 2018). 예를 들어, 위 조사에서는 64%의 사용자들이 유뷰트를 통해 부절절하거나 잘못된 정보를 접하거나, 60%는 위험하거나 문제가 되는 비디오를 시청하게 된 경험이 있었다고 응답하였다.

이러한 논란과 문제점을 해결하기 위해 유튜브는 Learning Playlists를 개발하여 다양한 학습 과목이나 토픽을 중심으로 하여 학생들에게 보다 교육적인 콘텐츠를 제공하는 플랫폼의 개발에 착수하였다. 이 플레이목록에는 정보나 지식을 챕터나 핵심 개념, 그리고 초보부터 고급까지의 내용 조직의 특성을 반영하여 구성되었다. 이 플레이 목록에서 비디오를 추출하여 제시하는 원리(random walk)는 다음과 같다.

i) YouTube API가 전체 15,000여 개의 채널목록에서 25만 명 이상의 구독자를 가진 채널을 매번 무작위로 선별한다.

ii) 채널을 선별할 때는 내용의 관련성relevance, 최신성date posted, '좋아요'(rating) 비율, 그리고 조회수view count에 기준하여 상위 5위의 채널을 선별하고, 그것이 출발점 비디오들이 된다.

iii) 출발점 비디오를 선정한 다음에는, 그 상위 5개 비디오들 중에서 하나의 비디오가 무작위로 선정되어 시청자에게 추천된다.

iv) 위의 과정들을 총 다섯 개의 비디오를 선정하기까지 반복한다.

이러한 방식을 시도해본 결과, 산출된 174,117개의 무작위 목록random walks을 바탕으로 총 696,468개(무작위 목록×4회)의 리스트가 작성되었을 때, 그 안에 346,086개의 새롭고 독특한 비디오가 추천되는 결과를 가져왔다. 즉, 위와 같은 알고리즘을 통해 유튜브가 추천 비디오를 조작하거나 특정 비디오의 과도한 쏠림현상을 방지하며 시청자들이 선호하고 유익한 비디오로 이루어진 학습 비디오 목록이 자연스럽게 생성된다는 것이다.

이러한 유튜브의 '추천 비디오' 알고리즘은 처음에는 짧은 분량의 영상에서 점점 더 긴 분량의 비디오를 사용자들에게 추천해주는 방식으로 설계되었다. 즉, 첫 비디오는 짧으면서도 사용자들의 흥미를 이끄는 비디오를 추천하는 한편, 후속 비디오들은 기존 보다 조금씩 더 길거나 난이도가 높은 내용의 비디오를 추천해주는 것이다. 물론 유튜브를 통해 체계적인 학습이 이루어지려면 유튜브가 크리에이터들이나 교육기관(Khan Academy, TED-Ed, 행크와 존 그린 Hank & John Green의 Crash Course, Coding Train 등)들과 교육적 지식이나 내용의 확장을 위한 협력관계를 구축할 필요가 있다. 그러한 방향성을 목표로 유튜브는 2020년부터 $2000만을 투자하여 이 사업을 지원하고 있다.

물론, Google의 YouTube를 대체하는 다른 형태의 영상기반 학습 플랫폼이 등장할 가능성도 배재할 수 없는데, 그 대안으로는 본 저서에서도 소개한 바 있는 가상/증강현실, 시뮬레이션, 3/4차원 홀로그램, 로봇 모형 등을 활용한 방식일 가능성이 높다. 그리고 이러한 기술적 재현을 가능하게 하는 원동력은 인공지능 알고리즘의 역할이 될 것이라는 것에 큰 이견이 없을 것이다.

7. 기술기반 수업의 사례

지금까지 설명한 기술기반 학습이론들이 실제로 어떻게 현장의 학교교육에 활용될 수 있는지의 구체적인 사례를 초등과 중등의 다양한 교과들의 수업계획서를 통해 살펴보자.[1]

1 본 절에서 제시되는 사례들은 저자가 가르치는 [인공지능 융합교육] 대학원 과정을 이수 중인 교사들의 실제 수업계획서를 참조한 것이고, 각 수업의 지도교사 이름은 이니셜을 사용하였다.

1) 초등 수학 A(사이버, 모빌리티, & 영상기반 학습)

과목	초등 수학	담당 교사:	KYJ
수업 내용	놀면 뭐하니? 넓이랑 놀자		
수업 방법	기술 활용 컨텐츠	활용 매체:	핸드폰이나 태블릿
학습 목표	도형과 측정영역에 대한 구체물 활동, 수학을 이미지화		
주요 수업 활동	1) 비대면 학습 플랫폼 구축(반응형 모바일 웹사이트), 2) 동영상 제작 및 YouTube 업로드, 3) 학습에 보조가 되는 구체물에 QR코드를 실어 위의 모바일 웹사이트와 영상자료의 접근하도록 함.		HTML5, CSS3와 같은 프로그래밍 언어, 동영상 제작 소프트웨어, 네이버 QR코드, 3D프린터 등을 활용
학습 구조	진단 — 모바일 웹사이트에서 자신의 학습 수준 점검 학습 — 모바일 컨텐츠를 통한 평면도형의 넓이 학습 유튜브 영상을 통한 학습 검토 — 모바일 웹사이트에서 학습 이해도를 확인 및 복습		

이 수업은 비대면 학습 플랫폼을 활용하고, 동영상을 제작하여 YouTube에 업로드하며, 모바일로 학습 자료에 접근하여 학습을 수행한다는 특징을 갖는다. 그리고, 다양한 프래그래밍 언어나 동영상 제작 소프트웨어를 간접적으로 경험하게 되며, QR코드, 3D 프린터 등을 활용하여 기하학적 모형들에 친숙하게 접근할 수있는 기회를 갖게 된다. 따라서 기술기반 학습의 접근법들 중에서 사이버 학습, 모빌리티 학습, 그리고 영상기반 학습을 활용하고 있는 수업이라고 볼 수 있다.

2) 초등 수학 B(사이버 학습, 가상현실 학습, 네트워크 학습)

과목	초등 수학	담당교사:	PYW, LGH(협력수업)

학습 목표	다양한 오브젝트를 통해 가상현실 세계를 창조할 수 있으며, 창의성과 독창성을 표현
수업 방법	코스페이시스 에듀(Cospaces Edu): 다양한 VR(virtual reality) 및 AR(augumented reality) 경험
학습 활동	1) 가상전시회: 학습자가 수업 중 자신이 그린 그림이나 일정 기간 동안 포트폴리오 형식으로 모아둔 학습 결과물들을 활용하여 온라인상에서 가상 전시회를 개최한다. 2) 가상 수학도형 탐방: 가상현실 공간 안에 거대한 수학 도형을 제작하고 학습자가 1인칭 시점에서 해당 도형의 겉모습과 내부(입체도형의 경우)를 살펴본다. 3) 발명·메이커교육(롤러코스터 제작, 골드버그 장치 제작 등) 4) 성취도 확인 교육용 게임 콘텐츠 제작
교육적 역할 및 의미	- 다양한 HMD(head mounted display)를 활용하여 직접 만든 가상현실 공간을 감상하고 체험할 수 있다. - 코블록스(Coblocks)를 활용하여 블록형 코딩이 가능하기에 처음 코딩을 접하거나 프로그래밍이 익숙하지 않은 초등학생들도 쉽고 재미있게 코딩을 경험할 수 있다. - 특별한 기술이나 고가의 장비 없이도 어렵지 않게 제작이 가능 - 교사가 클래스를 개설하여 학생들을 관리하고 과제를 제시할 수 있으며, 학생들은 서로의 프로젝트를 공유하고 의견을 제시하며 자신의 프로젝트를 개선할 수 있다.

코스페이시스 에듀Cospaces Edu는 독일의 스타트업 기업에서 만든 웹기반프로그램으로써 이를 활용하여 사용자는 다양한 VRvirtual reality 및 ARaugumented reality 경험을 할 수 있다. 사용자는 코스페이시스 에듀 내에 존재하는 다양한 오브젝트를 통해 가상현실 세계를 창조할 수 있으며, 창의성과 독창성을 그 안에 표현할 수 있다. 코스페이스 에듀는 PC, 태블릿PC 및 스마트폰에서도 사용이 가능하고, 다양한 HMDhead mounted display를 활용하여 직접 만든 가상현실 공간을 감상하고 체험할 수 있다(남충모, 김종우, 2017). 또한 코블록스Coblocks를 활용하여 블록형 코딩이 가능하기에 처음 코딩을 접하거나 프로그래밍이 익숙하지 않은 초등학생들도 쉽고 재미있게 코딩을 경험할 수 있다.

코스페이시스의 가장 큰 장점은 특별한 기술이나 고가의 장비 없이도 어렵지 않게 제작이 가능하다는 점이다. 더불어 교사가 클래스를 개설하여 학생들을 관리하고 과제를 제시할 수 있으며, 학생들은 서로의 프로젝트를 공유하고 의견을 제시하며 자신의 프로젝트를 개선할 수 있다(박찬 외, 2017).

본 수업 사례는 사이버 학습(가상전시회), 증강현실(Cospaces 활용), 네트워크학습(프로젝트 공유) 등의 기술기반 학습의 방법들을 활용하고 있는데, 이에 대한 추가적인 설명은 다음과 같다.

(1) 가상 전시회

학습자가 수업 중 자신이 그린 그림이나 일정 기간 동안 포트폴리오 형식으로 모아둔 학습 결과물들을 활용하여 온라인상에서 가상 전시회를 개최한다. 교수자 및 다른 학습자들은 자신의 학습 결과물을 언어, 소리, 그림 등으로 표현하여 상호 공유할 수 있다. 또한 미술·음악 교과의 감상 영역과 관련된 수업을 진행할 때, 하나의 주제를 가지고 가상 전시회 또는 가상 연주회를 개최하여 학습자들로 하여금 온라인상에서도 다양한 작품들을 함께 감상하고 서로 의견을 나누는 데에 활용할 수 있다.

(2) 가상수학도형 탐방

가상현실 공간 안에 거대한 수학 도형을 제작하고 학습자가 1인칭 시점에서 해당 도형의 겉모습과 내부(입체도형의 경우)를 살펴본다. 수직·평행 관계, 꼭지점의 개수, 잘린 입체도형의 단면 등 도형의 구성요소를 탐구해볼 수 있는 교육 콘텐츠를 통해 다수의 학습자가 어려움을 겪는 입체도형에 대한 직관적 이해를 도울 수 있다. 나아가 다양한 도형을 제작해봄으로서 도형에 필요한 꼭지점·모서리·면의 수 등을 경험적으로 이해하고 서로 다른 도형들을 비교해보며 넓이·부피와 같은 측정영역의 어림하기 능력을 신장시킬 수 있다.

(3) 발명·메이커교육(롤러코스터 제작, 골드버그장치 제작 등)

최근 과학 기술 교과 수업에서 자주 활용되는 메이커교육은 나만의 롤러코스터 제작 프로그램과 골드버그 장치를 활용한 프로그램의 경우 많은 재료를 활용해 직접 제작한다는 측면에서 오프라인으로만 교육할 수 있다는 선입견이 있다. 하지만 Cospaces를 활용해본다면 가상현실에서 자신만의 롤러코스터를 제작하고 실제로 탑승해봄으로서 감각적 실재감을 자극하여 학생들의 흥미 및 성취감을 높여 더 큰 교육적 효과를 기대할 수 있다. 또한 골드버그 장치의 경우 성공하기까지 많은 오류들로 인한 반복적 수정이 요구되기에 다수의 학습자들이 제작 과정에서 흥미와 동기를 잃고 포기하는 경우가 많은데, Cospaces를 활용하여 온라인 환경에서 즉각적으로 오류를 쉽게 수정할 수 있다면 학생들의 높은 참여도와 목표 달성도를 기대할 수 있다. 이 과정에서 많은 학생들이 협력적으로 창의성을 발휘할 수 있다는 교육적 의미도 갖는다.

(4) 성취도 확인 교육용 게임 콘텐츠 제작

사용자가 Cospaces 활용에 익숙해져 자유자재로 그것을 사용한다면 1인칭 시점의 게임, 수업 컨텐츠를 배경으로 한 게임 등 다양한 종류의 게임을 제작할 수 있다. 수업 내용을 넣어 미션을 수행하는 교육용 게임 콘텐츠 제작을 통해 학습 성취도를 확인할 수 있다. 나아가 기존 수업에서 빈번하게 사용되는 단순 문제 풀이 수업 방식에서 탈피하여 학생들의 집중도 및 성취 달성 욕구 증대, 교육 시간의 효율적 안배 등 긍정적인 측면을 기대할 수 있다.

3) 중학 영어(사이버 학습, 영상기반 학습, 가상현실 학습, 맞춤형 학습)

과목	중학 영어	담당교사:	JGH
학습 목표	다양한 영문법, 영어표현, 생활영어 장면의 학습 및 평가에 활용 가능		
수업 방법	Google Class 플랫폼과 YouTube를 활용하여 강의에 접근하고 학습 퍼즐과 학습 내용에 대한 평가를 체계적으로 관리한다.		
학습 활동	1) Google Class를 통한 과제제출, 피드백, 학습관리 2) Edpuzzle을 통한 영상 시청 3) Flipgrid를 통한 학생들의 동영상 제작 4) YouTube 영상 업로드 및 공유		

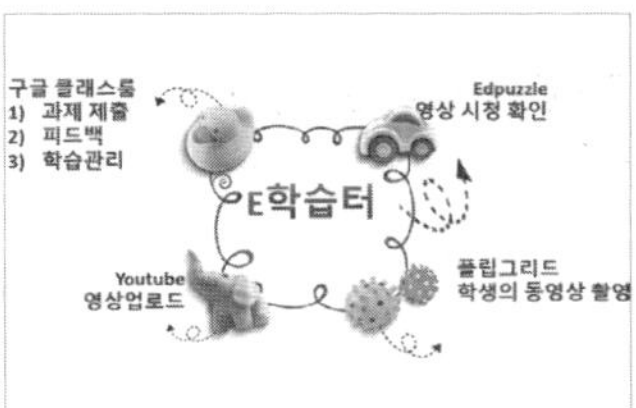

(a) 가상 학습 플랫폼(Google Classroom)

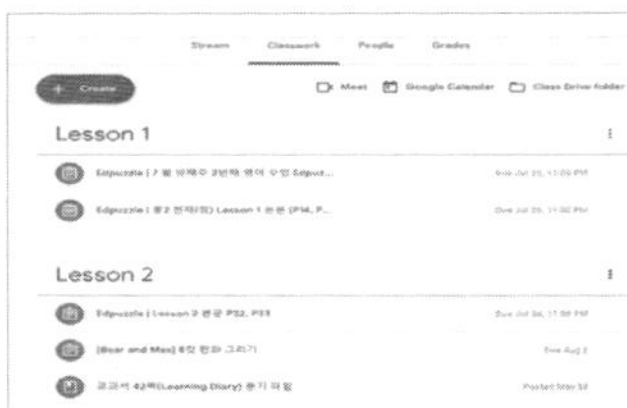

(b) 가상 학습 콘텐츠

(c) YouTube 수업 영상 초기화면

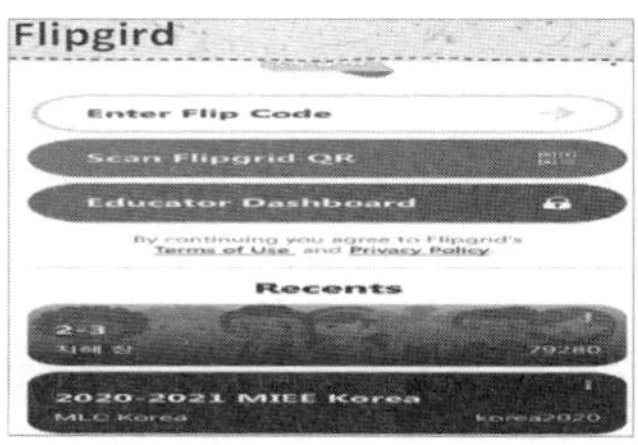

(d) 동영상 제작 앱 (Flipgrid) 대시보드

그림 6 Google Class 플랫폼 활용 사이버 학습

위 그림들(a~d)은 실제 교사가 영어 수업에 활용하고 있는 다양한 교육 활동들을 보여주는 인터넷 상의 화면을 캡춰한 사진들이다. 이 자료에서 볼 수 있듯이, 해당 교사는 사이버 학습(가상 교실), 영상기반 학습(YouTube 영상 제작 및 공유), 가상현실 학습(Flipgrid 제작), 그리고 기술기반 맞춤형 학습(Edpuzzle)을 실질적이고 효과적으로 실현하고 있다. 이러한 기술기반 학습 환경들을 구축하는데에는 교사들의 창의적 아이디어와 노력이 수반되어야 하겠지만, 수업 내용에의 접근성 확대, 학생들의 적극적 참여 유도, 수업 내용 뿐 아니라 다양한 기술적 매체들에 대한 학생들의 관심과 호기심 자극, 보다 실질적인 학습 경험을 제공함으로써 수업 효과 증대라는 매우 의미있는 교육적 효과를 유발할수 있을 것이다.

4) 중학 과학(가상학습, 증강현실 학습, 영상기반 학습, 뉴미디어 학습)

<table>
<tr><td>교과목명</td><td colspan="2">중학 과학(2학년)</td><td colspan="3">담당 교사:</td><td>JWY</td></tr>
<tr><td>단원</td><td colspan="2">V. 동물과 에너지 - 2. 순환
① 순환계를 이루는 심장</td><td>본시
주제</td><td>순환계</td><td>수업
형태</td><td>탐구 수업</td></tr>
<tr><td>학습목표</td><td colspan="6">1. 순환계를 구성하는 심장의 구조와 특징을 설명할 수 있다.
2. 가상 및 증강현실 속 심장의 모습을 보고 구조와 기능을 연결할 수 있다.</td></tr>
<tr><td>수업 준비물</td><td colspan="6">태블릿 PC, 스마트폰</td></tr>
<tr><td>수업 개요</td><td colspan="6">본 수업에서는 가상 및 증강현실 기술을 기반으로 학생들에게 실제와 유사한 심장 모형을 학생들이 경험할 수있는 기회를 제공함과 동시에 심장의 구조와 심장의 구조로부터 기능을 추리하는 활동을 하고자 한다.</td></tr>
<tr><td>시간</td><td>학습절차</td><td colspan="3">교수 - 학습활동</td><td colspan="2">지도상의 유의점</td></tr>
<tr><td rowspan="2">도입
(10분)</td><td>▶ 학습
목표</td><td colspan="3">■ 오늘 배울 교과서 범위 내의 키워드를 종합하여, 이를 바탕으로 학습 목표 제시 (www.mentimeter.com)</td><td colspan="2" rowspan="2">• 자신의 생각을 자유롭게 표현하는 분위기를 조성
• 수업 활동 적극 참여 유도</td></tr>
<tr><td>▶ 생각
열기</td><td colspan="3">■ 유튜브를 통해 순환계의 전체적인 모습을 보여주고 각 구조가 어떤 기능을 가지</td></tr>
</table>

		는지 의문을 가지게 하고, 스스로 생각해보는 시간을 준다.	
전개 (30분)	▶ 탐구 활동	■ [탐구 활동] 가상/증강현실 활용 심장의 구조 알아보기 - 'Visible body' 어플이 설치된 태블릿 PC를 배분 - 'Visible body' 어플 사용법을 설명 - 어플을 활용하여 자유롭게 심장의 구조와 기능을 탐구 - 탐구 결과를 개별 활동지에 정리 ⇨ 심장의 구조로부터 발견한 기능을 '구글 클래스룸'에 올리기	• 탐구 활동 시 지켜야 할 사항을 강조. • 적절한 발문 및 도움을 통해 심장의 구조로부터 기능을 추리하게 한다.
	▶ 학습 내용 알아보기	■ '구글 클래스룸'에 종합된 탐구 결과를 바탕으로 심장의 구조와 기능에 대해 설명한다. ■ 실제 심장과 가상 및 증강현실 속 심장은 어떤 차이점이 있을지 생각하도록 지도한다.	• 학생 스스로 과학적 개념을 형성하도록 비계 역할 수행

이 중학 2학년 과학수업 계획서는 순환계(심장)에 대한 지식을 가상학습(Google Classroom), 증강현실 학습('Visible body' App), 영상기반 학습(YouTube) 등을 활용하여 지도하고 있는 과정을 상세하게 보여주고 있다. 그리고, 학생들이 이러한 기술적 매체들을 교실의 물리적 환경이나 특정 수업 시간에서 구애받지 않고, 가정이나 자신이 편한 장소에서 언제든지 일상적으로 활용하면서 교사와 쌍방향으로 소통할 수 있다면 바로 그것이 뉴미디어를 활용한 학습이 될 수 있는 것이다.

5) 중학 국사(사이버 학습, 영상기반 학습, 뉴미디어 학습)

교과목	중학 국사	
학습목표	임진왜란의 배경과 역사적 의미 이해하기	
구분	단계별 주요 활동	플랫폼 및 자료

자료 수집 및 분석 (본 수업)	[활동 1] 임진왜란이 일어난 과정 알아보기 - 디지털교과서 활용한 교과서 내용 읽기 - PPT를 활용하여 임진왜란이 일어난 과정 설명하기 [활동 2] 임진왜란을 극복하기 위한 노력 알아보기 - 제시된 위인 및 업적을 조사하기 - 각자 조사하고 이해한 내용을 정리, 발표하기 [활동 3] 학습 내용 정리하기 [피드백] 태블릿을 이용한 퀴즈 풀이로 정리하기(Kahoot!) Kahoot 사이트를 활용한 퀴즈로 흥미를 유발하며 지속적인 학습 실시	■ 활용 플랫폼 - Edunet T-clear - Kahoot.it ■ 자료 - 디지털교과서 - 유튜브 동영상

위 중학 국사 수업은 사이버 학습(dunet T-clear, Kahoot.it), 영상기반 학습(YouTube), 뉴미디어 학습(디지털 교과서) 등의 접근을 채택하면서 '임진왜란'이라는 역사적 사건에 대한 자료와 정보들을 인터넷과 디지털 교과서를 활용하여 다차원적으로 학습할수 있음을 잘 보여주고 있다.

6) 중학 기술 · 가정(가상현실 학습, 영상기반 학습, 뉴미디어 학습)

과목	중학교 2학년 기술·가정	담당교사:	KDW
수업 내용	우리나라의 전통 건설기술		
수업 방법	강의법, 실습법 등	활용 기술: VR, 스마트폰, 뉴미디어(유튜브)	
학습 목표	우리나라 전통 건설구조물과 그 원리에 대해 설명할 수 있다.		
수업 단계	수업 내용 및 방법	지도상의 유의점	
주요 수업 활동	▶ 우리나라 전통 건설물(덕수궁 석조전 등)에 대해 스마트폰으로 스스로 학습해 봄. ▶ VR기기 활용을 통해 가상현실로 간접 체험하기: 우리나라 건축 구조물에 관한 VR영상을 VR기기를 통해 간접 체험해보기. ▶ VR기기로 간접 경험한 건축 구조물의 형태 또는 그 원리에 대해 질의 응답	- 스마트폰 검색이 불가능한 학생 등은 미리 파악해 조치 - VR관련 유튜브 영상 등은 카카오톡 등을 통해 공유. - 학습지를 통해 우리나라 전통 건축 구조물에 대해 생각해 볼 수 있는 질문을 제시	

	▶ 제시했던 질문들에 대해 교사와 학생이 함께 생각하고 답변해 봄.	
교육적 의미	VR을 직접 체험해보며 다가오는 혼합현실의 시대를 체감 가상현실을 통해 보다 실제적으로 학습 내용에 대해 간접 체험 VR기기를 직접 다뤄보는 기술활용 능력을 익히고, 실생활 활용법 숙고	

사실 기술·가정 교과는 생활 현장의 생생한 장면과 기술적 발달을 가장 실제적으로 배워야 하는 교과임에도 불구하고 기존의 수업은 그러한 물질적(기술, 도구 등) 환경이 충분히 발달되지 못함으로 인해 기껏해야 교과서(사진)에 의존하는 수업을 할 수 밖에 없었다. 그런 의미에서 위 중학 기술·가정 수업은 가상현실 학습(VR기기), 영상기반 학습(YouTube), 뉴미디어(스마트폰) 등을 활용하여 기술·가정과 관련한 교육내용을 학습하는 가장 전형적인 수업의 장면을 잘 보여주고 있다. 결국 미래의 학교 교육은 오늘날 발달한 다양한 기술적 매체들을 어떻게 잘 활용하느냐에 따라 그 교육적 성과가 결정될 수 있을 것이다.

7) 교과융합 및 창체활동 협력적 수업(기술기반 학습, 개별화 학습, 뉴미디어 학습)

교과	창의적 체험활동 + 실과(6학년)	지도 교사:	AJH
수업 주제	미래 사회에서 인간과 기계가 공존하는 모습을 생각하며, 코딩으로 미래사회 모습 시뮬레이션하기		
수업 배경	언택트 사회에서 택배(유통 서비스) 사업의 활성화를 소개하며, 코딩으로 효율적인 택배 유통 시뮬레이션 놀이를 해보고, 미래 사회와 기술의 활용에 대해 생각해본다.		
수업 흐름	■ 동기유발 - 현대 사회에서 인간의 역할을 기계가 대신하게 된 사례 제시 ex) 햄버거가게 키오스크, QR코드 입장 등		준비물: 햄스터 봇, 핸드폰(햄스터 조작용)

	■ 수업전개: 햄스터봇 코딩하기 [다양한 위치의 택배 배송지가 표시된 지도를 제시하여, 팀별로 효율적으로 택배 업무를 끝낼 수있는 방안 생각하여 코딩(조작)하여 해결하기] - 코딩 방법 설명: 택배 시뮬레이션으로 효율적인 루트 만들기 - 모둠별 협의하여 적합한 코딩 설계하기 - 핸드폰으로 조종하여 미션 수행하기	미션 제시용 지도 활용

위 수업계획서는 창의적 체험활동과 실과를 결합한 협력적 수업에서 '택배 시스템의 이해'란 주제를 통해 유통 시스템을 이해하고, 더불어 코딩 수업의 소재로 활용하고 있는 것을 잘 보여준다. 이 수업은 물류시스템에 대한 이해(기술기반 학습)와 개별적 코딩(개별화 학습), 코딩 수업과 코딩의 결과물(햄스터봇)을 핸드폰을 활용하여 조작하는 과업 등과 같은 매우 실용적인 기능들을 실생활의 주제(택배)를 통해 효과적으로 학습할 수 있는 기회를 제공하고 있다.

8) 초등 정보 교과(사이버 학습, 증강현실 학습)

교과(수업모형)		자료와 정보(초등, 모둠별 협력학습)	지도 교사:	YMI
학습목표		온라인 전시를 통해 학생들의 작품에 대한 피드백을 수집하고 관리할 수 있다.		
교수·학습 단계		교수·학습 활동		자료 활용 및 유의점
		교사	학생	
도입 (5")	수업 분위기 정리	• Google 아트 & 컬처를 살펴보며 온라인 전시에 대해 알아 본다. • 온라인 전시회의 장점이 무엇이 있을지 발문한다.	• 온라인 전시작품을 감상한다. • 아트&컬처를 보면서 느낀 장점을 발표	https://artsandculture.google.com
전개 (35")	학습 활동 (협력	• 나만의 3D펜 작품을 사진찍어 슬라이드를 작성하도록 안내. • 또래 작품을 감상 후 댓글 남기기.	• 자신의 작품을 사진 찍어 슬라이드에 작성.	자신이 만든 작품을 소개하는

	학습)	• 각자 자신의 작품에 남겨진 피드백을 확인하고 피드백 주기. • 학생들의 작품이 잘 전시가 되고, 피드백이 잘 이루어졌는지 확인.	• 친구들의 작품을 보고 감상평을 남긴다. • 피드백을 보고 댓글을 남긴다.	슬라이드
과정중심평가(생활기록부기록)	평가기준	인터넷을 활용하여 문제 해결을 위한 자료를 수집하고, 수집한 자료를 응용 소프트웨어를 활용하여 체계적으로 분류하고 관리하며 공유할 수 있다.		
	생활기록부 기록 예시	실생활에서 사용되는 디지털 정보의 사례를 탐색하여 아날로그 정보와의 차이점을 분석할 수 있고 실생활에 존재하는 다양한 형태의 자료와 정보를 사용 목적에 부합하는 디지털로 표현할 수 있다. 컴퓨팅 도구를 활용하여 문제 해결에 필요한 자료를 수집, 관리할 수있는 방안을 탐색하고 정보를 효과적으로 전달하기 위한 가장 적절한 형태로 구조화하여 표현할 수 있다.		

위 수업계획서는 초등 정보 수업에서 사이버 학습(온라인 전시회)과 증강현실 학습(Google Art & Culture, 3D펜)의 전략을 통해 디지털 정보를 수집하고 평가하며, 직접 자신의 작품을 만들어 공유하는 등의 학습경험을 수행하는 과정을 잘 보여주고 있다. 특히 본 계획서는 과정중심의 평가 차원에서 어떻게 학생들의 활동을 평가하고 생활기록부에 기록할 수 있는가를 보여주는 유용한 자료가 되기도 한다.

9) 초등 실과 A(기술기반 학습, 인공지능의 이해와 실습)

단원명	생활과 소프트웨어(초등 6학년)	담당교사:	LJH
수업주제(학습목표)	인공지능(AI)의 의미를 알고 체험하며, 이를 이용해 우리 생활 속에서 활용할 수 있는 프로그램을 구상해 본다.		
수업진행 순서	• 도입 : 유명한 인공지능(AI)에 대해 알아보고 AI의 의미 알아보기. • 활동1 : 인공지능(AI)이 학습하는 방법 알아보기. (Teachable-Machine: 이미지 프로젝트를 활용) • 활동2 : 인공지능(AI)의 실생활 활용법 알아보기(티처블 머신-Pose 프로젝트) • 활동3 : 티처블 머신 인공지능(AI)을 이용하여 실생활에서 쓸 수 있는 프로그램을 생각해 보고 발표해 보기. • 정리 : 인공지능(AI)이 앞으로 우리 생활에 미칠 영향에 대해 생각해보기.		

교육적 의미	- AI가 학습을 하는 과정을 티처블 머신(google)이라는 프로그램을 이용해 이해하기. - 프로그램을 직접 구상해 보는 활동을 통해 근 미래에 급속하게 발전하는 기술에 대해 이해하고, 기술의 지배받지 않도록 비판적으로 사고하고 활용하는 능력기르기. - 학생들이 수준에 맞는 프로그램을 접하면서 흥미를 느끼기. - 인공지능 기술 등의 특성상 앞으로 가져올 부정적인 변화에 대해서도 생각해보기. - 새로운 방식을 이용하는 과정에서 관여하는 외부 변수들(기계, 프로그램 에러 등)에 대한 준비와 통제능력 기르기.

위 수업은 구글 티처블 머신(https://teachablemachine.withgoogle.com)을 활용하여 학생들이 AI 머신 러닝에 대해서 이해할 수 있도록 하는 수업 목표를 가지고 있다. 이를 통해 학생들이 자신의 실생활에서의 불편한 점을 개선하는 프로그램을 생각해보고, 동시에 인공지능 기계가 우리 생활에 미칠 영향이나 문제점에 대해서도 생각해보는 기회를 제공해준다. 이 수업이 시도하고 있는 특징적인 사항들은 다음과 같다:

i) 인공지능 활용 기술(알파고, 알파스타, IBM 왓슨, 아틀라스-이족보행, 소피아 등)에 대한 소개,

ii) 머신 러닝의 개념 이해(예, 티처블 머신-이미지 프로젝트를 활용하여 인공지능이 이미지 인식을 통해 수많은 자료를 수집하여 학습함),

iii) 티처블 머신-포즈 프로젝트의 활용(예, 학생들이 하나씩 포즈를 만들고 그것들을 따라해보는 게임을 통해 머신러닝을 이해), 그리고

iv) 이 과정을 체육 교과의 신체 표현 영역의 수행평가로 활

용(비대면 수업 상황에서 실시간으로 또는 과제로 녹화하여 평가)

이러한 과정들은 인공지능의 원리와 기능이라는 어려운 개념을 초등학생들이 어떻게 쉽고 실용적으로 학습할 수 있는가에 대한 좋은 수업지도의 사례라고 볼 수 있다.

10) 초등 실과 B(코딩 수업, 기술기반 학습)

관련 교과	실과, 미술, 국어(5~6학년) / 총 8차시	담당교사:	JES
수업 주제	'가정생활을 편리하게 만들어주는 작품 만들기'		
수업 방법	마이크로비트(Micro:bit) 소개 및 여러 센서 사용에 대한 교육을 진행		
관련 교육과정 성취기준	[1] 절차적 사고에 의한 문제 해결의 순서를 생각하고 적용 [2] 프로그래밍 도구를 사용하여 기초적인 프로그래밍 과정을 체험 [3] 문제 해결 프로그램을 만드는 과정에서 순차, 선택, 반복 등의 구조 이해 [4] 여러 가지 센서를 장착한 로봇을 제작 [5-6] 다양한 자료를 활용하여 아이디어 구체화/ 표현 주제 나타내는 소재를 탐색 [7-8] 의견 제시, 조정 및 토의 / 상대 이야기를 공감하며 듣기		
학습 목표	- 선택 구조를 활용하여 센서값에 따라서 출력이 달라지는 알고리즘 작성 - Micro:bit와 메이크블록을 이용하여 문제 해결에 필요한 알고리즘 작성 - 다양한 재료를 활용한 만들기 활동을 통해 아이디어를 구체화 - 수업을 통해 친구들과 서로 돕고, 의견을 조율 - 만든 발명품이 가정생활에 어떠한 도움을 주는지 역할극으로 표현		
평가 기준 및 방법	평가 기준		평가 방법
	- 선택 구조를 활용하여 센서값에 따라서 출력이 달라지는 알고리즘을 작성할 수 있는가? - Micro:bit와 블록에디터를 사용하여 문제 해결에 필요한 알고리즘을 작성할 수 있는가?		산출물 평가

위 수업계획서는 마이크로비트Micro:bit를 활용하여 로봇을 컨트롤 할 수 있는 프로그래밍을 수행하는 수업으로 학생들이 직접 로봇의 작동과 반응방식을 이해하고 코딩할 수 있는 경험을 제공해주고

있다. 아울러 그러한 로봇의 활동을 고안하기 위한 디자인적 사고 Design Thinking의 훈련을 해보고, 이를 '행복한 가정 생활'이라는 실생활의 주제와 연결시키고 있다는 점에서 교육적 의미도 확보하고 있다. 실제 수업의 과정은 다음 수업 모형을 통해 보다 자세히 살펴볼 수 있다.

학습 단계	Design Thinking 수업모형(주요 활동)	차시
기초 지식 습득 및 모방	• Micro:bit 소개하기 • Micro:bit 여러 가지 센서 연결 및 센서값 확인하기 – 광센서, 토양습도 센서, 초음파센서, 가속도 센서 등 • Micro:bit 기본 작품 만들기 – 하트비트(LED 디스플레이), 스탑워치(내장푸시버튼)	1~2
공감, 문제 정의	• 동기유발 : 영상을 보고 가족의 소중함을 느꼈던 적 이야기하기 • 공감 : 가정의 의미를 알고 행복한 가정생활 필요성 공감 • 문제 정의 : 가정생활을 행복하게 만드는 작품을 만들어보자.	3~4
아이디어 내기	• 가정생활을 불편하게 만드는 것, 상황에 대해서 적기 • 가정생활의 불편함들을 해결할 수 있는 발명품 생각하기 • 발명품에 필요한 준비물과 알고리즘 작성하기	
창의적 프로토타입 제작	• 메이커 작품 제작 전 점검하기 • 모둠별로 아이디어 구현을 위한 작품 만들기	5~6
테스트 및 수정·보완	• 역할극 준비하기 • 우리 모둠의 작품 소개하기 • 더 멋지게 만들기(수정·보완하기)	7~8

위 Design Thinking 수업 모형은 초등 실과 수업에서 Micro:bit을 활용한 코딩 수업을 통해 실생활과 관련된 소소한 기술적 매체들을 직접 제작해보고(Maker learning), 코딩이나 컴퓨터 알고리즘의 원리를 배울 수 있는 기회를 제공해준다는 점에서 교육적으로 의미가 있다.

이상에서 소개한 10가지 기술기반 수업계획은 최근 교육부의 미래 교육 방향성인 인공지능 융합 교육의 주제 및 실천 방안과도 부합하는 매우 적절한 수업의 사례라고 볼 수 있다. 이처럼 미래의 교육은 지금까지의 교과 지식, 교수법, 매체 활용의 방식과는 비교할 수 없을 정도의 변화된 기술적 환경 속에서 이루어지게 될 것이다. 그러한 환경에 대비하는 것이 바로 포스트휴머니즘 교육의 지향점이 될 것이다.

나가는 말

지금까지 본 저서에서 다룬 여러 주제들의 가장 핵심적 용어는 포스트휴머니즘이었다. 포스트휴머니즘은 한마디로 '인간' 중심의 세계관에서 벗어난 이론 및 담론들로 구성된 포괄적인 세계관이다. 이제 인류는 더 이상 인본주의의 관점으로 세상을 바라보기 어려운 생태적, 기술적 환경 속에서 살아가고 있다. 마지막으로 인본주의를 대신하는 관념으로써 포스트휴머니즘이란 무엇인지 정리해 보자.

근대적 인본주의의 출발점이었던 르네상스는 말 그대로 중세 천년여 동안의 신본주의적 세계관에서 탈피하여 고전적 그리스 및 로마의 전통으로 되돌아가자는 운동이었다. 그 지향점은 인간 존재가 언어를 구사하는 '초자연적 동물'임을 강조하는 것이었고, 따라서 당시에는 인간을 라틴어로 *zoon logon echon*, 즉 이성적 동물animal rationale이라고 간주하였다. 그러므로 언어를 사용하여 문법과 수사grammar and rhetoric를 중심으로 한 이성적 사고능력을 기르는 것이 18세기 초에 등장한 계몽주의적 인본주의Enlightenment humanism로서 근대적 교육관의 출발점이었다. 아울러 이러한 인간의 이성을 바탕으로 자연을 정복하려는 태도가 과학적 발견들과 초기 산업혁명을 이끌어가는 원동력이 되었다.

그러던 중 19세기에 이르러서는 진화생물학, 천체물리학, 신경과학, 그리고 정보공학의 발전에 힘입어 인간이란 어떤 존재인가에 대한 보다 과학적이고 합리적인 설명들이 등장하기 시작했다. 이러한 과학적 연구의 결과들은 인간의 본성(이성)이 동물들과 본질적 차이가 난다기 보다는 정도의 차이만 있다는 사실을 깨닫게 해주었다. 그럼에도 불구하고, 20세기 후반까지도 인간이 어떤 존재인가에 대한 종교적, 정치적, 사회문화적 관점들과 과학적 및 공학적 관점들은 평행선 상에서 각자의 주장들을 강화하는 태도를 고집하고 있었다.

사실 근대 과학은 휴머니즘에 대해 매우 모호한 태도를 견지해 왔다. 한편으로는 인간 예외주의human exceptionalism를 확증하는 듯한 태도를 보이고, 다른 한편으로는 인간이 다른 동물들과 비교해서 그리 특별하지 않다는 것을 보여주는 과학적 연구결과를 내놓았던 것이다. 특히 20세기 초에 일어난 두 차례의 세계대전, 20C 중반 이후의 끊임없는 국지적 전쟁들, 그리고 20C 후반부터 심화된 자본주의와 신자유주의적 양극화와 회복할 수 없는 수준의 환경적 재앙들은 인간성humanity의 부정적 측면들(폭력성, 취약성, 탐욕, 부정의 등)에 대한 증거들을 계속 드러내고 있었다. 비록 인본주의가 지향하는 긍정적 가치들을 고려하더라도 결국 인본주의란 매우 모순적인 관념이자 담론이라는 것을 인정하지 않을 수 없게 된 것이다. 즉, 인간이란 존재는 동물이면서도 동물성을 넘어서고, 물질적이면서도 정신적이고, 사회적 동물이면서도 지극히 이기적이며, 도구(기계)와 함께 진화하였으면서도 완전히 기계에 의존하지 않으려는 존재인 것이다.

포스트휴머니즘은 바로 이러한 인간 본성의 모순성에 대한 반성적 성찰에서 출발한 것이다.

21세기에 들어서면서 인류는 '스스로도 미처 예측하지 못한' 기술적 혁신을 경험하고 있다. 이러한 기술적 발전의 예측불가능성은 그 속도가 지나치게 빠르다는 의미와 더불어 기술을 통제하기 어려울 수 있다는 의미도 함축한다. 인간의 본성과 이성을 구별하는 이원론적 믿음에서 벗어난다면, 인간이 자신의 본능을 통제하기 어려운 만큼 자신의 이성도 통제하기 어렵다는 것을 깨달을 수 있다. 우리가 우리 자신을 통제할 수 있는 힘은 개인들의 이성적 사고에서 나오는 것이 아니라, 집단적이거나 시스템적인 구조에서 나오는 것일 수도 있다. 포스트휴머니즘이 개인주의나 구성주의적 세계관이 아니라 관계주의, 집단주의, 연결주의에 주목하는 이유는 바로 이성적 존재로서의 인간의 주체성이 아니라, 관계적 존재로서의 인간과 사물의 상호의존성을 더욱 신뢰하기 때문이다.

현재 4차산업혁명과 NBIC Nano-Bio-Infor-Cogno 기술로 대표되는 과학기술의 급속한 발전과 그로 인해 발명되어 우리의 삶에 깊숙이 침투하고 있는 다양한 첨단 장비들은 현대인의 학습과 소통의 방식을 기존과는 급격히 달라지게 만들고 있다. 이러한 기술적 환경의 변화는 우리가 지금까지 진리처럼 받들어온 다양한 지식과 세계관—즉, 물질의 움직임을 설명하는 뉴턴의 고전 물리학에서부터 인간의 사고방식을 설명하는 인지과학 이론에 이르기까지—에 대한 재고의 필요성과 더불어, 학교 교육에서 이러한 지식생태계의 변화에 어떻게 대응할 것인가의 문제에 대해 고민하게 만들고 있다. 본 저서에서는 기술중심 및 정보통신 사회로의 전환이 가져온 지식 생태계의 변화와 사람들의 경험의 변화에 따라 학습의 성격과 방식이 바뀌고 있다는 사실에 주목하였다. 이러한 문제의식을 바탕으로 본 저서에서는 학교 교육의 지식이 어떻게 변화하고, 학습자의 성격과 학습의 양식이 어떻게 변화하고 있는지를 살펴보았다.

지금까지의 논의된 내용들을 바탕으로 포스트휴머니즘에 대한 저자의 입장을 다음과 같은 10가지 관점으로 정리해 보자.

첫째, 현재, 그리고 앞으로의 기술적 환경은 지구상의 다양한 존재들의 일상적 생존 방식에 녹아있는 물질성materiality을 바탕으로 재구성 될 것이다. 이 점을 이해하기 위해서는 데카르트적 마음-신체 이원론을 해체하는 일원론적 세계관이 필요한데, 본 저서는 그것이 신물질주의, 객체지향존재론, 포스트현상학 등을 기반으로 한 포스트휴머니즘이라는 것에 대해 설명하였다(Braidotti, 2016). 포스트휴머니즘은 인류중심주의에서 벗어나서 인간 뿐만 아니라 모든 존재들(즉, 동식물, 사물, 도구, 물질 등)에게도 능동성agency이 있고, 주체성이나 의식이 인간만의 전유물이 아니며, 모든 존재들이 서로 얽혀서entangled 동등한 권한 속에서 상호의존적으로 존재한다고 간주한다는 것을 기억할 필요가 있다.

둘째, 지금까지의 인류의 지식은 지나치게 인류중심주의에 편향되어 있었고, 그로 인해 회복하기 어려운 환경적, 생태적 위기를 낳게 되었다. 동시에 예측불가능한 속도록 진행되는 기술문명의 발전은 인간과 자연, 그리고 기술의 관계성을 새롭게 정립하기 위한 대안적 철학을 요구하고 있다는 점이다. 본 저서에서는 바로 이러한 인본주의적 세계관의 대안이 포스트휴머니즘이고, 미래의 학교교육이 다루어야 할 지식과 교수법의 토대가 탈인본주의에 기반한 기술생태학적 접근이어야 함을 강조하였다.

셋째, 지금까지의 학습에 대한 이론들은 인간의 형이상학적(고차원적 사고, 창의성, 추상화 능력) 인식능력을 과대해석하여 낭만적 이성주의의 태도를 기반으로 학습 현상을 설명해 왔다. 반면 포스트휴먼적 학습이론은 이러한 인간에 대한 후기계몽주의적 내러티브(예, 이성의 계발로 인류의 문제를 해결할 수 있다)에서 탈피하여 인간의 학습을 새롭게 설명하려는 시도이다. 따라서 포스트휴먼적 학습 이론은 다음과 같은 원리를 기반으로 하고 있음을 기억할 필요가 있다.

i) 정신-신체-사물들이 삶의 공간과 교육적 공간에서 상호 얽혀있다.
ii) 인간-사물들 간의 체화(물질화)되고 연결된 관계성을 우선시해야 한다.
iii) 물질의 능동자agential적 본성을 이해해야 한다.
iv) 물질주의적 존재론(인간의 탈중심화)을 기반으로 학습 환경의 물리적 효과에 영향을 미치는 사물들의 잠재력을 고려해야 한다.

위와 같은 원리들에 주목하게 되면, 기존의 인본주의적 학습원리들(본질주의, 구성주의, 인지주의 등)을 넘어서서 학습이란 다양한 존재들의 상호의존성을 파악하는 것에서부터 시작된다는 사실을 이해하게 될 것이다.

넷째, 지구생태계 속에서 인간은, 비유컨대, 모성적 자연mother-nature과 부성적 기술father-technology 사이에서 태어한 존재이다. 인류의 출발점은 자연(생태적 세계)이었으나, 그 진화의 방향은 컴퓨터 내부(기술적 세계)가 될 수도 있다. 21세기 현재 인류는 그 중요한 전환의 경계선에 서있고, 그 종착점이 어디가 될지는 아무도 알수 없다. 미래는 이미 결정된 것이 아니라 끊임없이 생성되고 변화하고 있으며, 인류는 그러한 환경의 변화 적응해가고 있다. 이러한 변화와 적응의 과정 속에 있는 인류가 어떤 존재인가 하는 것이 바로 포스트휴머니즘이 탐색하고자 하는 핵심 주제이다.

다섯째, 기계는 인류와 함께 진화해왔고, 지속적으로 새로운 형태로 탈바꿈 하고 있다. 동시에 지구라는 생태적 환경은 인간을 창조해 낸 모태였음에도 불구하고, 과잉 번성한 인류에 의해 생태적 환경들이 파괴되어가는 현실에 처해 있다. 이러한 두 가지 사건들—기술적 진화와 생태적 파국—이 인류의 등장에 의해 촉발되었다는 것은 부정할 수 없지만, 그 종국의 결과가 어떠한지 그리고 그것을 어떻게 해석해야할지는 아직 결론을 낼수 없다. 다만 확실한 것은 기계 문명과 생태 문명의 관계성을 인본주의적 대표성의 관점에서 벗어나서 파악해야 될 시점에 이르렀다는 것이다.

여섯째, 오늘날 인류의 지배적인 사회경제 시스템이 자본주의라면, 자본주의의 발전은 물질의 발전 및 기계의 발전과 불가분의 관계로 등장했다는 것도 인정해야 할 것이다. 이는 자본주의를 옹호하거나 기계만능주의를 옹호하는 것이 아니라, 인류 사회의 진보(혹은 퇴보)가 물질적 조건으로부터 자유로울 수 없다는 것을 강조하는 것이다. 중요한 것은 지난 100년 간 인류는 기계 문명으로부터 스스로를 구별지어야 한다는 생각을 지속해왔지만, 실제로는 점점 기계 문명에 의존하는 방향으로 삶을 재구성해가고 있다는 사실이다. 현재 기계문명은 점점 자신의 정체성을 드러내면서 독자적인 진화의 방향으로 나아가려는 경향을 보인다. 우리 인류는 이러한 기계의 진화를 두려워해야 하는 걸까?

일곱째, 포스트휴머니즘의 개념적 주춧돌의 역할을 했던 해러웨이Haraway(1985)의 『*Cyborg Manifesto*』는 인간과 기계의 관계성에 대한 새로운 관점이 필요함을 항변한 것이었다. 즉, 인간이 기계를 두려워하고 있는 것은 인간이 기계를 타자화하였기 때문이고, 만일 인간이 기계를 '동지' 혹은 '자신'으로 생각한다면 인간이 기계를 두려워해야할 이유가 사라질 수도 있다.

인간이나 기계나 본질적으로 한 종류라는 것이 일원론적 관점인 신물질주의이다. 인간이 기계와 본질적으로 다르지 않다는 주장은 여전히 생경하게 들리겠지만, 인간이 '예전처럼' 순수한 생물학적인 존재가 아니며 동시에 '아직' 순수한 기계적 존재도 아니라는 사실은 수용하기 어렵지 않을 것이다. 그런 의미에서, 일부 포스트휴머니스트들은 인간, 동물, 기계를 구별하지 않는 인간-동물-기계 공생체'humanimalmachines'라는 표현을 사용하는 것이다.

여덟째, 인간이 기계를 두려워하고 있는 이유는 바로 인간 자신에 대한 두려움 때문이다. 지금까지 인류가 보여온 폭력성, 탐욕, 편견, 착취, 이기심 등은 타인뿐 아니라 자신도 믿지 못하게끔 만들었고, 그러한 경험의 누적으로 인류는 낯선 존재들을 경계심을 가지고 대할 수밖에 없는 것이다. 물론 저자는 인간의 본성이 본래적으로 선하거나 악한 것이 아니라, 다른 존재들과의 맥락적인 관계성에 의해 매 순간순간 결정된다는 관계주의적 본성론(Latour, 2003)을 지지한다. 따라서, 우리가 진정으로 두려워해야할 대상이 있다면, 동물이나 기계가 아니라 탐욕과 이기심으로 자신의 본성을 악하게 발현시키는 인간들이어야 한다. 그런 의미에서 포스트휴먼 사회에서의 도덕과 윤리의 문제는 다양한 포스트휴먼적 존재들 간의 지위와 관계성에 대한 논의인 포스트휴먼 정치학politics을 통해 다루어져야 할 것이다.

아홉째, 포스트휴머니즘의 한 지류인 트랜스휴머니즘은 과학기술의 도구들이 가져올 미래 사회에 대한 긍정적 열망, 즉 기술-유토피아techno-utopia를 상상하고 있다. 그러한 세계관 속에서 인류는 능력증진과 영생을 구체화시키려는 존재로 상정되고, 그에 따라 인간의 생물학적, 물질적, 자연적 신체는 탈체화disembodiment되어 디지털 네트워크 속의 데이터로 귀결될 수도 있다고 주장한다. 즉, 보스트롬Bostrom과 같은 급진적 트랜스휴머니스트들은 컴퓨터의 성능이 극적으로 향상되는 2040-50년 경에 도달할 특이점singularity의 시점에 그러한 조건이 현실화될 것이라고 믿고 있다. 하지만, 그러한 기술적 발전의 특이점의 시기나 정도에 대해서는 아직 그 어느 누구도 정확하게 예측할 수 없고, 그러한 현실이 가져올 세계가 다양한 포스트휴먼적 존재들에게 어떤 의미를 부여하게 될지도 판단하기 어렵다. 그렇다면, 우리는 어떤 포스트휴머니즘을 지향해야 할까?

열째, 다행히도 대부분의 포스트휴먼 이론가들과 사상가들은 트랜스휴머니스트들과 같은 극단적 기술적 유토피아가 아니라 보다 현실적이고 비판적 관점을 유지하는 기술생태주의 사회를 지향하고 있는데 그것이 바로 비판적 포스트휴머니즘critical posthumanism이다.

비판적 포스트휴머니즘은 기술문명의 미래가 자연스럽게 모든 것을 해결해주리라는 낭만주의적 관점이 아니라, 자연성이 지배했던 문명사회 이전의 인류와, 기술성이 지배할 문명사회 이후의 인류를 '인본주의'적 관점이 아닌 대안적 세계관을 통해 탐색하려는 철학적 및 정치학적 태도이다. 비판적 포스트휴머니즘의 철학적 세계관은 비판적 페미니즘을 기반으로 하여 생태성과 기술성의 조합을 추구하며, 기존의 인본주의적 세계관이 양산하였던 종species, 성별gender, 인종race, 계급class 등의 타자화로 야기된 각종 편견을 극복하려는 관점이다. 동시에 비판적 포스트휴머니즘은 기술적 존재들(기계, 인공지능, 로봇, 사이보그 등)의 등장으로 인해 범주가 확장된 포스트휴먼적 사회가 어떤 정치윤리적 문제들을 낳게 될지에 대해 과거의 인류사를 비판적으로 검토하면서 그러한 세계에서 '우리' 인류의 존재적 의미와 역할을 지속적으로 탐색하고자 한다.

이제 본 저서를 마무리하면서, 이러한 포스트휴머니즘의 철학이 미래 학교교육의 측면에서 어떤 방향성을 제시하고 있는지 생각해 보자.

첫째, 포스트휴머니즘에 대해 읽으면서 대부분의 독자들은 "지금까지의 교육이 인류중심주의적이라고 비판한다면, 인류중심주의가 아닌 어떤 대안이 있을까?"라는 질문으로부터 자유롭지 못했을 것이다. 이 질문에 대한 가장 간단한 답변은, 우선적으로 인간과 환경과의 관계성을 새롭게 정의하면서 '인간처럼 되지 않기"unlearning to be human"'를 교육하는 방법이 있다. 환경, 식물, 동물, 미생물, 광물, 사물들, 그리고 기계들과 '함께 살기being-with'는 인지적으로나(과학교육) 정서적으로(사회성, 인성교육), 그리고 실천적으로(공학 및 직업교육) 매우 의미있고 유용한 학습의 출발점이 될 수 있다. 사실 이러한 자기 회고적 관점의 전환은 새로운 것이 아니라, 기존의 비판적 교육학critical pedagogy의 주된 교육 전략이었다.

둘째, 포스트휴머니즘 교육은 기술적 지식이나 과학적 사고에 집중하는 주지주의 교육을 중심에 두지 않는다. 오히려 포스트휴머니즘 교육은 형이상학적이고, 존재론적이며 윤리적, 정치학적 태도의 함양에 훨씬 더 큰 비중을 두고 있다. 현재 인류는 지식이나 기술이 부족하여 지속가능성의 위기를 겪고 있는 것이 아니라, 인류 문명이 다양한 생태적 위기들(에너지, 환경, 기후 문제 등)을 야기하고 있기 때문에 생존의 위험을 겪고 있는 것이다. 그러므로 그러한 위기를 극복하기 위한 교육적 출발점은 생태적 문제에 더욱 큰 관심을 기울이는 것이고, 학교교육이 다루어야할 주된 교육적 주제들이 바로 그러한 '기술적이면서도 생태적인 문제'가 되어야 한다. 포스트휴머니즘은 그러한 생태 교육을 둘러싼 다양한 문제들을 학생들이 종합적으로 이해하고 비판적으로 다룰 수 있는 매우 치밀한 개념적 틀을 제공해주고 있다.

셋째, 포스트휴머니즘은 기술과 교육의 관계성에 대한 새로운 관점을 제공해주고 있다. 과거의 교육은 기술교육이나 교육 공학을 중심으로 기술이 단순히 학습의 수단(교육공학)이나 교육적 결과(기술 습득)로 도구주의적instrumental 기능과 학습의 효능성efficiency에 국한되어 다루어졌지만, 포스트휴먼 교육은 기술이 교육의 주체가 되기도, 철학이 되기도, 방법론적 혁신이 되기도 한다. 그 이유나 사례가 본 저서 곳곳에서 다루어졌듯이, 포스트휴머니즘은 인간(학습자), 기술, 도구들이 서로 매우 밀접하게 관련되어 상호의존적으로 세상을 이끌어가고 있음을 강변하고 있다. 인간은 도구의 도움으로 '동물성'

에서 탈피하게 되었고, 기술의 도움으로 '인간성'으로부터 보다 자유로운 존재로 그 가능성을 확장해나가고 있는 것이다. 포스트휴머니즘은 그러한 기술적 환경 속에서 인간이 어떤 새로운 존재적 의미를 갖고 있는지를 탐색하고자 하므로, 교육의 방향도 그에 맞추어져야 할 것이다.

마지막으로 넷째, 인간 자체가 이성적(스마트한) 존재이거나 자율적인(주체적) 존재라는 믿음은 인본주의적 관념의 산물임을 기억할 필요가 있다. 사실 이러한 관념은 인간과 동물을 비교했을 때에는 그럴 듯 하지만, 인간과 기계(인공지능)을 비교한다면 그리 신빙성있게 들리지 않는다. 사실 인간은 도구나 기계의 도움으로 혹은 집단적, 시스템적 관계성에 의해서 스마트해지거나 발전해나가는 존재인 것이다. 포스트휴먼 교육은 이처럼 인간이 도구나 기계, 혹은 타인들과 어떻게 연결되어 있으며, 특정한 과업을 수행하기 위하여 그러한 기술적 존재들과 어떤 관계성을 형성해야하는지를 체득하게 하는 것을 목적으로 한다.

기술이 교육에 어떤 영향을 미치게 될까?Is Technology Good for Education?(Selwyn, 2016)라는 질문 처럼, 기술중심 사회에서 교육의 역할, 그리고 교사의 역할에 대해 우려의 시각이 높아지는 것은 사실이다. 그러한 우려에 대해 본 저자는 다음과 같이 답하고자 한다.

교육은 본질적으로 기술적인 것이었고, 앞으로도 그럴 것이다. 따라서 만일 당신이 기술의 등장으로 인해 교육이 소멸할 것을 우려한다면, 그동안 '기술적이지' 않았던 당신의 교육관에 대한 성찰이 필요할 것이다.

참고문헌

제1부. 4차 산업혁명과 포스트휴먼 사회의 등장

김훈주. (2020). AI(Artificial Intelligence)에 대한 법인격 부여의 타당성 검토. 법학연구, 31, 179-207.

박성원·박가열·최영순·진설아·황윤하·홍성민. (2017). 트랜스휴먼 시대에 따른 미래직업 세계 연구. 정책연구, 1-314.

박성원·최종화·진설아·김은아·이주영·김정현. (2016). 트랜스휴머니즘 부상에 따른 사회 변화와 과학기술 정책이슈 탐색. STEPI Insight, (202), 1-37.

박영숙·제롬 글렌 저, 이희령 역. (2018). 세계미래보고서 2019. 비즈니스북스.

손경아·김동식. (2003). 학습체계 기반의 자원기반학습시스템 프로토타입 개발-정보산업고등학교 프로그래밍 교과를 중심으로. 교육공학연구, 19(4), 107-138.

이상용. (2019). 인공지능과 법인격. 민사법학, (89), 3-49.

전지연. (2019). 형법상 전자인(e-person)의 가능성. 비교형사법연구, 21(2), 1-27.

조용상. (2014). 학습 분석 기술 활용 가능성 및 전망: 유즈케이스와 서비스 모델. 한국통신학회지(정보와통신), 31(12), 73-80.

한태명·서대원·양혜경·임진호·윤성철·정가영. (2002). 교육용콘텐츠 표준 개발방법론: SCORM 표준 적용. 연구자료 RM(2002-28). 한국교육학술정보원.

Aagaard, J. (2017). Introducing postphenomenological research: A brief and selective sketch of phenomenological research methods. *International Journal of Qualitative Studies in Education, 30*(6), 519-533.

Arnott, S. (2006). Historical article: DNA polymorphism and the early history of the double helix. *Trends in biochemical sciences, 31*(6), 349-354.

Bansal, A. K. (2005). Bioinformatics in microbial biotechnology: A mini review. *Microbial Cell Factories, 4*(1), 19.

Behrens, J. T., DiCerbo, K. E., Yel, N., & Levy, R. (2012). Exploratory data analysis. *Handbook of Psychology, Second Edition, 2.*

Bourdieu, P., & Zanotti-Karp, A. (1968). Structuralism and theory of sociological knowledge. *Social Research,* 681-706.

Buckingham, S. S. (2012). Learning Analytics. UNESCO Policy Brief.

Burke, P. (2013). *Social history of knowledge: From Gutenberg to Diderot.* John Wiley &

Sons.

Deán-Ben, X. L., Gottschalk, S., Mc Larney, B., Shoham, S., & Razansky, D. (2017). Advanced optoacoustic methods for multiscale imaging of in vivo dynamics. *Chemical Society Reviews,46*(8), 2158-2198.

Deleuze, G., & Guattari, F. (1988). *A thousand plateaus: Capitalism and schizophrenia.* Bloomsbury Publishing.

Dremliuga, R., Kuznetcov, P., & Mamychev, A. (2019). Criteria for Recognition of AI as a Legal Person. *J. Pol. & L.,12,* 105.

Floridi, L. (2010). *Information: A very short introduction.* OUP Oxford.

Hill, P. W., & Barber, M. (2014). *Preparing for a Renaissance in Assessment.* London: Pearson.

Hjørland, B. (2012). Is classification necessary after Google?. *Journal of documentation.*

Ihde, D. (2009). *Postphenomenology and technoscience: The Peking university lectures.* Suny Press.

Montgomery, S. L. (2000). *Science in translation: Movements of knowledge through cultures and time.* University of Chicago Press.

Moore, P. (2012). *Visualizing the invisible: imaging techniques for the structural biologist.* OUP USA. Bansal, M. (2003). DNA structure: Revisiting the Watson-Crick. *Current Science, 85*(11), 557.

Selwyn, N. (2016). Is technology good for education?. John Wiley & Sons.

Shulman, L. S. (1986). Those who understand: Knowledge growth in teaching. *Educational researcher, 15*(2), 4-14.

Sorensen, M. D. (2018). Attuning to the Quantum Leap: New Materialism and Field Experience in Teacher Education (Doctoral dissertation, Faculty of Graduate Studies and Research, University of Regina).

Toumey, C., Nerlich, B., & Robinson, C. (2015). Technologies of scientific visualization. *Leonardo, 48*(1), 61-63.

Turkle, S. (2017). *Alone together: Why we expect more from technology and less from each other.* Hachette UK.

Turner, J. (2019). Legal personality for AI. In *Robot Rules*(pp. 173-205). Palgrave Macmillan, Cham.

Van Manen, M. (2014). Phenomenology of practice: Meaning-giving methods in phenomenological research and writing (Developing qualitative inquiry). *Walnut Creek: Left Coust Press Inc.*

Watkins, C., Carnell, E., & Lodge, C. (2007). Effective learning in classrooms. Paul Chapman Educational Publishing.

Wilson, A. B., & Brunson, D. J. (2017). The transhumanist philosophy of Charles Sanders Peirce. *Journal of Evolution and Technology, 27*(2), 12-29.

Ajana, B. (2005). Disembodiment and cyberspace: A phenomenological approach. *Electronic journal of sociology, 7,* 1-10.

Allen, T. H., & Plax, T. G. (2002). Exploring consequences of group communication in the classroom: Unraveling relational learning. *New directions in group communication,* 219-234.

Bada, S. O., & Olusegun, S. (2015). Constructivism learning theory: A paradigm for teaching and learning. *Journal of Research & Method in Education, 5*(6), 66-70.

Baofu, P. (2008). *The Future of Post-human Knowledge: A Preface to a New Theory of Methodology and Ontology.* Elsevier.

Barabâsi, A. L., Jeong, H., Néda, Z., Ravasz, E., Schubert, A., & Vicsek, T. (2002). Evolution of the social network of scientific collaborations. *Physica A: Statistical mechanics and its applications, 311*(3-4), 590-614.

Barad, K. (2007). *Meeting the Universe Halfway.* Duke University Press.

Baron, R. A., & Byrne, D. (1987). *Social psychology: Understanding human interaction.* Allyn & Bacon.

Bello, A. A. (2018). Knowledge management in academic libraries: Trends, issues and challenges. *World Journal of Research and Review, 6*(2).

Bijker, W. E., Hughes, T. P., & Pinch, T. (Eds.). (2012). *The social construction of technological systems: New directions in the sociology and history of technology.* MIT press.

Bloom, B. S. (1956). *Taxonomy of educational objectives* (Vol. 1: Cognitive domain). New York: McKay.

Bloom, B. S. Mesia, B., & Krathwohl, D. (1964). *Taxonomy of educational objectives.*

Bogost, I. (2013). *Alien phenomenology, or, what it's like to be a thing.* Twin Cities, MN: Univ. of Minnesota Press.

Borgatti, S. P., & Cross, R. (2003). A relational view of information seeking and learning in social networks. *Management science, 49*(4), 432-445.

Bostrom, N. (2005). In defense of posthuman dignity. *Bioethics, 19*(3), 202-214.

Bower, T. G. (1989). *The rational infant: Learning in infancy.* WH Freeman/Times Books.

Braidotti, R. (2016). Posthuman critical theory. In *Critical posthumanism and planetary futures*(pp. 13-32). New Delhi: Springer.

Breu, C. (2014). *Insistence of the Material: Literature in the Age of Biopolitics.* U of Minnesota Press.

Brunner, M., Lüdtke, O., & Trautwein, U. (2008). The internal/external frame of reference model revisited: Incorporating general cognitive ability and general academic self-concept. *Multivariate Behavioral Research, 43*(1), 137-172.

Cabrero, R. S., & Román, O. C. (2018). Psychopedagogical predecessors of connectivism as a new paradigm of learning. *International Journal of Educational Excellence, 4*(2), 29-45.

Capra, F. (1996). *The web of life: A new synthesis of mind and matter.* Harper Collins.

Césaire, A. (2001). *Discourse on colonialism.* NYU Press.

Chorost, M. (2011). *World wide mind: The coming integration of humanity, machines, and the internet.* Simon and Schuster.

Clark, A. (2003). *Natural born cyborgs: Minds, technologies, and the future of human intelligence.* Oxford Unviersity Press.

Coole, D., & Frost, S. (2010). Introducing the new materialisms. *New materialisms: Ontology, agency, and politics,* 1-43.

Crisp, R. J., & Turner, R. N. (2020). *Essential social psychology.* SAGE Publications.

De Raedt, L. (2008). *Logical and relational learning.* Springer Science & Business Media.

Di Maio, P. (2009). Toward pragmatic dimensions of knowledge reuse and learning on the web. In *I-SEMANTICS* (pp. 750-762).

Easton, D. (1953). *The political system: An inquiry into the state of political science.*

Ferrari, E. (2020). Bodies that matter, bodies that don't: selective disembodiment in the early Wired magazine (1993-1997). *Internet Histories,* 1-16.

Flathman, R. E. (1987). *The philosophy and politics of freedom.* Chicago: University of Chicago Press.

Fosnot, C. T. (2013). *Constructivism: Theory, perspectives, and practice.* Teachers College Press.

Gladden, M. E. (2016). *The Posthuman Management Matrix: Understanding the Organizational Impact of Radical Biotechnological Convergence.*

Goldie, J. G. S. (2016). Connectivism: A knowledge learning theory for the digital age?. *Medical teacher, 38*(10), 1064-1069.

Halpin, H. (2013, May). *Does the Web extend the mind?* In Proceedings of the 5th annual ACM web science conference (pp. 139-147).

Hansen, M. B. (2015). *Feed-forward: On the future of twenty-first-century media.* University of Chicago Press.

Harman, G. (2018). *Object-oriented ontology: A new theory of everything.* London: Penguin.

Hasse, C. (2019). Posthuman learning: AI from novice to expert?. *AI & SOCIETY, 34*(2), 355-364.

Hird, M. J. (2004). *Sex, gender, and science.* New York: Palgrave Macmillan.

Hodgetts, D., Stolte, O., Sonn, C., Drew, N., Carr, S., & Nikora, L. W. (2020). *Social psychology and everyday life.* Red Globe Press.

Horne, S. E. (1980). Behavioural Objectives in the Affective Domain: a new model. *British Educational Research Journal, 6*(2), 189-196.

Husserl, E. (1999). *The essential Husserl: Basic writings in transcendental phenomenology.* Indiana University Press.

Jordan, M. I., & Mitchell, T. M. (2015). Machine learning: Trends, perspectives, and prospects. *Science, 349*(6245), 255-260.

King, K. M. (2019). Can Google Translate be Taught to Translate Literature? A Case for Humanists to Collaborate in the Future of Machine Translation. *Translation Review, 105*(1), 76-92.

Kirby, K. M. (1996). *Indifferent boundaries: Spatial concepts of human subjectivity.* Guilford Press.

Kirkham, N. Z., Slemmer, J. A., & Johnson, S. P. (2002). Visual statistical learning in infancy: Evidence for a domain general learning mechanism. *Cognition, 83*(2), B35-B42.

Knochel, A. D. (2018). An object-oriented curriculum theory for STEAM: Boundary shifters, materiality and per (form) ing 3D thinking. *International Journal of Education Through Art, 14*(1), 35-48.

Latour, B. (1993). *We Have Never Been Modern.* Hemel Hempstead, England: Harvester Wheatsheaf.

Lister, M., Giddings, S., Dovey, J., Grant, I., & Kelly, K. (2008). *New media: A critical introduction* (Vol. 2).

Malina, R. F. (2011). Alt. Art-Sci: we need new ways of linking arts and sciences. *Leonardo, 44*(1), 2-2.

Nagowah, L., & Nagowah, S. (2009). A Reflection on the Dominant Learning Theories: Behaviourism, Cognitivism and Constructivism. *International Journal of Learning, 16*(2).

Neimanis, A. (2017). *Bodies of water: Posthuman feminist phenomenology.* Bloomsbury Publishing.

Nield, D. (2018). Are We All Quantum Computers? Scientists Are Conducting Tests to Find Out. *Science Alert.* https://www.sciencealert.com/are-we-all-quantum-computers-with-quantum-brains

Piaget, J., & Papert, S. (1967). *Constructivist Learning Theory.*

Räty, H., & Snellman, L. (1992). *Making the unfamiliar familiar-some notes on the criticism of the theory of social representations.* Papers on Social Representations, 1, 3-13.

Riva, G., & Galimberti, C. (2001). *The mind in the Web: Psychology in the Internet age.*

Saffran, J. R., & Thiessen, E. D. (2007). *Domain-general learning capacities.*

Samoilov, A., & Goldfried, M. R. (2000). Role of emotion in cognitive-behavior therapy.

Clinical Psychology: science and practice, 7(4), 373-385.

Schmidhuber, J. (2015). Deep learning in neural networks: An overview. *Neural networks, 61,* 85-117.

Seemiller, C., & Grace, M. (2016). Generation Z goes to college. John Wiley & Sons.

Shatto, B., & Erwin, K. (2017). Teaching Millennials and Generation Z: Bridging the generational divide. *Creative nursing, 23*(1), 24-28.

Siemens, G. (2017). *Connectivism. Foundations of Learning and Instructional Design Technology.*

Simonsen, K. (2013). In quest of a new humanism: Embodiment, experience and phenomenology as critical geography. *Progress in Human Geography, 37*(1), 10-26.

Simpson, E. (1971). Educational objectives in the psychomotor domain: Behavioral objectives in curriculum development. *Selected readings and bibliography, 60*(2), 1-35.

Skinner, B. F. (1938). *The Behavior of Organisms: An Experimental Analysis.* Cambridge.

Smart, P. R. (2012). The web-extended mind. *Metaphilosophy, 43*(4), 446-463.

Smith, V. L. (1991). Rational choice: The contrast between economics and psychology. *Journal of Political Economy, 99*(4), 877-897.

Snaza, N., Appelbaum, P., Bayne, S., Carlson, D., Morris, M., Rotas, N. (2014). Toward a posthuman education. *Journal of Curriculum Theorizing, 30*(2), 39-64.

Sørensen, E. (2009). *The materiality of learning: Technology and knowledge in educational practice.* Cambridge University Press.

Staeuble, I. (1991). 'Psychological man'and human subjectivity in historical perspective. *History of the Human Sciences, 4*(3), 417-432.

Stanny, C. J. (2016). Reevaluating Bloom's Taxonomy: What measurable verbs can and cannot say about student learning. *Education Sciences, 6*(4), 37.

Tennyson, R. D. (1990). Cognitive learning theory linked to instructional theory. *Journal of Structural Learning.*

Thrift, N. (1996). *Spatial Formations.* London: Sage.

Thrift, N. (2000). Afterwords. Environment and Planning D. *Society and Space, 18,* 213-255.

Thrift, N. (2008). *Non-representational theory: Space, politics, affect.* Routledge.

Tompkins, A. W. (2007). Brain-based learning theory: An online course design model.

Toohey, K. (2019). The onto-epistemologies of new materialism: implications for applied linguistics pedagogies and research. *Applied Linguistics, 40*(6), 937-956.

Tutkun, O. F., Güzel, G., Köroğlu, M., & Ilhan, H. (2012). Bloom's revized taxonomy and critics on it. *The Online Journal of Counseling and Education, 1*(3), 23-30.

Tyler, R. W. (1949). *Basic principles of curriculum and instruction.* University of Chicago press.

Verbeek, P. P. (2008). Cyborg intentionality: Rethinking the phenomenology of human-technology relations. *Phenomenology and the Cognitive Sciences, 7*(3), 387-395.

Weheliye, A. G. (2014). *Habeas viscus: Racializing assemblages, biopolitics, and black feminist theories of the human.* Duke University Press.

Williams, F. E. (1969). Models for encouraging creativity in the classroom by integrating cognitive-affective behaviors. *Educational Technology, 9*(12), 7-13.

Wilson, R. A. (2004). *Boundaries of the mind: The individual in the fragile sciences-Cognition.* Cambridge University Press.

Wolbring, G. (2013). Hearing beyond the normal enabled by therapeutic devices: The role of the recipient and the hearing profession. *Neuroethics, 6*(3), 607-616.

Zull, J. E. (2002). *The art of changing the brain: Enriching teaching by exploring the biology of learning.* Stylus Publishing.

제3부. 포스트휴먼 사회의 지식과 기술: 정보화 사회와 인공지능의 등장

김혜경·윤소영. (2019). 역번역을 통한 기계번역의 한계와 발전 가능성 제고: 『채식주의자』를 중심으로. 동화와 번역, 37, 13-37.

박옥수. (2016). 한영 병렬 코퍼스와 기계번역에서 의존명사: '-것'이 포함된 어휘의 번역 방식 연구. 동아인문학, 37, 469-492.

박찬준·임희석. (2020). 기계번역 사후교정(Automatic Post Editing) 연구. *Journal of the Korea Convergence Society, 11*(5), 1-8.

송연석. (2018). 기계번역 담론에 대한 비판적 고찰. 번역학연구, 19(1), 119-145.

신지선. (2017). 테크놀로지 패러다임에서의 번역능력 재조명. 통번역학연구, 21(4), 51-71.

양용칠·허소현. (2017). 창의력 개발을 위한 수업의 조건. 사고개발, 13(4), 1-15.

윤애선. (2019). [디지털 바벨탑] 세우기, 어디까지 왔나?: 프-한 기계번역의 현황과 전망. 불어불문학연구, 117, 157-199.

윤희주. (2007). 완곡어법과 위악어법의 번역원인 및 번역방법. 번역학연구, 8(1), 193-220.

이상빈. (2017). 학부번역전공자의 기계번역 포스트에디팅, 무엇이 문제이고, 무엇을 가르쳐야 하는가? 통역과 번역, 19(3), 37-64.

임주영. (2018). 자기주도적 영어토론학습의 효과에 대한 대학생들의 인식. 사고개발, 14(3), 89-114.

장애리. (2017). 국내 기계 통번역의 발전 현황 분석: 한중 언어쌍을 중심으로, 번역학연구, 18(2), 171-206.

전혜진. (2019). AI 시대, 문학번역에서 기계번역과 인간번역 비교분석 연구: 똘스또이의 [유년시절] 번역 분석을 중심으로. 노어노문학, 31(1), 111-154.

정세영·김수임·김영채. (2019). 일상의 창의력: 그 체제의 요소조직과 실제적 함의. 사고개발, 15(1), 1-17.

최동익. (2016). 과거시제의 영어 복문과 중문에 대한 번역가 번역과 기계번역비교. 언어학연구, 39, 377-398.

최현희·배만호. (2015). 공손성 번역의 적절성에 관한 연구: 문장종결형에 나타난 공손성을 중심으로. 새한영어영문학, 57(2), 151-169.

최효은. (2017). 특허 기계번역 결과물의 평가: KIPRIS의 무료 한영 기계번역을 중심으로. 통역과 번역, 19(1), 139-178.

한승희. (2017). 기계번역, 인간번역, 트랜스크리에이션의 문체 비교: 광고 번역을 중심으로. 통번역학연구, 21(2), 163-188.

Ackerman, P. L., Beier, M. E., & Boyle, M. O. (2005). Working memory and intelligence: The same or different constructs?. *Psychological Bulletin, 131*(1), 30.

Adelman, A. H. & Babcock, L. (2020). The neurobiology of simultaneous interpreting: Where extreme language control and cognitive control intersect. *Bilingualism: Language and Cognition, 23*(4), 1-12.

Adesope, T., Lavin, T., Thompson, C., & Ungerleider (2010). A systematic review and meta-analysis of the cognitive correlates of bilingualism. *Review of Educational Research, 80*(2), 207-245.

Bäckström, E. (2007). *Affective Emotions and Bilingualism.* DiVA. Stockholm: Stockholm University.

Baddeley, A. D., & Hitch, G. J. (2000). Development of working memory: Should the Pascual-Leone and the Baddeley and Hitch models be merged?. *Journal of Experimental Child Psychology, 77*(2), 128-137.

Barad K (2007) Meeting the universe halfway: Quantum physics and the entanglement of matter andmeaning. Duke University Press, Durham.

Bassnet, S. (2012). *Translation Studies.* New York: Routledge.

Bialystok E. (2001). *Bilingualism in Development: Language, Literacy, and Cognition.* Cambridge: Cambridge University Press.

Bialystok, E., & Codd, J. (1997). Cardinal limits: Evidence from language awareness and bilingualism for developing concepts of number. *Cognitive Development, 12*(1), 85-106.

Boden MA (2006) Mind as machine: a history of cognitive science, vol 1. Oxford University Press, Oxford

Bowerman, M. (1993). Typological perspectives on language. In *The Proceedings of the*

25th Annual Child Language Research Forum (Vol. 25, p. 7). CSLI.
Braidotti R (2013) The Posthuman. Polity Press, Cambridge.
Burke, P. (2013). Social history of knowledge: From Gutenberg to Diderot. John Wiley & Sons.
Calvin, W. H. (1996). *The cerebral code: Thinking a thought in the mosaics of the mind.* Cambridge, MA: MIT Press.
Chiew, F. (2018). A posthuman pedagogy with Rancière and Bateson. Critical Studies in Education, 59(3), 297-312.
Christoffels, I. K., Kroll, J. F., & Bajo, M. T. (2013). Introduction to Bilingualism and Cognitive Control. *Frontiers in Psychology, 4,* 1-3.
da Costa Pinto, A. A. N., & Baddeley, A. D. (1991). Where did you park your car? Analysis of a naturalistic long-term recency effect. *European Journal of Cognitive Psychology, 3*(3), 297-313.
Darcy, N. (1953). A review of the literature on the effects of bilingualism upon the measurement of intelligence. *Journal of Genetic Psychology, 82,* 21-57.
Dempster, F. N., & Corkill, A. J. (1999). Interference and inhibition in cognition and behavior: Unifying themes for educational psychology. *Educational Psychology Review, 11*(1), 1-88.
Ellis, P. (1994). *Implicit and explicit learning of languages.* Academic Press.
Ervin-Tripp, S., & Reyes, I. (2005). Child codeswitching and adult content contrasts. *International Journal of Bilingualism, 9*(1), 85-102.
Federico, M., Cattelan, A., & Trombetti, M. (2012, October). Measuring user productivity in machine translation enhanced computer assisted translation. In *Proceedings of the Tenth Conference of AMTA* (pp. 44-56). Madison, WI: AMTA.
Garrod, S., & Clark, A. (1993). The development of dialogue co-ordination skills in school children. *Language and Cognitive Processes, 8*(1), 101-126.
Ghonsooly, B., & Showqi, S. (2012). The Effects of Foreign Language Learning on Creativity. *English Language Teaching, 5*(4), 161-167.
Govier, E. (2019). The Coal Beds of Generations X, Y, and Z: Syncing, Learning, and Propagating in the Age of the Posthuman. Journal of Posthuman Studies, 2(2), 147-165.
Green, D. W., & Abutalebi, J. (2013). Language control in bilinguals: The adaptive control hypothesis. *Journal of Cognitive Psychology, 25*(5), 515-530.
Grosvald, M. A. (2009). *Long-distance coarticulation: A production and perception study of English and American Sign Language.* CA: University of California-Davis.
Haikonen, P. O. (2020). On Artificial Intelligence and Consciousness. *Journal of Artificial Intelligence and Consciousness, 7*(01), 73-82.
Hakuta, K., & Diaz, R. M. (1985). The relationship between degree of bilingualism

and cognitive ability: A critical discussion and some new longitudinal data. *Children's Language, 5,* 319-344.

Hasse C (2008) Postphenomenology—learning cultural perception in science. Human studies. Springer, Hamburg, pp. 43-61.

Hayles K (1999) How we became posthuman; Virtual bodies in cybernetics, literature, and informatics. Chicago: The University of Chicago Press.

Head, L. M., Baralt, M., & Mahoney, A. E. D. (2015). Bilingualism as a potential strategy to improve executive function in preterm infants: a review. *Journal of Pediatric Health Care, 29*(2), 126-136.

Hjørland, B. (2012). Is classification necessary after Google?. Journal of documentation.

Hommel, B., Colzato, L. S., Fischer, R., & Christoffels, I. (2011). Bilingualism and creativity: Benefits in convergent thinking come with losses in divergent thinking. *Frontiers in Psychology, 2*(273), 1-5.

Ihde,D. (2002) Bodies in technology. University of Minnesota Press, Minneapolis.

Ihde, D. (2003) Postphenomenology again. Working Papers from the Centre for STS Studies.

Ihde, D. (2011) Of which human are we post? In: Gregory R, Hansell, Grassie W (eds) Transhumanism and its critics, Chapter 8. Metanexus Institute, Philadelphia, pp. 123-135.

Jarrold, C., & Towse, J. N. (2006). Individual differences in working memory. *Neuroscience, 139*(1), 39-50.

Jessner, U. (2008). A DST model of multilingualism and the role of metalinguistic awareness. *The Modern Language Journal, 92*(2), 270-283.

Johnson, M., Schuster, M., Le, V., Krikun, M., Wu, Y., & Hughes, M. (2017). Google's multilingual neural machine translation system: Enabling zero-shot translation. *Transactions of the Association for Computational Linguistics, 5,* 339-351.

Kimberg, D. Y., D'Esposito, M., & Farah, M. J. (1997). Effects of bromocriptine on human subjects depend on working memory capacity. *Neuroreport, 8*(16), 3581-3585.

King, K. M. (2019). Can Google Translate be Taught to Translate Literature? A Case for Humanists to Collaborate in the Future of Machine Translation. *Translation Review, 105*(1), 76-92.

Kirk, N. W., Declerck, M., Scott-Brown, K. C., Kempe, V., & Philipp, A. (2014). Cognitive cost of switching between standard and dialect varieties. In *20th Annual Conference on Architectures and Mechanisms for Language Processing.*

Knight, J. (2005). Fading poststructuralisms: post-Ford, posthuman, posteducation?.

In After Postmodernism (pp. 28-39). Routledge.

Koehn, P. (2020). *Neural machine translation*. Cambridge University Press.

Koehn, P. & Germann, U. (2014). The impact of machine translation quality on human post-editing. In *Proceedings of the EACL 2014 Workshop on Humans and Computer-assisted Translation* (pp. 38-46).

Koehn, P.& Haddow, B. (2009). *Interactive assistance to human translators using statistical machine translation methods. MT Summit XII.*

Krashen, S. D., & Terrell, T. D. (1983). *The natural approach: Language acquisition in the classroom.* San Francisco: The Alemanu Press.

Kurzweil R (2005) The singularity is near: when humans transcend biology. Viking, New York.

Lee, H., & Kim, K. H. (2011). Can speaking more languages enhance your creativity? *Personality and individual differences, 50*(8), 1186-1190.

Leikin, M. (2013). The effect of bilingualism on creativity: Developmental and educational perspectives. *International Journal of Bilingualism, 17*(4), 431-447.

Lindholm-Leary, K. J. (2001). *Dual language education*(Vol. 28). New York: Multilingual Matters.

Macnamara, J. (1966). *Bilingualism and primary education.* Edinburgh: Edinburgh University Press.

Morales, J., Gómez-Ariza, C. J., & Bajo, M. T. (2013). Dual mechanisms of cognitive control in bilinguals and monolinguals. *Journal of Cognitive Psychology, 25*(5), 531-546.

Murris, K. (2020). Posthuman child and the diffractive teacher: Decolonizing the nature/culture binary. Research handbook on childhoodnature: Assemblages of childhood and nature research, 31-55.

Muysken, P. (2000). Biligual speech: A typology of code-mixing. Cambridge, England: Cambridge University Press.

Neubig, G. (2017). Neural machine translation and sequence-to-sequence models: A tutorial. *arXiv preprint arXiv:1703.01619.*

Peal, E., & Lambert, W. E. (1962). The relation of bilingualism to intelligence. Psychological Monographs: General and Applied, 76(27), 1-23.

Pym, A. (2003). Redefining translation competence in an electronic age. In defence of a minimalist approach. *Meta: Translators' Journal, 48*(4), 481-497.

Runco, M. A., & Albert, R. S. (2010). *Creativity research: A historical view.* Cambridge University Press.

Saer, D. J. (1923). The effect of bilingualism on intelligence. *British Journal of Psychology: General Section, 14*(1), 25-38.

Segal, D., Kavé, G., Goral, M., & Gollan, T. H. (2019). 16 Multilingualism and

Cognitive Benefits in Aging. *Multidisciplinary Perspectives on Multilingualism: The Fundamentals, 19,* 351-373.

Shah, H., & Barber, D. (2018). Generative neural machine translation. In *Advances in Neural Information Processing Systems* (pp. 1346-1355).

Simard, M., & Isabelle, P. (2009). Phrase-based machine translation in a computer-assisted translation environment. *MT Summit XII,* 120-127.

Tao L., Marzecová A., Taft M., Asanowicz D., Wodniecka Z. (2011). The efficiency of attentional networks in early and late bilinguals: the role of age of acquisition. *Front. Psychol., 2*(123), 1-19.

Treccani, B., Argyri, E., Sorace, A., & Della Sala, S. (2009). Spatial negative priming in bilingualism. *Psychonomic Bulletin & Review, 16*(2), 320-327.

Wong, K., Maruf, S., & Haffari, G. (2020). *Contextual Neural Machine Translation Improves Translation of Cataphoric Pronouns. arXiv preprint arXiv:2004.09894.*

Wu, Y., Schuster, M., Chen, Z. et al. (2016). Google's neural machine translation system: Bridging the gap between human and machine translation. CoRRabs/1609.08144.

Zhou, L., Hu, W., Zhang, J., & Zong, C. (2017). Neural system combination for machine translation. *arXiv preprint arXiv:1704.06393.*

제4부. 포스트휴먼 사회에서의 교과 지식의 변화

강내희. (1992). 언어이론/언어와 변혁-변혁의 언어모델 비판과 주체의 '역동일시'. 문화과학, 2, 11-46.

김순배. (2017). 문화·언어 이론의 지리적 독해와 실천. 기전문화연구, 38, 67-97.

김재영·이종국. (2018). 미래형 학교시설을 위한 계획요소에 관한 연구.『대한건축학회 학술발표대회 논문집』, 38(1), 52-55.

맹재숙·박수정. (2015). 교사들의 학습공간과 지식공유 활동에 관한 사례 연구.『교사교육연구』, 54(1), 46-58.

박휴용. (2019). 포스트휴머니즘에 기반 한 응용언어학의 성격과 연구의 방향.『이중언어학』, 77, 99-134.

안정임·김양은·전경란·최진호. (2017). 지능정보사회에서의 미디어 리터러시 이슈 및 정책 방안 연구.『방통융합정책연구(KCC-2017-41)』. 방통위원회.

이원봉. (2011). 칸트 윤리학과 도덕교육론: 도덕교육의 형식과 내용의 통합 가능성.『생명연구』, 21, 165-205.

주용완·배영. (2008). 멀티플미디어 리터러시.『이슈리포트(NIDA)』(2008-2호). 한국인터넷진흥원.

한정선·오정숙·임현정·전주성. (2006). 「21세기 지식정보 역량 활성화를 위한 디지털리터러시 지수 개발 연구: 디지털 리터러시 프레임워크 구성」. 서울: 한국교육학술정보원.

Adams, C. & Gruen, L. (2014). Introduction. In C. Adams and L. Gruen (Eds.), Ecofeminism: Feminist intersections with other animals and the earth (pp. 1-36). London: Bloomsbury.

Ahmed, S. (2013). *Strange encounters: Embodied others in post-coloniality.* London: Routledge.

Amin, A. (2015). Animated space. Public culture, 27(2), 239-258.

Appadurai, A. (1986). *The Social Life of Things.* Cambridge, UK: Cambridge University Press.

Appleby, R. (2014). *Men and masculinities in global English language teaching.* London:Springer.

Appleby, R., & Pennycook, A. (2017). Swimming with sharks, ecological feminism and posthuman language politics. Critical Inquiry in Language Studies, 14(2-3), 239-261.

Badmington, N. (Ed.). (2000). *Posthumanism(Readers in Cultural Criticism).* Palgrave Macmillan.

Bagley, W. C. (1939). The significance of the essentialist movement in educational theory.The Classical Journal, 34(6), 326-344.

Balahur, A., Mihalcea, R., & Montoyo, A. (2014). *Computational approaches to subjectivity and sentiment analysis: Present and envisaged methods and applications.*

Baofu, P. (2008). *The Future of Post-human Knowledge: A Preface to a New Theory of Methodology and Ontology.* Elsevier.

Barad, K. (2003). Posthumanist performativity: Toward an understanding of how matter comes to matter. *Signs: Journal of women in culture and society, 28*(3), 801-831.

Barad, K. (2007). *Meeting the universe halfway: Quantum physics and the entanglement of matter and meaning.* Durham, NC: Duke University Press.

Barry, A. (2001). Political machines: Governing a technological society. A&C Black.

Barton, D. (2001). Directions for literacy research: Analysing language and social practices in a textually mediated world. *Language and education, 15*(2-3), 92-104.

Bayne, S., & Ross, J. (2013). Posthuman literacy in heterotopic space: A pedagogical proposal. In Literacy in the digital university (pp. 109-124). Routledge.

Beach, D. (1996). *The Responsible Conduct of Research.* VCH, Weinheim, Germany.

Bennett, J. (2010). Vibrant matter: A political ecology of things. Durham: Duke University Press.

Bernstein, B. (1971). Class, Codesand Control. *Theoretical Studies towards a Sociology of*

Language.

Block, D. (2014). Social class and applied linguistics. Oxon, UK: Routledge.

Block, D., & Corona, V. (2016). Intersectionality in language and identity research. In *The Routledge handbook of language and identity* (pp. 533-548). London: Routledge.

Blommaert, J. (2014). State ideology and language in Tanzania. Edinburgh University Press.

Blum, E. K., & Li, L. K. (1991). Approximation theory and feedforward networks. *Neural networks, 4*(4), 511-515.

Bogost, I. (2009). What is object-oriented ontology. Videogame Theory, Criticism, Design.

Bogost, I. (2012). *Alien phenomenology, or, what it's like to be a thing.* Twin Cities: University of Minnesota Press.

Bostrom, N. (2003). What is transhumanism. In F. Adams (Ed.), *Ethical Issues for the 21st Century.* Oxford: Philosophical Documentation Center Press.

Bostrom, N. (2005). In defense of posthuman dignity. *Bioethics, 19*(3), 202-214.

Bourdieu, P., & Zanotti-Karp, A. (1968). Structuralism and theory of sociological knowledge. Social Research, 681-706.

Bowker, G. C., & Star, S. L. (2000). Sorting things out: Classification and its consequences. MIT press.

Braidotti, R. (2006). Posthuman, all too human: Towards a new process ontology. Theory, culture & society, 23(7-8), 197-208.

Braidotti, R. (2013). *The posthuman.* Cambridge: Polity Press.

Braidotti, R. (2013). Posthuman humanities. *European Educational Research Journal, 12*(1), 1-19.

Braidotti, R. (2016). Posthuman critical theory. In Critical posthumanism and planetary futures (pp. 13-32). New Delhi: Springer.

Bruner, J. S. (1961). The Process of Education. Cambridge: Harvard University Press.

Bruner, J. S. (1966). Toward a theory of instruction (Vol. 59). Harvard Univ. Press.

Bruner, J. S. (1973). The relevance of education. WW Norton & Company.

Bruner, J. S. (1996). The culture of education. Harvard University Press.

Buchanan, C. (2015). Traffic in Towns: A study of the long term problems of traffic in urban areas. Routledge.

Budach, G., Kell, C., & Patrick, D. (2015). *Objects and language in trans-contextual communication.*

Busch, L. (1997). Actor Networks and the Division of Knowledge in the University.

Cardwell, D. S. L. (1971). . The Organisation of Science in England, Heinemann: London.

Caronia, L., & Mortari, L. (2015). The agency of things: how spaces and artefacts organize the moral order of an intensive care unit. Social Semiotics, 25(4), 401-422.

Carrington, V. & Robinson, M. (2009). *Digital literacies: Social learning and classroom practices.* London: Sage.

Cassirer, E. (1953). The philosophy of symbolic forms: The phenomenology of knowledge (Vol. 3). Yale University Press.

Cataldi, S. L., & Cataldi, S. L. (1993). Emotion, depth, and flesh: A study of sensitive space: Reflections on Merleau-Ponty's philosophy of embodiment. SUNY Press.

Césaire, A. (2001). *Discourse on colonialism.* NYU Press.

Chaffin, D. (2004). Hegel, Derrida, and the sign. In *Derrida and Deconstruction*(pp. 83-97). Routledge.

Chakrabarty, D. (2000) Provincializing Europe: Postcolonial thought and historical difference. Princeton, NJ: Princeton University Press.

Charteris, J., Smardon, D., & Nelson, E. (2017). Innovative learning environments and new materialism: A conjunctural analysis of pedagogic spaces. Educational Philosophy and Theory, 49(8), 808-821.

Chen, M. Y. (2012). Animacies: Biopolitics, racial mattering, and queer affect. Duke University Press.

Chun, C. W. (2015). *Power and meaning making in an EAP classroom: Engaging with the everyday* (Vol. 19). Multilingual Matters.

Clark, A. (2003). *Natural Born Cyborgs: Minds, technologies, and the future of human intelligence.* Oxford: Oxford University Press.

Clarke, B. (2008). Posthuman metamorphosis: Narrative and systems. Fordham Univ Press.

Connolly, W. E. (2013). The 'new materialism'and the fragility of things. *Millennium, 41*(3), 399-412.

Conti, M., Passarella, A., & Das, S. K. (2017). The Internet of People (IoP): A new wave in pervasive mobile computing. *Pervasive and Mobile Computing, 41,* 1-27.

Cook, G. (2016). Birds out of Dinosaurs: The Death and Life of Applied Linguistics. Applied linguistics, 36(4), 425-433.

Cope, B., & Kalantzis, M. (Eds.). (2010). *Ubiquitous learning.* University of Illinois press.

David Holmes, L. (Ed.). (1997). *Virtual politics: Identity and community in cyberspace.* Sage.

Deleuze, G., & Guattari, F. (1987). *A thousand plateaus: capitalism and schizophrenia.*

Minneapolis, MN: University of Minnesota Press.

Demir, M., Şenel, N., & Inalpolat, E. (2017). Ideologization of Ecology or Ecologization of Ideologies: A Case Study on Ideological Articulation of Ecofeminism. Recent Developments in Social Sciences: Political Sciences and International Relations, 251.

Dewsbury, J. D. (2000). Performativity and the event: enacting a philosophy of difference. *Environment and Planning D: Society and Space, 18,* 473-496.

Dewsbury, J. D., Harrison, P., Rose, M., & Wylie, J. (2002). Enacting geographies. *Geoforum, 33*(4), 437-440.

Dolphijn, R., & Tuin, I. V. D. (2012). New materialism: Interviews & cartographies. Open Humanities Press.

Donovan, B. M. (2015). Reclaiming race as a topic of the US biology textbook curriculum. Science Education,99(6), 1092-1117.

Douglas, I., & Schaffer, S. P. (2002). Object-oriented performance improvement. *Performance Improvement Quarterly, 15*(3), 81-93.

Edwards, R., & Clarke, J. (2002). Flexible learning, spatiality and identity. *Studies in continuing education, 24*(2), 153-165.

Ellis, A. K. (2014). Exemplars of curriculum theory. London: Routledge.

Fairclough, N., Graham, P., Lemke, J., and Wodak, R.: 2004, 'Introduction', Critical Discourse Studies, 1(1): 1-7.

Fanon, F. (1970). Black skin, white masks (p. 120). London: Paladin.

Fenwick, T. & Edwards, R. 2010. Actor-Network Theory in Education. London: Routledge.

Ferrando, F. (2013). Posthumanism, transhumanism, antihumanism, metahumanism, and new materialisms. *Existenz, 8*(2), 26-32.

Feyerabend, P. K. (1977). Rationalism, relativism and scientific method. *Philosophy in Context, 6,* 7-19.

Foucault, M. (1973). The Order of Things: An Archaeology of the Human Sciences. 1966. New York: Vintage.

Foucault, M. (2013). Kant on enlightenment and revolution. In *Foucault's new domains* (pp. 18-26). Routledge.

Frean, M. (1990). The upstart algorithm: A method for constructing and training feedforward neural networks. *Neural computation, 2*(2), 198-209.

Freire, P. (1970). Pedagogy of the oppressed (MB Ramos, Trans.). New York: Continuum.

Frost, D. (2019). Teacher Leadership and Professionality. In *Oxford Research Encyclopedia of Education.*

Frost, S. (2011). The implications of the new materialisms for feminist epistemology.

In *Feminist epistemology and philosophy of science* (pp. 69-83). Springer, Dordrecht.

Fuller, S. (2011). *Humanity 2.0: What it means to be human past, present and future.* Springer.

Gee, J. P. (2003). What video games have to teach us about learning and literacy. Computers in Entertainment (CIE), 1(1), 20-20.

Gee, J. P. (2004). *An introduction to discourse analysis: Theory and method.* London: Routledge.

Gelman, S. A. (2004). Psychological essentialism in children. Trends in cognitive sciences, 8(9), 404-409.

Gelman, S. A., & Medin, D. L. (1993). What's so essential about essentialism? A different perspective on the interaction of perception, language, and conceptual knowledge.

Gilster, P. (1997). *Digital literacy.* New York: Wiley Computer Pub.

Goodfellow, R., & Lea, M. (2007). *Challenging E-learning in the University.* London: McGraw-Hill Education.

Goodlad, S. (1979). What Is an Academic Discipline?. In Roy Cox (Ed.), Cooperation and Choice in Higher Education, London: University of London Teaching Methods.

Gourlay, L. (2012). Cyborg ontologies and the lecturer's voice: a posthuman reading of the 'face-to-face'. *Learning, Media and technology, 37*(2), 198-211.

Gourlay, L. (2013). Posthuman Literacies?: Technologies and Hybrid Identities in Higher Education. In *Digital identity and social media* (pp. 29-36). IGI Global.

Gourlay, S. (2004). Knowing as semiosis: steps towards a reconceptualization of 'tacit knowledge'. In Organizations as knowledge systems (pp. 86-105). Palgrave Macmillan, London.

Graham, E. L. (2002). *Representations of the post/human: Monsters, aliens, and others in popular culture.* Rutgers University Press.

Grimaldi, D. A., & Engel, M. S. (2007). Why descriptive science still matters. BioScience, 57(8), 646-647.

Gruen, L., & Weil, K. (2010). Teaching difference: Sex, gender, species. In M. De Mello (Ed.), *Teaching the animal* (pp. 127-142). Brooklyn, NY: Lantern

Habermas, J. (1970). Knowledge and interest. In Sociological theory and philosophical analysis (pp. 36-54). Palgrave Macmillan, London.

Hadorn, G. H., Biber, K. S., Grossenbacher, M. W., Hoffmann, R. H., Joye, D., Pohl (2008). The emergence of transdisciplinarity as a form of research. In Handbook of transdisciplinary research (pp. 19-39). Springer, Dordrecht.

Halverson, A. C., & Collins, R. (2009). Rethinking education in the age of technology.

New York: Teachers College, Columbia University.

Haney, W. S. (2006). *Cyberculture, Cyborgs and Science Fiction: Consciousness and the Posthuman.* Amsterdam: Rodopi Editions.

Hanfling, O. (1981). Logical positivism. Routledge History of Philosophy, 193.

Hansen, M. B. (2015). *Feed-forward: On the Future of Twenty-first-century Media.* University of Chicago Press.

Haraway, D. (1985). *Cyborg Manifesto.* A Socialist Review.

Haraway, D. (1985/1991). A cyborg manifesto: Science, technology, and socialist-feminism in the late twentieth century. *Simians, cyborgs, and women: The reinvention of nature* (pp. 149-182). New York: Routledge.

Haraway, D. (2008). Otherworldly conversations, terran topics, local terms. Material feminisms, 3, 157.

Harman, G. (2005). *Guerrilla Metaphysics.* Chicago: Open Court.

Harman, G. (2015). Object-Oriented Ontology. In The Palgrave Handbook of Posthumanism in Film and Television (pp. 401-409). London: Palgrave Macmillan.

Harman, G. (2018). *Object-oriented ontology: a new theory of everything.* London: Penguin UK.

Harwood, D., & Collier, D. R. (2017). The matter of the stick: Storying/(re) storying children's literacies in the forest. *Journal of Early Childhood Literacy, 17*(3), 336-352.

Hayles, N. K. (1999). How we became posthuman: Virtual bodies. *Cybernetics, Literature, and Informatics,* 9-24.

Hayles, N. K. (2012). What does it mean to be posthuman. In Nayar, P. K. (Ed.), The new media and cybercultures anthology (pp. 19-28). Oxford: Wiley-Blackwell.

Haynes, K. (2017). Accounting as gendering and gendered: A review of 25 years of critical accounting research on gender. Critical Perspectives on Accounting, 43, 110-124.

Heller, M. (2010). The commodification of language. Annual review of Anthropology, 39, 101-114.

Hermansson, C., & Saar, T. (2017). Nomadic writing1 in early childhood education. *Journal of Early Childhood Literacy, 17*(3), 426-443.

Hickey-Moody, A., Palmer, H., & Sayers, E. (2016). Diffractive pedagogies: Dancing across new materialist imaginaries. Gender and Education, 28(2), 213-229.

Hird, M. J. (2004). *Sex, gender, and science.* New York: Palgrave Macmillan.

Hjørland, B. (2012). Is classification necessary after Google?. Journal of documentation, 68(3), 299-317.

Hobbs, M. (2008, December). On discourse and representation: reflections on Michel Foucault's contribution to the study of the mass media. In Annual Conference of the Australian Sociological Association University of Melbourne, Australia, 02nd to 05th December 2008. Melbourne: Published by TASA.

Hodge, B. (2014). Social semiotics. In The Routledge Companion to Global Popular Culture (pp. 58-66). Routledge.

Hodge, B. K., & Kress, E. G. (1988). Social Semiotics.

Holborow, M. (2015). Language and neoliberalism. Routledge.

Holleran, A. (2019/1978). *Dancer from the Dance*. Random House.

Hood, E. J., & Kraehe, A. M. (2017). Creative matter: New materialism in art education research, teaching, and learning. Art Education, 70(2), 32-38.

Hultman, K., & Lenz Taguchi, H. (2010). Challenging anthropocentric analysis of visual data: A relational materialist methodological approach to educational research. *International Journal of Qualitative Studies in Education, 23*(5), 525-542.

Husserl, E. (1970). *The crisis of European sciences and transcendental phenomenology: An introduction to phenomenological philosophy*. Northwestern University Press.

Ihde, D. (1995). *Postphenomenology: Essays in the postmodern context*. Evanston, IL: Northwestern University Press.

Ihde, D. (2008). Introduction: postphenomenological research. *Human Studies, 31*(1), 1-9.

Ihde, D. (2009). *Postphenomenology and technoscience: The Peking university lectures*. Suny Press.

Imig, D. G., & Imig, S. R. (2006). The teacher effectiveness movement: How 80 years of essentialist control have shaped the teacher education profession.Journal of Teacher Education, 57(2), 167-180.

Jameson, F. (1974). The prison-house of language: A critical account of structuralism and Russian formalism (Vol. 332). Princeton University Press.

Janks, H. (1997). Critical discourse analysis as a research tool. Discourse: studies in the cultural politics of education, 18(3), 329-342.

Kahn, R., & Kahn, R. V. (2010). Critical pedagogy, ecoliteracy, & planetary crisis: The ecopedagogy movement (Vol. 359). Peter Lang.

Kaiser, B. M., & Thiele, K. (2014). Diffraction: Onto-epistemology, quantum physics and the critical humanities.

Kaku, M. (2018). *The future of humanity: Terraforming Mars, interstellar travel, immortality, and our destiny beyond Earth*. Anchor.

Kell, C. (2009). Literacy practices, text/s and meaning making across time and space. In The future of literacy studies (pp. 75-99). Palgrave Macmillan, London.

Kell, C. (2011). Inequalities and crossings: Literacy and the spaces-in-between. International Journal of Educational Development, 31(6), 606-613.

Kell, C. (2015). "Making people happen": Materiality and movement in meaning-making trajectories. Social Semiotics, 25(4), 423-445.

Keller, E. F. (1985). Dynamic Objectivity: Love, Power, and Knowledge. *Reflections on Gender and Science,* 115-26.

Khun, T. (1962). The structure of scientific revolutions.

Kincheloe, J. L. (2005). Autobiography and critical ontology: Being a teacher, developing a reflective persona. *Auto/biography and auto/ethnography: Praxis of research method. Rotterdam: Sense Publishers,* 1-21.

Kirksey, S. E., & Helmreich, S. (2010). The emergence of multispecies ethnography. Cultural anthropology, 25(4), 545-576.

Knochel, A. D. (2018). An object-oriented curriculum theory for STEAM: Boundary shifters, materiality and per(form)ing 3D thinking. *International Journal of Education Through Art, 14*(1), 35-48.

Krarup, T. M., & Blok, A. (2011). Unfolding the social: quasi-actants, virtual theory, and the new empiricism of Bruno Latour. The Sociological Review, 59(1), 42-63.

Kress, G. (2003). *Literacy in the new media age.* London: Taylor & Francis.

Kress, G. (2009). Multimodality: A social semiotic approach to contemporary communication. Routledge.

Kubota, R. (2016). The social imaginary of study abroad: complexities and contradictions. The Language Learning Journal, 44(3), 347-357.

Kuby, C. R., & Crawford, S. (2018). Intra-activity of humans and nonhumans in Writers' Studio:(re) imagining and (re) defining 'social'. *Literacy, 52*(1), 20-30.

Kuby, C. R., & Rowsell, J. (2017). *Early literacy and the posthuman: Pedagogies and methodologies.*

Kuby, C. R., Rucker, T. G., & Kirchhofer, J. M. (2015). 'Go Be a Writer': Intra-activity with materials, time and space in literacy learning. Journal of Early Childhood Literacy, 15(3), 394-419.

Kuby, C. R., Spector, K., & Thiel, J. J. (Eds.). (2018). *Posthumanism and literacy education: Knowing/becoming/doing literacies.* Routledge.

Kuhnl, T. S. (1962/1988). The Structure of Scientific Revolutions. Chicago: University of Chicago.

Kurzweil, R. (2014). The singularity is near. In *Ethics and emerging technologies (pp. 393-406).* London: Palgrave Macmillan.

Latour, B. (1993). *We Have Never Been Modern.* Cambridge, MA: Harvard University Press.

Latour, B. (2005). *Reasssembling the Social: An introduction to actor-network theory.*

Oxford University Press.

Lewis, T., & Kahn, R. (2010). *Education out of bounds: Reimagining cultural studies for a posthuman age.* Springer.

Lister, M., Giddings, S., Dovey, J., Grant, I., & Kelly, K. (2008). New media: A critical introduction. London: Routledge.

Lorimer, H. (2005). Cultural geography: the busyness of being 'more-than-representational'. *Progress in Human Geography, 29,* 83-94.

Luke, A., & Freebody, P. (1997). Critical literacy and the question of normativity: An introduction. *Constructing critical literacies: Teaching and learning textual practice,* 1-18.

Lyotard, J. F. (1999). The postmodern condition. Modernity: Critical Concepts, 4, 161-177.

MacDonald, S. M. (2014). Performance as critical posthuman pedagogy. *Text and Performance Quarterly, 34*(2), 164-181.

Madhavji, N. H., Fernandez-Ramil, J., & Perry, D. (Eds.). (2006). *Software evolution and feedback: Theory and practice.* John Wiley & Sons.

Mannheim, K. (1984). Sociology of knowledge. Tavistock Publication.

Martin, A. (2003). Towards e-literacy. In A. Martin & R. Rader (Eds.), *Information and IT Literacy: Enabling Learning in the 21st Century* (pp. 3-23). London: Facet.

Matteson, M. L. (2014). The whole student: Cognition, emotion, and information literacy. *College and Research Libraries, 75*(6), 862.

Mazzei, L. A., & Jackson, A. Y. (2018). Posthuman literacies in a minor language: Expressions-to-come. *Posthumanism and literacy education: Knowing/becoming/doing literacies.* London: Routledge.

McClure, C. R. (1994). Network literacy: A role for libraries? *Information Technology and libraries, 13*(2), 115.

Merleau-Ponty, M. (2013). *Phenomenology of perception. London: Routledge.*

Meyer, B. (1993, May). Towards an Object-Oriented Curriculum. In *TOOLS, 11,* 585-594.

Miller, L., & Stronach, I. (2005). From structuralism to poststructuralism. RESEARCH METHODS, 310.

Moore, J., & Schleppegrell, M. (2014). Using a functional linguistics metalanguage to support academic language development in the English Language Arts. Linguistics and Education, 26, 92-105.

Morgan, D. F. (2016). Post what?: The liminality of multi-racial identity. *Humanities,* 5(2), 46.

Morton, T. (2011). Here comes everything: The promise of object-oriented ontology. Qui Parle: Critical Humanities and Social Sciences, 19 (2), 163-190.

Motha, S., & Lin, A. (2014). "Non-coercive rearrangements": Theorizing desire in TESOL. TESOL Quarterly, 48 (2), 331-359.

Munro, R. (2009). Actor-network theory. In S. R. Clegg & M. Haugaard (Eds.), *The SAGE handbook of power* (pp. 125-139). London: Sage.

Murris, K. (2016). *The posthuman child: Educational transformation through philosophy with picture books.* Routledge.

Neimanis, A. (2017). *Bodies of water: Posthuman feminist phenomenology.* Bloomsbury Publishing.

Nichols, S., & Snowden, C. (Eds.). (2016). Languages and literacies as mobile and placed resources. Taylor & Francis.

Null, J. W. (2003, December). An Intellectual Progressive Educator: Toward a Rereading of traditionalists, the integrationists, the technicians, and the romantics.

Oizumi, M., Albantakis, L., & Tononi, G. (2014). From the phenomenology to the mechanisms of consciousness: Integrated information theory 3.0. *PLoS Comput Biol, 10*(5), e1003588.

Olsen, B. (2013). Reclaiming Things: An Archaeology of Matter. In P. Carlile, D. Nicolini, A. Langley, & H. Tsoukas (Eds.), How Matter Matters: Objects, Artifacts and Materiality in Organisation Studies, pp. 16-31. Oxford: Oxford University Press.

P21(Partnership for 21st Century Skills). (2007). *Framework for 21st century learning.* Retrieved on Oct. 12, 2019, from http://www.p21.org

Pahl, K., & Rowsell, J. (Eds.). (2006). Travel notes from the new literacy studies: Instances of practice (Vol. 4). Multilingual Matters.

Parkay, F. W., Stanford, B. H., & Gougeon, T. D. (2010). Becoming a teacher (pp. 432-462). Pearson/Merrill.

Pedersen, H. (2010). Is 'the posthuman'educable? On the convergence of educational philosophy, animal studies, and posthumanist theory. *Discourse: Studies in the Cultural Politics of Education, 31*(2), 237-250.

Pennycook, A. (2015). Critical Applied Linguistics Challenges. In ICCAL-INTERNATIONAL CONGRESS OF CRITICAL APPLIED LINGUISTICS. Brasília.

Persico, D., & Steffens, K. (2017). Self-regulated learning in technology enhanced learning environments. In *Technology Enhanced Learning* (pp. 115-126). Springer, Cham.

Phung, T. (2016). New Materialisms in Curriculum Theorizing: From Literacy to Sensibility.

Pierre, E. A. S. (2016). Rethinking the empirical in the posthuman. InPosthuman research practices in education (pp. 25-36). Palgrave Macmillan, London.

Pierre, E. S. (2014). A brief and personal history of post qualitative research: Toward "post inquiry". *Journal of curriculum theorizing, 30*(2).

Pina-Cabral, João (2004), 'The Future of Social Anthropology', Social Anthropology 13:2 (June),pp. 119-128

Piñuelas, E. (2008). Cyber-heterotopia: Figurations of space and subjectivity in the virtual domain. *Watermark, 2,* 152-169.

Plumwood, V. (2004). Gender, eco-feminism and the environment. Controversies in environmental sociology, 43-60.

Popper, K. R. (1970). Normal science and its dangers(pp. 51-58). Cambridge: Cambridge University Press.

Posner, G. J., & Strike, K. A. (1974). An Analysis of Curriculum Structure.

Potter, W. J. (2018). *Media literacy.* Sage Publications.

Putnam, L. L., & Mumby, D. K. (1993). Organizations, emotion and the myth of rationality. *Emotion in organizations, 1,* 36-57.

Radomska, M. (2010). Towards a Posthuman Collective1: Ontology, Epistemology and Ethics. Praktyka teoretyczna, (01), 93-115.

Rashid, T., & Asghar, H. M. (2016). Technology use, self-directed learning, student engagement and academic performance: Examining the interrelations. *Computers in Human Behavior, 63,* 604-612.

Reddington, S., & Price, D. (2018). Pedagogy of New Materialism: Advancing the Educational Inclusion Agenda for Children and Youth with Disabilities. *International Journal of Special Education, 33*(2), 465-481.

Reinders, H., & Pegrum, M. (2016). Supporting language learning on the move. *SLA research and materials development for language learning, 219.*

Rogers, R. & O'Daniels, K. (2015). Critical literacy education: a Kaleidoscopic view of the field. In J. Rowsell & K. Pahl (Eds.), *The Routledge handbook of literacy studies* (pp. 62-78). London: Routledge.

Sayer, A. (1997). Essentialism, social constructionism, and beyond. The Sociological Review,45(3), 453-487.

Schwab, J. J. (1969). College curriculum and student protest. Chicago, IL: University of Chicago Press.

Scollon, R., & Scollon, S. W. (2003). Discourses in place: Language in the material world. Routledge.

Serre, T., Kouh, M., Cadieu, C., Knoblich, U., Kreiman, G., & Poggio, T. (2005). A theory of object recognition: computations and circuits in the feedforward path of the ventral stream in primate visual cortex.

Shiva, V., & Mies, M. (2014). Ecofeminism. Zed Books Ltd..

Shohamy, E. (2001). Democratic assessment as an alternative. *Language testing, 18*(4),

373-391.

Simonsen, K. (2013). In quest of a new humanism: Embodiment, experience and phenomenology as critical geography. *Progress in Human Geography, 37*(1), 10-26.

Singh, G. (2018). Post-racial pedagogy-challenges and possibilities. Race Ethnicity and Education, 21(4), 555-563.

Skirry, J. (Ed.). (2005). *Descartes and the metaphysics of human nature.* A&C Black.

Smith, J. (2019). A developmental framework for technology-enhanced academic language support (TALS). *English Australia Journal, 35*(1), 5.

Snaza, N., Appelbaum, P., Bayne, S., Morris, M., Rotas, N., Sandlin, J. (2014). Toward a posthumanist education. *Journal of Curriculum Theorizing, 30*(2), 39-55.

Snaza, N., Sonu, D., Truman, S. E., & Zaliwska, Z. (2016). Pedagogical matters: New materialisms and curriculum studies. Peter Lang.

Snow, C. P. (1959). Two cultures. *Science, 130*(3373), 419-419.

Sørensen, E. (2009). *The materiality of learning: Technology and knowledge in educational practice.* Cambridge University Press.

Sorensen, G. (2018). Democracy and democratization: processes and prospects in a changing world. Routledge.

Spinoza, B. (1996). *Ethics.* London. Penguin.

Springgay, S. (2015). Approximate-rigorous abstractions: Propositions of activation for posthumanist research in education. In N. Snaza & J. Weaver (Eds.), Posthumanism and educational research (pp. 76-90). London and New York: Routledge.

Standing, G. (2014). A precariat charter: From denizens to citizens. A&C Black.

Steinkuehler, C. (2007). Massively multiplayer online gaming as a constellation of literacy practices. *E-Learning and Digital Media, 4*(3), 297-318.

Stibbe, A. (2014). Ecolinguistics and erasure: Restoring the natural world to consciousness.

Stibbe, A. (2015). Ecolinguistics: Language, ecology and the stories we live by. Routledge.

Stiegler, B. (2011). *Desire and knowledge: The dead seize the living.* Paris: Ars Industrialis.

Takaya, K. (2008). Jerome Bruner's theory of education: From early Bruner to later Bruner. Interchange, 39(1), 1-19.

Tanguy, L. (1985). Academic studies and technical education: new dimensions of an old struggle in the division of knowledge. Sociology of Education, 58(1), 20-33.

Taylor, T. L. (2002). Living digitally: Embodiment in virtual worlds. In *The social life of avatars* (pp. 40-62). London: Springer.

Thrift, N. (1996). *Spatial Formations.* London: Sage.

Thrift, N. (1997). The Still Point. In Pile, S. & Keith, M. (Eds.) *Geographies of Resistance.* London: Routledge.

Thrift, N. (1999). Steps to an Ecology of Place. In Massey, D., Allen, J. & Sarre, P. (Eds.) *Human Geography Today.* Cambridge: Polity Press.

Thrift, N. (2000). Afterwords. Environment and Planning D. *Society and Space, 18,* 213-255.

Thrift, N. (2003). Practicing Ethics. In Pryke, M., Rose, G. & Whatmore, S. (Eds.) *Using Social Theory: Thinking through Research.* London: Sage.

Thrift, N. (2007). *Non-representational theory: Space, poltics, affect.* London: Routledge.

Thurlow, C. (2016). Queering critical discourse studies or/and performing 'post-class' ideologies. Critical Discourse Studies, 13(5), 485-514.

Tien, J. M. (2017). Internet of Things, Real-Time Decision Making, and Artificial Intelligence. Annals of Data Science, 4 (2), 149-178.

Toohey, K. (2019). The onto-epistemologies of new materialism: implications for applied linguistics pedagogies and research. Applied Linguistics, 40(6), 937-956.

Trowler, P. (2009). Beyond epistemological essentialism. The university and its disciplines: Teaching and learning within and beyond disciplinary boundaries (pp. 181-195).

Tuck, E. (2015). *Re-visioning social, re-visioning context, re-visioning agency.* Chicago: AERA.

Tucker, I., & Goodings, L. (2014). Mediation and digital intensities: Topology, psychology and social media. *Social Science Information, 53*(3), 277-292.

Tummons, J. (2010). Institutional ethnography and actor-network theory: a framework for researching the assessment of trainee teachers. Ethnography and Education 5(3), 345-357.

Twine, R. (2010). Animals as biotechnology: ethics, sustainability and critical animal studies. Routledge.

Tyler, R. W. (1949). *Basic principles of curriculum and instruction.* University of Chicago press.

Uebel, T. (2013). Logical Positivism—Logical Empiricism: What's in a Name?. Perspectives on Science, 21(1), 58-99.

UNESCO. (2001). *A study of impact of literacy programme on the welfare of the families of neo-literates.* Bangladesh: Centre for Development Research. Available: http://unesdoc.unesco.org/images/0012/001251/125153eb.pdf

Van Leeuwen, T., & Kress, G. (2011). *Discourse semiotics. Discourse Studies: A Multidisciplinary Introduction* (pp. 107-125). London: Sage.

Vannini, P. (Ed.). (2015). *Non-representational methodologies: Re-envisioning research.* Routledge.

Vološinov, V. N. (1973). Marxism and the Philosophy of Language, tr. Matejka and Titunik, New York.

Want, R., Schilit, B. N., & Jenson, S. (2015). Enabling the internet of things. Computer, (1), 28-35.

Wargo, J. M. (2017). Rhythmic rituals and emergent listening: Intra-activity, sonic sounds and digital composing with young children. *Journal of Early Childhood Literacy, 17*(3), 392-408.

Weheliye,A. G. (2014). Habeas viscus: Racializing assemblages, biopolitics, and black feminist theories of the human. Durham, NC: Duke University Press.

Whitehead, A. N. (1929). Process and reality.

Williams, C. J. (2009). E-Granary, digital literacy, and the identities of Ugandan students. Doctoral dissertation, University of British Columbia, Canada.

Winne, P. H. (2006). How software technologies can improve research on learning and bolster school reform. Educational Psychologist, 41 (1), 5-17.

Wittgenstein, L. (2007). Wittgenstein: Lectures and Conversations on Aesthetics, Psychology and Religious Belief. Univ of California Press.

Wodak, R. (2015). The politics of fear: What right-wing populist discourses mean. Sage.

Wolfe, C. (2009). Human, all too human: Animal studies and the humanities. *PMLA, 124*(2), 564-575.

Wolfe, C. (2010). What is posthumanism? (Vol. 8). University of Minnesota Press.

Wolfe, C. (2018). Posthumanism Thinks the Political: A Genealogy for Foucault's The Birth of Biopolitics. *Journal of Posthuman Studies, 1*(2), 117-135.

Young, R. J. (2004). White mythologies. Routledge.

제5부. 미래의 기술적 변화와 학습의 혁명

김재영·이종국. (2018). 미래형 학교시설을 위한 계획요소에 관한 연구. 『대한건축학회 학술발표대회 논문집』, 38(1), 52-55.

맹재숙·박수정. (2015). 교사들의 학습공간과 지식공유 활동에 관한 사례 연구. 『교사교육연구』, 54(1), 46-58.

박휴용. (2018). 포스트휴먼 시대를 위한 다문화주의의 비판적 재고찰. 다문화교육연구, 11, 25-54.

박휴용. (2019). 포스트휴먼 시대의 학교교육의 변화와 교사전문성의 방향. 교육철학연구,

41(2), 47-80.

박휴용. (2020). 포스트휴먼 리터러시-개념 및 범주, 이론적 기반, 그리고 교육의 방향. 리터러시연구, 11(1), 11-55.

신지선·김은미. (2017). 인공지능 번역 시스템의 출현에 대한 소고.번역학연구,18(5), 91-110.

Anderson, J. A. (1998). Learning arithmetic with a neural network: Seven times seven is about fifty.

Atlan, H. (1998). Immanent causality: A Spinozist viewpoint on evolution and theory of action. In *Evolutionary systems* (pp. 215-231). Springer, Dordrecht.

Barad, K. (2003). Posthumanist performativity: Toward an understanding of how matter comes to matter. *Signs: Journal of women in culture and society, 28*(3), 801-831.

Barr, R. B., & Tagg, J. (1995). From teaching to learning—A new paradigm for undergraduate education. Change: The magazine of higher learning, 27(6), 12-26.

Bateson, G. (1972). Steps to an Ecology of Mind: Collected essays in anthropology. Psychiatry, Evolution, and Epistemology, 381.

Baudrillard, J. (1981). Simulacra and simulations. In Crime and Media (pp. 69-85). Routledge.

Baudrillard, J. (1994). *Simulacra and simulation.* University of Michigan press.

Baudrillard, J. (1994). The system of collecting. The cultures of collecting, 18.

Bayne, S. (2015). What's the matter with 'technology-enhanced learning'?. Learning, Media and Technology, 40(1), 5-20.

Bechtel, W., & Abrahamsen, A. (1991). *Connectionism and the mind: An introduction to parallel processing in networks.* Basil Blackwell.

Bell, D., Loader, B. D., Pleace, N., & Schuler, D. (2004). Cyberculture: The key concepts. Psychology Press.

Biggio, F. (2020). Guidebook for Mirror Worlds. Poetics of Transparency in Augmented Reality. *Body, Space & Technology, 19*(1).

Bligh, B., & Crook, C. (2017). Learning spaces. In Technology Enhanced Learning (pp. 69-87). Springer, Cham.

Bogost, I. (2012). *Alien phenomenology, or, what it's like to be a thing.* Twin Cities, MN: Univ. of Minnesota Press.

Bolt, B. (2012).Introduction. Toward a "new materialism" through the arts. InE. Barrett&B. Bolt(Eds.), *Carnal knowledge: Towards a 'new materialism' through the arts* (pp. 1-14).London:I. B. Tauris.

Börner, K. (2001, October). Twin worlds: Augmenting, evaluating, and studying three-dimensional digital cities and their evolving communities. In *Kyoto*

Workshop on Digital Cities (pp. 257-269). Springer, Berlin, Heidelberg.

Bostrom, N. (2003). The transhumanist FAQ. Readings in the Philosophy of Technology, 2, 355-360.

Bostrom, N. (2005). In defense of posthuman dignity. Bioethics, 19(3), 202-214.

Brabazon, T. (2017). From revolution to revelation: Generation X, popular memory and cultural studies. Routledge.

Braidotti, R. (2013). The posthuman . Cambridge: Polity Press.

Braidotti, R. (2016). Posthuman critical theory. In Critical posthumanism and planetary futures (pp. 13-32). New Delhi: Springer.

Buckingham, D., & Willett, R. (Eds.). (2013). Digital generations: Children, young people, and the new media. Routledge.

Cannon, S. (2017). Theory in mathematics education: Intra-action and (re) configuration.

Carrington, V. & Robinson, M. (2009). *Digital literacies: Social learning and classroom practices.* London: Sage.

Cassirer, E. (1953). The philosophy of symbolic forms: The phenomenology of knowledge (Vol. 3). Yale University Press.

Castells, M. (1996). The information age (Vol. 98). Blackwell Publishers: Oxford.

Chan, P. K., & Stolfo, S. J. (1993, July). Toward parallel and distributed learning by meta-learning. In AAAI workshop in Knowledge Discovery in Databases (pp. 227-240).

Chang, N. F. (2018). Voices from the periphery: further reflections on relativism in translation studies. *Perspectives, 26*(4), 463-477.

Chi, Y. L. (2009). Ontology-based curriculum content sequencing system with semantic rules. Expert Systems with Applications, 36(4), 7838-7847.

Cho, K., Van Merriënboer, B., Bahdanau, D., & Bengio, Y. (2014). On the properties of neural machine translation: Encoder-decoder approaches. *arXiv preprint arXiv:1409.1259.*

Clark, A. (2003). *Natural Born Cyborgs: Minds, technologies, and the future of human intelligence.* Oxford: Oxford University Press.

Cook, D. A., Levinson, A. J., Garside, S., Dupras, D. M., Erwin, P. J., & Montori, V. M. (2010). Instructional design variations in internet-based learning for health professions education: a systematic review and meta-analysis. Academic medicine, 85(5), 909-922.

Cook, G. (2016). Birds out of Dinosaurs: The Death and Life of Applied Linguistics. Applied linguistics, 36(4), 425-433.

Cope, B., & Kalantzis, M. (Eds.). (2010). *Ubiquitous learning.* University of Illinois press.

Cuban, L. (2001). Computers in the Classroom, Cambridge, M.A. Harvard University

Press.

De Botton, A. 2002. The Art of Travel, London: Hamish Hamilton.

de Freitas, E., & Curinga, M. X. (2015). New materialist approaches to the study of language and identity: Assembling the posthuman subject. Curriculum Inquiry, 45(3), 249-265.

Deleuze, G. (1994). *Difference and repetition.* Columbia University Press.

Deleuze, G., & Guattari, F. (1988). *A thousand plateaus: Capitalism and schizophrenia.* Bloomsbury Publishing.

Dirckinck-Holmfeld, L., Jones, C., & Lindström, B. (2009). Analysing networked learning practices in higher education and continuing professional development. BRILL.

Domańska, E. (2006). The return to things. *Archaeologia Polona, 44*(2), 171.

Donoghue, D. O. (2007). 'James always hangs out here': Making space for place in studying masculinities at school. Visual Studies, 22(1), 62-73.

Duval, E., Sharples, M., & Sutherland, R. (2017). *Technology Enhanced Learning.* Springer.

Edwards, R., & Usher, R. (2000). Postmodern perspectives. Research and knowledge at work: Perspectives, case-studies and innovative strategies, 1(1), 6-32.

Ekman, P. (1992). Facial expressions of emotion: New findings, new questions.

Ellis, N. C. (1998). Emergentism, connectionism and language learning. *Language learning, 48*(4), 631-664.

Ellsworth, E. (2005). Places of learning: Media, architecture, pedagogy. New York: Routledge.

Eugeni, R. (2016). Remediating the presence. First person Shot and post cinema subjectivity.

Federico, M., Cattelan, A., & Trombetti, M. (2012, October). Measuring user productivity in machine translation enhanced computer assisted translation. In *Proceedings of the Tenth Conference of the Association for Machine Translation in the Americas (AMTA)* (pp. 44-56). Madison, WI: AMTA.

Fenwick, T. & Edwards, R. (2010). Actor-Network Theory in Education. London: Routledge.

Fenwick, T., & Landri, P. (2012). Materialities, textures and pedagogies: Socio-material assemblages in education. Pedagogy, Culture & Society, 20(1), 1-7.

Fenwick, T., Edwards, R., & Sawchuk, P. (2015). Emerging approaches to educational research: Tracing the socio-material. Routledge.

Forlano, L. (2017). Posthumanism and design. She Ji: The Journal of Design, Economics, and Innovation, 3(1), 16-29.

Freitas, A. L. S. D. (2012). O que é cultura organizacional?.

Frost, D. (2019). Teacher Leadership and Professionality. In *Oxford Research*

Encyclopedia of Education.

Garber, E. (2019). Objects and New Materialisms: A Journey Across Making and Living With Objects. Studies in Art Education, 60(1), 7-21.

Gasché, R. (2014). Geophilosophy: On Gilles Deleuze and Félix Guattari's What is Philosophy?.

Gelernter, D. (1992). *Mirror worlds or the day software puts the universe in a shoebox. How it will happen and what it will mean.* Oxford University Press.

Gioia & Brass(1986). Teaching the TV Generation virtual media, student-directed interactivity (online searches, games, simulations,)

Goodfellow, R., & Lea, M. (2007). *Challenging E-learning in the University.* London: McGraw-Hill Education.

Gough, N. (2016). Postparadigmatic materialisms: A "new movement of thought" for outdoor environmental education research?. Journal of Outdoor and Environmental Education, 19(2), 51-65.

Gross, A. (2002). Limitations of computers as translation tools. In *Computers in Translation* (pp. 116-150). Routledge.

Habermas, J. (1970). Knowledge and interest. In Sociological theory and philosophical analysis (pp. 36-54). Palgrave Macmillan, London.

Halverson, A. C., & Collins, R. (2009). Rethinking education in the age of technology. New York: Teachers College, Columbia University.

Haney, W. S. (2006). *Cyberculture, Cyborgs and Science Fiction: Consciousness and the Posthuman.* Amsterdam: Rodopi Editions.

Hannon, J. (2013). Incommensurate practices: Sociomaterial entanglements of learning technology implementation. Journal of Computer Assisted Learning, 29(2), 168-178.

Hansen, M. B. (2015). *Feed-forward: On the Future of Twenty-first-century Media.* University of Chicago Press.

Haraway, D. (2008). Otherworldly conversations, terran topics, local terms. Material feminisms, 3, 157.

Harman, G. (2015). Object-Oriented Ontology. In The Palgrave Handbook of Posthumanism in Film and Television (pp. 401-409). London: Palgrave Macmillan.

Hasse C (2008) Postphenomenology—learning cultural perception in science. Human studies. Springer, Hamburg, pp. 43-61.

Haviro, S., & Patrols, D. (2006). Agential Realism: How Material-Discursive Practices Matter.

Hawkins, J., & Blakeslee, S. (2007). *On intelligence: How a new understanding of the brain will lead to the creation of truly intelligent machines.* Macmillan.

Hayles, N. K. (1999). The condition of virtuality. The digital dialectic: New essays on new media, 68-95.

Hickey-Moody, A., Palmer, H., & Sayers, E. (2016). Diffractive pedagogies: Dancing across new materialist imaginaries. Gender and Education, 28(2), 213-229.

Hinsen, K. (2013). A glimpse of the future of scientific programming. Computing in Science & Engineering, 15(1), 84-88.

Hitchens, J. (1994). Critical implications of Franz Boas' theory and methodology. *Dialectical anthropology, 19*(2-3), 237-253.

Hoban, G. F., & Hoban, G. F. (2002). Teacher learning for educational change: A systems thinking approach. Buckingham: Open University Press.

Hoogland, J. L. (1979). The effect of colony size on individual alertness of prairie dogs (Sciuridae: Cynomys spp.). *Animal Behaviour, 27,* 394-407.

Ito, M., Horst, H. A., Bittanti, M., Herr Stephenson, B., Lange, P. G., Pascoe, C. J., & Robinson, L. (2009). Living and learning with new media: Summary of findings from the digital youth project (p. 128). The MIT Press.

Jackson, M. (2008). Distracted: The erosion of attention and thecoming dark age. New York: Prometheus.

Jenkins, H. (2009). The Skill of the future: In a word 'multitasking'. Public Broadcasting Service.

Jolliffe, A., Ritter, J., & Stevens, D. (2012). The online learning handbook: Developing and using web-based learning. Routledge.

Kayumova, S., & Bazzul, J. (2019). The Ethical and Sociopolitical Potential of New Materialisms for Science Education. In Material Practice and Materiality: Too Long Ignored in Science Education (pp. 51-64). Springer, Cham.

Kecskes, I. (2006). The dual language model to explain code-switching: A cognitive-pragmatic approach. *Intercultural Pragmatics, 3*(3), 257-283.

Kolb, A. Y., & Kolb, D. A. (2009). The learning way: Meta-cognitive aspects of experiential learning. Simulation & gaming, 40(3), 297-327.

Kotze, R., Perold-Bull, K., Costandius, E., & Alexander, N. (2018). Posthumanist and new materialist perspectives as navigational tool in art education research: A diffractive analysis. Critical Studies in Teaching and Learning, 6(1), 35-57.

Kriz, W. C. (2003). Creating effective learning environments and learning organizations through gaming simulation design. Simulation & Gaming, 34(4), 495-511.

Latour, B. (1993). We Have Never Been Modern. Cambridge, MA: Harvard University Press.

Latour, B. (2005). Reasssembling the Social: An introduction to actor-network theory. Oxford University Press.

Lewis, T., & Kahn, R. (2010). *Education out of bounds: Reimagining cultural studies for a posthuman age*. Springer.

Lindholm-Leary, K. J. (2001). *Dual language education* (Vol. 28). Multilingual Matters.

Lister, M., Giddings, S., Dovey, J., Grant, I., & Kelly, K. (2008). New media: A critical introduction (Vol. 2).

Malone, T. "Lepper (1987). Making Learning Fun: A Taxonomy of Intrinsic Motivations for Learning." Aptitude, Learning, and Instruction, 3(8).

Massey, T. (2005). Management of gift materials in an academic library. Collection Building.

Massumi, B. (2002). Parables for the virtual: Movement, affect, sensation. Durham, NC: Duke University Press.

McKnight, L., Rousell, D., Charteris, J., Thomas, K., & Burke, G. (2017). The invisible hand: designing curriculum in the afterward. International Journal of Qualitative Studies in Education, 30(7), 635-655.

McLuhan, M. (1964). The medium is the message.

Metz R. (2014). My Life, Logged. MIT Technology Review.

Miller, M. G., Nicholas, E. L., & Lambeth, M. L. (2008). Pre-service teachers' critical reflections of arts andeducation discourse: Reconstructions of experiences in early childhood and higher education.Contemporary Issues in Early Childhood, 9(4), 354-364.

Mozelius, P., Fagerström, A., & Söderquist, M. (2016, October). Motivating factors and intrinsic integration of knowledge in educational games. In Proceedings of The 10th European Conference on Games Based Learning (ECGBL).

Mulcahy, D. (2016). Policy matters: de/re/territorialising spaces of learning in Victorian government schools. *Journal of Education Policy, 31*(1), 81-97.

Nagowah, L., & Nagowah, S. (2009). A Reflection on the Dominant Learning Theories: Behaviourism, Cognitivism and Constructivism. *International Journal of Learning, 16*(2).

Negroponte, N. (1995). L'homme numérique.

NMC(2006). *NMC Horizon Report: 2006 Higher Education Edition*. Austin, Texas: The New Media Consortium. https://www.learntechlib.org/p/182025/.

O'Donnell, A. (2013). Unpredictability, transformation, and the pedagogical encounter: Reflections on "what is effective" in education. Educational Theory, 63(3), 265-282.

Ohler, J. B. (2013). Digital storytelling in the classroom: New media pathways to literacy, learning, and creativity. Corwin Press.

Olsson, L.M. (2009). Movement and experiment in young children's learning: Deleuze and Guatarri in earlychildhood education. New York, NY: Routledge.

Ophir, E. & Nass, C., & Wagner, A. (2009). Cognitive control in media multitaskers. Proceedings of the National Academy of Sciences, 106, 15583~15587.

Parker, I. (2002). *Critical discursive psychology*. Springer.

Pedersen, H. (2010). Is 'the posthuman'educable? On the convergence of educational philosophy, animal studies, and posthumanist theory. *Discourse: Studies in the Cultural Politics of Education, 31*(2), 237-250.

Peppler, K. (2013). New opportunities for interest-driven learning in a digital age. A report commissionedby the Wallace Foundation.

Peters, M. A., & Humes, W. (Eds.). (2003). Education in the knowledge economy.

Pierce, C. (2012). The Promissory Future (s) of Education: Rethinking scientific literacy in the era of biocapitalism. Educational Philosophy and Theory, 44(7), 721-745.

Radvansky, G. A. (2017). Human Memory, 3e.

Rashid, T., & Asghar, H. M. (2016). Technology use, self-directed learning, student engagement and academic performance: Examining the interrelations. *Computers in Human Behavior, 63,* 604-612.

Rebstock, A. M. (2014). Effects of semantic feature analysis+ multimodal communication program for word retrieval and switching behavior in primary progressive aphasia.

Reddington, S., & Price, D. (2018). Pedagogy of New Materialism: Advancing the Educational Inclusion Agenda for Children and Youth with Disabilities. *International Journal of Special Education, 33*(2), 465-481.

Reinders, H., & Pegrum, M. (2016). Supporting language learning on the move. *SLA research and materials development for language learning, 219.*

Sacks, O. (2009). *Seeing voices: A journey into the world of the deaf.* Pan Macmillan.

Salm, M. (2012). Mediation, Simulation, and the Large Hadron Collider. *IJBS, 9,* 1.

Savin-Baden, M., Falconer, L., Wimpenny, K., & Callaghan, M. (2017). Virtual worlds for learning. In Technology Enhanced Learning (pp. 97-107). Springer, Cham.

Schön, T. B., & Gustafsson, F. (2005). Integrated navigation of cameras for augmented reality. *IFAC Proceedings Volumes, 38*(1), 1119-1124.

Semali, L. (2018). Intermediality: Teachers' Handbook Of Critical Media Literacy. Routledge.

Shabiralyani, G., Hasan, K. S., Hamad, N., & Iqbal, N. (2015). Impact of Visual Aids in Enhancing the Learning Process Case Research: District Dera Ghazi Khan. *Journal of education and practice, 6*(19), 226-233.

Shannon, L. (2009). Chapter Seven. Invisible parts: Animals and the renaissance anatomies of human exceptionalism. In *Animal Encounters* (pp. 135-157).

Brill.

Sharples, M., & Spikol, D. (2017). Mobile learning. In E. Duval, M. Sharples, & R. Sutherland (Eds), Technology-enhanced learning: research themes (pp. 89-96). Cham, Switzerland: Springer.

Shaviro, S. (1993). Bodies of Fear: The Films of David Cronenberg. *The Politics of Everyday Fear,* 113-135.

Simon, H. A. (1979). Information processing models of cognition. *Annual review of psychology, 30*(1), 363-396.

Smith, J. (2019). A developmental framework for technology-enhanced academic language support (TALS). *English Australia Journal, 35*(1), 5.

Specht, M. (2012). *Mobile Augmented Reality for Learning.*

Steinkuehler, C. (2007). Massively multiplayer online gaming as a constellation of literacy practices. In The design and use of simulation computer games in education (pp. 187-215). Brill Sense.

Sundström Sjödin, E., & Wahlström, N. (2017). Enacted realities in teachers' experiences: Bringing materialism into pragmatism. Journal of Curriculum Studies, 49(1), 96-110.

Thomas, D., & Brown, J. S. (2011). A new culture of learning: Cultivating the imagination for a world of constant change (Vol. 219). Lexington, KY: CreateSpace.

Thompson, E., & Varela, F. J. (2001). Radical embodiment: neural dynamics and consciousness. Trends in cognitive sciences, 5(10), 418-425.

Tillon, A. B., Marchal, I., & Houlier, P. (2011, October). Mobile augmented reality in the museum: Can a lace-like technology take you closer to works of art?. In *2011 IEEE International Symposium on Mixed and Augmented Reality: Arts, Media, and Humanities* (pp. 41-47). IEEE.

Toohey, K. (2019). The onto-epistemologies of new materialism: implications for applied linguistics pedagogies and research. Applied Linguistics, 40(6), 937-956.

Tucker, I., & Goodings, L. (2014). Mediation and digital intensities: Topology, psychology and social media. *Social Science Information, 53*(3), 277-292.

Tufekci, Z. (2018). YouTube, the great radicalizer. *The New York Times, 10,* 2018.

Turkle, S. (2012). Alone together. 사람들(이은주 역). 청림출판.

Tyner, K. (2014). Literacy in a digital world: Teaching and learning in the age of information. Routledge.

Vogel, S. (2007, Oct, 22). Teen Driver Menace: Text-messaging. Suite101.

Weick, K. (1977). Social psychology. Psyccritiques, 22(5).

Whitehead, A. N. (1929). Process and reality.

Wikström, S., Carlell, C., & Frostling-Henningsson, M. (2002). From real world to mirror world representation. *Journal of Business Research, 55*(8), 647-654.

Wu, Y., Schuster, M., Chen, Z., Le, Q. V., Norouzi, M., Macherey, W., … & Klingner, J. (2016). Google's neural machine translation system: Bridging the gap between human and machine translation. *arXiv preprint arXiv:1609.08144.*

Zichermann, G., & Cunningham, C. (2011). Gamification by design: Implementing game mechanics in web and mobile apps. " O'Reilly Media, Inc.".

Zimmerman, M. A. (1990). Taking aim on empowerment research: On the distinction between individual and psychological conceptions. American Journal of community psychology, 18(1), 169-177.

찾아보기

ㄱ

가상성 275, 277, 301~302, 336, 363
가상세계 46, 117~118, 266, 273, 292, 301, 308~310, 318, 320~322, 327~328, 331~333, 352, 355, 364, 371
가상현실 44~45, 80, 93, 100, 117~118, 127, 129, 150, 227, 238, 277, 292, 318~320, 322, 328~329, 332, 353, 371, 384~389, 391~392
감각-기반 339
개별화 학습 93~94, 304, 392~393
객체지향존재론 8, 10, 23, 43, 69, 74, 76, 93, 99, 101, 108~112, 114, 122~123, 127~128, 149, 228, 231~232, 235~239, 244~245, 258, 300, 305, 336, 369, 375, 402
거울세계 328~329, 349~353
검색 엔진 36, 53, 176, 180, 219, 259, 374, 380
관계주의 79, 138~139, 148~152, 401, 405
구성주의 58, 79, 105, 137~140, 148~149, 210, 221, 227, 230, 238, 242, 321, 357, 401, 403
구조주의 38, 40, 100, 137~138, 167, 216, 220, 223~225, 230~231, 237, 255
기계번역 61, 158~170, 259
기술 4, 5, 8~10, 21, 24, 30, 32~33, 35~36, 40~50, 54, 57, 59~63, 65~67, 69~70, 72~81, 84~85, 87~88, 90~91, 93~95, 99, 101~102, 108, 111~118, 121~122, 124, 127~130, 132, 134~136, 140, 142~143, 145, 148~150, 152~153, 157~160, 162, 165, 168, 170~172, 174, 177~182, 184, 188, 191~192, 195, 200, 202~210, 212, 217, 219, 224, 226~227, 229, 231~237, 242~244, 246, 248~250, 253, 255~259, 262, 266~267, 269~270, 272~276, 277, 279~282, 285~286, 288, 291~294, 298, 300, 303, 305~306, 315~319, 328~332, 334~340, 342, 345, 347~364, 366~370, 373~376, 379, 383~387, 389~399, 401~404, 406~409
기술기반 수업 354, 383, 397
기술성 61, 114~116, 128, 234, 407

ㄴ

네트워크 9, 23, 30, 41~42, 45, 61, 75, 85, 109, 118, 124~129, 132~134, 138~140, 145~148, 150, 152, 180, 196, 205, 207, 210~211, 218, 233~234, 236, 245, 249, 251~252, 259, 269, 272, 276~277, 285~286, 288~289, 291, 294, 298, 301, 303, 308~309, 317~318, 327, 329, 347, 354, 361~364, 366, 372, 374, 384, 386, 406
뇌공학 130
뉴노멀 318~319
뉴미디어 10, 44, 58, 69, 78, 92~94, 100, 117, 121~122, 150, 234, 236, 266~267, 293~294, 309, 331, 354, 366~373, 389~392

능동성 68, 74, 82~83, 102~103, 106~107, 110, 113~114, 126~127, 148, 211~212, 229, 234~235, 237, 241~244, 246, 282~283, 285~286, 288, 297, 336, 369, 375, 402

ㄷ

다양식성 69~70, 270, 273, 297
다중상태성 70~71, 117
담론 36, 67, 104, 113, 219, 229, 295, 298~300, 302, 309~310, 399~400
데이터 마이닝 178, 181~184, 191, 195, 294, 368
동물 33, 52, 61, 73, 75~78, 83, 102, 111, 116, 120, 125~126, 139~141, 143, 151~152, 208~209, 249~250, 252, 256~258, 272, 278~279, 284~286, 289~290, 296, 300, 305~306, 309, 336, 389, 399~400, 405, 407~409
동물행동학 256
두뇌 42, 65, 96, 117~118, 120, 126~128, 130~131, 133, 142, 153, 178, 210~211, 241, 256, 362~363
디지털 29~30, 35, 43, 45, 52~53, 55, 61, 74, 79~81, 86~92, 94~96, 117~118, 124, 129, 131~136, 149~150, 164, 193~194, 203, 205~206, 211~212, 253, 266~277, 282, 285, 294, 298, 301, 303~304, 308, 310~311, 315, 317, 319, 328~331, 338, 342~345, 350~351, 353, 355, 372, 377, 391, 394, 406
디지털화 29~30, 43, 52~53, 61, 80, 86~88, 94~95, 117~118, 131~133, 136, 272, 276, 285, 317, 328~329, 343~345, 350
딥러닝 49, 61, 165, 187, 325, 327

ㄹ

리터러시 230, 266~285, 288~295, 297~303, 305, 307~311, 331, 372

ㅁ

마음 42, 75, 80, 101, 118, 125, 128, 132~133, 152, 224~225, 228, 247, 284, 295, 304, 318, 350, 377, 402
마음 웹 132
마인드웨어 79, 136, 285
맞춤형 학습 90, 388~389
매개 67~69, 84~86, 88, 94, 104, 115, 117, 150~151, 236~237, 252, 267, 272, 276, 278~279, 286~288, 298, 308, 319, 326, 351, 355, 358, 362, 367, 369, 373
매개적 전환 85
모빌리티 354, 373~377, 384
몸 114, 133, 185, 241, 248, 291
물질성 40, 43, 61, 63, 65, 70, 78, 83, 102, 104, 106~108, 110, 114, 137, 236, 239~242, 247, 249~250, 276, 295, 297~300, 302, 305, 309~310, 338, 363, 402
미디어 10, 35, 44, 58, 61, 69, 78, 92~94, 100, 116~117, 121~122, 129, 150, 194, 234, 236, 266~269, 291, 293~294, 308~309, 315, 330~331, 342, 354, 356, 362, 366~373, 389~392

ㅂ

바이오로이드 134, 135, 208~212
범주 확장 교육 303
본질주의 67, 100, 137~138, 216, 220~222, 230~231, 237~238, 255, 403
브레인넷 42, 118, 318
비대표성이론 5, 9, 23, 76, 100, 111, 230~233, 235, 238, 284, 289~291, 294, 308~309
빅데이터 36, 41, 47~50, 53, 65, 85, 90, 92~94, 108, 111, 142, 157, 162, 165, 168, 173~178, 180, 183~184, 189~191, 198, 201, 219, 234, 263, 294, 340, 347, 361, 368

ㅅ

사이버 9~10, 30, 43, 45, 55~58, 61~62, 92~94, 116~118, 121, 129, 131, 134~135, 153, 207~208, 227, 263, 266, 304, 306, 315~318, 352, 354, 357~360, 384, 386, 388~391, 393~394
사이버 교육 56~58, 93~94
사이보그 10, 42, 49, 52, 121, 128~129, 131, 133~135, 208~209, 211~212, 274, 278, 285, 296, 306~307, 309, 358, 407
사회문화이론 235
사회물질이론 235
생명공학 10, 49, 61, 130, 153
생체물리학 130
생태교육 93
생활 기록 343~349, 353, 394
소셜 네트워크 180, 196, 205
스펙트럼 교육과정 254, 258
시뮬라크라 315~316
신경망 기계번역 160~162, 164, 166
신물질주의 6, 10, 40, 43, 61, 63, 67, 93, 99, 101~105, 107, 116, 118, 122~123, 127~128, 138~139, 228~232, 235, 237~239, 241~244, 247, 250~251, 264, 284~285, 294, 304, 308~309, 317, 336, 402, 405
신체 5, 9, 68~69, 75~77, 80~81, 85, 101, 103, 113~114, 116~118, 121, 125, 127~128, 133, 139~140, 152, 209, 211, 227~229, 232~235, 237, 240~243, 250~252, 275, 284~285, 290~292, 295, 297, 299~301, 317, 325, 329, 336, 345, 347~348, 373~374, 395, 402~403, 406
실물 스캐너 337~339

ㅇ

안드로이드 270
알고리즘 48, 80, 89, 119, 121, 129~130, 136, 143, 160~161, 168, 178, 180~181, 185~187, 191, 207, 211~212, 259, 285, 294, 325, 381~383, 396~397
얽혀있음 247
역량기반 교육 41
연결성 40, 45, 47, 69, 116, 140, 240, 336, 363, 366, 375
연결주의 79, 138~139, 144~146, 148, 401
영상기반 학습 354, 377, 379~380, 383~384, 388~392
영상 분석 184, 188~189
육체성 114~116, 233, 251, 259
융합 41, 47, 80, 92~94, 130, 157, 173, 175, 182, 225, 259, 294, 304, 310, 319, 321, 327, 368, 383, 392, 398

융합지식 92~94, 157, 173
응집 109
의식 5, 49~50, 67~68, 80, 102, 113~114, 116~118, 121~122, 127, 129~131, 136, 168, 172, 211~212, 231, 241, 269, 290, 292~294, 301, 307, 317, 324, 327, 360, 367~368, 370, 372, 402
이성 6, 23, 31, 49, 53~54, 68~69, 77, 85, 102, 104~105, 109, 116, 125~126, 132, 137~138, 140, 210, 216~218, 221, 226, 228, 230~233, 237, 251, 256, 285, 290, 293, 295~297, 300, 307, 309, 370, 399~401, 403, 409
인공두뇌 128, 130~131, 133, 153
인공지능 9~10, 35, 42, 47~50, 52~53, 56, 59~61, 65, 79~81, 84~85, 89~90, 92~93, 111~112, 117, 121, 129~132, 134~136, 142, 153, 155, 157~159, 162, 165~169, 171~172, 174, 179, 181~182, 184~186, 190, 202, 204~205, 208~212, 229, 234, 246, 257, 263, 273, 285~286, 289, 293~294, 306, 309, 325, 327, 355, 363, 383, 394~396, 398, 407, 409
인류중심주의 22~23, 54, 75~76, 105, 107, 152, 231, 236, 252, 257, 279, 281, 309, 311, 402, 407
인본주의 4~6, 8~9, 22~25, 40, 43, 51, 62, 64~65, 75, 78~79, 82~83, 96, 100~102, 106~107, 109~110, 112~114, 123, 125~126, 132~133, 136~139, 141, 143, 149, 152~153, 208, 210~211, 215, 219, 228~230, 232, 235~239, 241~243, 247, 249~251, 254~256, 258, 267, 272~273, 276, 278~280, 282~283, 290, 294, 297, 303, 306~309, 322, 324, 354, 362, 369~371, 399~400, 402~404, 407, 409
인지적 보철 장치 80~81, 136, 285
인지주의 79, 137~140, 144~145, 149, 221, 227, 403
인터넷 29, 36, 42~44, 50, 53, 55, 57, 65, 117~118, 121, 132, 145, 161, 173~174, 182~184, 187, 209, 219, 229, 233~234, 259, 263, 266, 269, 273, 277, 282, 294, 304, 306, 316, 331, 344, 357~361, 365, 367, 371~372, 374~375, 379~380, 389, 391, 394
일원론 6, 40, 101, 113~116, 123, 131~132, 139, 149, 228, 275, 285, 304, 308, 402, 405

ㅈ

전산화 43, 63, 173~174
정보 6, 9~10, 23, 29~30, 32~33, 35~36, 39~50, 52~53, 55, 57~65, 70, 74, 78, 84~86, 88, 96, 99, 107~108, 111, 113, 117, 119~122, 124, 126~130, 132~134, 136~137, 144~146, 148~149, 155, 157~158, 169, 171, 173~175, 177~182, 184, 188, 190, 192, 194~195, 197, 201, 205, 210~212, 218~219, 222, 224, 227, 229, 233~234, 236~238, 256, 258~259, 266~268, 269~270, 276~277, 279~280, 282, 285~286, 288~289, 291~294, 298, 300, 303~305, 308~309, 317~318, 324, 335, 339~341, 343~344,

346~347, 351, 356~359, 361~362, 364, 366~368, 370, 372~376, 378, 380~381, 391, 393~394, 400~401
정서기반교육 250
정서성 241, 243, 250, 295~297, 302
정신 5, 34, 44~45, 64, 68, 80, 103, 114, 116~117, 121, 128, 132, 137, 139~140, 209, 212, 229, 235, 240~241, 258, 261, 264, 272, 281, 285, 290, 304, 308, 316~317, 336, 363, 400, 403
정체성 6, 35, 61, 104, 107, 118, 253, 275, 279, 282~284, 295, 300~302, 309~310, 318, 328~329, 337, 373~374, 405
존재인식론 24, 212, 227~228, 230~231, 296
주체성 49, 68, 74, 77, 107, 114~115, 126, 138, 148~149, 228~229, 232~233, 245, 277, 279, 282~283, 287~288, 297, 300~301, 336, 401~402
중개 84, 286~288
증강 서적 338, 339
증강현실 92, 129, 227, 328, 334~342, 352~353, 383, 386, 389~390, 393~394
지식 4~6, 8~10, 19, 21~44, 46~50, 52~55, 58~66, 69, 71~74, 78, 82, 84~88, 90, 92~94, 96, 99~103, 105~110, 112, 114, 117, 119, 121~124, 126~127, 133~139, 141, 144~145, 148~150, 152~153, 157~158, 168~169, 173~180, 182~184, 203, 205~207, 210~212, 215~226, 230, 233, 236~242, 246~250, 252, 255~260, 262~264, 276~277, 280, 287, 291, 293~294, 297~298, 300, 304~305, 308, 310, 319~321, 323~324, 328, 335, 340, 347, 355~362, 365~368, 377, 381, 383, 390, 397, 398, 401~402, 408

ㅊ

챗봇 273~274, 306

ㅋ

코딩 158, 170, 365, 385, 392~393, 396, 397
콘텐츠 192~194, 196, 198~199, 204~205, 381, 385~388
퀀텀컴퓨팅 49

ㅌ

탈인본주의 5, 9, 23, 65, 109, 123, 215, 230, 273, 276, 278, 290, 294, 297, 308, 324, 402
테크놀로지 44, 72, 84, 116, 269, 364
트랜스휴머니즘 49~50, 280, 406

ㅍ

포스트행동주의 138~140
포스트현상학 8, 10, 43, 66~70, 76, 93, 99, 101, 114~118, 122~123, 127~128, 138, 150, 228, 231, 233, 235~236, 238~239, 250, 284, 292~294, 304, 308~309, 368~369, 402
포스트휴머니즘 4~7, 9~10, 19, 23, 40~41, 50, 54, 66, 68, 75, 77, 97, 99~101, 109, 112~114, 122~124, 127, 137, 139~141, 153, 208, 215, 220, 231,

235, 237~238, 244, 255, 264, 267, 271, 274, 280, 283~284, 295, 300, 304, 307~308, 311, 318, 349, 370, 374, 398~399, 401~402, 404~409
포스트휴먼 5, 8, 10, 19, 21~22, 24~25, 40, 49~55, 58, 63, 65, 75~77, 81~86, 92~96, 99~100, 108, 112~113, 117, 124~134, 136, 138~143, 146~147, 149~150, 152~153, 157, 212~213, 215, 219, 228, 230, 234~237, 239, 241, 243, 245~246, 248~251, 253~261, 264~268, 271, 275~285, 288, 290~311, 317~318, 320, 327, 334, 336, 353~354, 369~370, 403, 406~409
포스트휴먼 리터러시 267~268, 271, 275~284, 288, 290~291, 294~295, 297~300, 302~303, 305, 307~311
프락시스 38, 55
피드백 91, 95~96, 118~120, 196, 198, 203~204, 206, 234, 291~292, 341~342, 347, 356, 368~370, 388, 391, 393~394
피드포워드 95~96, 100, 117~121, 236, 238, 368~370

ㅎ

행동주의 79, 137~144, 149, 230
행위자망이론 8, 23, 43, 47, 61, 84, 93, 127~128, 138, 149, 151, 228, 250, 278, 284, 286, 288, 294, 304, 308~309, 336, 363, 374
현상학 8, 10, 43, 66~70, 76, 93, 99, 101, 107, 114~118, 121~123, 125~128, 138, 150, 228, 231~233, 235~236, 238~239, 250, 284, 292~294, 304, 308~309, 368~369, 402
협력적 태깅 341
협력적 학습 92~93, 94, 194
호모 사피엔스 52
횡단적 교육과정 258, 261

A~Z

AI 49, 55, 80, 91, 134~135, 143, 147, 160, 162, 164~165, 202~207, 356, 394, 395
DNA 69, 71~72
GNMT 161~163, 165~166, 168
Google 29, 36, 111, 129, 160, 164, 205, 329, 339, 345, 380, 383, 388, 390, 393~394
ICT 197, 269
IoE 375
IoP 375
IoT 147, 375
SNS 44, 58, 69, 117~118, 150, 182, 189, 227, 234, 259, 268, 301, 332, 345, 347, 349, 367, 369, 372~373
YouTube 345, 362, 367, 380~384, 388~392
Z세대 52, 372

0~9

4차산업혁명 5, 9, 23, 40, 41, 47, 49~50, 65, 124, 246, 271, 401

박휴용

박휴용은 연세대학교에서 학사 및 석사를 마치고, 미국의 University of Wisconsin-Madison에서 박사학위(Curriculum & Instruction)를 받은 후, 전북대학교에서 교육과정이론, 인공지능융합교육, 다문화교육, 질적연구방법론을 가르치고 있다. 저자가 2000년대 초반 처음 인지과학에 대해 관심을 갖기 시작했을 때에는, 인공지능의 가능성에 대한 학계의 의견이 분분했고, 포스트휴머니즘은 국내에 거의 소개되지 않았다. 하지만, 2021년 현재 포스트휴머니즘은 4차산업혁명의 기술적 혁신이 미래 사회를 어떻게 변화시킬 것인가를 이해하기 위한 필수 개념이 되었다. 이에 따라 저자는 미래의 지식생태계의 변화에 따른 교육적 실천의 변화를 강조하는 삼부작을 기획했고, 그 결과 1부『융합지식과 융합교육과정』과 2부『포스트휴머니즘과 교육의 미래』에 이은 본 저서『4차산업혁명과 인공지능 시대의 포스트휴먼 학습론』으로 완성되었다. 본 저서는 포스트휴먼 사회에서 미래 학습의 변화에 대응하기 위한 유용한 시사점을 제공해줄 수 있을 것이다.

4차산업혁명과 인공지능 시대의
포스트휴먼 학습론

지은이 박휴용
펴낸이 김동원
펴낸곳 전북대학교출판문화원

초판 발행 2021. 3. 10.
2쇄 발행 2021. 12. 20.

전북대학교출판문화원 전라북도 전주시 완산구 어진길 32 (풍남동2가)
전화 (063) 219-5319~5322
FAX (063) 219-5323
출판등록 2012년 8월 20일 제465-2012-000021호

값 24,000원

ISBN 979-11-6372-116-1　93370